Franz Hauleitner

Dolomiten · Band 1

Grödnertal

mit Rosengarten, Langkofel und Seiser Alm

74 ausgewählte Touren

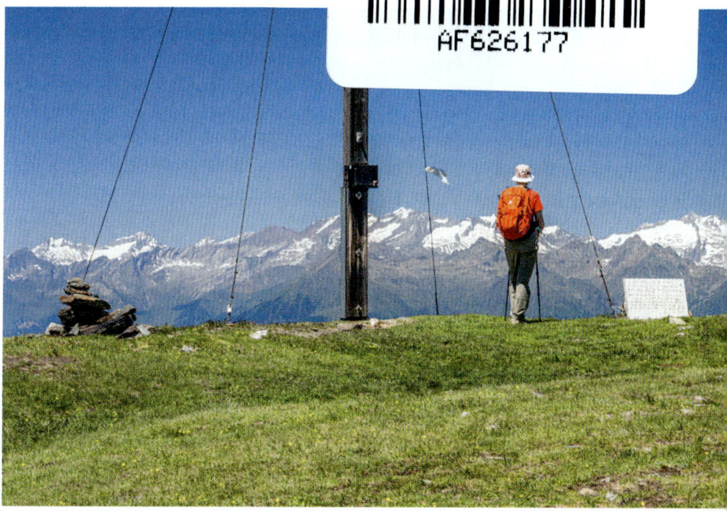

ROTHER
BERGVERLAG

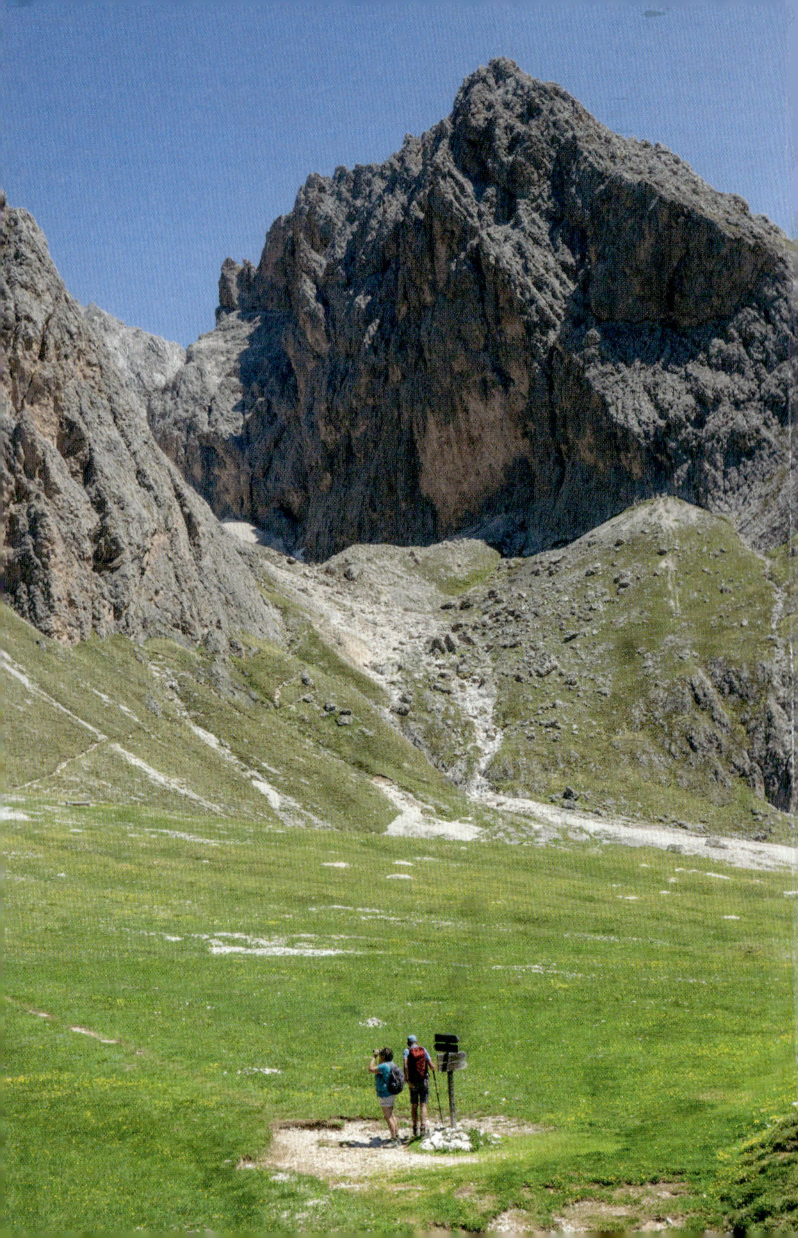

VORWORT

So ergeht es wohl vielen: Auf der Fahrt durch das äußere Grödnertal wartet man sehnsüchtig auf das Auftauchen der berühmten Dolomitenhäupter. Doch erst kurz vor St. Ulrich steht sie da, die Riesenfaust des Langkofels, stolz und gewaltig. Dominiert hier die ungeschlachte Vertikale, so bildet der breit gebänderte Sellastock im Talschluss den eindrucksvollen Kontrapunkt. Winters wie sommers rege frequentiert, zeigen sich im Grödnertal alle Seiten des Touristenbooms: Übererschließung und Massenansturm zur Hochsaison, aber auch ein intaktes Wegenetz und gepflegte Gastbetriebe. Nicht weniger großartig als dieses wundervolle Tal erweisen sich seine Randgebiete. So steht das nördlich angrenzende, seiner traumhaft schönen Lärchenwiesen wegen gerühmte Villnösstal ganz im Banne der großartigen Nordwandflucht des Geisler-Massivs. Während sich nach Süden hin die Wiesenteppiche der Seiser Alm erstrecken – mit knapp 60 Quadratkilometern größte Almhochfläche Europas und als Ausflugsgebiet eine Welt für sich. Aber auch noch weiter im Norden und Süden – etwa an der Plose, im Umfeld des Peitlerkofels oder im herrlichen Tschamintal – gibt es reichlich Gelegenheit zum Wandern und Bergsteigen.
Der vorliegende Band enthält Touren in den Berggebieten rings um das Grödner- und Villnösstal, im Bereich der Geisler-, Puez-, Sella-, Langkofel-, Schlern- und Rosengartengruppe, auf den Hochflächen der Seiser Alm und im Umkreis der beliebten Urlaubsorte Völs, Seis und Kastelruth.
Für die 15. Auflage wurde der Wanderführer um 23 neue Touren erweitert. Die meisten der hier angeführten Wanderungen sind unschwierig und folgen markierten Wegen. Dass viele Wanderungen »bergab« beschrieben werden, liegt an den zahlreichen Aufstiegshilfen der Grödnertal-Region. Sie ermöglichen ein rasches Erreichen der Hochregion und damit beschwernisfreie Panoramatouren und Fotosafaris bei guten Wetter- und Sichtverhältnissen.
Der Autor wünscht allen Leserinnen und Lesern dieses Wanderführers schöne und erlebnisreiche Tage in den Grödner Dolomiten.

Wien, im Sommer 2024 Dr. Franz Hauleitner

Auf den paradiesischen Wiesenböden des Pian Ciautier an der Südseite der Geislergruppe (Cisles-Höhenweg, Tour 33).

INHALTSVERZEICHNIS

Grödnerjoch

Sellajoch – Pordoijoch

Kastelruth – Seis – Völs mit Seiser Alm

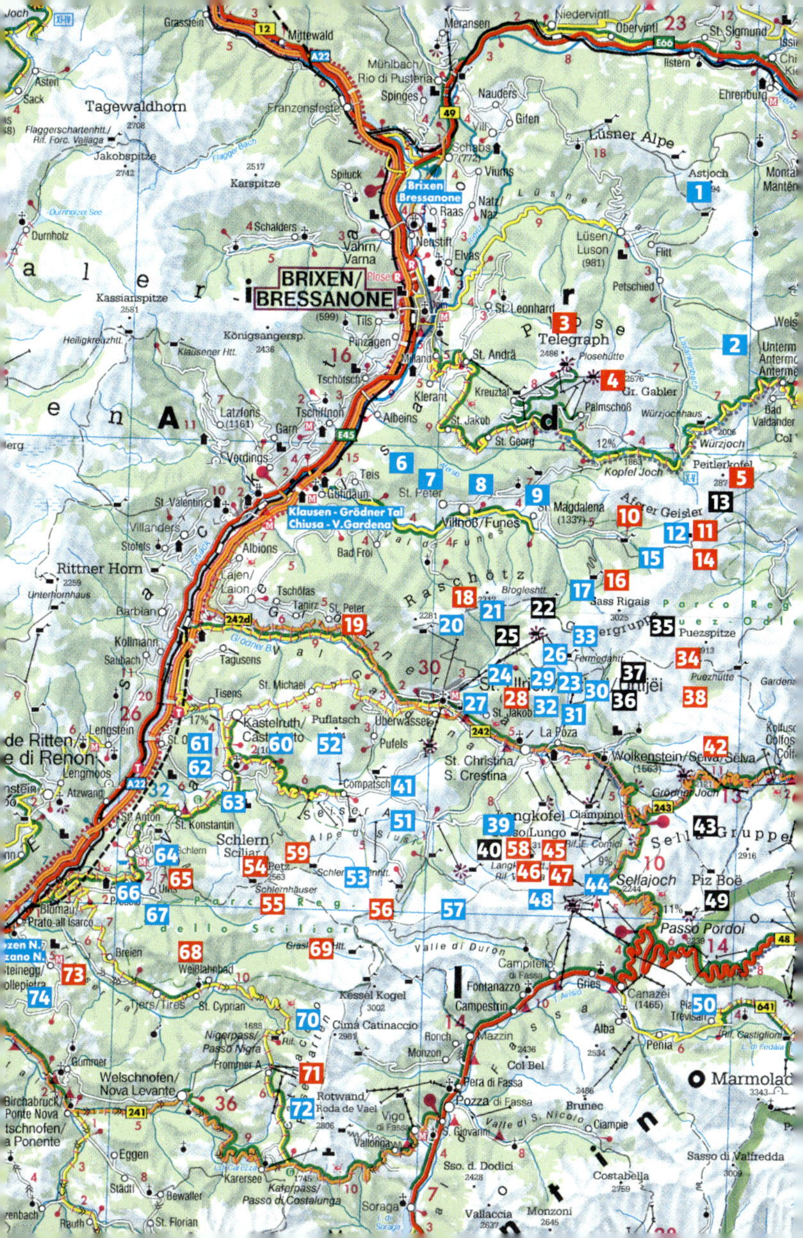

Brixen/Bressanone
BRIXEN/
BRESSANONE
Klausen - Grödner Tal
Chiusa - V.Gardena
Tagewaldhorn
Kassianspitze
Königsangersp.
Rittner Horn
Mittewald
Franzensfeste
Mühlbach/
Rio di Pusteria
Spinges
Meransen
Niedervintl
Obervintl
St. Sigmund
Lüsner Alpe
Astjoch
Lüsen/
Luson
Petschied
Telegraph
Plosehütte
Gr. Gabler
Palmschoß
Würzjochhaus
Würzjoch
Peitlerkofel
Kopfel Joch
St. Leonhard
St. Andrä
Kreuztal
St. Jakob
St. Georg
Vahrn/
Varna
Neustift
Elvas
Raas
Natz
Schabs
Vill
Gifen
Nauders
Tils
Pinzagen
Milland
Tschötsch
Klerant
Albeins
Tschiffnon
Latzfons
Garn
Verdings
Teis
Gufidaun
St. Peter
St. Valentin
Villanders
Stofels
Albions
Villnöß/Funes
St. Magdalena
Bad Froi
Raschötz
Brogleshtt.
Sass Rigais
Puezspitze
Puezhütte
Fermedahtt.
Lajen/
Laion
Tschöfas
Tanirz
Barbian
Kollmann
Saubach
Tagusens
Tisens
St. Michael
Kastelruth/
Castelrotto
Puflatsch
Überwasser
Pufels
St. Christina/
S. Cristina
St. Jakob
La Poza
Wolkenstein/Selva
Grödner Joch
Compatsch
Langkofel
Ciampinoi
Sella Gruppe
Piz Boè
Sellajoch
Passo Pordoi
Lengstein
Ritten/
di Renon
Lengmoos
Atzwang
St. Anton
St. Konstantin
Schlern
Sciliar
Schlernhäuser
Blumau/
Prato all'Isarco
Breien
Weißlahnbad
Tiers/Tires
St. Cyprian
Kessel Kogel
Cima Catinaccio
Nigerpass/
Passo Nigra
Frommer A.
Rotwand/
Roda de Vael
Vigo
di Fassa
Vallonga
Welschnofen/
Nova Levante
Gummer
Birchabruck/
Ponte Nova
Eggen
Karersee
Karerpass/
Passo di Costalunga
Bewaller
Stadtl
St. Florian
Rauth
Valle di Duron
Campitello
di Fassa
Fontanazzo
Campestrin
Mazzin
Gries
Canazei
Alba
Penia
Col Bel
Pera di Fassa
Pozza di Fassa
S. Giovanni
Valle di S. Nicolo
Ciampie
Brunec
Marmolada
Sasso di Valfredda
Costabella
Sso. d. Dodici
Soraga
Vallaccia
Monzoni
Ronch
Monzon

TOP-TOUREN

Rund um den Peitlerkofel
Herrlicher Ringweg, der von Geübten mit einer Besteigung des Solitärs verbunden werden kann. *(Tour 5, 4.30 Std.)*

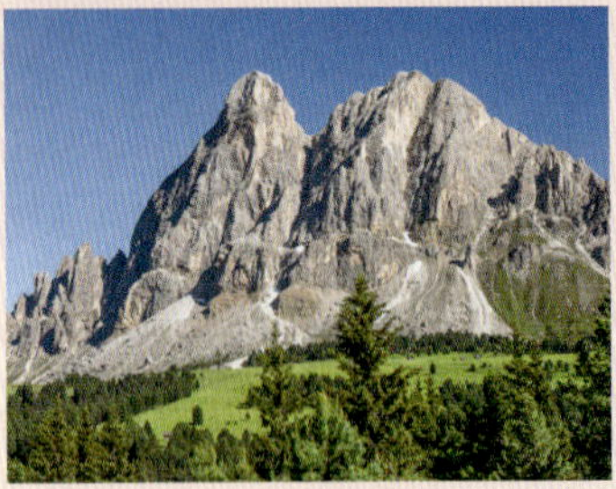

Villnösser Almenrunde
Ein Wandertag unter den grandiosen Nordwänden der Geislergruppe, ein »Muss« für alle Besucher des Villnösstals. *(Tour 16, 3.00 Std.)*

Raschötz-Höhenweg
Einzigartiger Schau- und Panoramaweg gegenüber den Berg-Heroen des Grödnertals mit langem Talabstieg nach St. Ulrich. *(Tour 21, 3.15 Std.)*

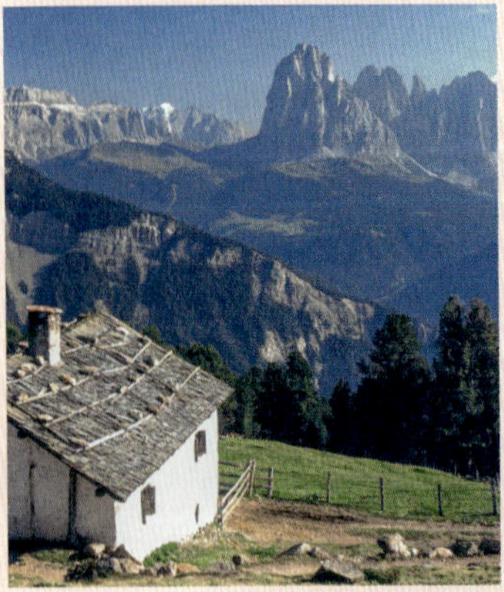

Pitschberg
Im Uhrzeigersinn über den zentral gelegenen Panoramaberg des Grödnertals. Für einigermaßen versierte Geher purer Wandergenuss! *(Tour 29, 3.30 Std.)*

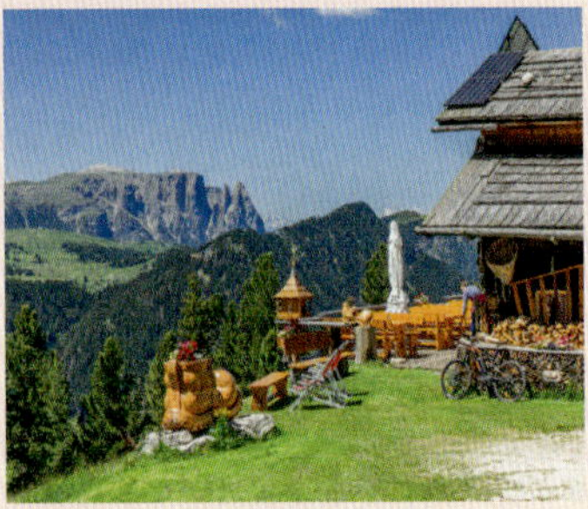

Seiser-Alm-Rundweg
Bequeme Wanderung durch paradiesische Wiesengebiete im Banne der Dolomitenriesen *(Tour 41, 3.15 Std.)*

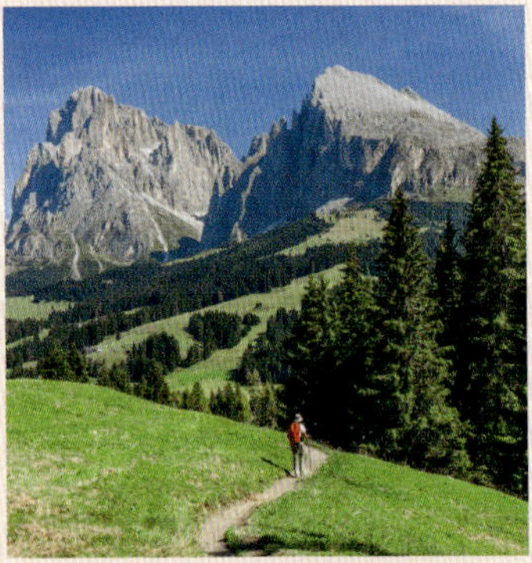

Rund um die Langkofelgruppe
Traumtour mit unvergesslichen Landschaftsbildern um das gesamte Massiv herum. Lang, anstrengend, aber unschwierig. *(Tour 47, 6.15 Std.)*

Piz Boè
Einer der leichtesten Dolomiten-Dreitausender mit grandiosem 360-Grad-Panorama. Bei Kaiserwetter eine Pflichttour. *(Tour 49, 3.15 Std.)*

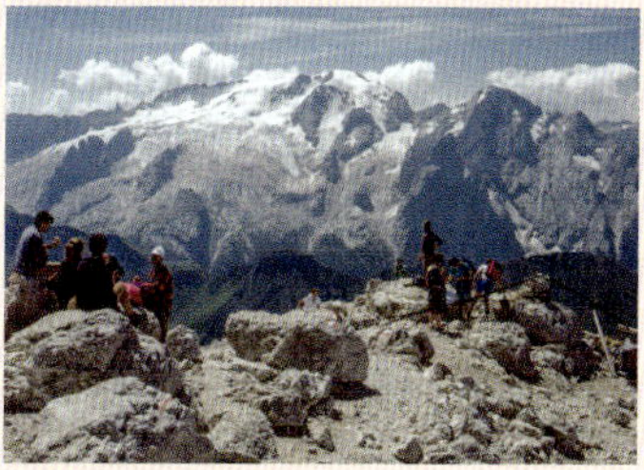

Bindelweg
Berühmter Panoramaweg gegenüber den – leider schwindenden – Marmoladagletschern. Vom Pordoijoch her als Rundtour begangen, ist das geradezu eine Pflichttour für Wanderer jeden Alters. *(Tour 50, 4.30 Std.)*

Puflatsch-Runde
Abgehobener Panoramaweg im oberen »Stockwerk« der Seiser Alm. Ein Wandervergnügen für Jung und Alt. *(Tour 52, 3.15 Std.)*

Schlern
Ein in Südtirol überaus populärer, viel besuchter Berg mit einfachem Anstieg, Schutzhaus und tollem Panorama. *(Tour 54, 2 Tage)*

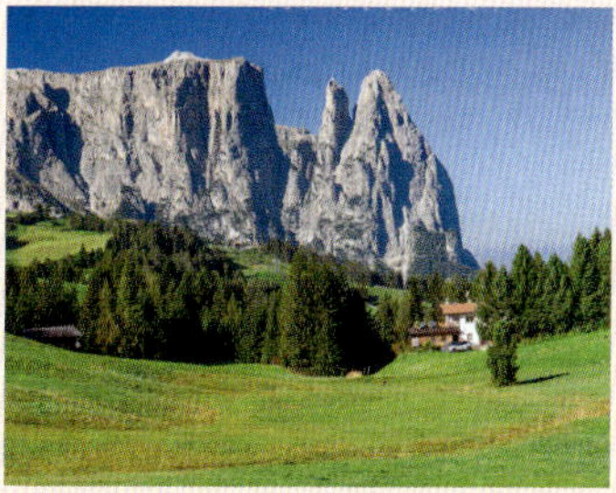

Plattkofel
Beinahedreitausender mit grandioser Rundumsicht und faszinierenden Einblicken in die wild zerklüftete Langkofelgruppe. *(Tour 58, 7.00 Std.)*

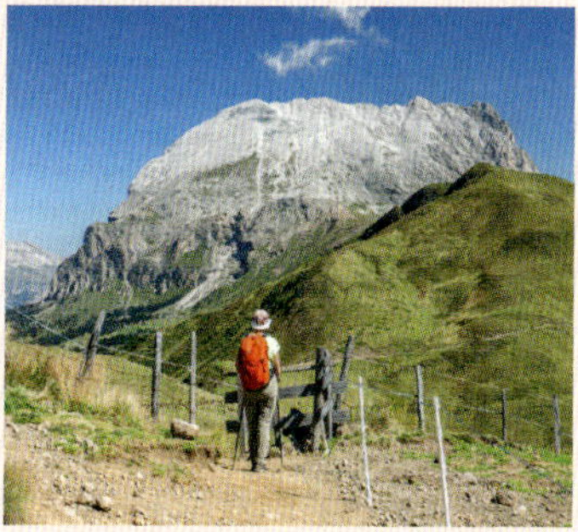

Tschamintal und Grasleitenhütte
Eines der schönsten Dolomitentäler, um das sich die Türme der Rosengartengruppe wie Stein gewordene Flammen gruppieren. *(Tour 69, 6.00 Std.)*

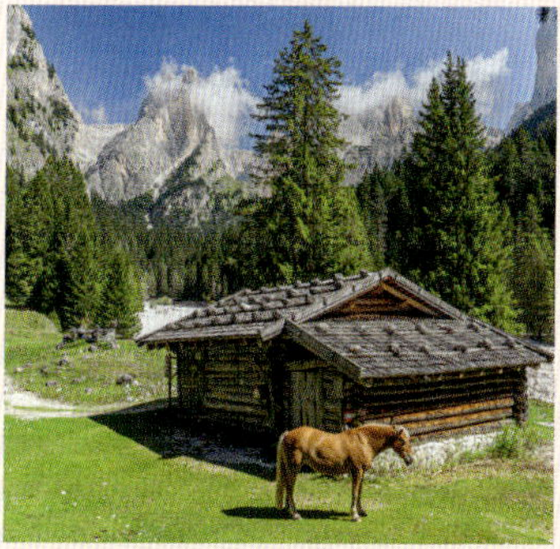

Kleine Rosengartenrunde
Die Umrundung der südlichen Rosengartengruppe beschert trittfesten Gehern ein »Fest für die Augen«. Nur bei schneefreien Verhältnissen und ganz sicherem Wetter zu empfehlen! *(Tour 71, 4.30 Std.)*

WICHTIGE HINWEISE FÜR UNTERWEGS

Anforderungen

Die meisten Wanderungen verlaufen auf gut instand gehaltenen, markierten Steigen und Wegen, sind also im alpinistischen Sinn leichte Unternehmungen. Andere Touren verlangen hingegen bergsteigerische Übung, Trittsicherheit, Schwindelfreiheit und Ausdauer. Um die jeweiligen Anforderungen besser einschätzen und vergleichen zu können, wurden die Nummern der einzelnen Tourenvorschläge mit verschiedenen Farben versehen.

SCHWIERIGKEITSKATEGORIEN

■ = Leicht

Wanderungen auf markierten, meist gut trassierten Wegen und Pfaden. Unschwierig und nur wenig anstrengend. Auch für Kinder und Senioren geeignet.

■ = Mittel

Bergwanderungen auf meist ausreichend markierten Pfaden und Steigen, die häufig schmal und steil angelegt sind und über kurze Abschnitte etwas ausgesetzt sein können. Trittsicherheit und etwas Schwindelfreiheit sowie Orientierungsvermögen nötig.

■ = Schwierig

Anspruchsvolle Bergtouren mit unmarkierten, zum Teil auch weglosen Passagen. Stellenweise können die Steige sehr ausgesetzt sein, manchmal wird die Zuhilfenahme der Hände notwendig (leichte Kletterei im Schwierigkeitsgrad I), an gesicherten Passagen ist ein Klettersteigset zum Teil nötig. Nur für absolut trittsichere, schwindelfreie, konditionsstarke und alpin erfahrene Geher.

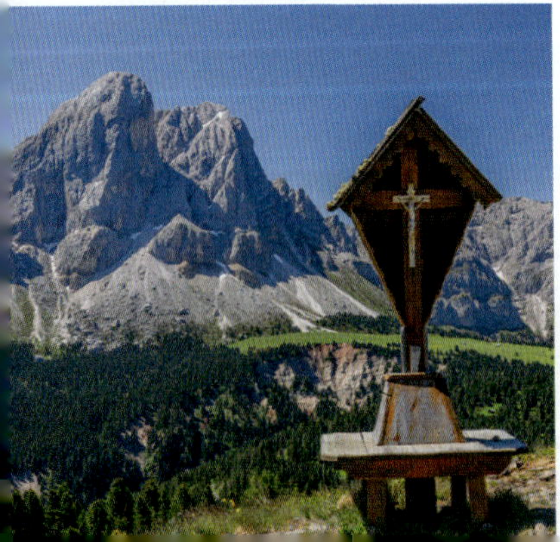

Gehzeiten

Man beachte, dass sich die Zeitangaben (Gesamtgehzeit in der Titelzeile, in den Höhenprofilen auch Teilgehzeiten) nur auf die reine Gehzeit beziehen. Rasten, Verlangsamung der Gehgeschwindigkeit durch Übermüdung usw. sind darin nicht enthalten. Wiederholt eingelegte Pausen kön-

Kreuzgeschmückte Rastbank vor der Maurerberghütte (Tour 2) mit Blick gegen den imposanten Peitlerkofel.

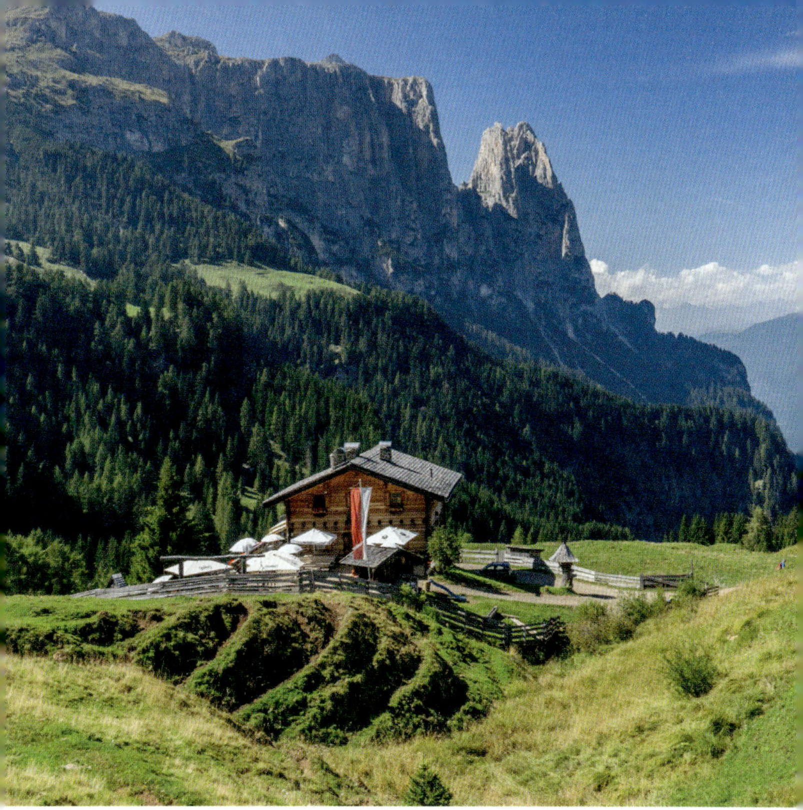

Die Saltnerhütte in Tschapit (Tour 54), dahinter die Felsbastionen des Schlern mit Euringer- und Santnerspitze rechts.

nen in Summe die Gehzeit wesentlich verlängern. Zeitangaben sind natürlich auch subjektiv. Die entsprechende Korrektur zur angeführten Gehzeit kann durch einen anfänglichen Zeitvergleich ermittelt werden (zum Beispiel: 1 Stunde im Wanderführer entspricht 1.15 Stunden persönlicher Gehzeit).

Kinder

Wanderungen, die mit Kindern unternommen werden können, sind in diesem Buch durch ein Symbol gekennzeichnet. Grundsätzlich können Eltern die körperliche Leistungsfähigkeit ihres Nachwuchses sicher am besten einschätzen. Bei Kindern zwischen fünf und fünfzehn Jahren, die sich gerne bewegen, ist weniger die Schwierigkeit einer Tour als die gebotene

Abwechslung ausschlaggebend. Auf einer längeren Tour sind beispielweise Einkehrmöglichkeiten unterwegs ein wichtiges Kriterium für eine Kindertauglichkeit. Und sollte für den Nachwuchs das zumutbare Tagespensum schon erreicht sein, besteht immer noch die Möglichkeit, zu übernachten (Hüttenabend!) und das Unternehmen anderntags ausgeruht und gut gelaunt fortzusetzen.

Höhenunterschied

Unter dieser Angabe ist jeweils die Summe der auf einer Tour im Anstieg bzw. im Abstieg zu bewältigenden Höhenunterschiede zu verstehen. Gegensteigungen werden also berücksichtigt!

Ausrüstung

Feste Schuhe mit Profilgummisohle, zweckmäßige Bekleidung sowie Rucksack mit Pullover, Regenschutz, Anorak und kleinerem Tourenproviant (Wasserflasche!) sind Voraussetzung. Für anspruchsvolle Touren im kombinierten hochalpinen Gelände empfiehlt sich die Mitnahme von Pickel und Steigeisen (auch Grödel) bzw. auf Klettersteigen die Verwendung eines Klettersteigsets (Hüftgurt mit Beinschlaufen, Klettersteigbremse, zwei Klettersteigkarabiner, Steinschlaghelm).

Gefahren

Obwohl die meisten der hier angeführten Wanderungen gebahnten Wegen oder Straßen folgen, ist an einzelnen abrutschbereiten Stellen, bei Querung steiler Hänge oder hart gefrorener Schneefelder sowie im steinschlaggefährdeten Gelände Vorsicht geboten. Eine gewisse Gefahrenquelle stellen auch sommerliche Gewitter sowie das lokale Vorkommen von Giftschlangen (Vipern) dar.

GPS-TRACKS UND KOORDINATEN DER AUSGANGSPUNKTE

Auf **gps.rother.de** stehen zu diesem Wanderführer GPS-Tracks und die Koordinaten der Ausgangspunkte zum kostenlosen Download bereit. Dieser QR-Code führt direkt zum Download. 15. Auflage, Passwort: **424815zbx**

Die GPS-Tracks können in die **Rother App** importiert werden. In der App kann man unterwegs stets sehen, wo man gerade ist und wo es langgeht. **Anleitungen dazu: rother.de/gps**

Trotz sorgfältiger Prüfung können wir Fehler und zwischenzeitliche Veränderungen nicht ausschließen. Verlassen Sie sich für die Orientierung niemals einzig und allein auf die GPS-Daten, sondern beurteilen Sie die Verhältnisse vor Ort.

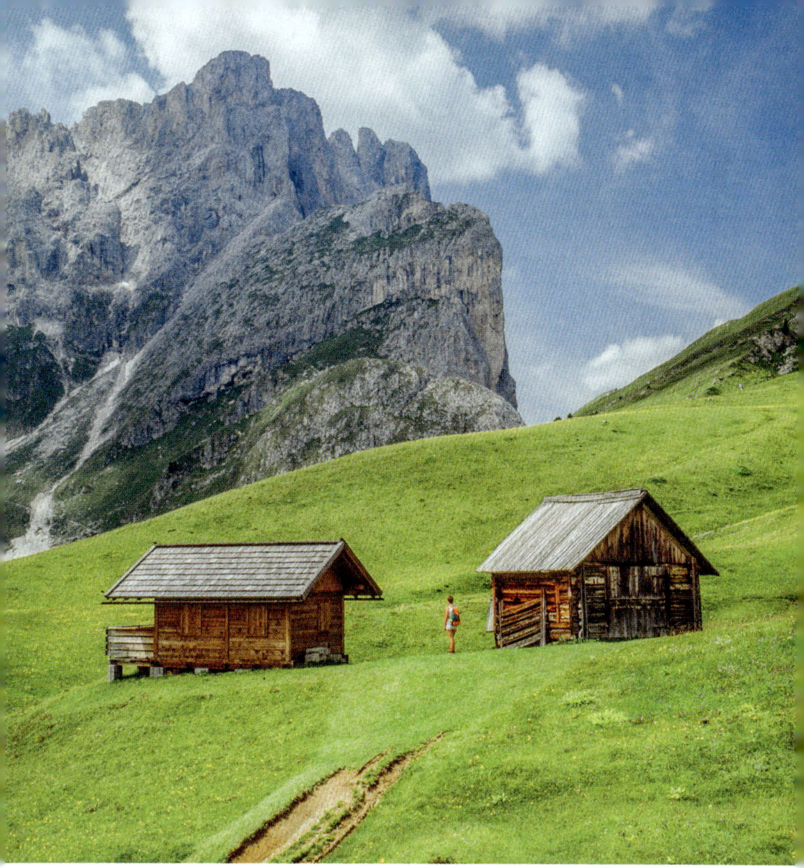

Auf der Medalgesalm (Tour 14) mit Kreuzjoch und Geislerspitzen im Südwesten darüber.

Bergrettung, Notruf

In Italien kann über die Telefonnummer 118 (kostenlos, keine Vorwahl) die Bergrettung verständigt werden. Mit einem Handy oder Smartphone kann die Europäische Notrufnummer 112 (ebenfalls kostenlos, keine Vorwahl) auch ohne vorherige Eingabe des PIN-Codes angerufen werden.

Wegmarkierungen

Neben einer einheitlichen rot-weiß-roten Markierung besitzen viele Steige auch eigene Nummern. Wo Farbzeichen verblasst oder unleserlich geworden sind, ist auf mögliche Steinmänner-Markierung zu achten.

Aufstiegshilfen

Von Stützpunkten, die mit Bergbahnen erreichbar sind, werden mehrfach Wanderungen im Abstieg beschrieben. Diese Anlagen sind überwiegend während der sommerlichen Hochsaison in Betrieb, also von Mitte Juni bis Mitte September, größere Anlagen bis Anfang Oktober. In der übrigen Zeit können solche Tourenziele bzw. Ausgangspunkte nur zu Fuß erreicht werden, was z. T. eine erhebliche Mehrleistung bedeutet, sodass zusätzliche Gehzeiten einzuplanen sind. Bei den an Wochenenden gebundenen Öffnungszeiten der Lifte gibt der Wanderführer oft Zeitspannen (z. B. 5./10. Juni bis 15. September) an, während denen die Lifte in Betrieb sind.

Öffentliche Verkehrsmittel

Viele Talorte und Ausgangspunkte sind mit öffentlichen Verkehrsmitteln erreichbar. Fahrplanauskünfte gibt es unter folgenden Internetadressen:

- Fahrpläne europaweit: fahrplan-online.de
- Provinz Bozen (Verkehrsverbund Südtirol): SAD Nahverkehr AG, sii.bz.it sowie sad.it und suedtirolmobil.info
- Provinz Belluno (Verkehrsverbund Belluno): Dolomiti-Bus, dolomitibus.it
- Provinz Trento (Verkehrsverbund Trentino): Trentino Trasporti, ttspa.it
- Deutschland (Deutsche Bahn): bahn.de
- Österreich (Österreichische Bundesbahnen): fahrplan.oebb.at

Schutzhütten, Gaststätten, Restaurants, Jausenstationen

In den Kurzinformationen werden bei jeder Tour alle an der Route gelegenen Einkehrmöglichkeiten aufgeführt (mit Hinweisen auf etwaige Ruhetage, die jedoch im Juli und August nicht immer eingehalten werden). Die angegebenen Bewirtschaftungszeiten sind Richtzeiten. Sie können je nach

SYMBOLE

Symbole im Tourenkopf	Auf-/Abfahrt mit Sessellift
Mit Bahn/Bus erreichbar	Gipfel
Einkehrmöglichkeit	Pass, Sattel
für Kinder geeignet	Brücke
Symbole im Höhenprofil	Kirche, Kapelle
Ort mit Einkehrmöglichkeit	Burg, Schloss, Ruine
bewirtschaftete Hütte, Gasthaus	Aussichtsturm
P Parkplatz	Aussichtsplatz
Bushaltestelle	Abzweigung
Auf-/Abfahrt mit Standseilbahn	Klettersteig
Auf-/Abfahrt mit Seilbahn	Quelle, Brunnen

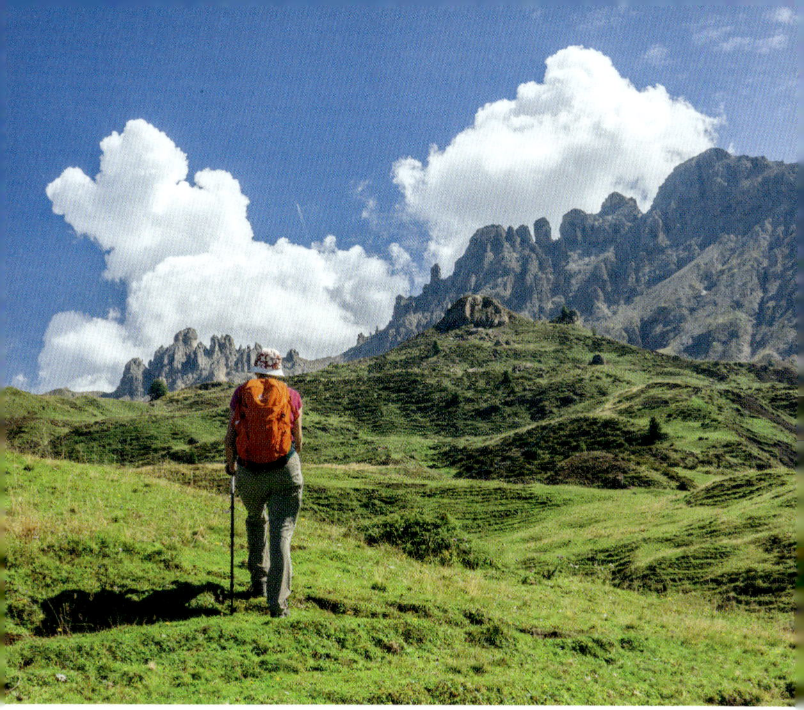

Im (weglosen) Anstieg von der Gstatsch Schwaige zur Peterlunger Lacke (Tour 53) mit Aufblick zu den Rosszähnen.

Lage der Wochenenden von Jahr zu Jahr etwas schwanken. Das gilt auch für die Betriebszeiten von Beförderungsmitteln.

Wetter

Informationen und Vorhersagen für das Bergwetter in den Dolomiten können telefonisch oder über das Internet abgefragt werden:

- Tonbanddienst des Amtes für Meteorologie und Lawinenwarnung der Provinz Bozen, Tel. +39 0471 271177, +39 0471 270555, provinz.bz.it/wetter.
- Persönliche Beratungsstelle der Geospere Austria/Meteorologie, Tel. 0900 5665666 (nur aus Österreich, kostenpflichtige Hotline), zamg.ac.at.
- Tägliche Wetterberichte (in italienischer Sprache) vom Institut für Lawinenforschung (Centro Sperimentale Valanghe) in Arabba, Tel. +39 0436 7800071, arpa.veneto.it.

Vorhersagen des Alpenwetters findet man außerdem auf den Internetseiten alpenverein.de und alpenverein.at.

Der Umwelt zuliebe ...

Auch beim Wandern hinterlassen wir einen ökologischen Fußabdruck, aber im Einklang mit der Natur unterwegs zu sein, ist gar nicht so schwer!

VORBEREITUNG UND ANFAHRT

- Sich vorab informieren, worauf in Bezug auf Natur und Umwelt in der jeweiligen Wanderregion besonders zu achten ist.
- Soweit möglich mit Bahn und Bus anreisen, Wander- und Rufbusse nutzen.
- Ist eine Anfahrt mit dem Auto nötig, Fahrgemeinschaften bilden.
- Bei weiten Anfahrten Mehrtagestouren planen oder von einem Quartier vor Ort aus mehrere Touren absolvieren.
- Flugreisen möglichst reduzieren und durch Beiträge zu Klimaschutzprojekten kompensieren.

KLEIDUNG UND AUSRÜSTUNG

- Beim Kauf von Outdoor-Kleidung auf umweltfreundliche und faire Herstellung achten und Kleidungsstücke möglichst viele Jahre nutzen.
- Ausrüstung kann man eventuell auch gebraucht kaufen oder ausleihen.
- Reparieren statt neu kaufen.

VERPFLEGUNG

- Beim Einkauf Bio-Ware, regionale und saisonale Erzeugnisse bevorzugen.
- Hütten und Gasthäuser auswählen, die regionale Produkte verwenden.
- Auf Einwegflaschen und Plastikverpackungen verzichten, stattdessen wiederverwendbare Trinkflaschen und Brotzeitboxen benutzen.

ÜBERNACHTUNG

- Bei lokalen Anbietern buchen, damit Menschen vor Ort profitieren.
- Auf Hütten und in anderen Unterkünften Strom und Wasser sparen.

UNTERWEGS

- Wege benutzen und Abkürzer vermeiden.
- Sperrungen von Wegen und Schutzgebieten respektieren.
- Keine Blumen pflücken und keine Pflanzen entnehmen.
- Waldbrandgefahr beachten.
- Müll wieder mit nach Hause nehmen und dort entsorgen.
- Toilettengänge in freier Natur möglichst vermeiden.
- Lärm vermeiden.
- Hunde an die Leine nehmen.

ROTHER
BERGVERLAG

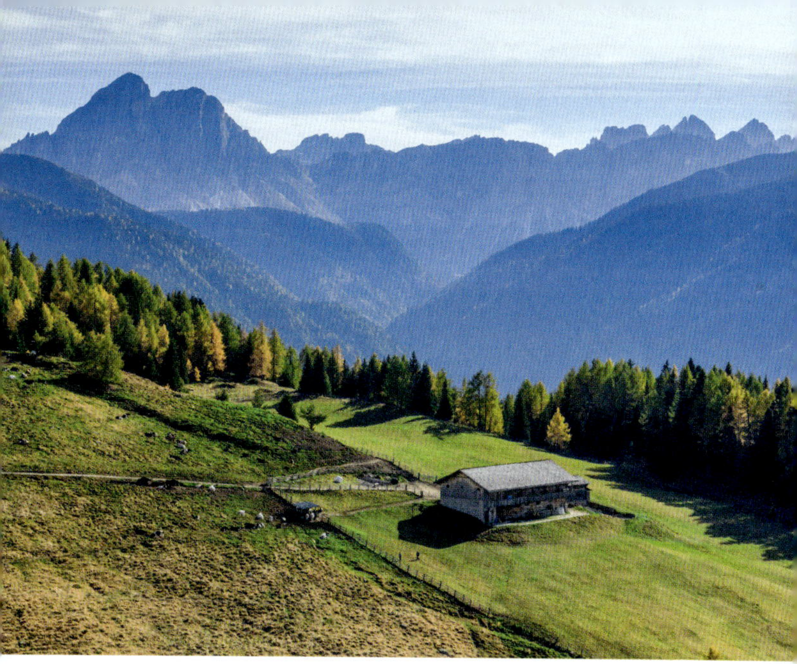

Unterwegs zum Astjoch/Burgstall (Tour 1). Blick über die Steineralm hinweg nach Süden zum Peitlerkofel.

Telefon

Es gelten folgende Landesvorwahlen: aus Deutschland, Österreich und der Schweiz nach Italien +39. Bei der darauffolgenden Ortsnummer die erste Null nicht weglassen! Handy-Vorwahlen haben in Italien generell keine führende Null. Die Ländervorwahl aus Italien nach Deutschland lautet +49, nach Österreich +43 und in die Schweiz +41. Bei der darauffolgenden Ortsnummer entfällt hier die erste Null.

Karten

Als ergänzende Orientierungshilfe werden folgende Karten empfohlen:

- Kompass-Wanderkarte 1:50.000, Blätter 54, 56 und 59
- Kompass-Wanderkarte 1:30.000, Kartenset 672 (4 Blätter)
- Kompass-Wanderkarte 1:25.000, Blätter 616, 627, 628 und 686
- Tabacco-Wanderkarte 1:25.000, Blätter 05, 06, 029 und 030 sowie das Blatt »Seiser Alm – Schlerngebiet«. (Von den Karten der neuen Serie (wasserabstoßend, reißfest, bedruckte Vorder- und Rückseite) sind bislang die Blätter 05, 06 und 030 vorrätig.)

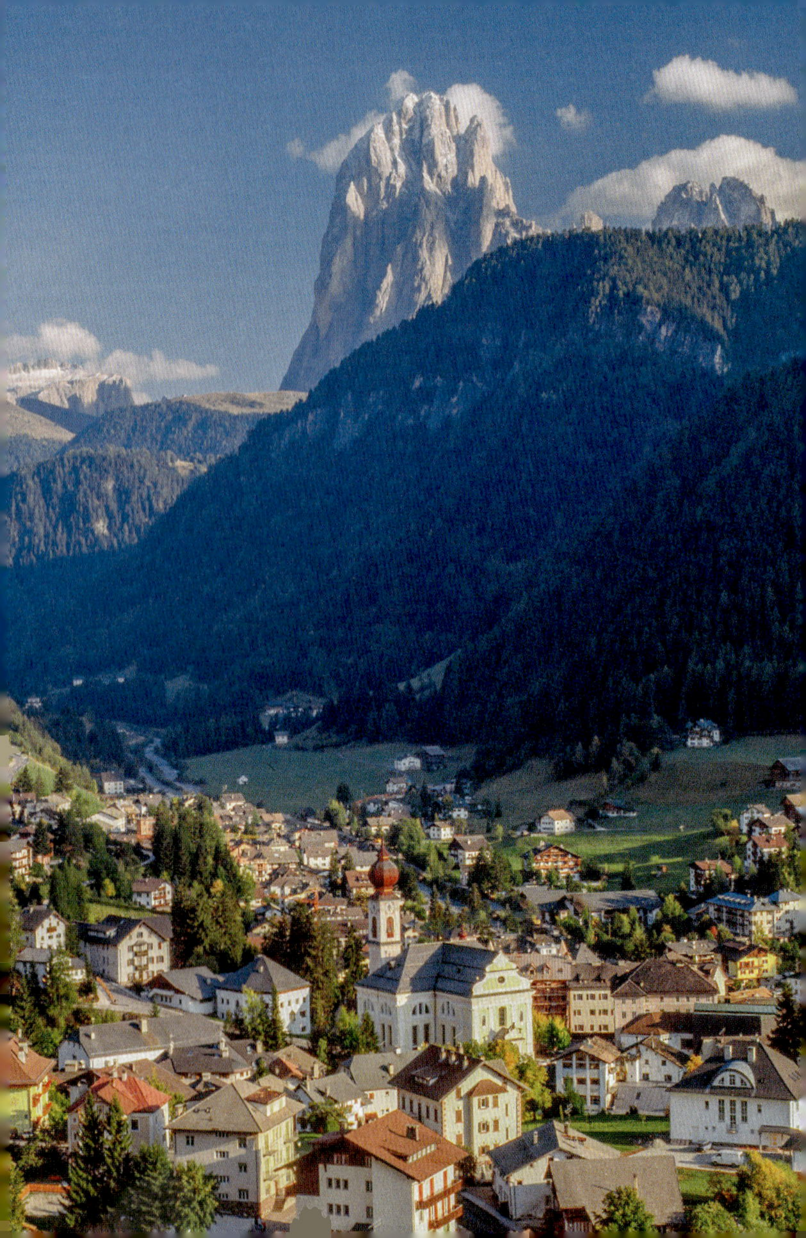

Literatur

- F. Hauleitner: Wanderführer für die Dolomiten, Bd. 1–8, Rother Bergverlag, München.
- F. Hauleitner: Wanderführer Seiser Alm, Rother Bergverlag, München.
- F. Hauleitner: Wanderbuch Dolomiten, Rother Bergverlag, München.
- F. Hauleitner: Dolomiten-Höhenwege 1–10 (3 Bände), Rother Bergverlag, München.
- M. Zahel: Klettersteige Dolomiten – Brenta – Gardasee, Rother Bergverlag, München.

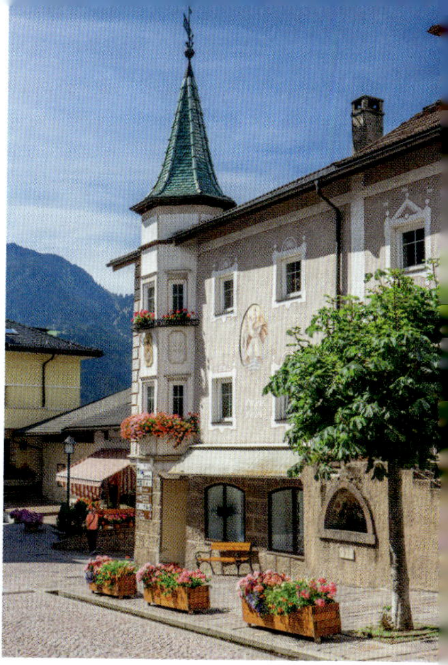

Blumengeschmücktes Grödner Haus in St. Ulrich.

Informationen zu Fremdenverkehrsämtern

Landes-Fremdenverkehrsämter und Landes-Informationsstellen

- Südtirol-Information: I–39100 Bozen (Bolzano), Südtiroler Straße 60 (Mo.–Fr. 9–12.30 Uhr u. 14–18 Uhr, Sa. 9.30–12.30 Uhr u. 14–18 Uhr), Tel. +39 0471 999999, info@suedtirol.info, suedtirol.info
- Alpine Auskunft Alpenverein Südtirol (AVS), I-39100 Bozen, Giottostraße 3 (Mo.–Do. 9–12 Uhr und 13–17 Uhr, Fr. 9–12 Uhr), Tel. +39 0471 978141, office@alpenverein.it, alpenverein.it

Regionale Fremdenverkehrsämter und Auskunftsstellen

Provinz Bozen (Südtirol)

- Val Gardena/Gröden Marketing, Tel. +39 0471 777777, info@valgardena.it, valgardena.it
- Seiser Alm, Tel. +39 0471 709600, info@seiseralm.it, seiseralm.it
- Bozen und Umgebung, Tel. +39 0471 307000, info@bolzano-bozen.it, bolzano-bozen.it

Provinz Trient (Trento)

- Fassatal (A.P.T. »Val di Fassa«), Tel. +39 0462 609500, info@fassa.com, fassa.com
- Fleimstal (A.P.T. »Val di Fiemme«), Tel. +39 0462 241111, info@valfiemme.info, visitfiemme.it

Fremdenverkehrsmetropole St. Ulrich im Grödnertal, überragt von der majestätischen Felssäule des Langkofels.

RUND UM DAS GRÖDNERTAL

Das **Grödnertal**, die Heimat Luis Trenkers und einer weltberühmten Schnitzereikunst, ist das Kerngebiet dieses Wanderführers. Noch in seinem Urzustand, vor seiner Erschließung für Verkehr und Tourismus, wurde es zu den Glanzpunkten des Alpenraums gezählt. Der frei und unnahbar wie eine Hand zum Himmel weisende **Langkofelstock** ist das Wahrzeichen der Talschaft. Seine zwischen Sellajoch und Fassajoch eingelagerte Gruppe hat die Form eines nach Nordwesten (gegen die Seiser Alm) geöffneten Hufeisens, in dem bekannte »Größen« wie **Langkofel**, **Langkofeleck**, **Fünffingerspitze**, **Grohmannspitze**, **Innerkoflerturm**, **Zahnkofel** und **Plattkofel** aufragen. Den Plattkofel ausgenommen sind sie alle nur Kletterern zugänglich. »Normalverbraucher« können die Gruppe jedoch auf gut markierten Wegen problemlos durchwandern oder umrunden. Zentrum des zum Teil noch von Ladinern bewohnten Tales ist der noble Urlaubsort **St. Ulrich**, gefolgt von den weiter talein gelegenen Orten **St. Christina** und **Wolkenstein**. Eine Vielzahl von Seilbahnen erleichtert und verkürzt dort das Eindringen in die Dolomitengruppen rings um das Taljuwel.

Im Westen steht dem Langkofelstock der mächtige **Schlern** gegenüber. An ihm erreicht das kompakte, triadische Dolomitgestein so große Mächtigkeit, dass der »Schlerndolomit« heute zu einem festen Begriff geworden ist. Seine Wände stützen eine ausgedehnte Gipfelhochfläche, aus der als bedeutendste Erhebungen **Petz**, **Kranzer** und **Burgstall** hervorragen. Die attraktivste Seite des Berges schaut nach Norden, gegen die Bergterrasse von **Völs-Seis-Kastelruth**, wo die ihm vorgelagerten Felstürme der **Santner**- und **Euringerspitze** ein klassisches Dolomitenbild abgeben. Funde belegen, dass der Schlern schon in vorgeschichtlicher Zeit Bedeutung als Weihe- und Brandopferstätte hatte. Leichte Erreichbarkeit und umfassende Rundsicht machen ihn zu einem der populärsten Berge Südtirols.

Südlich des Schlern setzt die vor allem unter deutschsprachigen Gästen hoch geschätzte **Rosengartengruppe** an. Mit ihren großartigen Felsbauten und Bergräumen liefert sie ideale Bedingungen für bergsteigerische Betätigungen jeder Art. Aus dem Gebiet werden hier fünf Unternehmungen vorgestellt. Weitere Tourenvorschläge finden sich in Band 2 und 4 der Rother-Wanderführerreihe Dolomiten.

Langkofel und Schlern umfassen schalenartig die riesige, kupierte Wiesenhochfläche der **Seiser Alm**. Das etwa 1800 Meter hoch gelegene, rund 60 km² große Plateau ist die größte Almweide der Alpen. Die Seiser Alm gehört dem beschaulichen Wanderer, dem hier eine Palette harmloser, aber faszinierend schöner Unternehmungen geboten wird. Mit dem Auto oder mit einer der Seilbahnen von St. Ulrich oder Seis hochgefahren, steht oben einem hindernislosen Schreiten in freier Natur nichts mehr im Wege.

Noch wuchtiger, hochalpiner als der Schlern präsentiert sich die im Osten des Langkofels zwischen Sellajoch, Pordoijoch und Grödner Joch gelege-

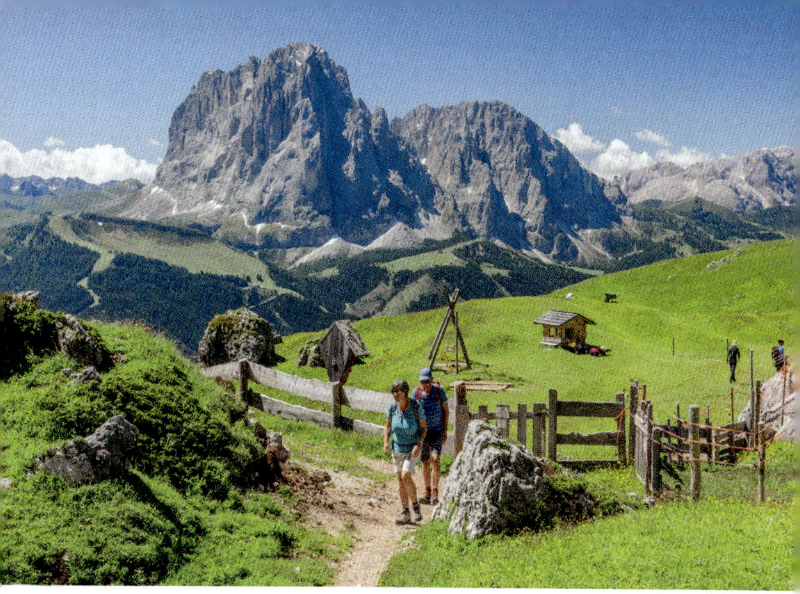

Unterwegs am Cisles-Höhenweg (Tour 33) im Bereich der Pieralonga Alm, im Hintergrund der Langkofel.

ne **Sellagruppe**. Sie wird durch ein markantes, umlaufendes Geröllband aus Raibler Schichten in zwei Stockwerke (Schlerndolomit unten, Hauptdolomit oben) geteilt. Das grandiose burgförmige Massiv ist Schaustück des inneren Grödnertals. Von nur wenigen Kerben durchdrungen, stützen massive Sockelwände eine riesige, beklemmend wirkende, weil weitgehend vegetationslose Karrenhochfläche. Aus ihr ragt als höchste Erhebung die ausladende Gipfelpyramide des 3152 Meter hohen **Piz Boè** auf. Die Sella-Hochregion kann sowohl von den umliegenden Pässen (Campolongosattel, Pordoijoch, Sellajoch und Grödner Joch) als auch von den Bergstationen der Sass-Pordoi-Seilbahn (vom Pordoijoch) und des Vallonlifts (von Corvara) erreicht werden. Nördlich des Grödner Jochs setzt die ausgedehnte Hochfläche der **Puezgruppe** an. Aus relativ jungen Gesteinen der Kreidezeit gebildet, wirkt das teilweise begrünte Plateau weniger herb und menschenfeindlich als jenes der Sella. Ein großartiger Canyon, das **Langental**, teilt das Gebirge in eine östliche und westliche Hälfte. Mit der inmitten dieser Einöde gelegenen **Puezhütte** bieten ihre Wiesenhochflächen und Kare ideale Bedingungen für ausgedehnte Streifzüge.

Ganz anderen Charakter trägt die westlich der Roascharte ansetzende Geislergruppe, ein schroffer, getürmter Gratzug mit den Untergruppen der Geislerspitzen, Odlen und Fermeden. Ihre gegen das Villnösstal schauenden

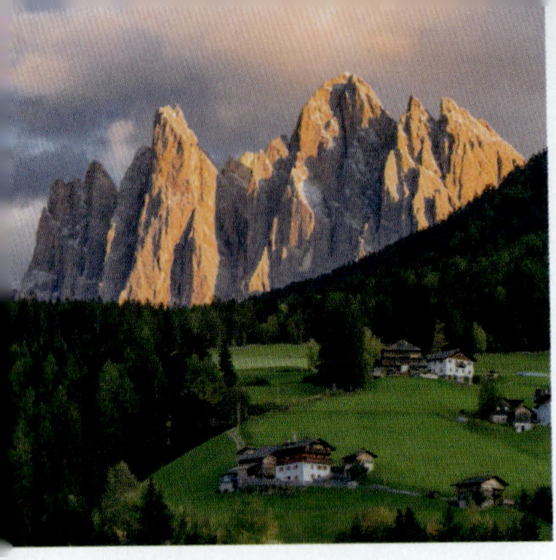

Gar nicht selten: Abendrot an den Nordwänden der Geislerspitzen.

Nordwände bilden eine gewaltige Mauer, eine Türmephalanx, die in den Dolomiten ihresgleichen sucht. Auch die gegen das Grödnertal schauende Südseite zeigt schroffe, wenn auch weniger abweisende Formationen. Damit dokumentiert diese kleinräumige Gruppe ihre vorrangige Eignung als Klettergebiet. Doch auch Wanderer kommen auf ihre Kosten, wie etwa an der nach Westen vorspringenden Bergschulter des **Raschötz** oder auf den zauberhaften Wiesenteppichen der **Cislesalm**.
Der isoliert aufragende **Peitlerkofel** weiter nördlich ist ein stolzer Felsberg mit gesichertem Normalanstieg über die Südseite. Mit den **Aferer Geiseln** bildet er das nordwestliche Bollwerk der Dolomiten. Die Plose und der das Lüsner Tal flankierende Astjochkamm mit den als Panoramaberge gerühmten Höhen des Astjochs (Burgstall) und des Maurerbergs sind trotz geografischer Zugehörigkeit zu den Dolomiten gesteinsmäßig (kristallin) schon zu den Zentralalpen zu zählen. Ihre weiten Almgebiete schaffen ein ideales Terrain für Wanderer und Skifahrer, wobei die vergletscherten Urgesteinsalpen im Norden und das bizarre Filigran der Dolomiten im Süden den wirkungsvollen Hintergrund abgeben. Dank Zufahrtsstraße und Kabinenbahn kann die Plose auch von weniger ambitionierten Gehern erreicht werden.
In Anbetracht der unvergleichlichen Naturschönheiten der Grödnertal-Region kommt hier dem Landschaftsschutz große Bedeutung zu. Daneben darf aber die Bedeutung des Gebiets als Wohn- und Lebensraum der ansässigen Bevölkerung nicht übersehen werden. Die Schaffung von Naturparks ist ein gutes Mittel, einer grenzenlosen Erschließung durch Verhüttelung, durch den Bau von Straßen, Seilbahnen, Skipisten etc. Einhalt zu gebieten. Zwei Naturschutzgebiete, der **Naturpark Puez-Geisler** und der **Naturpark Schlern**, flankieren das Grödnertal im Norden und Süden. Im Juni 2009 wurde den landschaftlichen Besonderheiten dieser Dolomitengruppen durch Aufnahme in die Weltnaturerbe-Liste der UNESCO international Rechnung getragen. Auch die großen, heute schon europaweit bekannten **Dolomiten-Höhenwege** (»Alte Vie delle Dolomiti«) müssen hier erwähnt werden, von denen vier das Gebiet berühren: **Höhenroute Nr. 1** (»Klassischer Weg«) vom Pragser Wildsee nach Belluno, **Höhenroute Nr. 2** (»Weg der Sagen und Legenden«) von Brixen nach Feltre, **Höhenroute Nr. 8** (»Weg der Panoramen«) von Brixen nach Salurn, und **Höhenroute Nr. 9** (»Transversale«) von Bozen nach Santo Stefano.

WICHTIGE ITALIENISCHE BEGRIFFE

acqua	Wasser
albergo	Gasthof, Hotel
alta, alto	hohe(r)
Alta Via delle Dolomiti	Dolomiten-Höhenweg
arrampicare	klettern
assicurazione	Sicherung
attrezzato	gesichert
autunno	Herbst
baita	Bar, Unterstand
banca	breites Geröllband
bassa(o)	tiefe(r), niedrige(r)
beltempo	Schönwetter
bivacco	Biwak, -schachtel
bocca	Scharte
bocchetta	kleine Scharte
busa	Bergkessel, Kar
bussola	Kompass
cabinovia	Klein-, Stehgondelbahn
cadin	Kar
camminata	Fußmarsch
campanile	Turm
capanna	Hütte
casera	Almhütte
cengia	Band
cima	Gipfel, Spitze
col	Hügel
corda	Seil
cresta	Grat
croda	steiler Felsgipfel
diritto	geradeaus
discesa	Abstieg
dos(so)	Rücken, Hügel
est	Osten
estate	Sommer
fiume	Fluss
fonte	Quelle
forcella	Joch, Sattel, Scharte
funivia	Seilbahn
ghiacciaio	Gletscher
guglia	Turm, Felsnadel
incidente	Unfall
inverno	Winter
lago	See
malga	Alm
maltempo	Schlechtwetter
monte	Berg

nebbia	Nebel
neve	Schnee
nord	Norden
ovest	Westen
passo	Joch, Pass
pericoloso	gefährlich
pernottare	nächtigen
pian(o)	Ebene, Fläche
pioggia	Regen
piz, pizzo	Spitze
ponte	Brücke
porta	Felstor, Scharte
pra(to)	Wiese
previsioni del tempo	Wettervorhersage
primavera	Frühling
punta	Gipfel, Spitze
rifugio	Hütte, Schutzhütte
rio, rivo	Fluss
salita	Anstieg
sass(o)	Fels, Felsberg
seggiovia	Sessellift
segnalazione	Markierung
sella	Schulter, Sattel
sentiero	Steig, Weg
serpente	Schlange
soccorso alpino	Bergrettung
sorgente	Quelle
spallone	große Bergschulter
spigolo	Bergkante
sud	Süden
telecabina	Stehgondelbahn
teleferica	Seilschwebebahn
tempo	Wetter
temporale	Gewitter
torre	Turm, Felsturm
torrente	Bach
val, valle	Tal
valanga	Lawine
van, vant	Bergkessel, Kar
vedretta	kleiner Gletscher
vento	Wind
vetta	Gipfel
via	Weg, Steig
via ferrata	Klettersteig
vipera	Viper, Giftschlange
zaino	Rucksack

SEHENSWÜRDIGKEITEN

Bozen

Am Vereinigungspunkt von Etsch und Eisack in einem Talbecken gelegene Hauptstadt der gleichnamigen Provinz. Zu den Sehenswürdigkeiten der belebten Stadt gehören die gotische Pfarrkirche (15. Jh.), der Waltherplatz (nach Walther von der Vogelweide), die Laubengasse (Häuser aus dem 17. Jh.), der farbenprächtige Obstmarkt, das Franziskanerkloster (15./16. Jh.), das Dominikanerkloster (14. Jh.), die herrlichen Promenaden (Wassermauer-Promenade, Guntschna-Promenade, Oswald-Promenade) sowie die auf hohem Fels stehende Burg Runkelstein (13. Jh., Freskenschmuck). Im Ortsteil Gries ist die alte Pfarrkirche mit einem Flügelaltar von Michael Pacher zu bewundern. Lohnend ist ein Besuch des Ritten mit den berühmten Erdpyramiden bei Lengmoos, zu erreichen per Großraum-Seilbahn und anschließender Bahnfahrt, aber auch per Auto oder Bus.

Brixen

Zu Füßen der Plose, am Zusammenfluss von Eisack und Rienz gelegene älteste Stadt Tirols (um 900 erstmals erwähnt, vom 10. Jh. bis 1964 Bischofssitz). Als Sehenswürdigkeiten seien der Dom (ursprünglich ottonischer Bau mit romanischer Neugestaltung, barocker Neubau 1745–1754 mit Fresken Paul Trogers und Hochaltar von Theodor Benedetti), der romanische Kreuzgang, »das größte Denkmal alpenländischer Wandmalerei« (Waschgler), die fürstbischöfliche Hofburg (13. Jh.) und der Renaissancehof (Habsburgerstammbaum in Terrakottafiguren) genannt. Einen Besuch verdient das renommierte Restaurant »Wirt an der Mahr« südlich von Brixen, von 1804 bis 1810 im Besitz von Peter Mahr (Roman von Peter Rosegger), Tiroler Freiheitskämpfer in der Zeit der Napoleonischen Kriege und Unteroffizier von Andreas Hofer.

Kastelruth

Hauptort der Schlernterrasse westlich unterm Puflatsch (Seiser Alm) mit sehenswerter Dekanatskirche St. Peter und Paul und imposantem, 82 Meter hohem Campanile. Eindrucksvoll ist der Krausplatz im Zen-

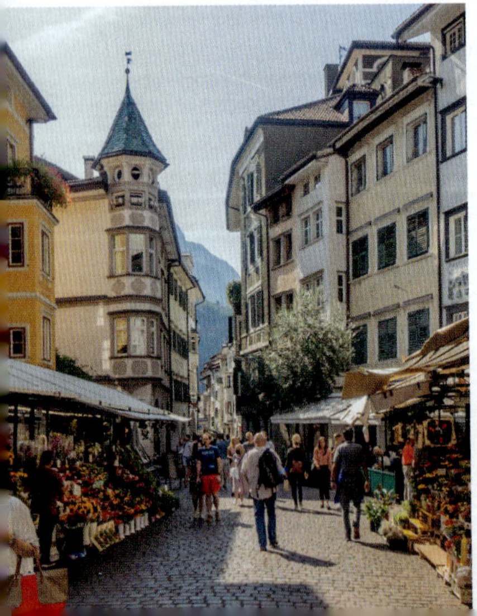

Verdient unbedingt einen Besuch: Der berühmte Obstmarkt in Bozen.

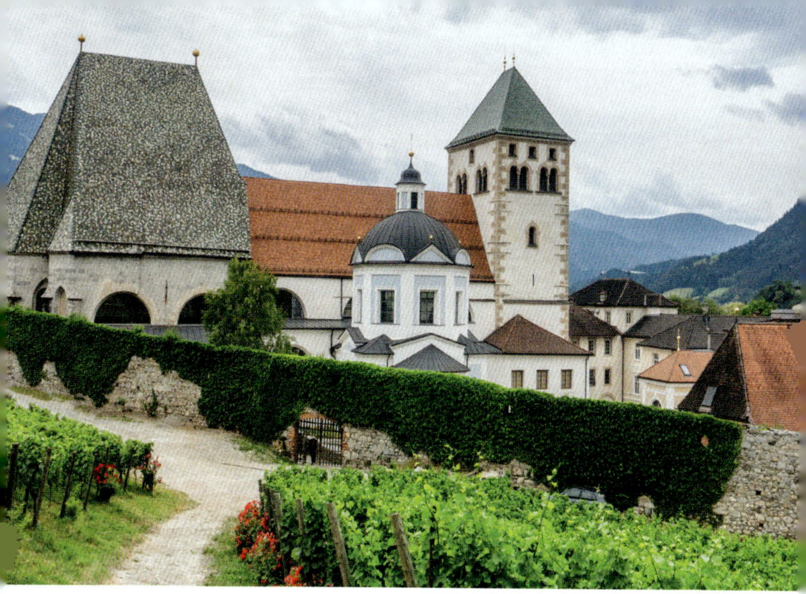

Das Barockjuwel Kloster Neustift im Norden von Brixen.

trum, ein Juwel unter den Plätzen Südtirols. Berühmt ist die Kastelruther Fronleichnamsprozession sowie die bekannte Musikgruppe »Kastelruther Spatzen«. Alljährlich findet von Ende Mai bis Anfang Juni im Umkreis von Kastelruth ein großes Reitturnier statt, der Oswald-von-Wolkenstein-Ritt. Er besteht aus vier verschiedenen Turnierspielen: Ringstechen, Labyrinth, Galopp und Tor-Ritt. Die Turniere werden in Kastelruth, Seis, am Völser Weiher und beim Schloss Prösels ausgetragen.

Klausen
Im Eisacktal gelegenes Künstlerstädtchen, beherrscht von der Burg Branzoll und der weitläufigen Klosteranlage Säben. 1494 wurde es von Albrecht Dürer besucht und war lange Zeit Sommersitz der Brixner Bischöfe.

Kloster Neustift
Zur Gemeinde Vahrn gehörendes, in Weingärten eingebettetes Stift nördlich von Brixen mit einer der schönsten Barockkirchen Südtirols. Im Besitz der Augustiner-Chorherren, zu denen auch die in Österreich gelegenen Stifte Klosterneuburg, St. Florian, Herzogenburg, Reichersberg und Vorau gehören. Sehenswert im Klosterbezirk sind auch die Engelsburg, der gotische Kreuzgang, der Weltwunderbrunnen, die Pinakothek, die Bibliothek und der Stiftskeller (Sylvaner!).

AUSFLÜGE UND TIPPS FÜR WANDERFREIE TAGE

Badeseen
Zur Erfrischung an heißen Sommertagen kommen neben etlichen kleineren Bergseen der Issinger Weiher (Moorschwimmbad bei Bruneck), der Völser Weiher (bei Völs am Schlern), der Wolfsgrubensee (am Ritten), die Montiggler Seen (im Wald östlich von Kaltern) und der Kalterer See (Überetsch) in Betracht.

Drachenfliegen und Paragliding
Liebhaber dieser Sportarten finden entsprechende Möglichkeiten an der Plose, im Grödnertal und an der Rosengarten-Westseite. Man erkundige sich diesbezüglich bei den Verkehrsämtern in Brixen, St. Ulrich und Welschnofen.

Pferdekutschenfahren
Dieses Vergnügen wird während der Sommermonate in Seis und auf der Seiser Alm (Kompatsch) geboten.

Törggelen
Darunter wird das Verkosten von süßem Most, jungem Wein, Kastanien (Maroni), Nüssen, Bauernspeck und Brot, Krapfen und Gerstensuppe auf Berghöfen und in Einkehrgaststätten im Spätherbst (Anfang Oktober bis zum Beginn der Adventszeit) verstanden. Törggelen wird im Umkreis des Etsch- und Eisacktales in den meisten Weinorten gepflegt. Es kann als Brauch mit dem ostösterr. »Heurigen« verglichen werden.

Karersee
Der berühmte See an der Westrampe der Karerpassstraße mit der Prachtkulisse des Latemar im Hintergrund gehört zu den Wahrzeichen der Dolomiten. Mit vollem Wasserstand ist das Gewässer allerdings meist nur im Frühjahr und im Frühsommer zu bewundern.

Ritten und Rittner Schmalspurbahn
Unter dem Ritten wird die ausgedehnte Bergschulter über der Vereinigung von Eisack- und Sarntal verstanden. Die Erholungsorte dort, in grandioser Balkonlage gegenüber den Dolomiten, bilden seit jeher eine beliebte Sommerfrische. Man erreicht den Ritten auf einer guten Asphaltstraße per Bus oder mit dem eigenen Auto. Eine reizvolle Alternative ergibt die Auffahrt von Bozen per Gondelbahn nach Oberbozen und die Weiterfahrt mit der Höhen-Schmalspurbahn (schöner Dolomitenblick!) nach Klobenstein.

Rittner Erdpyramiden
Zu den Attraktionen des Ritten gehören die Erdpyramiden bei Klobenstein/Lengmoos, aus dem Moränenmaterial ausgewitterte, turmartige Felsgebilde mit charakteristischem »Deckstein«. Weitere ähnliche Gebilde gibt es in Südtirol bzw. im benachbarten Trentino in Segonzano (Cembratal), in Oberbozen, Unterinn, Lengstein, in Steinegg, Glaning, Gummer, Mölten, beim Schloss Tirol, in Wielenberg, bei Terenten und bei Platten.

Zu den Weinorten des Überetsch
Kaltern und Eppan sind, in einem weitläufigen Obst- und Weinbaugebiet zu Füßen der Mendel eingebettet, die Hauptorte des Überetsch. Kaltern besitzt neben zahllosen Kellereien (Törggelen!) ein sehenswertes Weinmuseum. St. Pauls (Eppan) hat eine schöne Pfarrkirche, die größte Tirols, der »Dom auf dem Lande«. Vom Ort St. Anton kann man mit der Mendel-Standseilbahn zum Mendelpass hinauffahren. Am Kalterer See besteht Bademöglichkeit sowie Gelegenheit zu Ruder- und Segelsport.

Lajen
Über dem Eingang in das Grödnertal gelegener Ort mit schönem Dorfplatz. Auf dem Vogelweiderhof im Ortsteil Ried soll der Dichter und Minnesänger Walther von der Vogelweide um 1170 geboren worden sein.

Seis
Urlaubsort südlich von Kastelruth unmittelbar zu Füßen der eleganten Santnerspitze (Schlernmassiv). Sehenswert ist die alte barocke Pfarrkirche Maria Hilf von 1648, eine ehem. Wallfahrtskirche. Ein weiteres Kunstjuwel ist die Kirche St. Valentin (13. Jh.) nördlich über Seis, die mit ihren gut erhaltenen Fresken und der dahinter aufragenden Santerspitze ein tausendfach fotografiertes Motiv ist. Große Bedeutung hat Seis als Zugangsort auf das Hochplateau der Seiser Alm (Mautstraße, Seiser-Alm-Bahn).

Steinegg
Auf einer Bergschulter hoch über dem Eisack- und dem Tierser Tal gelegenes, von Blumau über eine kühne Bergstraße (15 Kehren!) erreichbares Dorf, mit Gummer und Karneid das erste europäische Sternendorf (Sternwarte Max Valier, Sonnenobservatorium und Planetarium Südtirol).

Am »Kofel« über Kastelruth. Blick über die Pfarrkirche und den 82 Meter hohen Campanile gegen den Schlern.

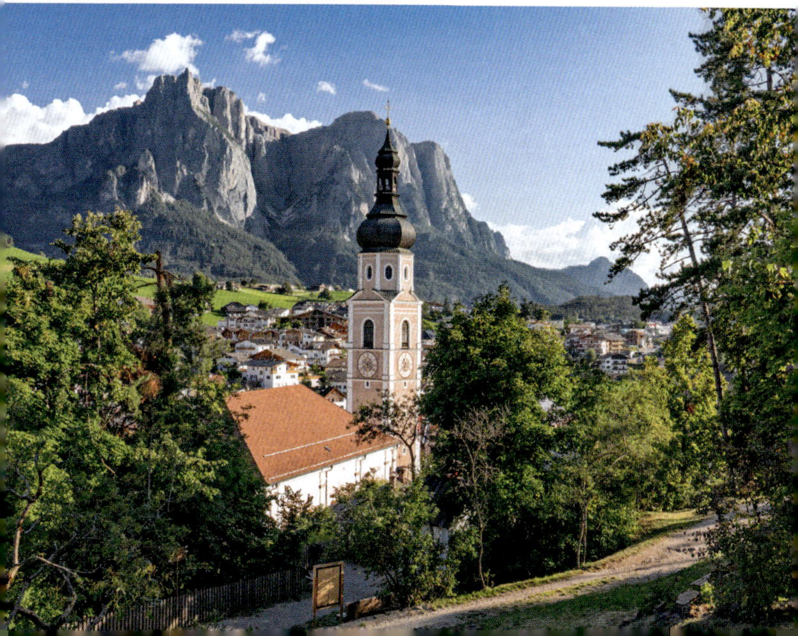

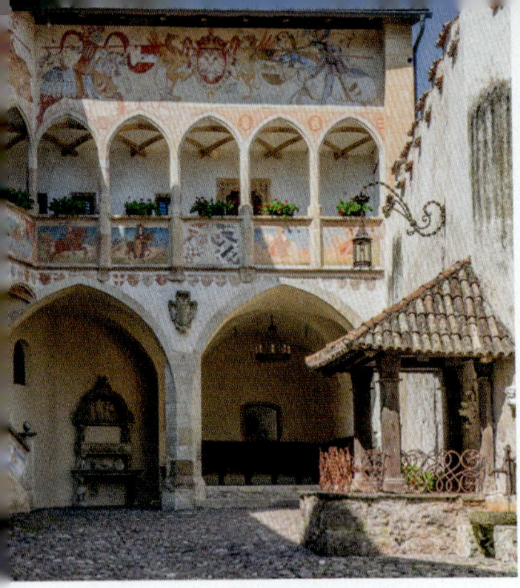

Bunte Fresken und blumengeschmückte Arkaden im Innenhof von Schloss Prösels.

St. Ulrich in Gröden

Als Hauptort des Grödnertales ist St. Ulrich durch seine Schnitzereiindustrie (eigene Fachschule) ein Begriff. Sehenswert sind die Pfarrkirche St. Ulrich (18. Jh.), das Heimatmuseum »Cesa di Ladins« (mit Werken der Geschichte des Grödner Schnitzwesens, Funden aus der Bronze-, Stein- und der Jüngeren Eiszeit), die Kirche St. Anna am Friedhof sowie die ständige Ausstellung des Grödner Handwerks im Kongresshaus. Der Ort ist die Heimat des Südtiroler Bergsteigers Luis Trenker.

Tiers

Bergdorf und Gemeinde im inneren Tierser Tal vor den Westwänden der Rosengartengruppe. Sehenswert die von einem roten Zwiebelturm gekrönte Pfarrkirche Hl. Georg im Dorfzentrum. Der untere Teil des Turmes mit seinen Rundbogenfenstern stammt aus der Romanik (1332 errichtet), der obere Teil mit dem roten Turmhelm wurde 1739 vollendet. Im Hintergrund des Tierser Tals gibt es seit 2021 eine in Südtirol und ganz Italien einzigartige Cabrio-Seilbahn von St. Zyprian zur Frommer Alm am Rosengarten.

Völs

Malerischer Urlaubsort auf ausladender Terrasse zu Füßen des Schlern. Sehenswert ist die Kirche Maria Himmelfahrt (um 1200) mit hohem Turm und romanischem Kruzifix im Zentrum sowie die Kirche St. Peter am Peterbühl im Westen des Ortszentrums.

Schlösser und Burgen

Das Eisacktal und seine Seitentäler sind reich an Schlössern und Burgen. Zu nennen sind das **Renaissanceschloss Velthurns** (früher Sommerresidenz der Bischöfe von Brixen), die **Fischburg** im Grödnertal, ein Jagdschloss (17. Jh.) der Herren von Wolkenstein, das **Schloss Friedburg-Kollmann** (Eisacktal, 1483 von Erzherzog Sigismund erbaut), das **Schloss Karneid** (13. Jh.) über den Porphyrschluchten des Eisack- und des Eggentals, die **Ruine Hauenstein** auf mächtigem Dolomitfels am Nordabhang der Santnerspitze südlich von Seis, einst Sitz des Minnesängers Oswald von Wolkenstein (1377–1445), das mächtige **Schloss Prösels** (16. Jh.) südlich von Völs, das **Schloss Rodeneck** (12. Jh.) nördlich von Brixen mit seinen berühmten Iwein-Fresken (13. Jh.) und die **Trostburg** (12. Jh.) bei Waidbruck, eine der großartigsten Burgen Südtirols, von 1370 bis 1969 im Besitz der Herren von Wolkenstein, u. a. des Minnesängers Oswald von Wolkenstein. Sehenswert ist auch der **Ansitz Fonteklaus** (nobles Hotel-Restaurant) 5 km östlich von Klausen.

Kirchen und Kapellen

Die **St.-Jakobs-Kirche** bei St. Ulrich – auch der Lage nach ein echtes Juwel – ist das älteste Gotteshaus Grödens und besitzt herrliche Fresken. In punkto Lage kaum weniger attraktiv ihre Namensschwester, die Villnösser Kirche **St. Jakob am Joch** aus der Romanik und Gotik mit einem bemerkenswerten gotischen Flügelaltar von 1517. Einen Besuch verdient die kleine romanische Kirche **St. Michael** (13 Jh.) neben dem gleichnamigen Restaurant nordöstlich von Kastelruth, eine beliebte Trauungskirche mit sehenswerten Fresken (15. Jh., Anbetung der Hl. Drei Könige, St. Michael mit der Waage) an den Außenwänden. Die inmitten schöner Wiesen vor der Santnerspitze gelegene **St.-Valentins-Kapelle** (13. Jh.) bei Seis zählt ebenso zu den Sehenswürdigkeiten wie die auf einem Hügel stehende Kirche **St. Konstantin** (13. Jh.) an der Straße Völs – Seis. Hierher gehören auch die ursprünglich romanische, anfangs dem Hl. Michael, später der Hl. Katharina geweihte Kirche im Weiler **St. Kathrein** (13. Jh.) zwischen Völser Aicha und Tiers mit ihren farbenprächtigen Fresken (15. Jh.) an der südlichen Außenwand sowie die malerische Kapelle **Hl. Zyprian** (13. Jh.) vor den großartigen Westwänden der Rosengartengruppe im Hintergrund des Tierser Tals.

Die malerische Kirche St. Konstantin mit dem Schlernmassiv, fast schon ein Wahrzeichen Südtirols.

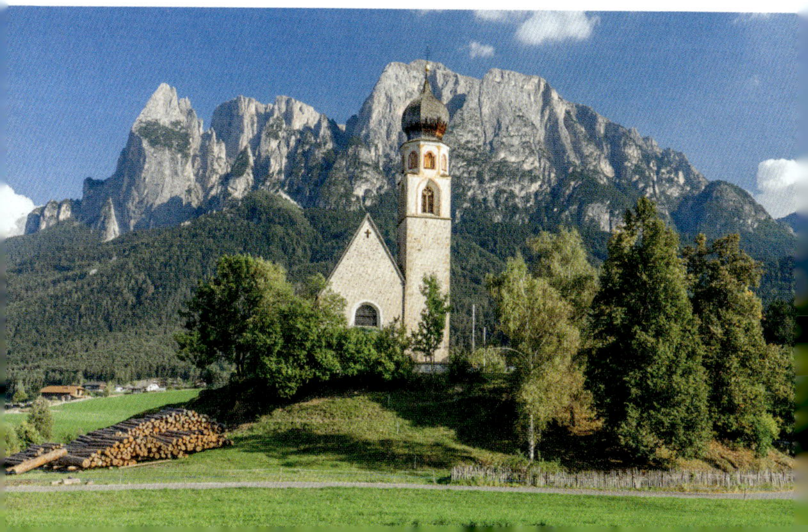

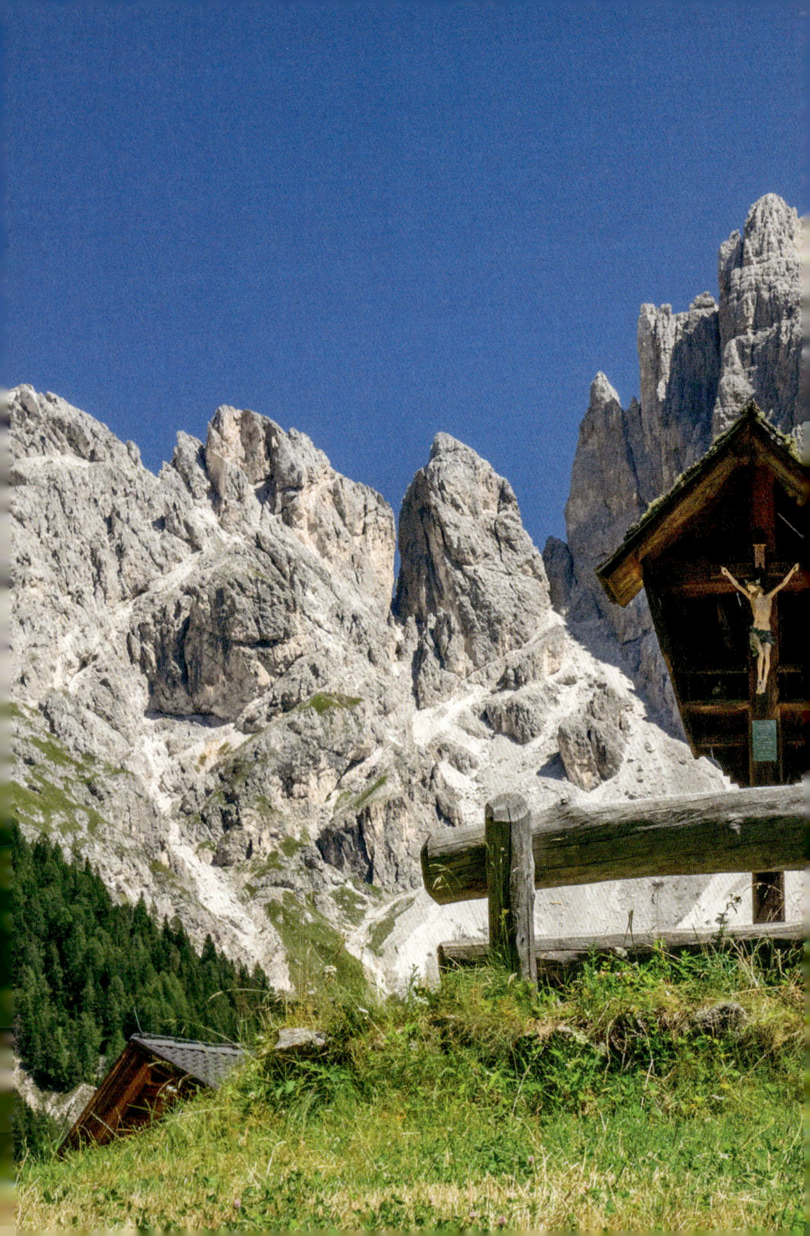

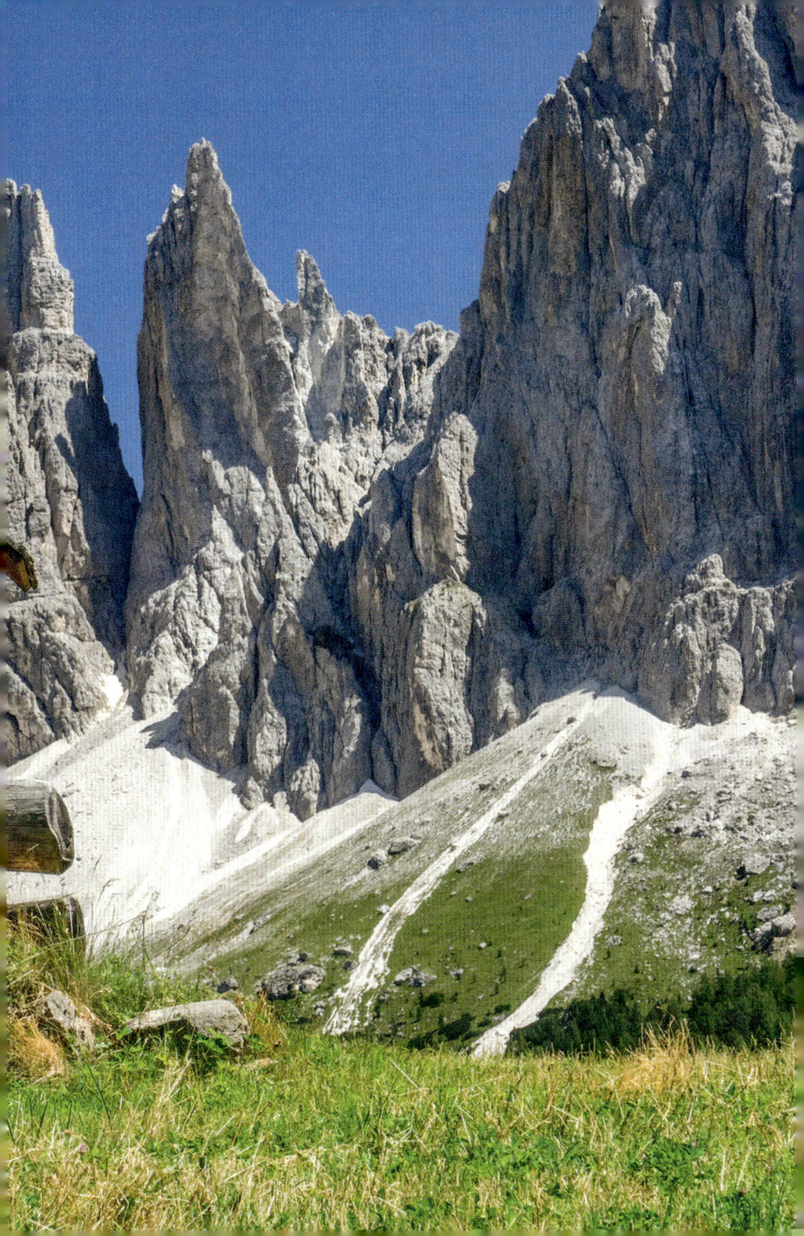

↗ 560 m | ↘ 560 m | 13.2 km

1 Astjoch (Burgstall), 2194 m

4.15 h

Ein musterhafter Aussichtsberg im Nordwesten der Dolomiten

Aus Kristallingestein geformt, bilden Plose und Astjochkamm die äußerste Nordwestecke der Dolomiten. Die kreuzgeschmückte grüne Kuppe des Astjochs, auch »Burgstall« genannt, ist die höchste Erhebung im Umkreis der Rodenecker und Lüsner Alm, eines der größten Almreviere der Alpen und Europas. Von verschiedenen Seiten leicht zugänglich, gilt der Berg als hervorragende Aussichtswarte mit regem Besuch fast das ganze Jahr über. Für den Westanstieg über die Lüsner Alpe und die Starkenfeldhütte starten wir am Parkplatz Herol nördlich über Lüsen. Den abschließenden Gipfelanstieg ausgenommen, folgt die Route ausschließlich Fahrwegen. Ein herrliches 360-Grad-Panorama von den Zentralalpen bis zur Brenta, vom Ortler bis zu den Lienzer Dolomiten krönt die im wahrsten Sinn des Wortes glanzvolle Wanderung.

Ausgangspunkt: Parkplatz Herol, 1650 m, unterhalb der Lüsner Alpe, auf bewaldeter Bergschulter nördlich über Lüsen.
Auffahrt mit Pkw von Lüsen auf asphaltierter Serpentinenstraße, 6,5 km.

Anforderungen: Einfache mittellange Wanderung großteils auf Fahrwegen, nur im Gipfelanstieg auch markierter Fußweg.

Einkehr: Starkenfeldhütte (25 Betten, geöffnet 15. Mai bis 1. Nov., Tel. +39 0472 761565, +39 327 3884157, starkenfeld.com).

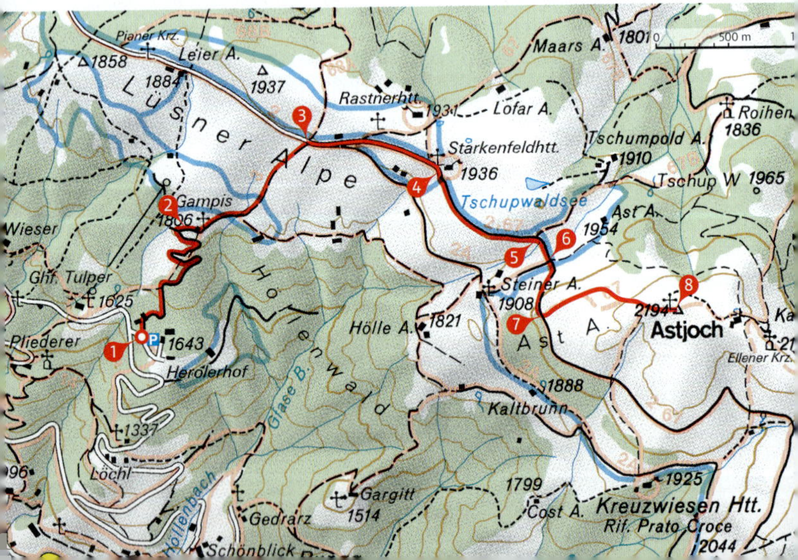

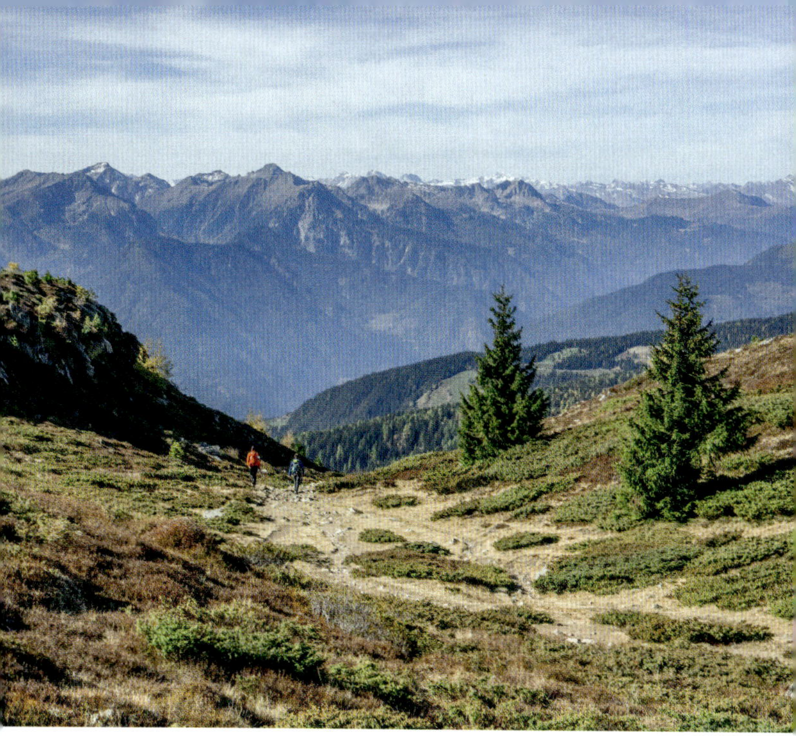

Spätherbst im Anstieg von der Starkenfeldhütte auf das Astjoch. Im Westen die Sarntaler Alpen.

Vom Parkplatz **Herol** ❶ die Forststraße mit Weg Nr. 3 (markierter Abkürzer), an der Reaswiesenhütte vorbei, durch Wald in weiten Kehren nach Nordosten aufwärts zu einer **Verzweigung** ❷ (Infotafeln; links zum Parkplatz Zumis). Die Schotterstraße (Weg Nr. 3) rechts haltend bald hinaus auf die riesige Wiesenhochfläche der Lüsner Alm und dort zu einer Gabelung (rechts zur Kreuzwiesenhütte). Geradeaus durch Wiesen und lichten Baumbestand, am Biotop Grahmoos vorbei, nach Nordosten aufwärts zu querender **Naturstraße** ❸. Diese (Weg Nr. 2), an den Abzweigungen zur Kreuzwiesen- und Rastnerhütte vorbei, nach rechts (Osten) empor zur **Starkenfeldhütte** ❹, 1936 m.
Rechts an der Hütte vorbei auf Naturstraße (Weg Nr. 2 und 67) durch Wiesen in Südostrichtung bergauf, dann eben nach links (Osten) in die Mulde der Astalm mit **Straßengabelung** ❺ noch vor Erreichen der Almhütten. Rechts den Fahrweg Nr. 67, am Biotop Astmoos vorbei, zur **Verzweigung** ❻

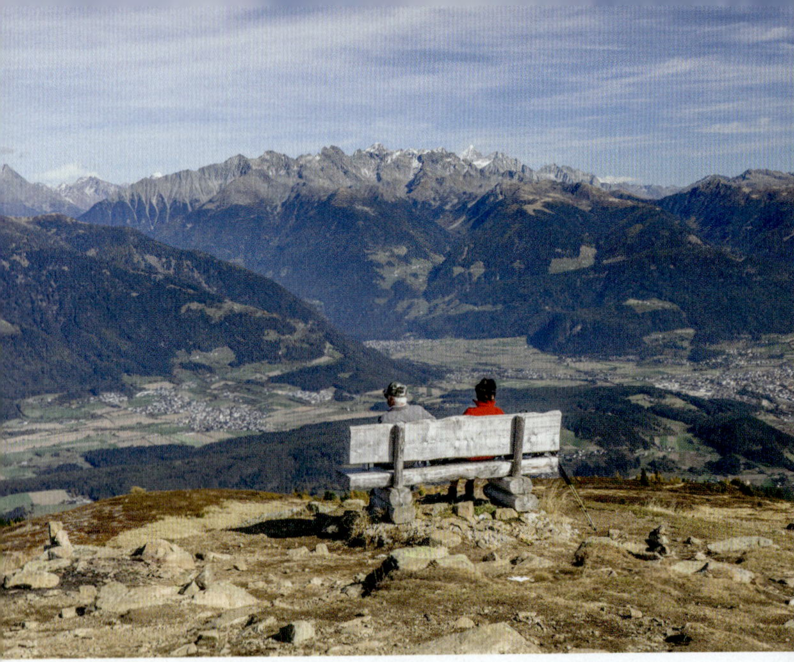

Rast am Gipfel des Astjochs (Burgstall). Im Nordosten jenseits des Pustertals die Rieserfernergruppe.

am Fuß des Astjochs. Links auf steinigem Fahrweg Nr. 67 durch Wiesen und kurzstämmigen Nadelwald in Kehren nach Süden hoch zur Astjoch-Westschulter mit **Wegteilung** ❼ (geradeaus Weg Nr. 10 in Richtung Campill / Jakobstöckl). Links auf Fußweg Nr. 67 durch Wiesen, später durch Wacholderbestände, an einer Lacke vorbei, nach Nordosten aufwärts, später auf steinigem Fußweg steil empor zum Gipfel des **Astjochs** ❽, 2194 m, mit Ehrenburger Kreuz, Buch und Panoramaplattform.
Abstieg entlang der Anstiegsroute.

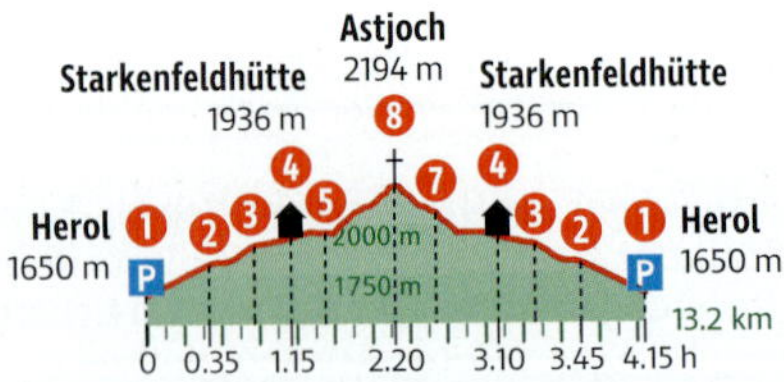

↗ 500 m | ↘ 500 m | 9.7 km

3.15 h

Maurerberg, 2332 m

2

Leicht erreichbarer Panoramapunkt im Norden des Peitlerkofels

Als höchste Erhebung in dem beim Würzjoch ansetzenden Astjochkamm hat der Maurerberg beachtliche Popularität. Denn er ist nicht nur ein exzellenter Panoramapunkt, er lässt sich vom Sattel und Parkplatz Pè de Börz, an der Maurerberghütte vorbei, auch problemlos besteigen. Oben angelangt, steht mit Ausnahme des den Süden dominierenden felsgewaltigen Peitlerkofels kein anderer Berg im Wege. Ähnlich dem Astjoch überschaut man dort den gesamten Zentralalpenkamm zwischen Glocknergruppe und Ötztaler Alpen und genießt tolle Einblicke in das Reich der Pragser- und Enneberger Dolomiten.

Ausgangspunkt: Sattel Pè de Börz, 1862 m, zwischen Maurerberg und Kurtatsch (Costacia) an der Ostrampe der Würzjochstraße mit Parkplatz (Tagesmaut im Hochsommer zwischen 7 und 14 Uhr), 18 km von St. Peter/Villnöss, 13 km ab St. Martin/Thurn, 3,5 km ab Untermoi. Bushalt der Linie 464 (Wengen – Antermoia – Würzjoch). Bei Anreise mit Bus 339 aus dem Villnösstal zum Würzjoch am besten Abstieg von dort entlang der Straße oder auf Fußweg Nr. 1 zum Sattel Pè de Börz, 1,5 km vom Würzjoch, 20 Min.
Anforderungen: Leichte Wanderung auf gut markierten Fahr- und Fußwegen. Vorsicht bei Nebel im Gipfelanstieg!
Einkehr: Maurerberghütte (30 Betten, geöffnet 1. Juni bis 25./31. Okt., Tel. +39 0474 520059, maurerberg.com).

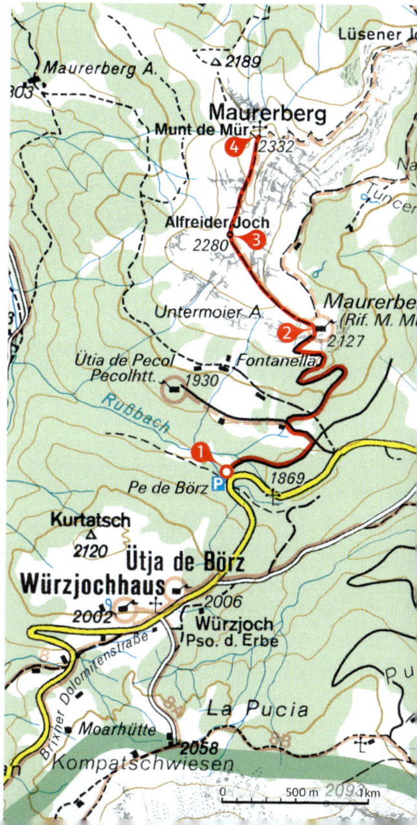

Vom Parkplatz am Sattel **Pè de Börz** ❶ die Naturstraße mit Weg Nr. 1 sanft nach Nordosten aufwärts in den Wald. Dort zunächst eben oder leicht fallend in die Südosthänge des Maurerberges hinein, dann die Waldflanke in Kehren und längeren Querungen nach Norden empor zur Waldgrenze, wobei sich im oberen Teil herrliche Ausblicke gegen den imposanten Peitlerkofel

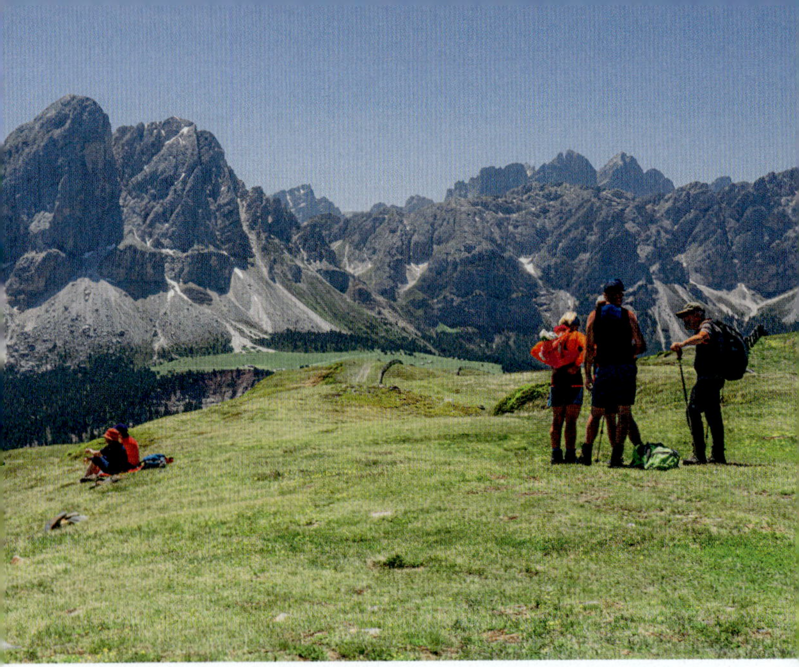

Gipfelanstieg auf den Maurerberg. Im Süden links der Peitlerkofel, rechts die Gipfelkrone der Geislergruppe.

im Süden ergeben. Durch baumfreies Wiesengelände erreicht die Straße zuletzt die frei und aussichtsreich gelegene **Maurerberghütte** ❷, 2127 m. Auf Weg Nr. 1A den breiten Wiesenrücken über mehrere Aufschwünge hinweg nach Nordwesten aufwärts zur Anhöhe des **Alfreider Jochs** ❸, 2280 m, wo der nord-süd-streichende Gipfelkamm erreicht wird. Über den runden Höhenrücken, zwei kleinere Erhebungen überschreitend, in Nordrichtung zum Gipfel des **Maurerbergs** ❹, 2332 m, mit riesigem Holzkreuz. Umfassendes 360-Grad-Panorama! Abstieg entlang der Anstiegsroute.

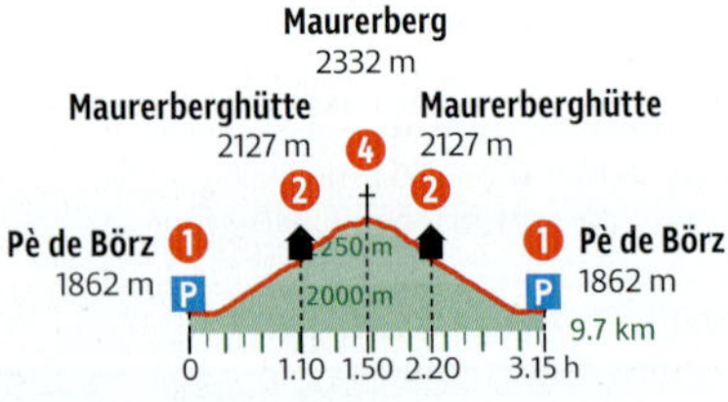

↗ 560 m | ↘ 560 m | 10.7 km

3.30 h

Plose: Brixner Höhenweg und Telegraph, 2486 m

3

Aussichtsreiche Rundtour im Gipfelbereich der Plose

Wer auf der Plose Einsamkeit und intakte Natur sucht, der ist am falschen Berg! Als Skigipfel erschlossen und bekannt, verspricht die Nähe zur Brenner-Autobahn und zur Stadt Brixen keine wirkliche Oase der Ruhe. Von den vielen möglichen Wanderungen seien hier Brixner Höhenweg und Telegraph-Überschreitung vorgestellt, als abwechslungsreiche Rundtour mit fesselndem Tiefblick auf Brixen und grandioser Sicht zu den Urgesteinsalpen ebenso wie zu den Dolomiten.

Ausgangspunkt: Talstation der zweiteiligen Plose-Kabinenbahn, 1067 m (Großparkplatz, Haltestelle der Buslinie 321 Brixen-Bf. – St. Andrä – Palmschoss, im Stundenintervall), 2 km östlich oberhalb von St. Andrä, 9 km von Brixen. Bergstation in Kreuztal, 2023 m (Hotelsiedlung), am Plose-Südwestrücken. Bahnbetrieb: 20. Mai bis 15. Okt. täglich 9–17/18 Uhr, danach bis 1. Nov. bei gutem Wetter 9–12.15 Uhr und 13–17 Uhr (Tel. +39 0472 200433, plose.org).
Anforderungen: Leichte Wanderung auf markierten Wegen. Trittsicherheit nötig!
Einkehr: Restaurant La Finestra an der Bergstation der Plose-Kabinenbahn (keine Übernachtung, bei Seilbahnbetrieb geöffnet), Pension Geisler (35 Betten, ganzj. geöffnet, Tel. +39 0472 521319, pension-geisler.it), Ochsenalm (keine Übernachtung, geöffnet 15. Juni/1. Juli bis 30. Sept./15. Okt., Tel. +39 328 8433955),

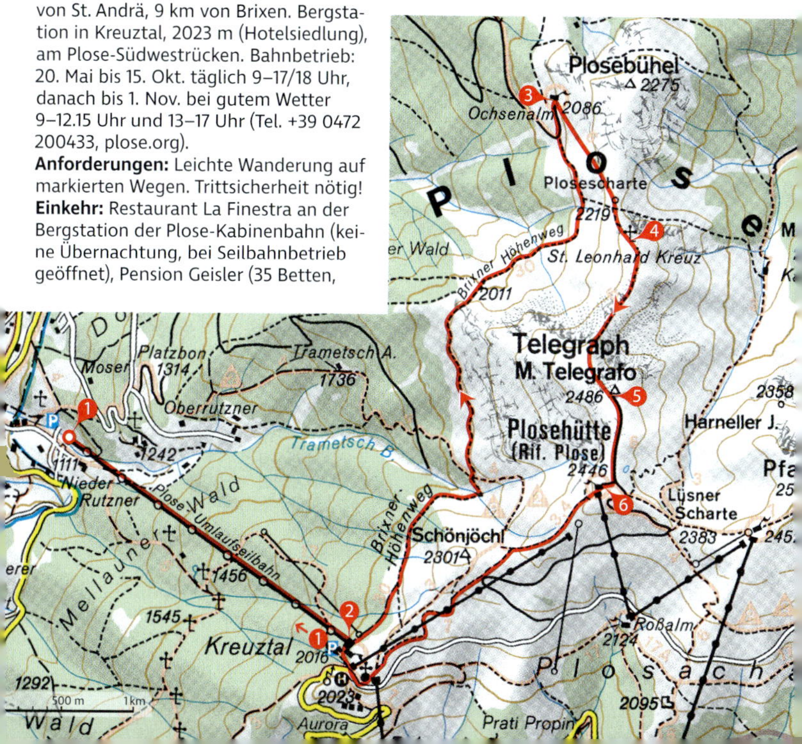

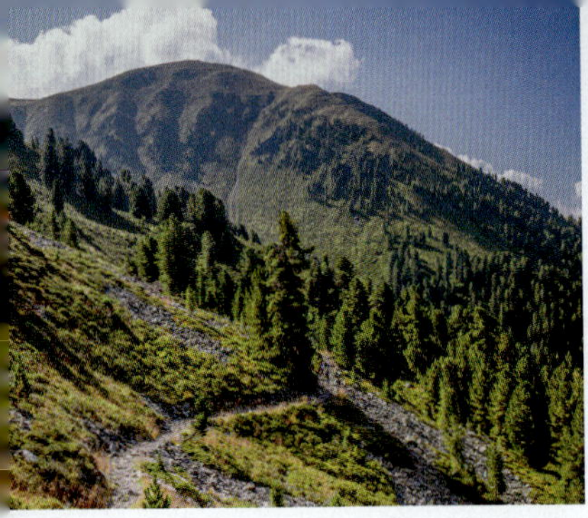

Am Wanderweg von der Bergstation Kreuztal zur Ochsenalm mit Rückblick gegen den Telegraph.

Plosehütte (60 Betten, 50 Lager, geöffnet 1. Juni bis 15./20. Okt., Tel. +39 0472 521333, +39 348 8900919, plosehuette.com).

Hinweis: Die Tour kann auch in umgekehrter Richtung begangen und ab der Plosehütte mit der Überschreitung von Pfannspitze und Großem Gabler zu einer großen Plose-Runde erweitert werden.

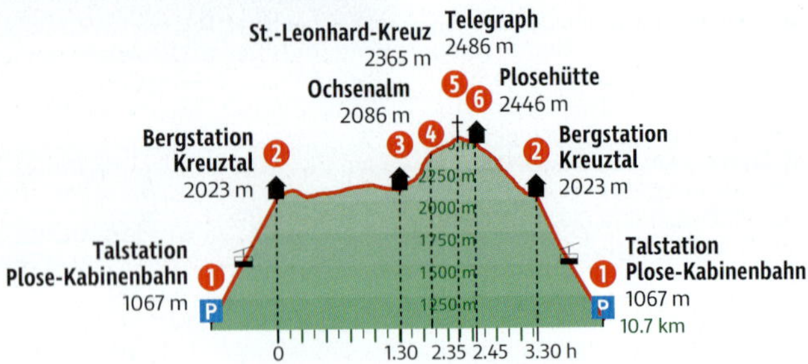

Von der **Talstation** der **Plose-Kabinenbahn** ❶ hinauf zur **Bergstation Kreuztal** ❷. Von dort auf dem Weg Nr. 30 (»Brixner Höhenweg«) am Westabhang des Schönjöchls durch Zirbenwald, Almrosen und über Wiesen eben nach Norden zu kleiner Schulter mit Holzhütte. Dann wird der Kessel des Trametschbaches im Bogen ausgegangen und Weg Nr. 4 gekreuzt. An den Westhängen des Telegraphs weiter und eine Mulde queren zur **Ochsenalm** ❸, 2086 m. Auf Weg Nr. 6 die Westhänge des Plosebühls nach Südosten aufwärts, später steil nach links (Osten) empor zur **Plosescharte**, 2219 m. Rechts haltend den Nordrücken des Telegraph in Serpentinen hinauf zum **St.-Leonhard-Kreuz** ❹, 2365 m. Knapp links vom Rücken eben weiter, dann in Kehren empor zum aussichtsreichen Gipfel des **Telegraph** ❺, 2486 m, mit einem Rundtisch mit Beschreibung des Bergpanoramas. Jenseits auf markiertem Weg über den grasigen Rücken nach Süden hinab zur **Plosehütte** ❻, 2446 m. Von der Hütte auf Weg Nr. 3 und 7 knapp links vom Telegraph-Südwestrücken über Wiesen abwärts, später links unter dem Schönjöchl durch und hinab zur **Bergstation Kreuztal** ❷. Von dort hinab zur **Talstation** der **Plose-Kabinenbahn** ❶.

Die Ochsenalm hoch über der Sohle des Eisacktals.

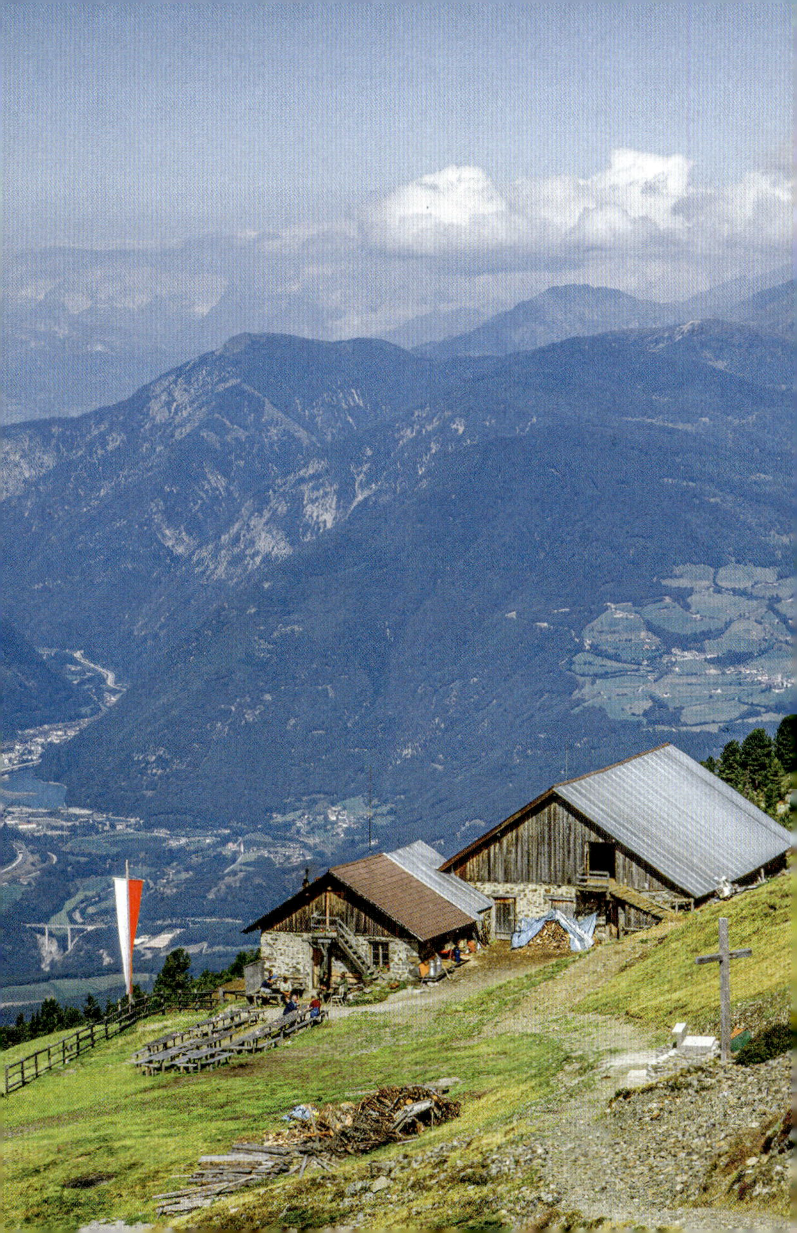

↗ 700 m | ↘ 700 m | 11.0 km

4 Plose: Pfannspitze-Gabler-Überschreitung

4.15 h

Höhenspaziergang gegenüber Zentralalpen und Dolomiten

Mit grüner Gipfelkuppe und steilen Waldflanken beherrscht die Plose das Eisacktal bei Brixen. In ihrem Bereich sind die Seilbahnstation und die Hotelgruppe Kreuztal Ausgangspunkt für viele lohnende Wanderungen. Vor allem die hier beschriebene Pfannspitze-Gabler-Überschreitung wird allen Ansprüchen an eine genussreiche Bergtour gerecht.

Ausgangspunkt: Talstation der zweiteiligen Plose-Kabinenbahn, 1067 m (Großparkplatz, Haltestelle der Buslinie 321 Brixen-Bf. – St. Andrä – Palmschoss, im Stundenintervall), 2 km östlich oberhalb von St. Andrä, 9 km von Brixen. Bergstation in Kreuztal, 2023 m (Hotelsiedlung), am Plose-Südwestrücken. Bahnbetrieb: 20. Mai bis 15. Okt. täglich 9–17/18 Uhr, danach bis 1. Nov. bei gutem Wetter 9–12.15 Uhr und 13–17 Uhr (Tel. +39 0472 200433, plose.org).
Anforderungen: Leichte Wanderung. Teilweise schlecht markierte Wege. Trittsicherheit erforderlich. Vorsicht bei Nebel!

Einkehr: Restaurant La Finestra an der Bergstation der Plose-Kabinenbahn (keine Übernachtung, bei Seilbahnbetrieb geöffnet), Pension Geisler (35 Betten, ganzj. geöffnet, Tel. +39 0472 521319, pension-geisler.it), Plosehütte (60 Betten, 50 Lager, geöffnet 1. Juni bis 15./20. Okt., Tel. +39 0472 521333, +39 348 8900919, plosehuette.com), Rossalm (20 Betten, geöffnet 15. Mai bis 31. Okt., Tel. +39 377 3772275, rossalm.com).
Variante: Markierter Steig zum aussichtsreichen Telegraph, 2486 m, nördlich über der Plosehütte (15 Min. von dort).

Von der **Talstation** der **Plose-Kabinenbahn** ❶ hinauf zur **Bergstation Kreuztal** ❷. Von dort auf Weg Nr. 3 und 7 den grasigen Südwestrücken des Telegraph, rechts unter dem Schönjöchl durch, hinauf zu der unter dem Telegraph auf einer Schulter stehenden **Plosehütte** ❸, 2446 m. Den Telegraph-Ostrücken (Weg Nr. 3, 4, 6, 7) hinab zur **Lüsner Scharte** ❹, 2383 m.

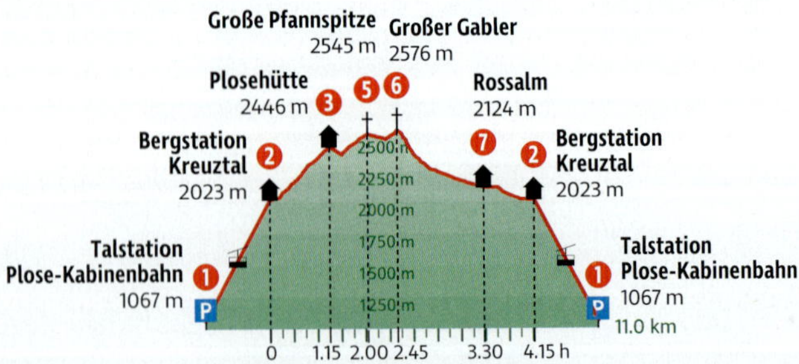

Jenseits (Weg Nr. 7) den begrünten Kamm steil gegen die Pfannspitze hoch zu einem Vorgipfel und nach links zur **Großen Pfannspitze** 5, 2545 m, mit Kreuz. Zurück zum Vorgipfel, dann auf Weg Nr. 7 nach links (Osten) hinunter und, den **Kleinen Gabler** rechts umgehend, in die Scharte vor dem Großen Gabler. Nun seinen steilen Nordwestgrat über Felsblöcke und Schutt hinauf zum Gipfel des **Großen Gabler** 6, 2576 m, den ein Holzkreuz markiert. Kurz nach Süden zu einer Unterstandshütte (Tisch, Ofen, Sitzgelegenheit für 10 Personen; Übernachtung nur mit Biwakausrüstung!), dann über den begrünten Südwestrücken weglos hinab zu einer Naturstraße. Diese, die Mulde zwischen Pfannspitze und Gabler ausgehend, nach rechts (Westen) abwärts zur **Rossalm** 7, 2124 m, links unterhalb der Straße. Von der Alm über Wiese weglos nach Südwesten hinunter zum Waldrand und dort auf querendem Weg (Nr. 17A) am Südabhang der Plose entlang westwärts nach **Kreuztal** 2. Von dort hinab zur **Talstation** der **Plose-Kabinenbahn** 1.

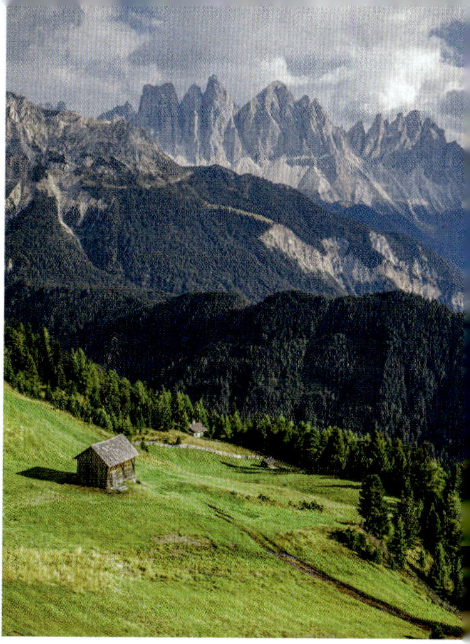

Im Almengebiet der Plose. Blick nach Süden zur Geislergruppe.

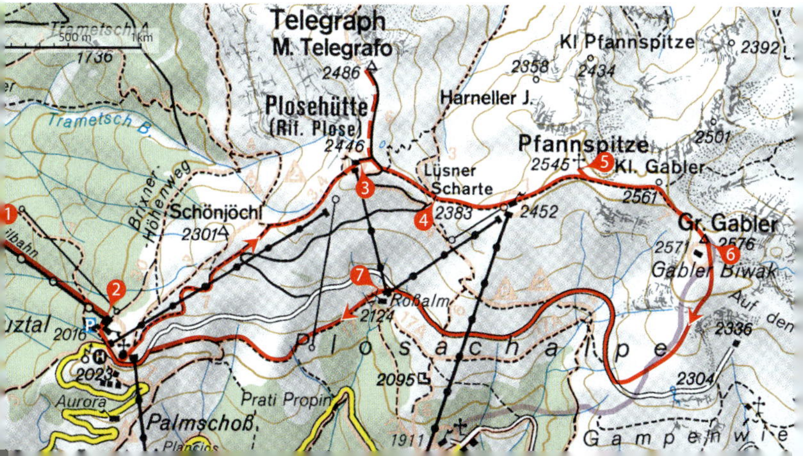

TOP

↗ 500 m | ↘ 500 m | 12.0 km

5 Rund um den Peitlerkofel

4.30 h

Eine Panoramarunde für besondere Tage

Der stolze Peitlerkofel ist fürwahr kein Ziel für gänzlich unerfahrene Bergsteiger. Wer aber dennoch in seinem Umfeld unbeschwert wandern möchte, ist mit seiner Umrundung gut beraten. Da laden nicht nur einige urige Gastbetriebe zur Einkehr, auch die Ausblicke zu den Gadertal-Dolomiten sind schlichtweg beeindruckend.

Ausgangspunkt: Würzjoch, 2006 m (Großparkplatz), Passübergang an der Brixner Dolomitenstraße zwischen Astjochkamm und Peitlerkofelgruppe; 16,5 km von St. Peter / Villnöss, 15 km von St. Martin in Thurn / Gadertal. Anreise per Bus aus dem Villnösstal mit Linie 339, aus dem Gadertal mit Linie 464.
Anforderungen: Lange Rundwanderung. Trittsicherheit, Schwindelfreiheit und Ausdauer notwendig!
Einkehr: Almgasthof Ütia de Börz am Würzjoch (24 Betten, geöffnet 1./10. Mai bis 31. Okt., Tel. +39 0474 520066, boerz.it/de), Almhütte Vaciara (Übernachtungsmöglichkeit, Sommerbewirtschaftung), Peitlerhütte und Gömmahütte (beide keine Übernachtung, im Sommer geöffnet).
Variante: Für trittsichere und schwindelfreie Geher empfiehlt sich ab der Peitlerscharte die Besteigung des Peitlerkofels, 2875 m (Rundsicht!), entlang der durch Drahtseile gesicherten markierten Normalroute durch die felsigbegraste Südflanke des Berges. Passagen im Schwierigkeitsgrad I. Zeitaufwand: 2.30 Std.

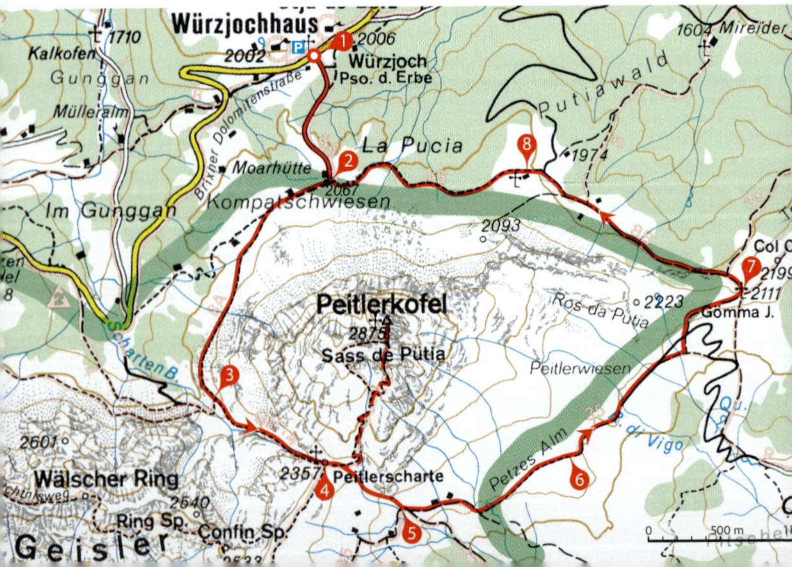

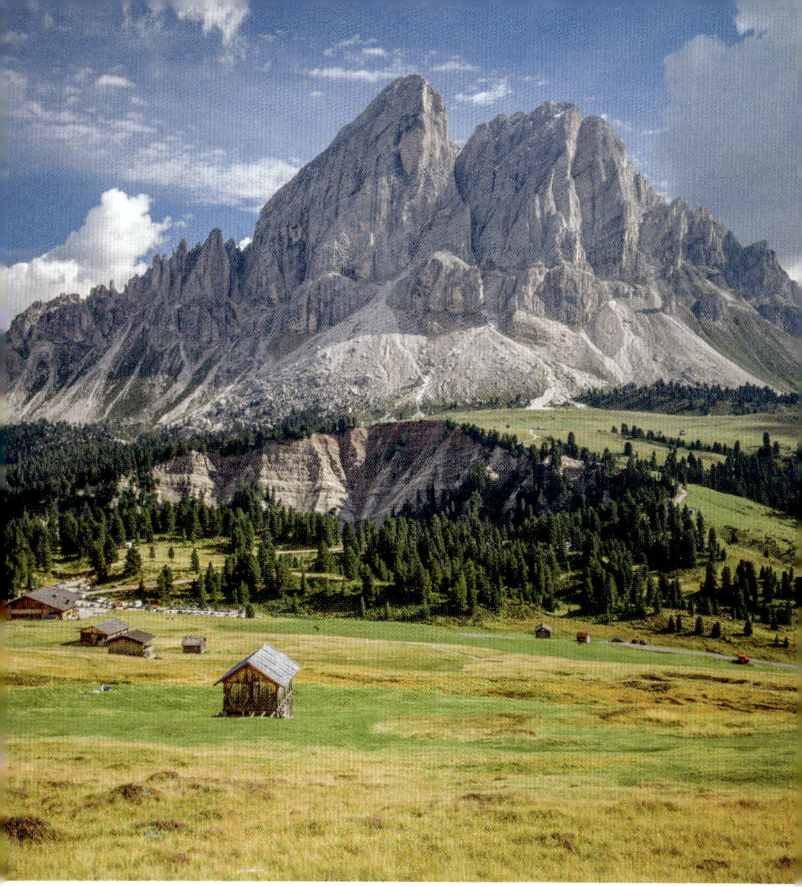

Peitlerkofel und Würzjoch von Norden.

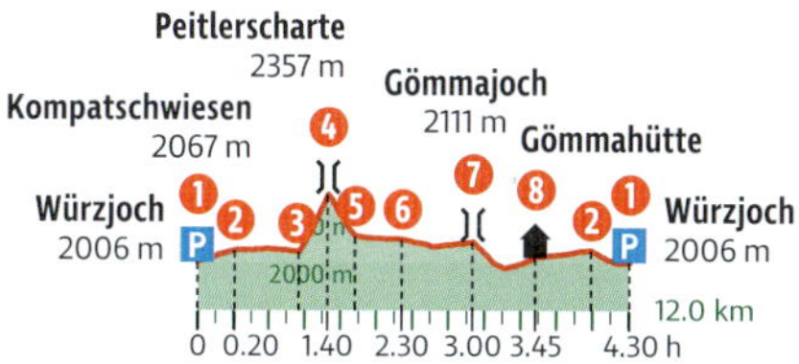

Vom Parkplatz am **Würzjoch** ❶ auf Fahrweg Nr. 8A und 8B, um den Moibach-Murbruch herum, durch Zirbenbestände nach Süden hinauf zu den Kompatschwiesen am Fuß der Peitlerkofel-Nordwände. Bei **Verzweigung** ❷ rechts den Weg Nr. 8B über begrünte Hänge nach Süden weiter aufwärts und in die Westflanke des Peitlerkofels hinein. Dort eine steile schrofige Flanke queren (Vorsicht!) und hinab in das felsige Schartenbachtal mit dem **Querweg Nr. 4** ❸ (Dolomiten-Höhenroute Nr. 2). Auf ihm das Tal über Geröll (oft Schneereste) mühsam nach Südosten hinauf zur begrünten **Peitlerscharte** ❹, 2357 m, mit überraschendem schönem Blick zu den Bergen des Gadertales. Jenseits den Weg Nr. 4B über steile Grashänge in Windungen nach Südosten hinab zum **Querweg Nr. 35** ❺ am Seresbach. Den prachtvollem Höhenweg links haltend, an der Peitlerkofel-Südseite entlang, über Wiesenterrassen eben nach Nordosten zu den Hütten der **Petzesalm** ❻, 2125 m. Kurz bergab, dann entlang einer Naturstraße an der Almhütte Valciara vorbei, schließlich auf gutem Weg über die Peitlerwiesen zum **Gömmajoch** ❼, 2111 m, am Westrücken des Peitlerkofels und jenseits zu einer Weggabelung. Auf Weg Nr. 8B scharf nach links in die Nordseite des Berges hinein. Dort durch Wald steiler bergab, dann über Almweiden sanft aufwärts zur **Gömmahütte** ❽, 2030 m. Westwärts weiter zu einer Wiesenschulter, danach durch Zirbenwald und über das Blockfeld eines Felssturzes, an der Peitlerhütte vorbei, wieder zur **Verzweigung** ❷ bei den Kompatschwiesen und auf bekanntem Weg zurück zum Parkplatz am **Würzjoch** ❶.

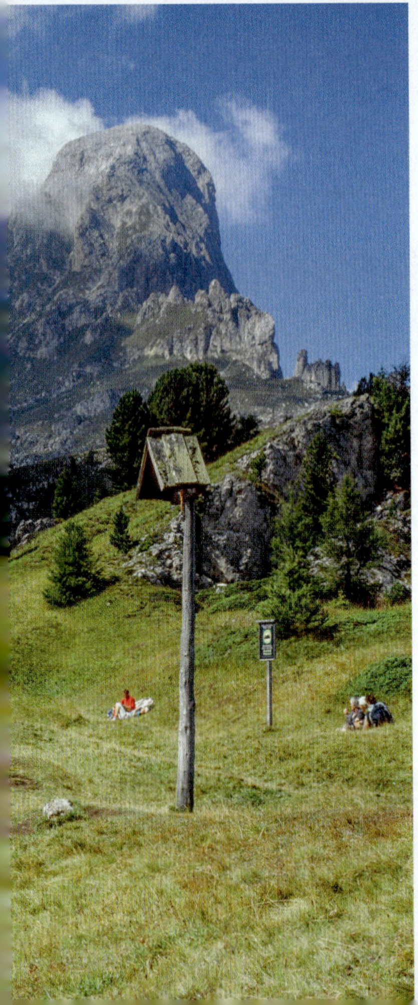

Aufblick vom Gömmajoch gegen den imposanten Peitlerkofel.

↗ 450 m | ↘ 450 m | 6.3 km

2.30 h

Gratschenberg-Runde

6

Ein Ausflug in das Almenparadies der Jochhöfe

In Teis als »Gratschenbergrunde« ausgeschrieben, führt diese Wanderung eigentlich zu den Jochhöfen und dort zur Jausenstation Moar, wo man von Frühling bis Herbst mit allerlei Schmankerln verwöhnt wird. Meist im Wald unterwegs, betritt man erst ganz zuletzt das Wiesenparadies rings um die Höfe, wo der Blick zu den Felsgewalten der Geislergruppe frei wird. Apropos Teis: Es lohnt sich, den malerischen Ort mit dem spitzen Kirchturm unter die Lupe zu nehmen. Berühmt geworden durch die »Teiser Kugeln« – etwa 20 Zentimeter große kugelförmige Luftblasen im Andesit mit auskristallisierten Achaten, Amethysten und Bergkristallen – sind dort ein interessantes Mineralienmuseum und eine spektakulär gelegene Heilig-Grab-Kapelle zu besichtigen.

Ausgangspunkt: Dorfplatz beim Teiser Hof und dem Gasthof Stern in Teis, 950 m, nördlich über der Mündung vom Villnöss- in das Eisacktal gelegener Erholungsort.

Anforderungen: Einfache kurze Wanderung auf markierten Fahr- und Fußwegen.

Einkehr: Jausenstation Moar (3 Ferienwohnungen für 2–5 Personen, geöffnet 15. März bis 15. Nov., außer im August Mo. Ruhetag, Tel. +39 0472 840318, jausenstationmoar.it), mehrere Gastbetriebe in Teis.

Hinweise: Einen Besuch verdienen die auf einem Hügel im Südosten des Orts aussichtsreich postierte Heilig-Grab-Kapelle (5 Gehminuten vom Ortszentrum) und das interessante Mineralienmuseum in Teis (geöffnet 5./10. April bis 1./5. Nov. Di. bis Fr. 10–12 und 14–16 Uhr, Sa. und So. 14–17 Uhr, Tel. +39 0472 844522, mineralienmuseum-teis.it).
Sehenswert sind auch die vielen, heute schon teilweise freigelegten Schützengräben und Kavernen rings um Teis aus dem Ersten Weltkrieg (schuetzengraeben-teis.eu).

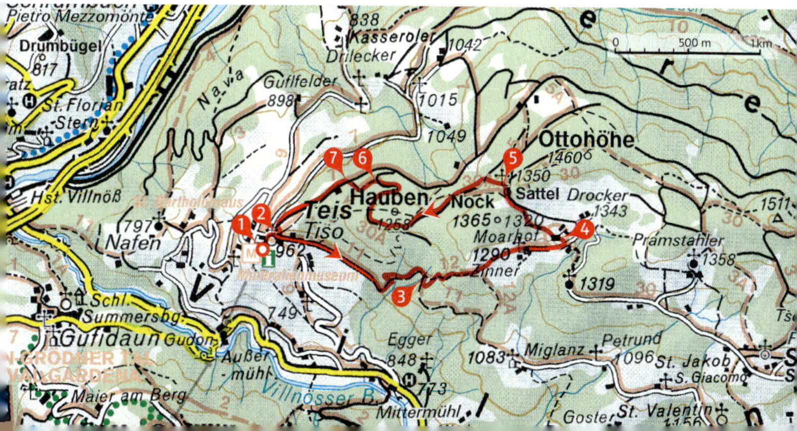

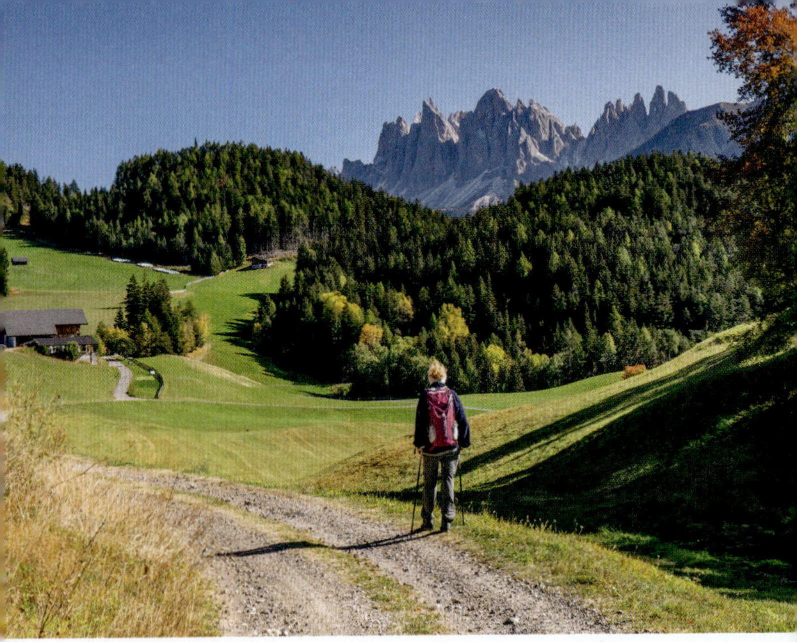

Auf den sanften Wiesen beim Zinnerhof. Im Südosten jenseits des Villnösstals die Geislergruppe.

Aus dem Ortszentrum von **Teis** ❶ die Ortsstraße mit Weg Nr. 7, 11 und 30A nach Nordosten aufwärts zur **Gabelung** ❷ oberhalb der Kirche. Die Ortsstraße (Weg Nr. 11) in Ostrichtung weiter, später sanft bergauf zum Ende der Asphaltstraße beim letzten Haus. Nun auf rot markiertem Naturfahrweg (»Botanischer Themenweg«) in den Wald und dort in zwei Kehren hoch, dann über zwei Gräben hinweg nach rechts zu einer **Verzweigung** ❸. Links ab und auf Fußweg Nr. 12 durch Wald in steilen Kehren nach Osten bergauf, später im lichter werdenden Wald weniger steil weiter und hinaus zu freien Wiesen mit herrlicher Sicht zu den Felskolossen der Geislergruppe. Über die Weiden nach Nordosten empor zum Zinnerhof, danach auf As-

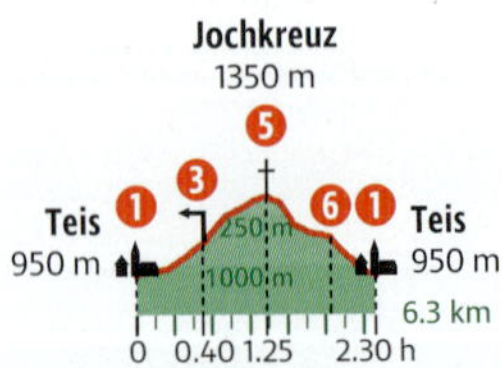

phaltstraße, an weiteren Höfen vorbei, zur Straßengabelung am Rande der Wiesenmulde um die Jochhöfe. Links die Straße mit Weg Nr. 30 kurz nach Nordwesten aufwärts zur **Jausenstation Moar** 4, 1320 m.
An dem Gebäude vorbei aufwärts zur Wegteilung am Waldrand, wo auch ein Bildstock mit Kruzifix steht. Rechts den Weg Nr. 30 durch Wald nordwestwärts über eine Anhöhe hinweg in einen Sattel (Geislerblick) am Rande der Jochhöfe-Wiesenmulde. Den querenden Naturfahrweg links haltend, an der Rechtsabzweigung zur Wolfsgrube vorbei, durch Wiesen sanft bergauf zur Verzweigung beim **Jochkreuz** 5, 1350 m. Links auf Weg Nr. 5 und 30A nach 40 m zur nächsten Verzweigung. Scharf links ab (!) auf dem rot markierten Güterweg Nr. 30 durch Wald steil nach Südwesten hinunter zum querenden Fahrweg. Diesen links haltend bergab, dann mit leichter Gegensteigung im Rechtsbogen um die Waldkuppe »Haube« herum zu einer Links-, danach zu einer **Rechtskehre** 6. Gleich nach dieser an einer Tafel mit rotem Pfeil links ab und auf einem Güterweg durch Wald in Windungen nach Westen hinunter zu einer querenden Forststraße, die an einer **Waldlichtung** 7 erreicht wird. Die Straße links haltend abwärts zu einer Wiese mit Quellfassung. Von hier Tiefblick in das Eisacktal und auf Brixen. Wieder durch Wald, zuletzt auf betoniertem Fahrweg durch Wiesen steil nach Südwesten hinab zur **Verzweigung** 2 oberhalb der Kirche und rechts haltend in das Ortszentrum von **Teis** 1.

Der malerisch gelegene Ort Teis ist Startplatz für unsere Runde.

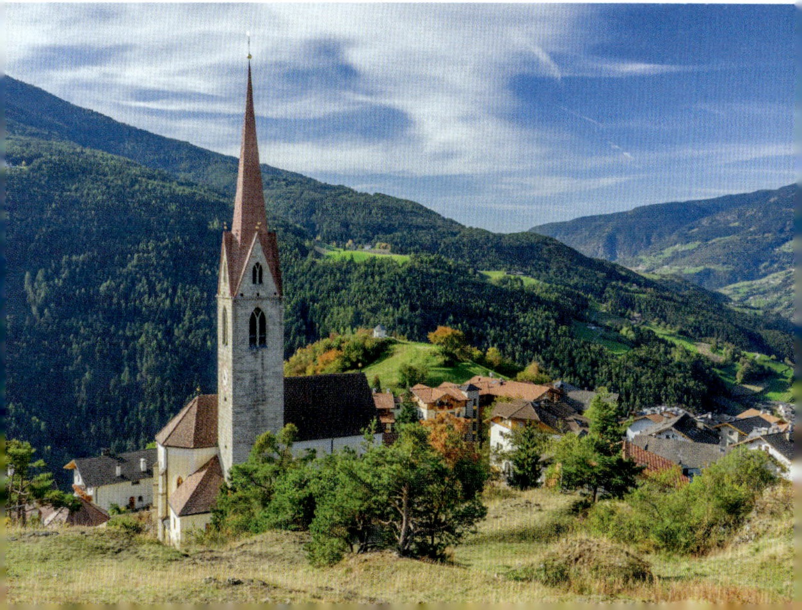

↗ 370 m | ↘ 370 m | 10.3 km

7 Ottohöhe und Wolfsgrube

3.30 h

Genussreiche Stunden im Villnösser Mittelgebirge

Wenn es still wird in Villnöss, wenn Verfärbung und Nebel den Herbst ankündigen und Urlauber rar werden, dann ist die Zeit für bescheidenere Ziele gekommen. An der Sonnenseite des Tals oberhalb von St. Peter, im Mittelgebirge des Gratschenbergs, lassen sich bei schönem Wetter bis weit in den November hinein genussreiche Spaziergänge unternehmen, stets begleitet von spektakulären Ausblicken zur Türmephalanx der Geislergruppe.

Ausgangspunkt: Gasthof Kabis im Zentrum von St. Peter, 1154 m, Hauptort des Villnösstals. Parkmöglichkeit, Bushalt der Linien 330 und 339.
Anforderungen: Bequeme Rundwanderung auf markierten Wegen oder Straßen.
Einkehr: Jausenstation Moar (3 Ferienwohnungen für 2–5 Personen, geöffnet 15. März bis 15. Nov., außer im August Mo. Ruhetag, Tel. +39 0472 840318, jausenstationmoar.it), Restaurant-Pizzeria Dreimädelhaus (10 Betten, geöffnet 1. Mai bis 1. Nov., Mi. Ruhetag, dreimaedelhaus.info).
Variante: Von der Jausenstation Moar auf markiertem breitem Weg westwärts zum Aussichtspunkt »Schönblick« mit imponierendem Tiefblick in das Eisacktal. Zeitaufwand 20 Min.

Vom Gasthof Kabis in **St. Peter** ❶ auf Straße (Weg Nr. 30) 100 m eben nach Westen zu Verzweigung (Tafeln). Das Sträßchen halb rechts, an Kreuzwegstationen vorbei, westwärts hinauf, dann auf Asphaltstraße im Rechtsbogen um die Kirche **St. Jakob am Joch** ❷, 1266 m, mit kunstvoll gearbeitetem Schnitzaltar aus dem 16. Jh. herum. Nun am Südabhang des Gratschenberges entlang eben nach Westen, später nach rechts in eine

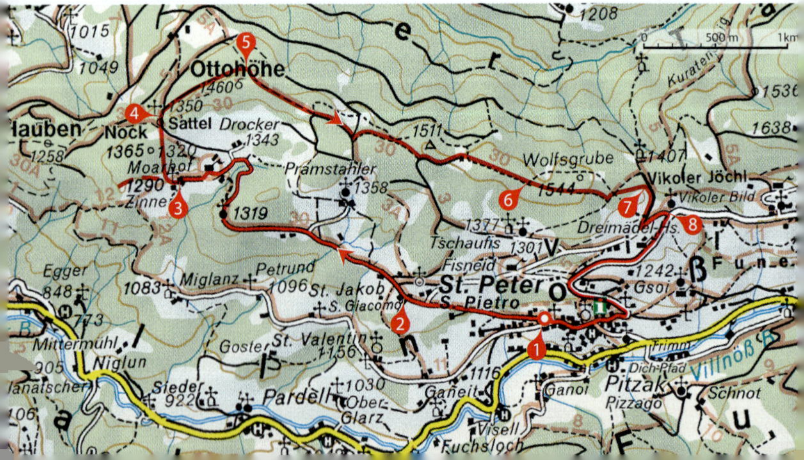

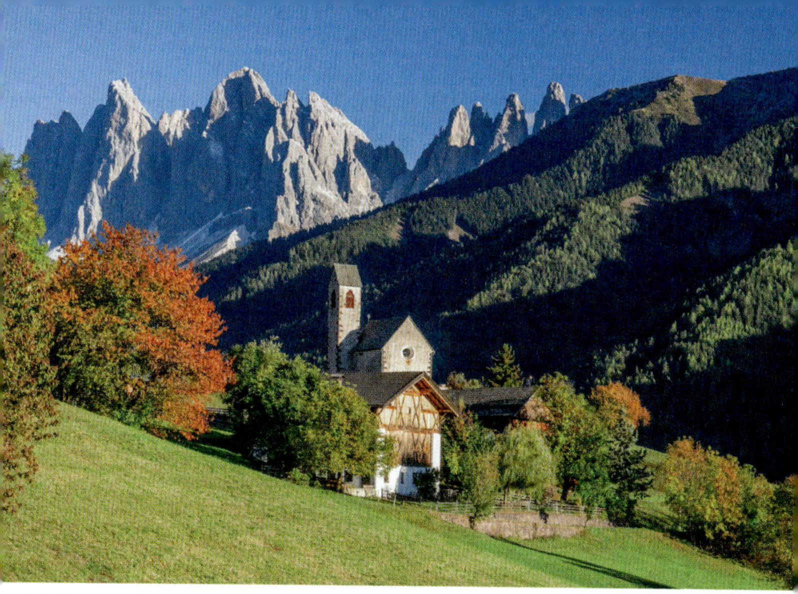

Ein Glanzpunkt des Villnösstals: Die aus der Romanik und Gotik stammende Kirche St. Jakob am Joch vor der Geislergruppe.

weite Wiesenmulde und durch sie westwärts zur **Jausenstation Moar** ❸, 1320 m. Auf Karrenweg (Nr. 30) durch Wald 150 m nach Westen zur Linksabzweigung des Weges zum Sattel. Rechts haltend, in Nordwestrichtung, weiter zum **Sattel** ❹, 1350 m, mit Naturstraße, die traversiert wird. Anfangs im felsdurchsetzten Gelände, dann im Wald nach Nordosten aufwärts. Die **Ottohöhe** ❺ wird dabei links umgangen, danach in Ostrichtung die Kammhöhe des **Gratschenbergs** erreicht. Von hier herrlicher Tiefblick auf Brixen. Hier in langer Waldwanderung ostwärts weiter zur **Wolfsgrube** ❻, 1544 m, ein zylindrischer, 4,35 m tiefer und 2,6 m breiter Schacht (16. Jh.), der, reisigbedeckt, als Wolfsfalle diente. Auf Weg Nr. 30 durch Wald eben nach Osten weiter zu einer Verzweigung. Dort gerade fort, später steiler bergab in die bewaldete Kerbe des **Vikoler Jöchl** ❼, 1407 m. Auf Karrenweg Nr. 5 nach rechts hinaus zu freien Wiesen und über sie nach links (Osten) hinab zur Kapelle **St. Anton** ❽, 1340 m, mit Asphaltstraße. Diese rechts haltend in langer Hangquerung, am Dreimädelhaus vorbei, über Wiesen und zuletzt in Kehren hinunter nach **St. Peter** ❶.

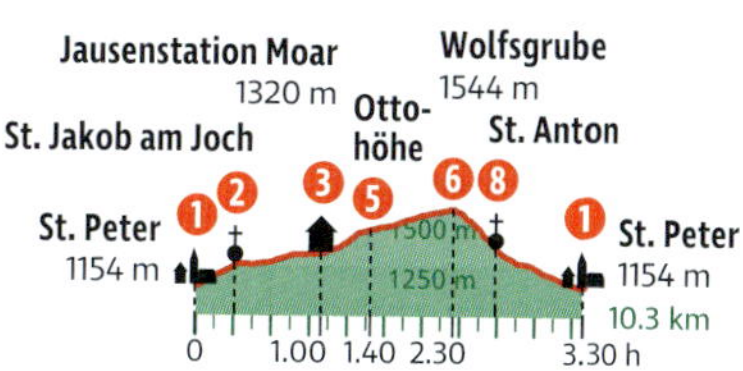

↗ 520 m | ↘ 520 m | 8.5 km

8 Bergbauernweg

3.45 h

Paradetour am Sonnenhang

Breit und zum Teil noch mit Steinpflaster versehen, handelt es sich hier um einen alten Villnösser Schul- und Kirchenweg, durch den die Coller Bergbauern mit dem dörflichen Zentrum St. Peter verbunden waren. Im Gegensatz zu den Hangquerungen – Panorama- und Sunnseitnweg – geht es am Bergbauernweg tatsächlich längere Zeit bergauf, sodass man, an den Collhöfen angelangt, den Felstürmen der Geislergruppe sozusagen in gleicher Höhe gegenübersteht. Eine genussreiche Wanderung dürfte das für all jene »Genießer im Lande« sein, die es schaffen, auch ohne Gipfelsieg, rein durch das Betrachten der herrlichen Landschaft glücklich zu werden.

Ausgangspunkt: Gasthof Kabis im Zentrum von St. Peter, 1154 m, Hauptort des Villnösstals. Parkmöglichkeit, Bushalt der Linien 330 und 339.
Anforderungen: Einfache Wanderung auf gut markierten und beschilderten Fahr- und Fußwegen mit den Logos: Panoramaweg (Bergskyline), Sunnseitnweg (Sonne), Bergbauernweg (Hahn).
Einkehr: Mehrere Gastbetriebe in St. Peter. Bauernhofhotel Gsoihof (20 Betten, täglich geöffnet 5./10. Mai bis 5. Nov., Gourmetküche, Tel. +39 0472 840003, hotel-gsoihof.com).
Hinweis: Wer gerne fotografiert, sollte die Runde nicht zu früh am Morgen starten, da die Nordwände der Geislergruppe erst im Laufe des Nachmittags sonnenbeschienen werden und sich im Abendlicht manchmal sogar rot verfärben.

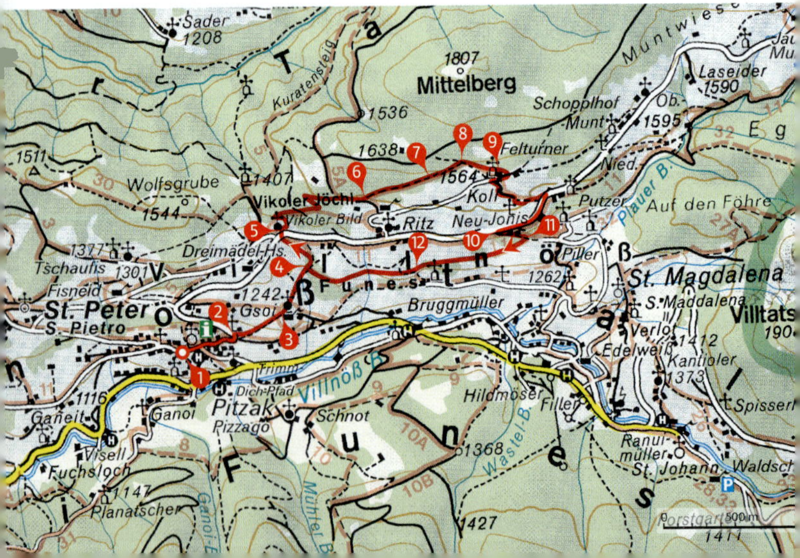

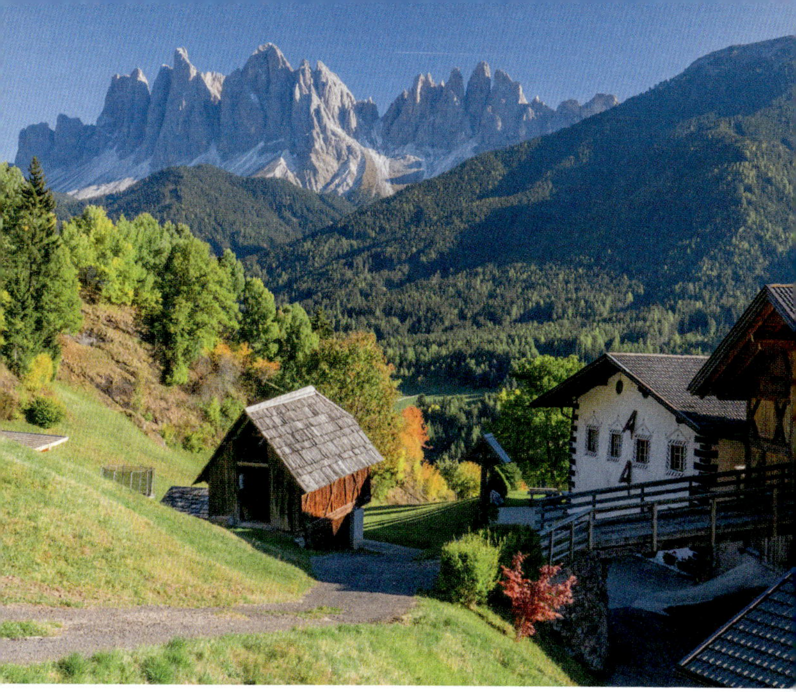

Am Bergbauernweg kommt man nicht nur an alten Südtiroler Höfen vorbei, er beschert auch Einblicke in das Felsenreich der Geislergruppe.

Vom Gasthof Kabis in **St. Peter** ❶ die Straße (LS 163) zum Würzjoch an den Wiesenhängen steil nach Osten aufwärts zur **Verzweigung** ❷ (Bushalt »Gsoi« der Linie 339) gleich nach der ersten Linkskehre. Rechts den alten gepflasterten Fußweg Nr. 11 (»Bergbauernweg«), an Andachtsstationen vorbei, nach Nordosten empor zum **Hotel Gsoihof** ❸, 1220 m, mit Blick in den Hintergrund des Villnösstals. Auf dem Fahrweg, links am Hotel vorbei, aufwärts zur nächsten Verzweigung. Rechts auf Fußweg mit Geländer durch Wiesen hoch, dann am Waldrand entlang zur Rechtsabzweigung

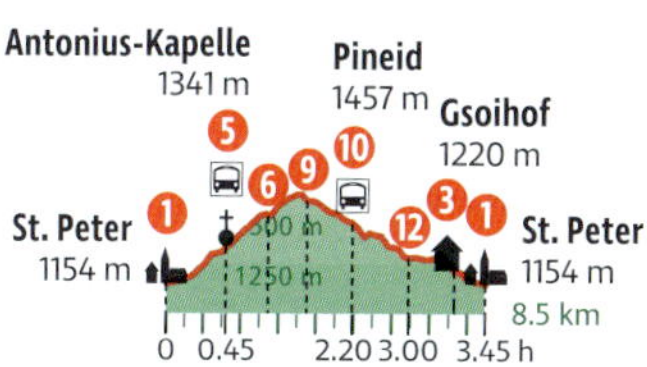

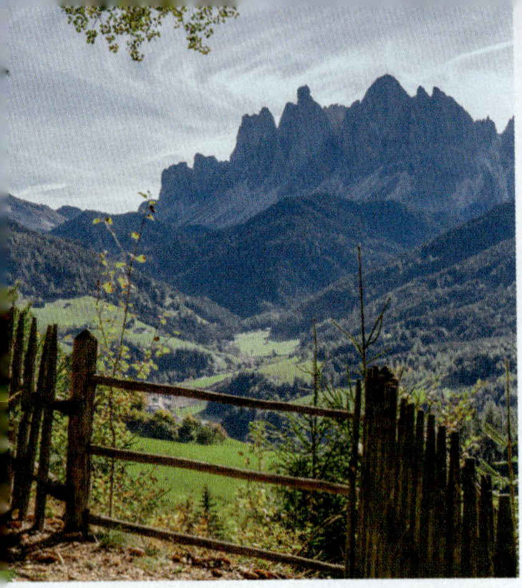

Die wildgezackte Geislergruppe über dem inneren Villnösstal.

des **Panoramawegs** ❹. Hier geradeaus an einem Biotop vorbei, dann im Linksbogen um eine Wiese bei einem Sportplatz herum und nach Nordwesten empor zur **Antonius-Kapelle** ❺, 1341 m (Bushalt »Vikoler Bild«) an der Würzjochstraße. Rechts an der Kapelle vorbei, dann auf Fußweg durch Wald in einigen Kehren hoch, schließlich am Waldrand (Zaun) nach Westen aufwärts zu einer Anhöhe mit Verzweigung. Scharf rechts ab und an den Waldhängen nach Nordosten aufwärts, zuletzt nach links empor zu querendem Fahrweg am Rücken des Mitterbergs. Den markierten Fahrweg nach rechts (Osten) aufwärts, dann auf Fußweg eben zu einer Forststraße und auf dieser leicht fallend zur Verzweigung (rechts Privathaus) am Rande der **Colle-Wiesen** ❻. Links ab und auf Fußweg am Oberrand der Wiesen steil nach Osten hoch, später durch Wald zu baumfreier **Anhöhe** ❼, 1593 m, mit Sitzbank. Idealer Rastplatz! Tiefblick gegen das innere Villnösstal mit den Kirchen St. Magdalena und St. Johann in Ranui, darüber die großartigen Felsbauten der Geislergruppe mit den Türmen der Fermeden und Odlen rechts. Im Osten die einem Stockzahn gleichenden Aferer Geiseln.

Am Waldrand noch ein Stück aufwärts zur höchsten **Wegstelle** ❽, 1605 m. Dort rechts ab und auf breitem Weg steil nach Südosten hinunter zum **Hof Feltun** ❾, 1564 m, mit querender Asphaltstraße. Auf ihr in einer Rechtskehre um den Hof herum abwärts zu Verzweigung. Links ab und auf Wiesenweg nach Südosten hinunter zum Putzerhof, 1500 m, an der Würzjochstraße. Auf ihr ca. 400 m nach rechts (Südwesten) bergab zur Bushaltestelle **Pineid** ❿. Bei Schnitzkreuz links von der Straße ab und (zwei Gatter) nach Südosten hinab in den Wald. Dort einen steinigen Hohlweg (alte Pflasterung) steil hinunter zu den Oberhof-Wiesen und dort zur Wegverzweigung am **Waldrand** ⓫. Prachtblick auf die in grüne Wiesen eingebettete Kirche St. Magdalena, überragt von den wuchtigen Felsbauten der Geislergruppe, ein Highlight des Villnösstales!

Auf dem Panoramaweg, an Wiesenhängen entlang, nach rechts (Südwesten), dann durch Wald, an Aussichtspunkten vorbei, schließlich längere Zeit bergab zu einer Wiese mit **Weggabelung** ⓬ (links zum tiefer verlaufenden Sunnseitnweg). Auf dem Panoramaweg durch Wiesen und Wald rechts haltend weiter, zuletzt in Nordwestrichtung aufwärts zum querenden **Bergbauernweg** ❹ und wie auf dem Hinweg zurück nach **St. Peter** ❶.

↗ 320 m | ↘ 320 m | 7.7 km

3.00 h

Von St. Peter nach St. Magdalena

9

Landschaftliche Highlights im Talschluss von Villnöss

Wer gänzlich frei ist von sportlichem Ehrgeiz, Leistungsdenken und Gipfelzwang, für den sind die beiden großen Aussichtswege im inneren Villnösstal – Panorama- und Sunnseitnweg – gerade das Richtige. Denn sie bescheren bei minimalem Kraft- und Zeitaufwand grandiose Landschaftsbilder am laufenden Band. Wer gerne fotografiert, kann durchaus für jeden der beiden Wege einen halben Tag investieren, um das Felsspektakel des Villnösser Talschlusses – Aferer Geiseln, Geislerspitzen, Odlen und Fermeden – bei bestem Licht, Wolken- und Sonnenstand auf den Sensor zu bannen.

Ausgangspunkt: Gasthof Kabis im Zentrum von St. Peter, 1154 m, Hauptort des Villnösstals. Parkmöglichkeit, Bushalt der Linien 330 und 339.
Anforderungen: Einfache Wanderung auf gut markierten und beschilderten Fahr- und Fußwegen mit den Logos: Panoramaweg (Bergskyline), Sunnseitnweg (Sonne), Bergbauernweg (Hahn). Viel begangen!

Einkehr: Bauernhofhotel Gsoihof (20 Betten, täglich geöffnet 5./10. Mai bis 5. Nov., Gourmetküche, Tel. +39 0472 840003, hotel-gsoihof.com). Mehrere Gastbetriebe in St. Peter.
Hinweis: Die 1492 erbaute spätgotische, im Innern barockisierte Magdalenenkirche mit der fantastisch zerklüfteten Geislergruppe im Hintergrund zählt zu den beliebtesten Kalendermotiven der Alpen.

Der malerische Pestbildstock von St. Peter in Villnöss.

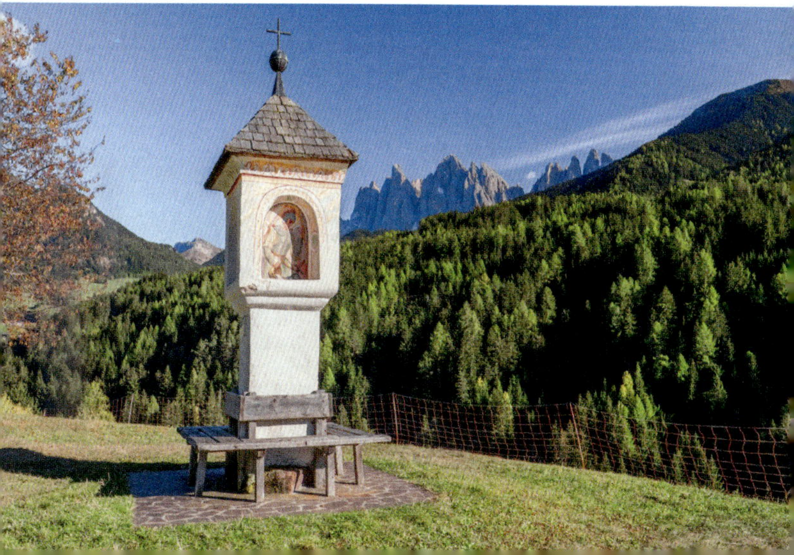

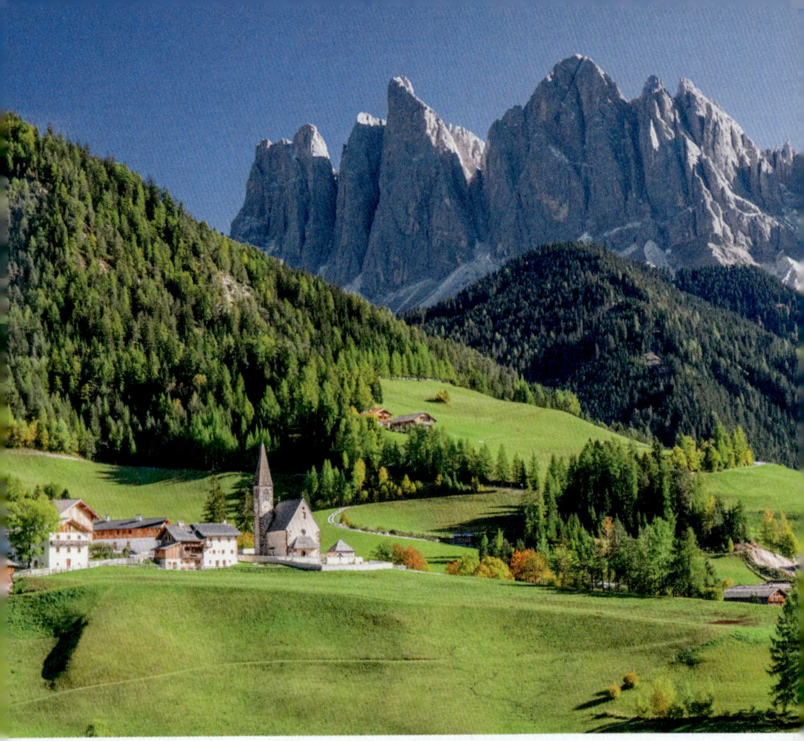

Ein beliebtes Kalendermotiv: Die Kirche von St. Magdalena vor den imposanten Nordwänden der Geislergruppe.

Vom Gasthof Kabis in **St. Peter** ❶ die Straße LS 163 zum Würzjoch an den Wiesenhängen steil nach Osten aufwärts zur **Verzweigung** ❷ gleich nach der ersten Linkskehre. Rechts den alten gepflasterten Fußweg Nr. 11 (»Bergbauernweg«), an Andachtsstationen vorbei, nach Nordosten empor zum **Hotel Gsoihof** ❸, 1220 m (Kapelle), mit Blick in den Hintergrund des Villnösstals. Auf Fahrweg links am Hotel vorbei weiter zur nächsten Verzweigung. Rechts auf Fußweg mit Geländer nordwärts durch Wiesen hoch, dann am Waldrand entlang zur Rechtsabzweigung des **Panoramawegs** ❹. Auf diesem in den Wald und dort bergab zur nächsten Verzweigung (Rechtsabzweigung zum tiefer verlaufenden Sunnseitnweg). Geradeaus an den Hängen durch Wald und Buschwerk in Ostrichtung aufwärts, später an herrlichen Aussichtspunkten (im Talschluss die Kirche St. Johann in Ranui zu Füßen der Geislergruppe) vorbei, wieder zum querenden **Bergbauernweg** ❺. Wunderbare Sicht nach Südosten zu der in Wiesen eingebetteten

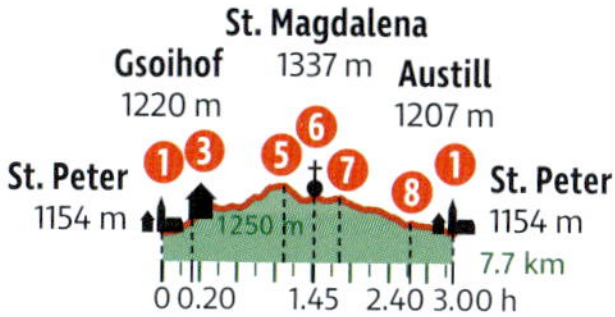

Kirche von St. Magdalena mit den wuchtigen Felsgestalten der Geislergruppe dahinter, ein Highlight des Villnösstals!

Auf dem Bergbauernweg durch Wiesen nach rechts (Südosten) hinab zu einer Asphaltstraße und auf ihr weiter zu Rechtskehre. Links ab und auf Fußweg steil nach Südosten hinunter zur nächsten Asphaltstraße. Auf ihr links haltend über den Plauer Bach, dann durch Wiesen nach Süden aufwärts zur Kirche **St. Magdalena** 6, 1337 m.

Die Asphaltstraße retour und über den Plauer Bach, danach durch Wiesen in Westrichtung aufwärts zum **Hof Bühler** 7. Dort links ab und den Wiesenweg kurz nach Südwesten hinab zu einem Verzweigungspunkt. Hier rechts auf dem Sunnseitnweg entlang einer Schatten spendenden Sträucherzeile westwärts durch Wiesen zu querender Asphaltstraße und auf ihr zum Galreithof, danach auf Naturfahr- und Fußwegen weiter zur nächsten Asphaltstraße und diese nach 100 m zur Gabelung bei den Häusern von **Austill** 8, 1193 m. Links den unteren Sunnseitnweg (Fußweg) durch Wiesen und Wald in Westrichtung aufwärts zu einer Asphaltstraße und auf ihr zum malerischen **Pestbildstock** 9, 1636 m. Die Straße weiter zur bekannten Linkskehre der LS 163, auf dieser nach **St. Peter** 1.

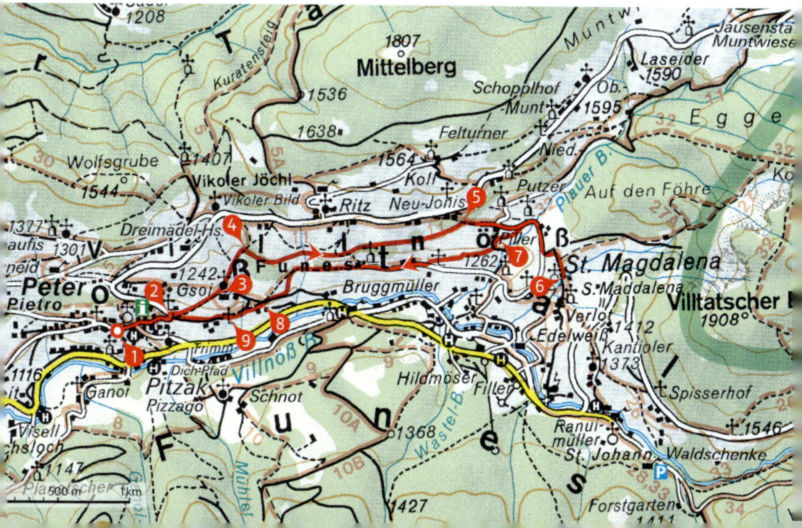

↗ 650 m | ↘ 650 m | 9.8 km

10 Oberer und Unterer Herrensteig

4.00 h

Stille Schauwege gegenüber der Geislergruppe

Die Herrensteige in den Aferer Geiseln (auch »Rueffen«) sind mehr als nur Alternativen zum bekannten »Günther-Messner-Gedächtnissteig«. Hier handelt es sich um uralte Holzfäller- und Jagdsteige durch den Grundbesitz der »Herren«, gehörten doch die herrlichen Wälder am Südabhang der Rueffen niemals den ansässigen Bauern, sondern dem Staat oder dem Land. Nur von diesen »Aussichtswegen« präsentieren sich die gegenüber aufragenden Geislerspitzen in solcher Pracht und Größe!

Ausgangspunkt: Zanser Alm, 1689 m, Parkplatz (Tagesmaut), im inneren Villnösstal, 6 km von St. Peter in Villnöss. Bushalt »Zanserhütte« der Linie 330 Brixen – Mileins – Villnöss, verkehrt im Stundentakt.
Anforderungen: Lang, aber nicht übermäßig anstrengend. Teils schlecht markierte Steige. Trittsicherheit und Schwindelfreiheit nötig!
Einkehr: Treffpunkt Zans (Infostelle Dolomiten UNESCO Welterbe, Imbiss-Restaurant, keine Übernachtung, geöffnet 1. Mai bis 6. Nov., Mo. Ruhetag, Tel. +39 0472 840054 und +39 333 4714302, zans.it), Zanser Schwaige (Übernachtung, geöffnet 1. Mai bis 1. Nov., Tel. +39 0472 671311, +39 380 7908439, zanserschwaige.com.

Variante: Von der Kofelalm am Oberen Herrensteig kann die höchste Erhebung der Aferer Geiseln, der aussichtsreiche Tullen, von geübten Gehern lohnend bestiegen werden: Aus der am Oberen Herrensteig erwähnten Mulde rechts ab und auf dem »Günther-Messner-Steig« (Wegmarkierung Nr. 25 und GM) über die Weiden der Kofelalm zunächst durch eine Mulde nach Nordosten aufwärts, später südlich unter den Türmen des Weißlahngrats über eine Schulter hinweg nach Osten zur Verzweigung im Tullenkar. Links ab und auf Weg Nr. 25 über Geröll und im felsigen Gelände (Drahtseil) nach Nordosten empor in eine Scharte und aus ihr nach links zum Gipfel des Tullen, 2653 m, 1.15 Std. vom Oberen Herrensteig. Zusätzlicher Zeitaufwand: 2 Std.

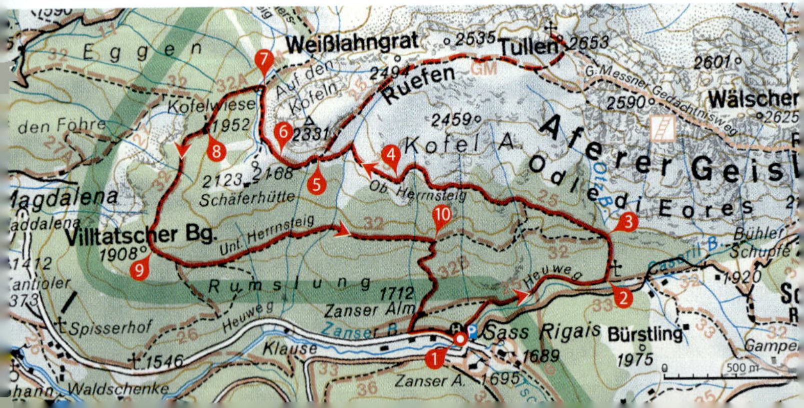

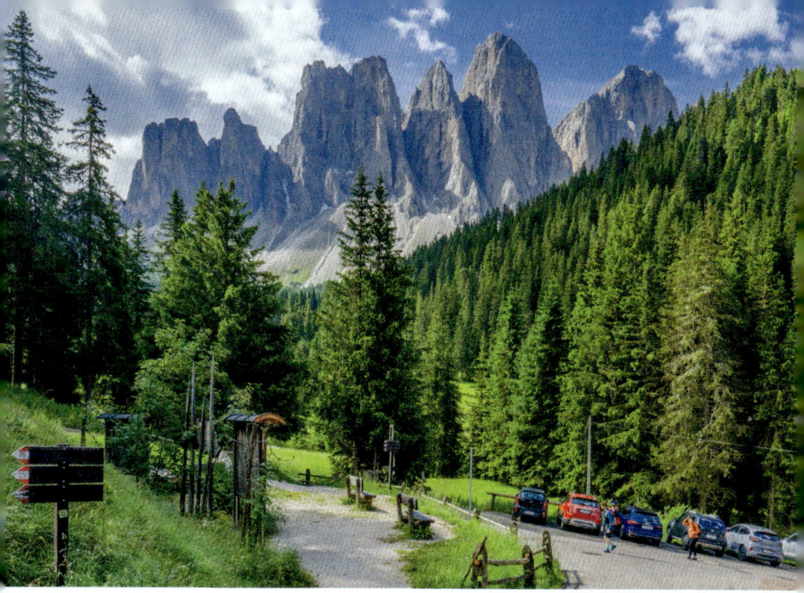

Schon am Ausgangspunkt Zanser Alm steht man im Banne der großartigen Geisler-gruppe.

Von der Bushaltestelle am Parkplatz bei der **Zanser Alm** ❶ auf den breiten Fahrweg Nr. 25 und 32 (»Nordweg«) rechts des Kaserillbachs nach Nordosten aufwärts, dann nach links über den Bach (Holzbrücke) und im Wald steil hoch zur großen Brücke am querenden »Naturerlebnisweg Zans«, der traversiert wird. Jenseits den Kiesweg durch Wald in Nordost-, später in Ostrichtung aufwärts zur Abzweigung der beiden **Herrensteige** ❷. Den Fußweg mit Nr. 25 und 32 nach links (Norden) aufwärts, dann eine steile Bergrippe in Serpentinen hoch und nach links in die felsdurchsetzte Südseite der Aferer Geiseln hinein. An der **Gabelung** ❸ rechts den Weg Nr. 25 (»Oberer Herrensteig«) in langer Querung der Flanken zunächst durch Wald, später über Wiesen hinauf zu den Graskanzeln (Edelweiß!) der **Kofelalm** ❹, 2252 m.

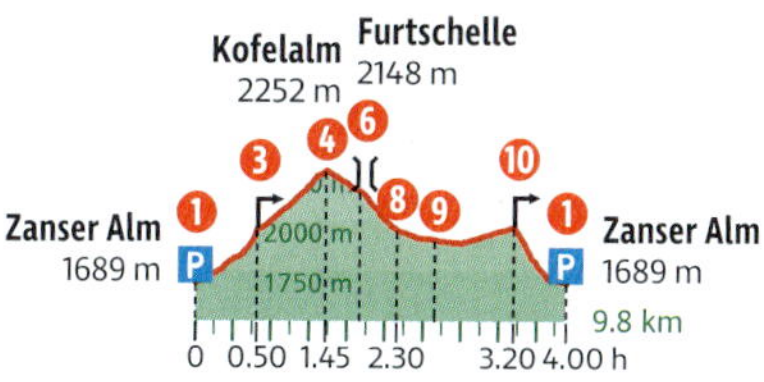

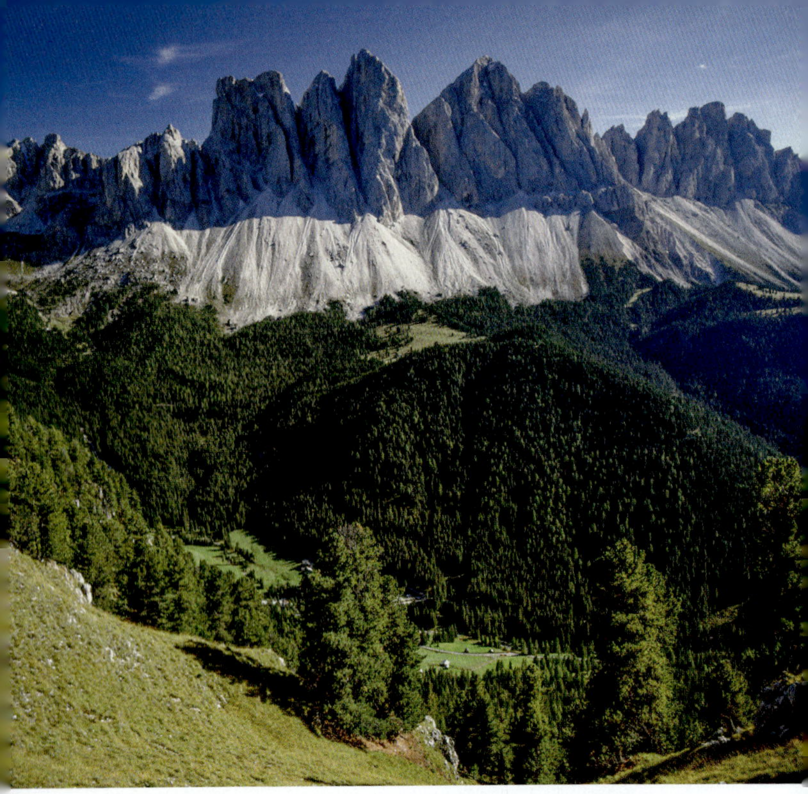

Die großartigen Nordabstürze der Geislergruppe vom Oberen Herrensteig.

Nach Westen hinab in eine Mulde mit **Rechtsabzweigung** ❺ des »Günther-Messner-Steigs«. Geradeaus unterhalb einer Wand abwärts, dann eben zum Sattel **»Furtschelle«** ❻, 2148 m. Jenseits nach rechts (Norden) in die Westseite des Weißlahngrats zur **Verzweigung** ❼. Auf Weg Nr. 32 (»Unterer Herrensteig«) nach links (Südwesten) hinab zur **Kofelwiese** ❽, 1952 m, mit kleiner Holzhütte, dann steil nach Süden hinunter in den Wald und dort aufwärts zu einer Bank am Oberrand der Steilabstürze gegen Villnöss.

Wieder nach Süden abwärts, dann im Linksbogen zur Schulter des **Villtatscher Berges** ❾, 1905 m, und in die Südseite der Rueffen hinein. Bei Verzweigung links, ostwärts, in langer Querung bewaldeter Flanken, zu neuerlicher **Teilung** ❿. Auf Weg Nr. 32 nach rechts (Süden) hinab zur Zanser Alm und dort, an einem Wildgehege vorbei, zur Zufahrtsstraße von St. Peter. Auf dieser links haltend zur Bushaltestelle am Parkplatz bei der **Zanser Alm** ❶.

↗ 750 m | ↘ 750 m | 9.5 km

4.40 h

Zendleser Kofel, 2422 m

11

Hüttenberg über die Maschekseite

Als Haus- und Hofberg der Schlüterhütte mag die Tour auf den Zendleser Kofel – eine südöstliche Randerhebung im Kamm der Aferer Geiseln – als eigenständiger Wander- und Aussichtsberg manchen fragwürdig erscheinen. Doch spricht der nordseitige 750-Meter-Anstieg von der Zanser Alm durch das Kaserilltal eine andere Sprache. Abschnittsweise steil und schweißtreibend folgt er von der idyllisch gelegenen Wörndleloch Alm weg nur noch unbezeichneten Steigspuren. Als Lohn für die Anstiegsmühen winken ein superbes Gipfelpanorama mit den Felsriesen der Geislergruppe im Brennpunkt und vor dem Talabstieg eine Einkehr in den gemütlichen Stuben der Schlüterhütte.

Ausgangspunkt: Zanser Alm, 1689 m, Parkplatz (Tagesmaut), im inneren Villnösstal, 6 km von St. Peter in Villnöss. Bushalt »Zanserhütte« der Linie 330 Brixen – Mileins – Villnöss, verkehrt im Stundentakt.
Anforderungen: Unschwierige Wanderung mit steilen Wegabschnitten und weglosen unmarkiertem Passagen (oberhalb der Wörndleloch Alm). Nur für trittfeste Geher mit gutem Orientierungssinn. Vorsicht bei Nebel!
Einkehr: Treffpunkt Zans (Infostelle Dolomiten UNESCO Welterbe, Imbiss-Restaurant, keine Übernachtung, geöffnet 1. Mai bis 6. Nov., Mo. Ruhetag, Tel. +39 0472 840054 und +39 333 4714302, zans.it), Zanser Schwaige (Übernachtung, geöffnet 1. Mai bis 1. Nov., Tel. +39 0472 671311, +39 380 7908439, zanserschwaige.com, Kaserillalm (keine Übernachtung, geöffnet 1. Juni bis 15. Okt., Di. Ruhetag außer im Juli und August, Tel. +39 0472 840219 und +39 334 3344200, unterkantiolerhof.com), Wörndleloch Alm (keine Übernachtung, einfache Sommerbewirtschaftung), Schlüterhütte (40 Betten, 50 Lager, geöffnet 15./20. Juni bis 5./10. Okt., Tel. +39 0472 670072 und +39 347 2667694, schlueterhuette.com).
Variante: Vom Parkplatz Zanser Alm erreicht man die Verzweigung nach der Kirchwiese im Kaserilltal bei gleichem Zeitaufwand auch über die Schotterstraße mit Weg Nr. 33 (»Südweg«).

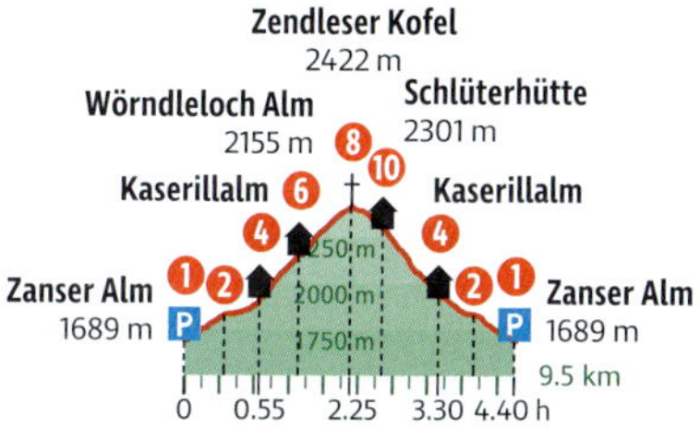

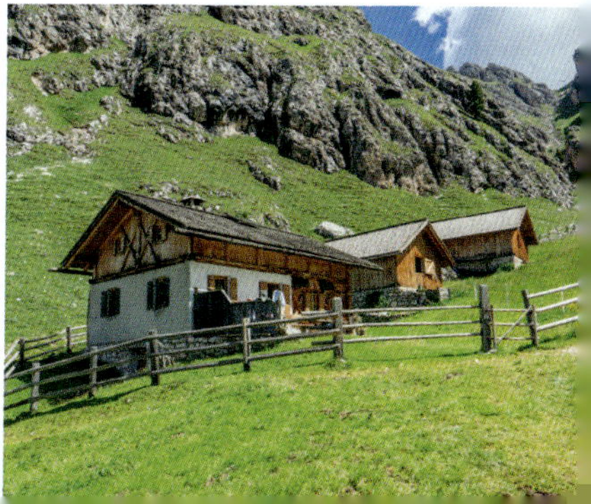

Die abgelegene Wörndleloch Alm am Weg auf den Zendleser Kofel.

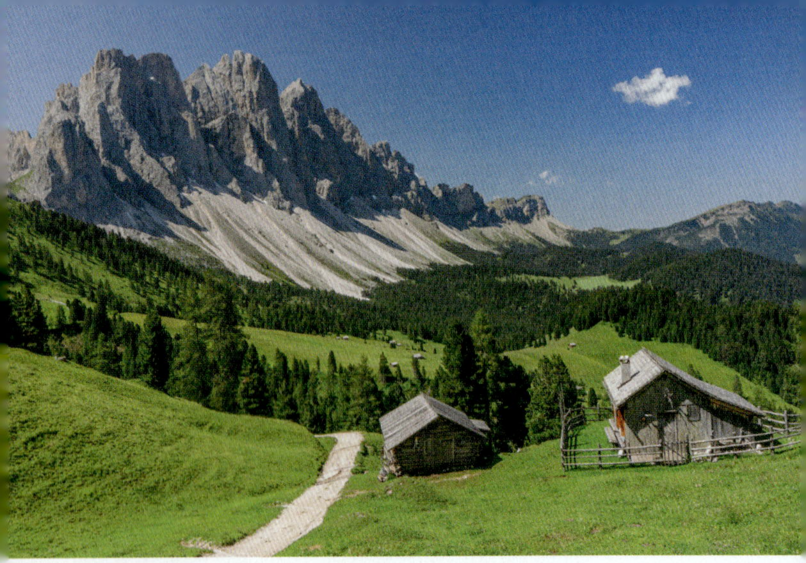

Almhütten am Eingang in das Wörndleloch-Kar mit Blick auf die Nordseite der Geislergruppe.

Von der Bushaltestelle am Parkplatz bei der **Zanser Alm** ❶ den breiten Fußweg Nr. 25 und 32 (»Nordweg«) rechts des Kaserillbachs nach Nordosten aufwärts, dann nach links über den Bach (Holzbrücke) und im Wald steil hoch zur großen Holzbrücke am querenden »Naturerlebnisweg Zans«, der traversiert wird. Jenseits den Kiesweg durch Wald in Nordost-, später in Ostrichtung aufwärts zur Linksabzweigung der beiden **Herrensteige** ❷. Gerade fort (Fußweg Nr. 32) über eine Schuttreise, dann über die ebene »Kirchwiese« zur Einmündung in die Schotterstraße Weg Nr. 33 (»Südweg«) und auf dieser kurz weiter zu **Verzweigung** ❸. Auch hier die Naturstraße (Weg Nr. 32) im wiesendurchsetzten Wald gerade fort, dann über den Kaserillbach (Holzbrücke) und in kurzen Kehren hoch, zuletzt aus dem Wald nach rechts zu den auf anmutiger Wiese gelegenen Hütten der **Kaserillalm** ❹, 1920 m, mit wunderbarer Sicht auf den Felsriesen der Geislergruppe. Von der Alm die steile Schotterstraße durch Wiesen nach Südosten aufwärts zu einer Gabelung. Links haltend nun in Nordostrichtung steil bergauf zur **Verzweigung** ❺ (rechts Weg führt Nr. 32 zur Schlüterhütte und Gampenalm) vor einem Gatter. Auch hier geradeaus die steile Schotterstraße mit Weg Nr. 31 weiter zu einigen Almhütten am Eingang in das Wörndleloch-Kar mit herrlichem Rückblick über die Gampenwiesen hinweg zur Geislergruppe. Die Straße, rechter Hand an einem Brunnen vorbei, durch Wiesen und lichten Zirbenbestand nun weniger steil nach Nordosten aufwärts zu den unter angegrünten Felswänden gelegenen Hütten der **Wörndleloch Alm** ❻, 2155 m. Von der Alm auf unmarkiertem Weg rechts einer eingezäunten Wiese nach Osten bergauf und über eine Schuttrinne, danach steil nach links empor zum Beginn einer Wegtrasse. Auf ihr an den Wiesenhängen zur Linken des Wörndleloch-Kars in Ostrichtung aufwärts in den oberen kesselartigen Bereich des Kars und dort über einen Zaun (Übertritt). Entlang relativ gut erkennbarer Steigspuren durch eine grüne Mulde im weiten Rechtsbogen nach Südosten aufwärts, später etwas unübersichtlich im gegliederten Gelände nach Süden empor an den Südostrücken des Zendleser Kofels. Dort über einen **Zaun** ❼ (eigener Übertritt) und jenseits zum viel begangenen Querweg Nr. 7 von der Schlüterhütte her. Auf dem breiten Weg über den Rücken aufwärts, später durch die Südseite des Berges nach links (Westen) zum Gipfel des **Zendleser Kofels** ❽, 2422 m, mit tollem 360-Grad-Panorama.

Auf Weg Nr. 7 den gesamten Südostrücken des Berges hinunter in das **Kreuzkofeljoch** ❾ (Passo di Poma), 2340 m, und dort zum Querweg Nr. 4 (Dolomiten-Höhenweg Nr. 2). Diesen rechts haltend durch eine Wiesenmulde nach Westen hinab zur **Schlüterhütte** ❿ (Rifugio Genova), 2301 m. Auf Weg Nr. 35 (Wegbeginn an der Südwestecke des Hauses) westwärts über steile Grashänge hinab zu Verzweigung. Rechts auf Weg Nr. 32 über einen Graben (kleine Holzbrücke) hinweg in die grasigen Südhänge des Zendleser Kofels hinein. Dort westwärts hinunter zur Rechtsabzweigung von Weg Nr. 31 zur Wörndleloch Alm und links haltend gleich zur nächsten Verzweigung. Rechts auf Weg Nr. 32 an den Wiesenhängen westwärts ziemlich steil hinunter zur **Linksabzweigung** ⓫ von Weg Nr. 31A zur Gampenalm. Rechts auf Weg Nr. 32 (z. T. Bretterstege, Stufen) durch Wiesen und lichten Baumbestand nach Nordwesten abwärts zu querender **Schotterstraße** ❺. Rückweg wie im Anstieg zur **Zanser Alm** ❶.

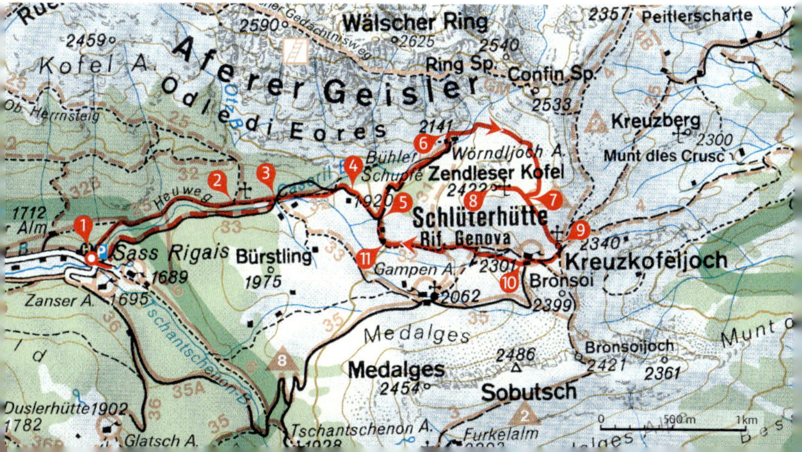

↗ 620 m | ↘ 620 m | 8.5 km

12 Schlüterhütte, 2301 m

3.15 h

Beliebter Tourenstützpunkt im Villnösstal

Wie anderswo an den Talstationen der großen Bergbahnen, so treffen sich in dem gottlob noch seilbahnfreien Villnösstal, bei den Parkplätzen der Zanser Alm, die mobilisierten Wanderfreunde. Ihr vorrangiges Ziel ist die nahe dem Kreuzkofeljoch aussichtsreich gelegene Schlüterhütte. Sie kann in schöner Wanderung durch den Kaserillgraben und über die Gampenalm erreicht werden. Für den Abstieg wählen wir die stärker frequentierte Route über Tschantschenon.

Ausgangspunkt: Zanser Alm, 1689 m, Parkplatz (Tagesmaut), im inneren Villnösstal, 6 km von St. Peter in Villnöss. Bushalt »Zanserhütte« der Linie 330 Brixen – Mileins – Villnöss, verkehrt im Stundentakt.
Anforderungen: Leichte, aber etwas anstrengende Tour.
Einkehr: Treffpunkt Zans (Infostelle Dolomiten UNESCO Welterbe, Imbiss-Restaurant, keine Übernachtung, geöffnet 1. Mai bis 6. Nov., Mo. Ruhetag, Tel. +39 0472 840054 und +39 333 4714302, zans.it), Zanser Schwaige (Übernachtung, geöffnet 1. Mai bis 1. Nov., Tel. +39 0472 671311, +39 380 7908439, zanserschwaige.com, Gampenalm (30 Betten, geöffnet 15. Mai bis 2. Nov., Tel. +39 0472 840001 und +39 348 2721587, gampenalm.com), Schlüterhütte (40 Betten, 50 Lager, geöffnet 15./20. Juni bis 5./10. Okt., Tel. +39 0472 670072 und +39 347 2667694, schlueterhuette.com).
Variante: Von der Schlüterhütte einfache Besteigung des begrünten Zendleser Kofels, 2422 m (30 Min.).

Von der Bushaltestelle am Parkplatz bei der **Zanser Alm** ❶ die Naturstraße mit Weg Nr. 33 (»Südweg«) durch den bewaldeten Kaserillgraben nach Osten aufwärts zu einer **Verzweigung** ❷ auf ebener Wiese. Auf Fußweg (Nr. 33) nach rechts über den Kaserillbach und jenseits in Windungen steil nach Südosten empor auf das Plateau der Gampenwiesen. Dieses südost-

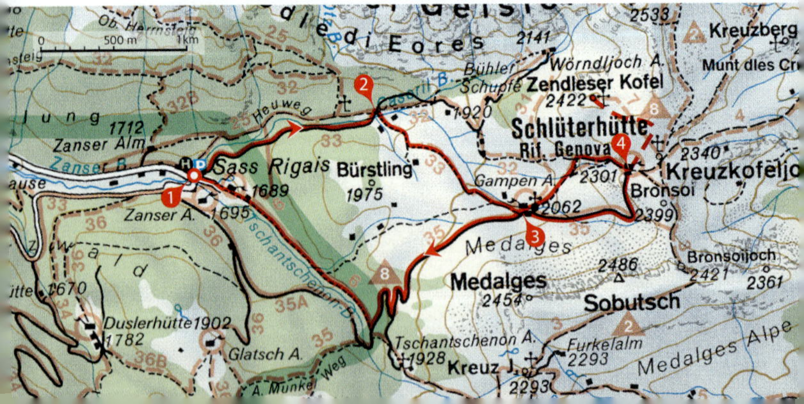

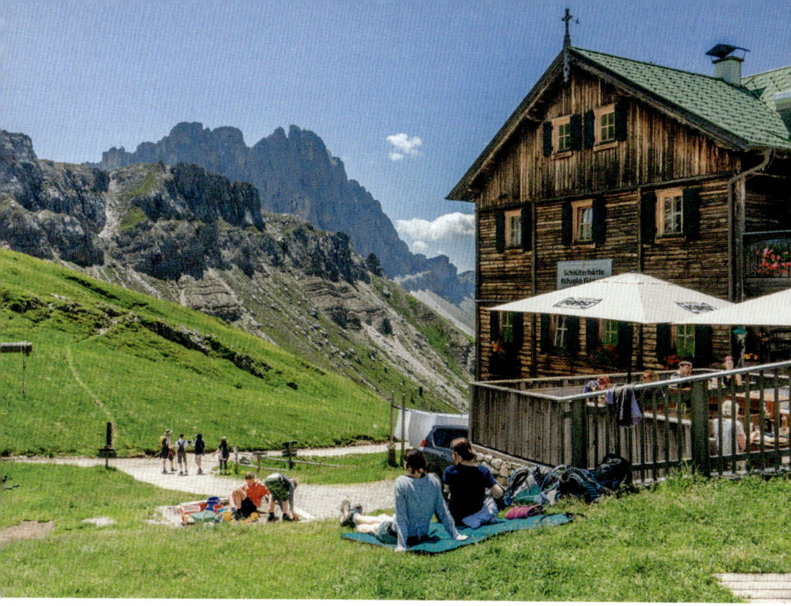

Schlüterhütte und Geislergruppe.

wärts hinauf zur **Gampenalm ❸**, 2062 m. Nun entweder auf Steig nach Nordosten steil empor und über Wiesen zur Hütte oder (bequemer) auf dem breiten Güterweg Nr. 33 ein Hochtal nach Osten aufwärts, später in weiten Kehren mehr nach links (Nordosten) empor zur **Schlüterhütte ❹**, 2301 m. Wieder hinab zur **Gampenalm ❸**. Nun auf Forststraße (Weg Nr. 35) westwärts an den Hängen des Medalges entlang, dann in weiten Kehren durch Wald hinunter zur Brücke über den Tschantschenonbach. Noch vor ihr rechts ab und auf Fahrweg Nr. 6 neben dem Bach nach Nordwesten hinunter zu den Wiesen der **Zanser Alm ❶** und dort zurück zur Bushaltestelle am Parkplatz.

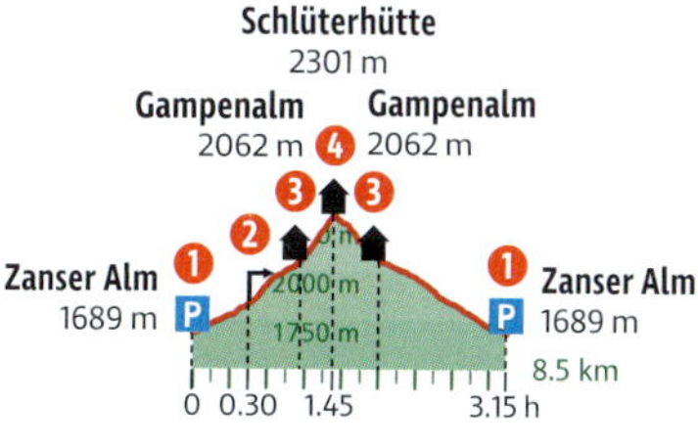

↗ 1220 m | ↘ 1220 m | 17.3 km

13 Peitlerkofel (Sass de Putia), 2875 m

7.30 h

Auf das nordwestliche Bollwerk der Dolomiten

Da müssen freilich die Wolken schon tief hängen und der Himmel alle Schleusen öffnen, dass einer, der die Schlüterhütte besucht, nicht auch auf den Peitlerkofel stiege. Im Nordwesten der Dolomiten zwischen Gader- und Eisacktal gelegen, ist er ein begehrtes Ziel für Bergsteiger aller Fraktionen. Man kann dem Berg sowohl von Norden (Würzjoch) als auch von Süden aus dem Villnösstal über die Schlüterhütte angehen. Da sich die Zugänge an der Peitlerscharte, also vor dem Gipfelanstieg, treffen, sind sie beide gleich schwierig. Die Südroute hat allerdings gegenüber der Nordroute den Vorteil, dass bei einer Übernachtung auf der Schlüterhütte keine größeren Höhenunterschiede mehr folgen, man also relativ früh und ausgeruht am Gipfel steht. Denn dieser wuchtige Felsrecke zwischen Würzjoch und Geislergruppe gilt als exzellenter Panoramapunkt, von dem aus man nicht nur einen Großteil der Dolomiten, sondern auch die Gletscherberge der Zentralalpen überschaut. Trotz aller Beliebtheit sollte der Peitlerkofel nicht unterschätzt werden. Die mit Drahtseilen gesicherte Normalroute aus der Peitlerscharte verläuft durch steiles Felsgelände und verlangt Trittfestigkeit.

Ausgangspunkt: Zanser Alm, 1689 m, Parkplatz (Tagesmaut), im inneren Villnösstal, 6 km von St. Peter in Villnöss. Bushalt »Zanserhütte« der Linie 330 Brixen – Mileins – Villnöss, verkehrt im Stundentakt.

Anforderungen: Anspruchsvolle Bergtour. Teils exponierte, im Gipfelbereich gesicherte Steiganlage. Ausdauer und bergsteigerische Übung nötig. Nur bei sicherem Wetter!

Einkehr: Treffpunkt Zans (Infostelle Dolomiten UNESCO Welterbe, Imbiss-Restaurant, keine Übernachtung, geöffnet 1. Mai bis 6. Nov., Mo. Ruhetag, Tel. +39 0472 840054 und +39 333 4714302, zans.it), Zanser Schwaige (Übernachtung, geöffnet 1. Mai bis 1. Nov., Tel. +39 0472 671311, +39 380 7908439, zanserschwaige.com, Gampenalm (30 Betten, geöffnet 15. Mai bis

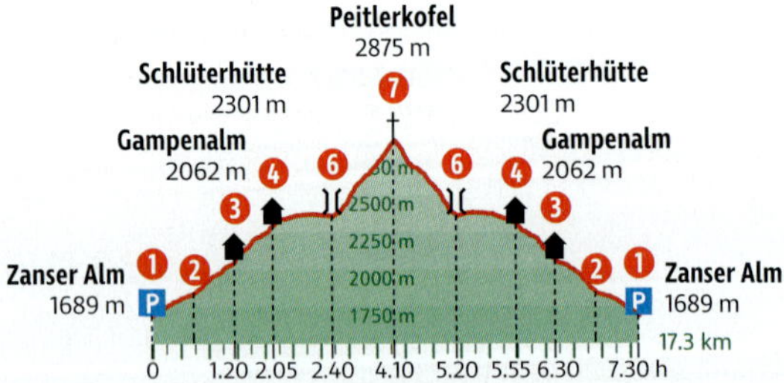

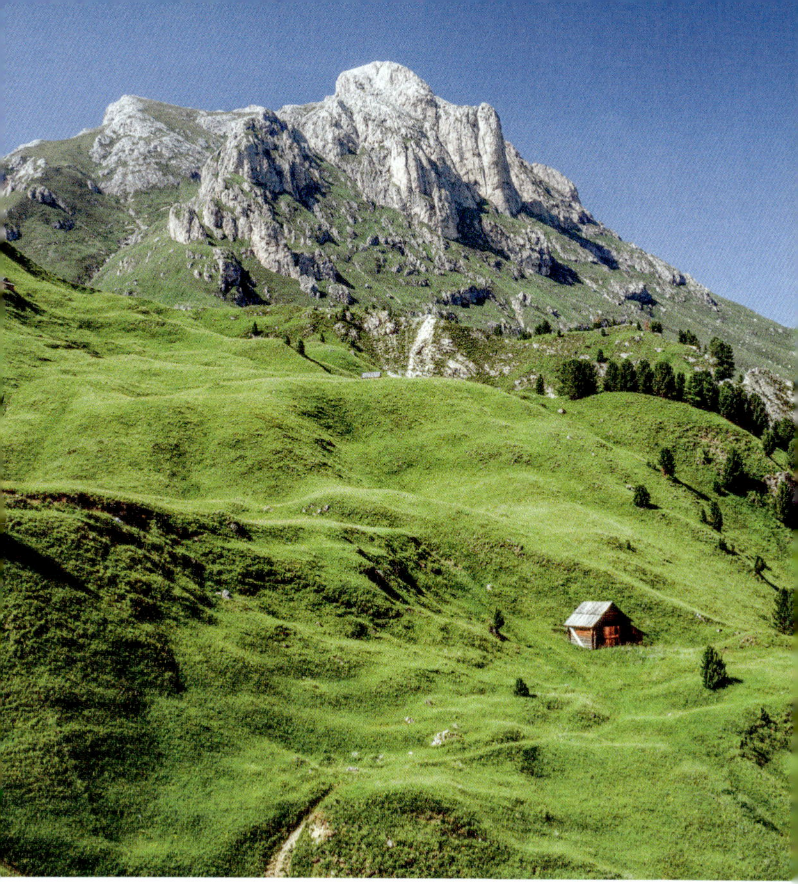

Der Peitlerkofel aus dem ostseitigen Campilltal.

2. Nov., Tel. +39 0472 840001 und +39 348 2721587, gampenalm.com), Schlüterhütte (50 Betten, 18 Lager, geöffnet 15./20. Juni bis 5./10. Okt., Tel. +39 0472 670072 und +39 347 2667694, schlueterhuette.com).
Hinweis: Bei Übernachtung auf der Schlüterhütte kann die Tour auf zwei Tage aufgeteilt werden.
Varianten: Vom Parkplatz an der Zanser Alm erreicht man die Verzweigung nach der Kirchwiese im Kaserilltal bei gleichem Zeitaufwand auch auf der Schotterstraße mit Weg Nr. 33 (»Südweg«).
Aus der Scharte zwischen beiden Gipfeln kann der Kleine Peitlerkofel, 2813 m, auf nicht markiertem Weg in 20 Min. unschwierig bestiegen werden. Tiefblick gegen dass Würzjoch und imponierende Sicht auf das wuchtige Felshaupt des Großen Peitlerkofels!

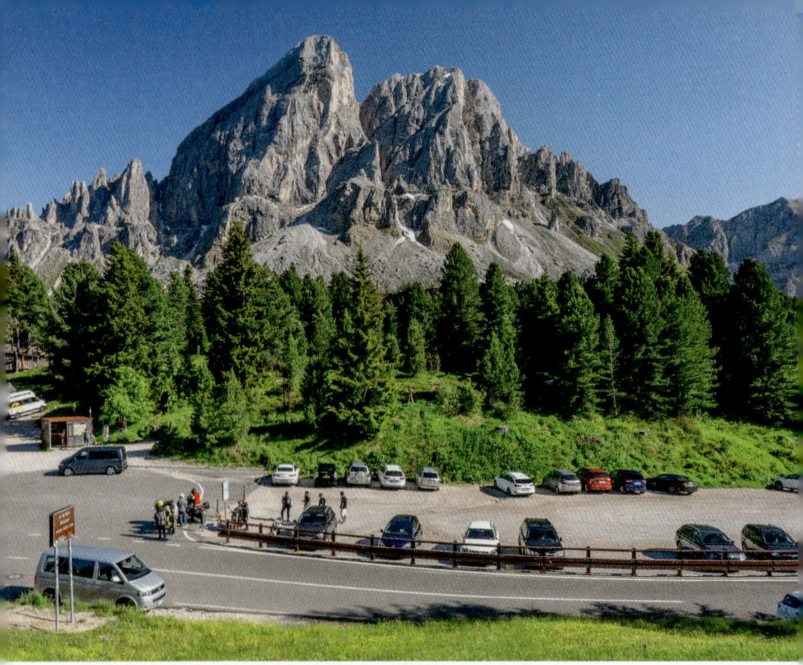

Großer und Kleiner Peitlerkofel von Norden, vom Würzjoch.

Von der Bushaltestelle am Parkplatz bei der **Zanser Alm** ❶ den breiten Fußweg Nr. 25 und 32 (»Nordweg«) rechts des Kaserillbachs nach Nordosten aufwärts, dann nach links über den Bach (Holzbrücke) und im Wald steil hoch zur großen Holzbrücke am querenden »Naturerlebnisweg Zans«, der traversiert wird. Jenseits den Kiesweg durch Wald in Nordost-, später in Ostrichtung aufwärts zur Linksabzweigung der beiden **Herrensteige**. Gerade fort (Fußweg Nr. 32) über eine Schuttreise, dann über die ebene »Kirchwiese« zur Einmündung in die Schotterstraße Weg Nr. 33 (»Südweg«) und auf dieser kurz weiter zu **Verzweigung** ❷. Rechts ab und auf Fußweg Nr. 33 über den Kaserillbach (Holzbrücke), dann in Windungen steil nach Südosten empor auf das Plateau der Gampenwiesen und dort zur **Gampenalm** ❸, 2062 m. Nun entweder auf Steig Nr. 33 steil nach Nordosten empor und über Wiesen zur Hütte oder bequemer auf dem breiten Güterweg Nr. 35 (Hüttenzubringer) durch ein Hochtal nach Osten aufwärts, später in weiten Kehren nach links (Nordosten) empor zur **Schlüterhütte** ❹, 2301 m. Von der Hütte auf Weg Nr. 4 (Dolomiten-Höhenroute Nr. 2) durch eine Wiesenmulde nach Osten aufwärts in das begrünte **Kreuzkofeljoch** ❺ (Passo di Poma), 2340 m.

Jenseits an Grashängen entlang in Nordrichtung aufwärts zu einer Schulter, danach am Ostabhang der Aferer Geiseln, am Oberrand herrlicher Wiesenmatten eben weiter in die begraste **Peitlerscharte** ❻, 2357 m, zwischen Aferer Geiseln und Peitlerkofel. Auf Weg Nr. 4B schräg nach rechts (Osten) in die Flanken des Peitlerkofels hinein und dort aufwärts in die weite angegrünte Südmulde. Diese in steilen Kehren (bei Wegweiser links) mühsam empor in die Scharte zwischen Kleinem und Großem Peitlerkofel. Nun über den Südgrat (Drahtseile, aus dem Fels gehauene Stufen), zuletzt über Schutt auf den Gipfel des **Peitlerkofels** ❼, 2875 m. Umfassende, großartige Rundsicht! Der Abstieg erfolgt entlang der Anstiegsroute.

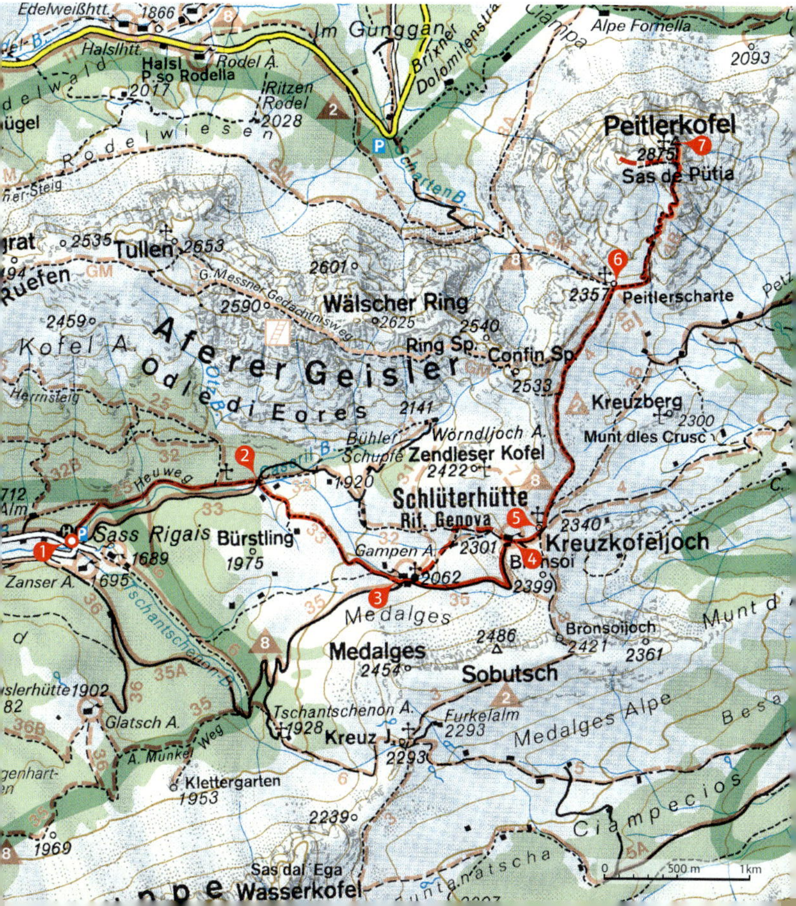

↗ 810 m | ↘ 810 m | 10.8 km

14 Sobutsch, 2486 m

4.00 h

Leicht erreichbares Belvedere über Villnöss- und Abteital

An der Schlüterhütte angelangt, will bestimmt so mancher nicht gleich wieder ins Tal zurück, sondern die erreichte Höhe erst einmal genießen, vielleicht sogar den einen oder anderen Aussichtspunkt besteigen. Neben dem Zendleser Kofel muss hier der pultförmige Sobutsch genannt werden, ein leicht erreichbares Proszenium über Villnöss-, Campill- und Abteital. Und auch der Abstieg über das Kreuzjoch zur Zanser Alm ist beeindruckend, vollzieht er sich doch ganz im Banne der wuchtigen Geislergruppe.

Ausgangspunkt: Zanser Alm, 1689 m, Parkplatz (Tagesmaut), im inneren Villnösstal, 6 km von St. Peter in Villnöss. Bushalt »Zanserhütte« der Linie 330 Brixen – Mileins – Villnöss, verkehrt im Stundentakt.
Anforderungen: Leichte, aber anstrengende Rundwanderung. Gut markierte Wege. Trittsicherheit erforderlich!
Einkehr: Treffpunkt Zans (Infostelle Dolomiten UNESCO Welterbe, Imbiss-Restaurant, keine Übernachtung, geöffnet 1. Mai bis 6. Nov., Mo. Ruhetag, Tel. +39 0472 840054 und +39 333 4714302, zans.it), Zanser Schwaige (Übernachtung, geöffnet 1. Mai bis 1. Nov., Tel. +39 0472 671311, +39 380 7908439, zanserschwaige.com, Gampenalm (30 Betten, geöffnet 15. Mai bis 2. Nov., Tel. +39 0472 840001 und +39 348 2721587, gampenalm.com), Schlüterhütte (50 Betten, 18 Lager, geöffnet 15./20. Juni bis 5./10. Okt., Tel. +39 0472 670072 und +39 347 2667694, schlueterhuette.com), Medalgesalm (4 Lager, geöffnet 15. Juni bis 30. Sept., Tel. +39 347 5049169).
Variante: Von der Schlüterhütte einfache Besteigung des begrünten Zendleser Kofels, 2422 m, mit erweiterter Rundsicht. Zusätzlicher Zeitaufwand 30 Min.

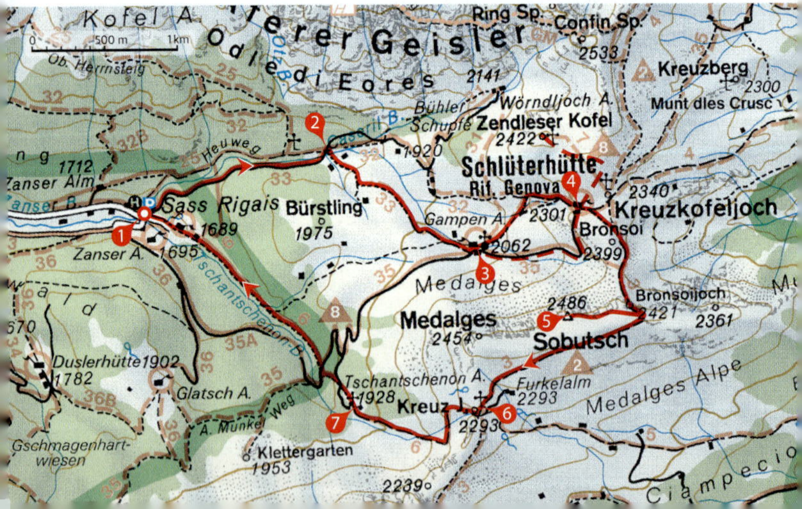

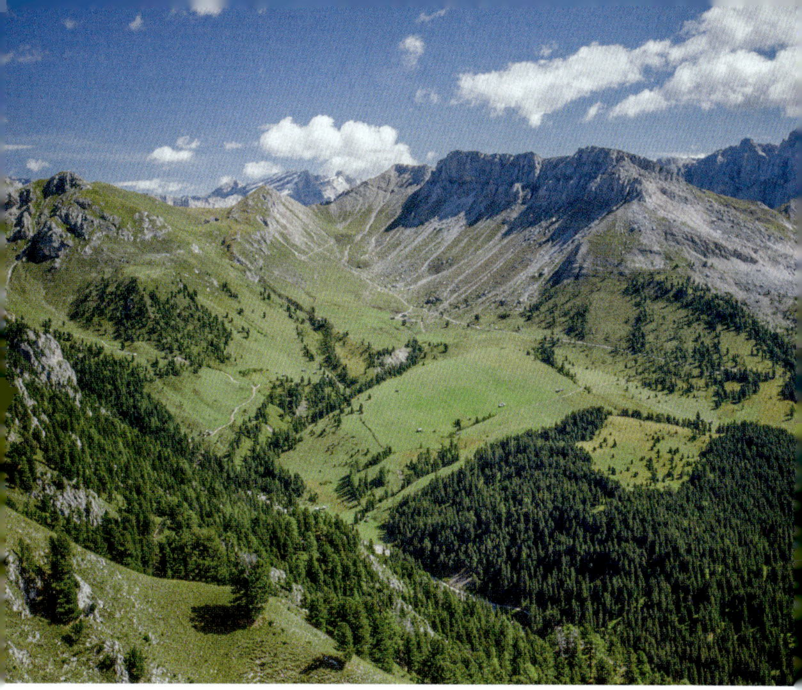

Die weiten Grasflächen der Gampenalm mit dem Sobutsch darüber.

Von der Bushaltestelle am Parkplatz bei der **Zanser Alm** ❶ die Naturstraße mit Weg Nr. 33 (»Südweg«) durch den bewaldeten Kaserillgraben nach Osten aufwärts zu einer **Verzweigung** ❷ auf ebener Wiese. Auf Fußweg (Nr. 33) nach rechts über den Kaserillbach und jenseits in Windungen steil nach Südosten empor auf das Plateau der Gampenwiesen. Dieses südostwärts hinauf zur **Gampenalm** ❸, 2062 m. Nun entweder auf Steig (Weg Nr. 35) nach Nordosten steil empor und über Wiesen zur Hütte oder

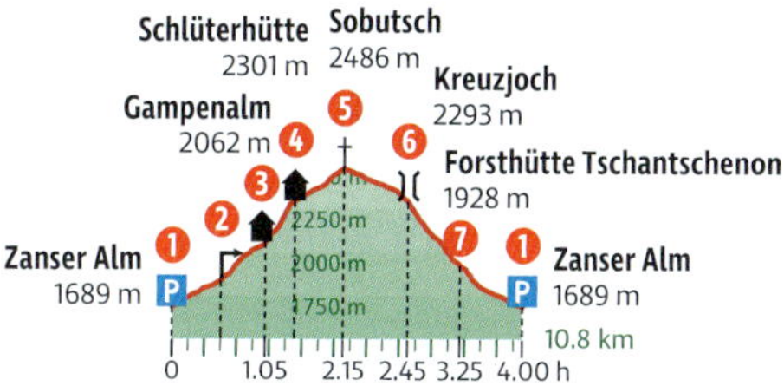

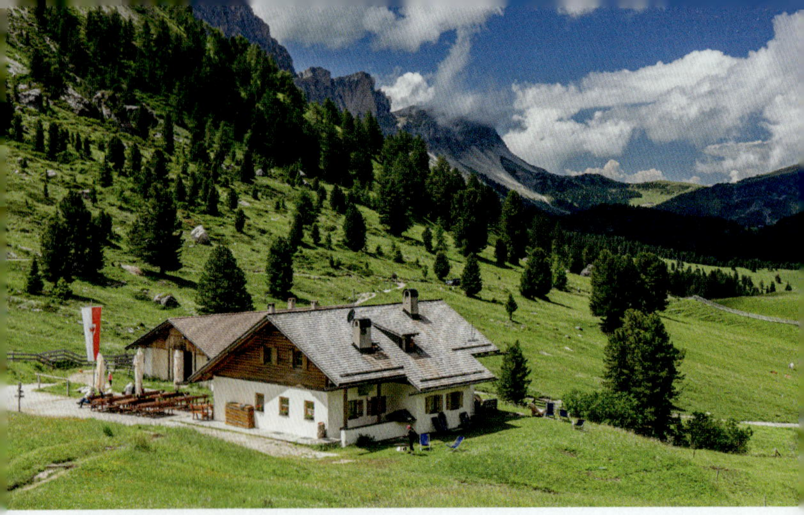

Eingebettet in eine paradiesische Wiesenmulde, die Gampenalm.

(bequemer) auf dem breiten Güterweg (Weg Nr. 35) ein Hochtal nach Osten aufwärts, später in weiten Kehren mehr nach links (Nordosten) empor zur **Schlüterhütte** ❹, 2301 m. Von der Hütte auf breitem Wiesenweg (Dolomiten-Höhenweg Nr. 2) nach Südosten aufwärts an den grasigen Nordrücken des Bronsoi (Querweg, Tiefblick jenseits in das Abteital) und um ihn nach rechts herum in die Ostflanke. Diese wird auf Weg Nr. 3 eben in das dahinterliegende Bronsoijoch gequert. Nun auf Steig durch teilweise schrofiges Gelände steil nach links empor zu einer Schulter, 2421 m, am quer laufenden Rücken Sobutsch-Medalges. Den markierten Höhenweg verlassend über den grasigen Rücken nach rechts (Westen) empor zum Gipfel des **Sobutsch** ❺, 2486 m, mit Blick auf Peitlerkofel (Norden), Fanesgruppe (Osten), Tofanen (Südosten), Puezgruppe (Süden), Geislergruppe (Südwesten) und Ötztaler Alpen (Nordwesten).
Zurück zur Ostschulter. Dort den markierten Weg Nr. 3 (Dolomiten-Höhenweg Nr. 2) quer durch die begrünten Südflanken von Sobutsch und Medalges, an der Jausenstation Medalgesalm vorbei, nach rechts (Südwesten) abwärts zum **Kreuzjoch** ❻, 2293 m. Jenseits auf Weg Nr. 6 das Hochtal von Tschantschenon über steile, begrünte Hänge nach Westen hinunter, später durch Bergwald zur **Forsthütte Tschantschenon** ❼, 1928 m. Auf Fahrweg in Windungen nach Nordwesten hinab zu querender Straße und diese links haltend zur Brücke über den Tschantschenonbach. Noch vor dieser rechts ab und auf dem Fahrweg Nr. 6 neben dem Bach nach Nordwesten hinunter zu den Wiesen der **Zanser Alm** ❶ und dort zurück zur Bushaltestelle am Parkplatz.

↗ 530 m | ↘ 530 m | 8.6 km

3.30 h

Villnösser Talschlussrunde

15

Genusswanderung von Alm zu Alm

Widmet sich die Villnösser Almenrunde den Bergweiden unter den gewaltigen Nordabstürzen der Geislergruppe, so führt der vorliegende Rundweg ganz in den Hintergrund des Tals, durchstreift die zauberhaften Wiesenreviere der Zanser-, Kaserill-, Wörndleloch- und Gampenalm, jede mit Einkehrmöglichkeit, versteht sich! Und auch von landschaftlicher Seite gehen unsere Wünsche in Erfüllung, harmonieren doch sanfte Wiesenmatten und urige Heustadl mit dem darüber aufragenden Türme-Filigran der Geislergruppe in vollendeter Weise.

Ausgangspunkt: Zanser Alm, 1689 m, Parkplatz (Tagesmaut), im inneren Villnösstal, 6 km von St. Peter in Villnöss. Bushalt »Zanserhütte« der Linie 330 Brixen – Mileins – Villnöss, verkehrt im Stundentakt.

Anforderungen: Unschwierige Wanderung auf markierten Fahr- und Fußwegen. Zum Teil steile Wegabschnitte.

Einkehr: Treffpunkt Zans (Infostelle Dolomiten UNESCO Welterbe, Imbiss-Restaurant, keine Übernachtung, geöffnet

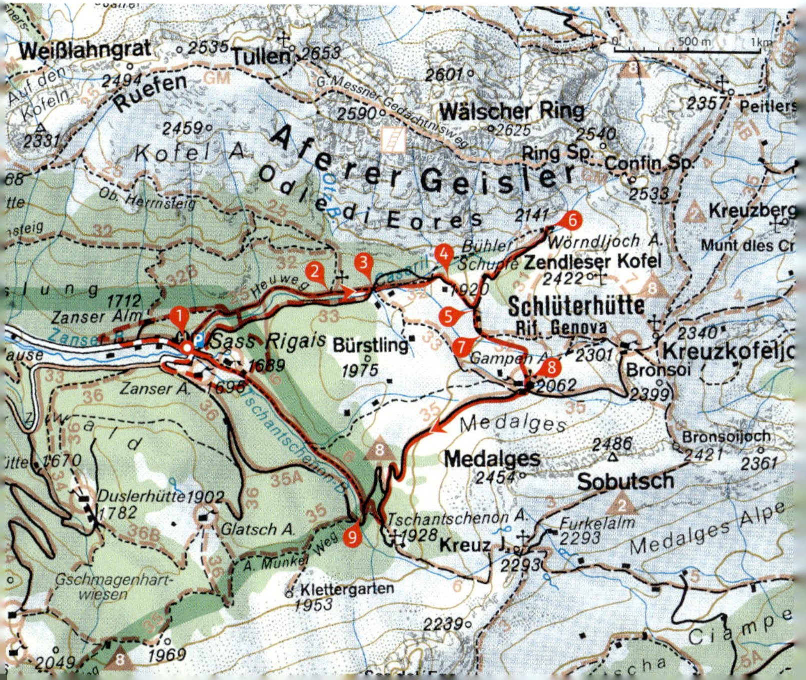

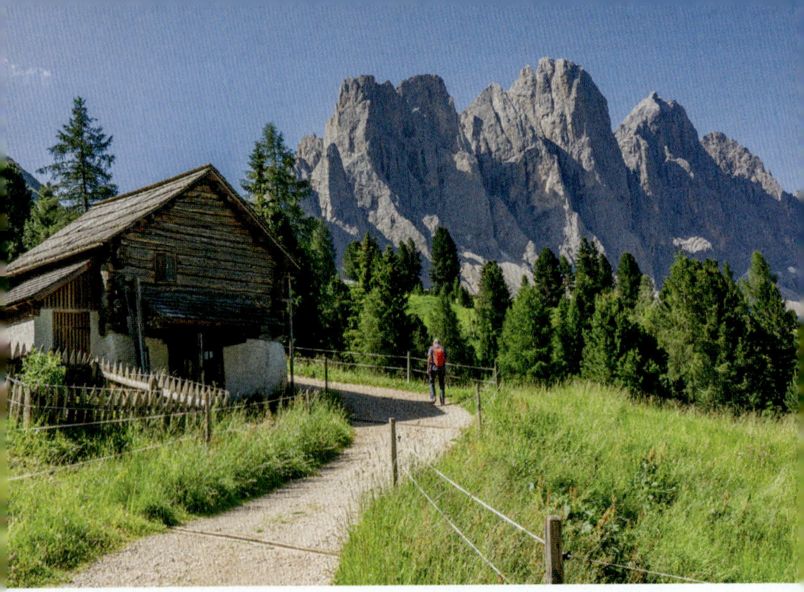

Die Kaserillalm, eine viel besuchte Einkehrstation am Weg zur Schlüterhütte.

1. Mai bis 6. Nov., Mo. Ruhetag, Tel. +39 0472 840054 und +39 333 4714302, zans.it), Zanser Schwaige (Übernachtung, geöffnet 1. Mai bis 1. Nov., Tel. +39 0472 671311, +39 380 7908439, zanserschwaige.com), Kaserillalm (keine Übernachtung, geöffnet 1. Juni bis 15. Okt., Di. Ruhetag außer im Juli und August, Tel. +39 0472 840219 und +39 334 3344200, unterkantiolerhof.com), Wörndleloch Alm (keine Übernachtung, einfache Sommerbewirtschaftung), Gampenalm (30 Betten, geöffnet 15. Mai bis 2. Nov., Tel. +39 0472 840001 und +39 348 2721587, gampenalm.com).

Tipp: Ab dem Parkplatz bei der Zanser Alm lohnt die Begehung des als Rundweg angelegten »Erlebniswegs Zans« mit toller Sicht auf die kolossalen Felsstöcke der Geislergruppe. Gehzeit: 1.15 Std.

Variante: Vom Parkplatz bei der Zanser Alm erreicht man die Verzweigung nach der Kirchwiese im Kaserilltal bei gleichem Zeitaufwand auch über die Schotterstraße mit Weg Nr. 33 (»Südweg«).

Von der Bushaltestelle am Parkplatz bei der **Zanser Alm** ❶ den breiten Fußweg Nr. 25 und 32 (»Nordweg«) rechts des Kaserillbachs nach Nordosten aufwärts, dann nach links über den Bach (Holzbrücke) und im Wald steil hoch zur großen Holzbrücke am querenden »Naturerlebnisweg Zans«, der traversiert wird. Jenseits den Kiesweg durch Wald in Nordost-, später in Ostrichtung aufwärts zur Linksabzweigung der beiden **Herrensteige** ❷. Gerade fort (Fußweg Nr. 32) über eine Schuttreise, dann über die ebene »Kirchwiese« zur Einmündung in die Schotterstraße Weg Nr. 33 (»Süd-

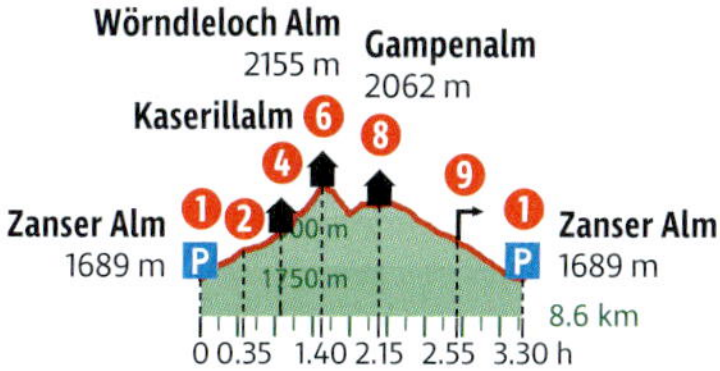

weg«) und auf dieser kurz weiter zu **Verzweigung** ❸. Die Naturstraße mit Weg Nr. 32 gerade fort, dann über den Kaserillbach (Holzbrücke) und in kurzen Kehren hoch, zuletzt aus dem Wald nach rechts empor zu den auf anmutiger Wiese gelegenen Hütten der **Kaserillalm** ❹, 1920 m, mit wunderbarer Sicht auf den Felsriesen der Geislergruppe.

Von der Alm die steile Schotterstraße über freie Wiesen nach Südosten aufwärts zu einer Gabelung. Links haltend nun in Nordostrichtung steil bergauf zur **Verzweigung** ❺ (rechts Weg Nr. 32 zur Schlüterhütte und Gampenalm) vor einem Gatter. Auch hier geradeaus und die steile Schotterstraße mit Weg Nr. 31 weiter zu einigen Almhütten am Eingang in das Wörndleloch-Hochtal mit herrlichem Rückblick über die Gampenwiesen hinweg zur Geislergruppe. Die Straße, an einem Brunnen (rechter Hand) vorbei, das Hochtal durch Wiesen und lichten Zirbenbestand nun weniger steil nach Nordosten aufwärts zu den unter angegrünten Felswänden gelegenen Hütten der **Wörndleloch Alm** ❻, 2155 m.

Zurück zur erwähnten **Verzweigung** ❹. Links ab und auf dem Fußweg Nr. 32 durch lichten Baumbestand und über Wiesen an den Hängen nach Südosten eben und aufwärts, später auf Bretterstegen und über Stufen zur nächsten **Weggabelung** ❼. Rechts auf Weg Nr. 31A südostwärts durch Wiesen in Südrichtung nahezu eben weiter zur **Gampenalm** ❽, 2062 m. Den Naturfahrweg Nr. 35 an den Abhängen des Medalges durch Wiesen, lichten Lärchen- und Zirbenbestand gegen die imposanten Felsbauten der Geislergruppe in Südwestrichtung abwärts, zuletzt durch Wald zur Rechtskurve der Straße in der Sohle des **Tschantschenontals** ❾. Noch vor der Kurve zweigt nach rechts Weg Nr. 6 zur Zanser Alm ab. Den breiten Fußweg an der rechten Talseite oberhalb des rauschenden Bachs in Nordwestrichtung bergab, später auf Forststraße zu den Wiesen der Zanser Alm. Dort oberhalb der Zanser Schwaige vorbei zur Bushaltestelle am Parkplatz bei der **Zanser Alm** ❶.

Das grüne Wörndleloch-Kar zu Füßen der Aferer Geiseln.

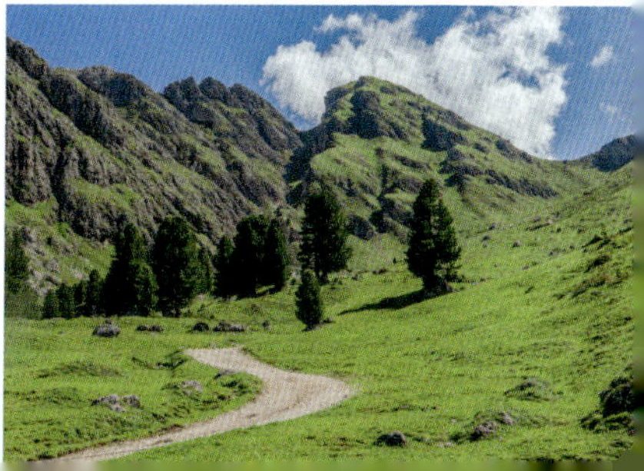

TOP

16

↗ 450 m | ↘ 450 m | 8.7 km

Villnösser Almenrunde

3.00 h

Wiesenparadiese unter 1000-Meter-Wänden

Gröden kann als Tal der Superlative nicht so bald etwas Gleichwertiges zur Seite gestellt werden. Doch auch im nördlich benachbarten Villnösstal finden sich überraschend großartige Felslandschaften. Neben dem bekannten Munkelweg von der Zanser- zur Broglesalm führt die hier propagierte Villnösser Almenrunde zu den unmittelbar unter den grandiosen Nordwänden von Sass Rigais und Furchetta gelegenen Wiesengebieten. Wir starten im Villnösser Talschluss, an der per Auto oder Bus erreichbaren Zanser Alm, und kehren über Glatsch-, Gschnagenhardt-, Geisler- und Dusleralm wieder zu ihr zurück, vollgepackt mit Landschaftseindrücken, die zum Eindrucksvollsten gehören, was die Dolomiten zu bieten haben.

Die Gschnagenhardt Alm unmittelbar zu Füßen der Nordwände des Geislermassivs mit Sass Rigais, Mittagsscharte, Villnösser und Großer Odla.

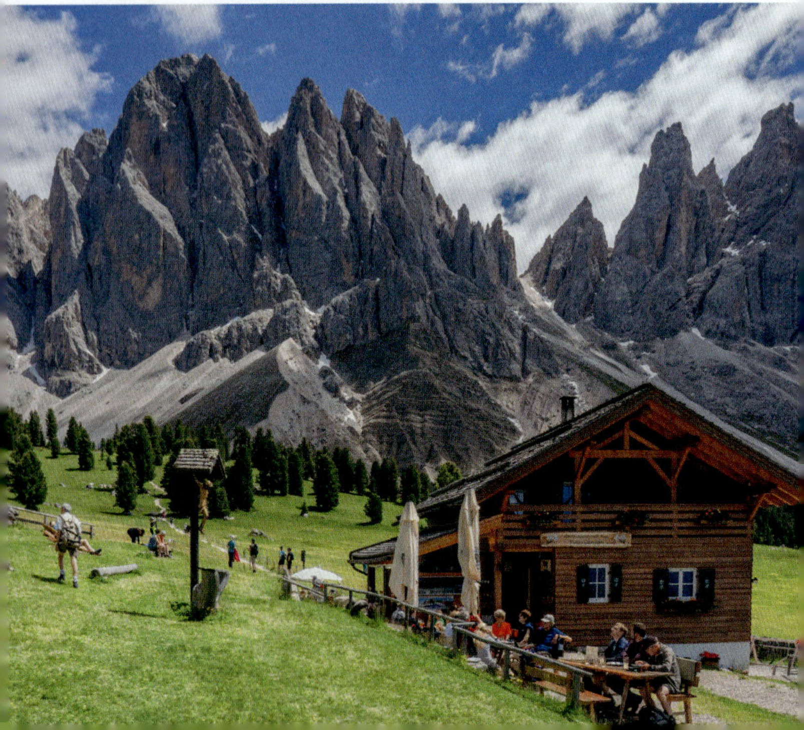

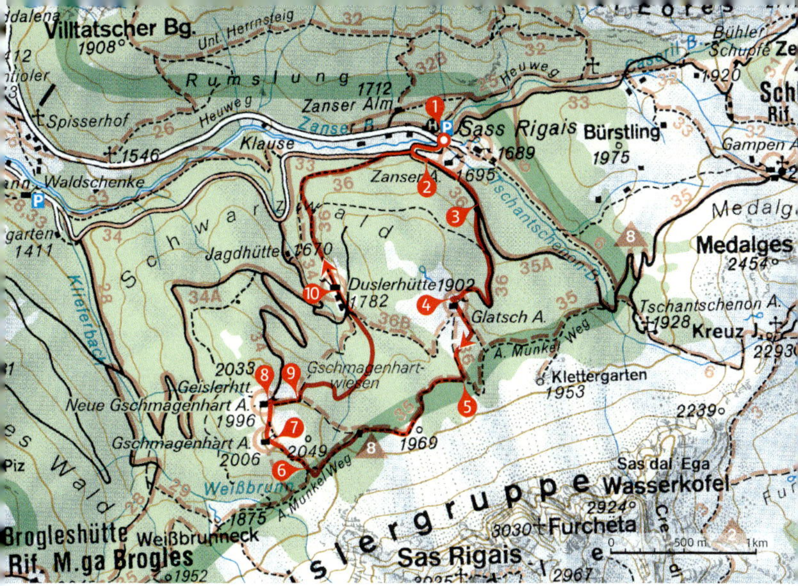

Ausgangspunkt: Zanser Alm, 1689 m, Parkplatz (Tagesmaut), im inneren Villnösstal, 6 km von St. Peter in Villnöss. Bushalt »Zanserhütte« der Linie 330 Brixen – Mileins – Villnöss, verkehrt im Stundentakt.
Anforderungen: Mittellange Wanderung auf markierten Fahr- und Fußwegen. Im Abstieg von der Geisler- zur Dusleralm ist auf dem stark erodierten wurzenreichen Weg Trittsicherheit nötig.
Einkehr: Treffpunkt Zans (Infostelle Dolomiten UNESCO Welterbe, Imbiss-Restaurant, keine Übernachtung, geöffnet 1. Mai bis 6. Nov., Mo. Ruhetag, Tel. +39 0472 840054 und +39 333 4714302, zans.it), Zanser Schwaige (Übernachtung, geöffnet 1. Mai bis 1. Nov., Tel. +39 0472 671311, +39 380 7908439, zanserschwaige.com), Glatschalm (geöffnet 15. Mai bis 15. Okt., Di. Ruhetag außer im Juli und August, Tel. +39 0472 670978, glatschalm.com), Gschnagenhardt Alm (geöffnet 25./31. Mai bis 31. Okt., Tel. +39 340 6348100, gschnagenhardtalm.it), Geisleralm (geöffnet 20. Mai bis 5. Nov., Mo. Ruhetag außer vom 15. Juni bis 15. Sept., Tel. +39 339 6044685, geisleralm.com), Dusleralm (geöffnet 15. Mai bis 15./20. Okt., Tel. +39 0472 840392), alle Betriebe ohne Übernachtung.
Tipp: Ab dem Parkplatz bei der Zanser Alm lohnt die Begehung des als Rundweg angelegten »Erlebniswegs Zans« mit prächtiger Sicht auf die kolossalen Felsstöcke der Geislergruppe. Gehzeit: 1.15 Std.

Von der Bushaltestelle am Parkplatz bei der **Zanser Alm** ❶ die Straße mit Weg Nr. 33 und 36 westwärts eben durch das Parkplatzgelände, dann in einer Linkskehre hinauf zur **Verzweigung** ❷ am oberen Ende des Platzes. Rechts die Forststraße mit Weg Nr. 36 im Wald nach Südosten bergauf zu einer **Gabelung** ❸. Rechts haltend die Straße mit Weg Nr. 36 gegen die

Auf den Wiesenböden der Geisleralm, darüber Mittagsscharte und Villnösser Odla.

Felskolosse der Geislergruppe in Südrichtung aufwärts, zuletzt nach rechts (Westen) empor auf das Wiesenplateau der **Glatschalm** ❹, 1902 m. Aufblick in die großartigen Nordwände der Geislergruppe mit (von links) Wasserkofel, Furchetta, Sass Rigais, Odlen, Fermeden und Seceda.
Von der Alm den Kiesweg (Nr. 36) durch Wiesen und lichten Baumbestand nach Süden aufwärts zu einer Verzweigung und rechts haltend über eine Anhöhe hinweg zum querenden **Adolf-Munkel-Weg** ❺, am Unterrand der Schuttströme zu Füßen der Geislerwände. Wir folgen dem stark erodierten Höhenweg (Nr. 35) durch Wiesen und Bergnadelwald auf und ab nach rechts (Südwesten) zu einer ersten Rechtsabzweigung gegen die Gschagenhardtalm, danach stetig bergauf in einen Sattel, 2005 m, mit der nächsten **Verzweigung** ❻. Rechts vom Munkelweg ab und auf Fußweg Nr. 36 durch lichten Nadelwald in steilen Kehren nach Nordwesten empor zur Gschnagenhardthöhe, 2035 m, wo der Wald verlassen wird. Jenseits auf abgezäuntem breitem Weg durch Wiesen abwärts zur nahen **Gschnagenhardtalm** ❼, 2006 m, nach der Lage ein Glanzstück unter den Almen Südtirols mit unvergleichlichem Aufblick in die imposanten Wände der Furchetta und des Sass Rigais. Auf Naturstraße (Weg Nr. 34) durch Wiesen kurz nach Norden hinunter zu der in einem Wiesensattel gelegenen **Geisleralm** ❽ (auch Rifugio Delle Odle), 1996 m.
Rechts ab und auf Fußweg Nr. 36 eben in den Wald. Dort z. T. auf Bretterstegen in Ostrichtung sanft bergab zu einer **Verzweigung** ❾. Links auf Weg Nr. 36 zunächst nach Norden, dann auf stark erodiertem Weg, einen steilen Waldgraben querend, nach rechts (Osten) abwärts, schließlich im weiten Linksbogen nach Nordwesten hinunter zum Beginn einer Schotterstraße. Auf dieser eben weiter zur herrlich gelegenen **Dusleralm** ❿, 1782 m, mit imponierendem Rück- und Aufblick zu den Felsbauten der Geislergruppe. Den breiten Almweg Nr. 36 durch Wiesen in Nordwestrichtung eben weiter, dann an der rechten Seite des Duslerbachtals steiler bergab zur Linkseinmündung von Weg Nr. 36B. Auf dem jetzt schmäleren Fußweg Nr. 36 eben fort, dann nach rechts in das Tal des Villnösser Bachs. Dort an den Waldhängen nach Osten zu einer Naturstraße (Weg Nr. 33) und diese kurz bergauf zur Bushaltestelle am Parkplatz bei der **Zanser Alm** ❶.

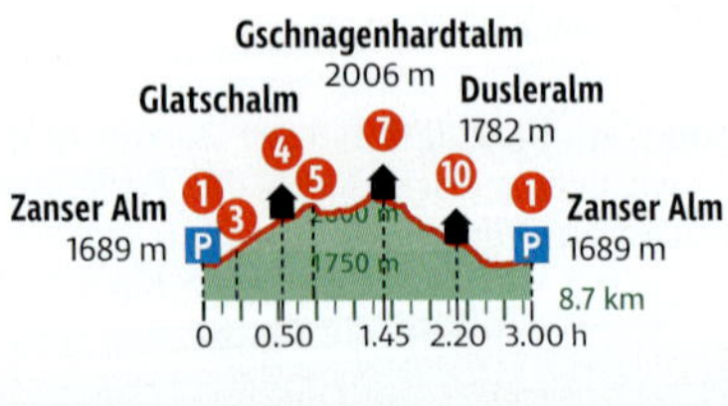

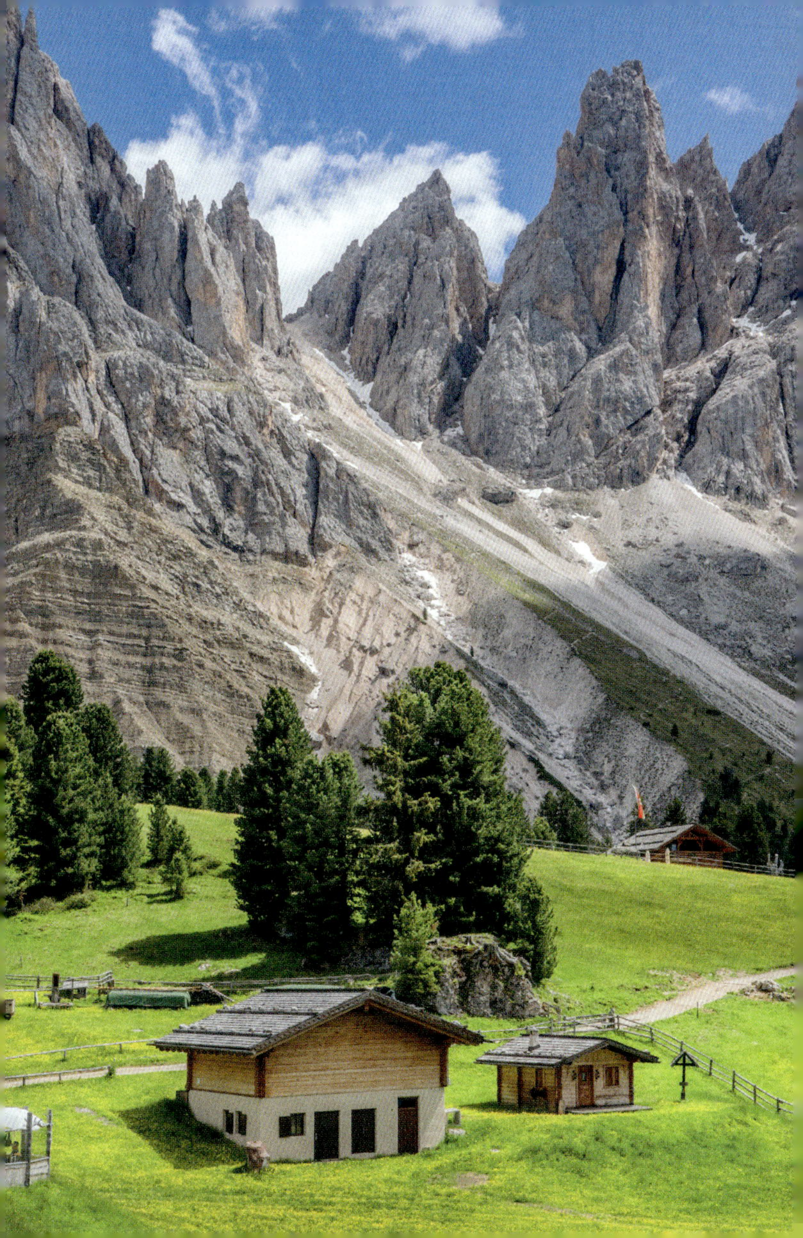

↗ 1070 m | ↘ 1070 m | 15.2 km

17 Adolf-Munkel-Weg

5.20 h

Klassischer Höhenspaziergang unter den Nordwänden der Geislergruppe

Wandergenüsse besonderer Art vermittelt der unter den kolossalen Nordwänden der Geislergruppe entlangführende Adolf-Munkel-Weg, unumstritten Glanzstück all der lohnenden Wanderrouten des inneren Villnösstals. Man lernt ihn am besten von der Zanser Alm aus kennen, im Zuge einer Rundwanderung, die zwar technisch keine Probleme stellt, aber aufgrund ihrer Länge doch einige Schweißtropfen abverlangt.

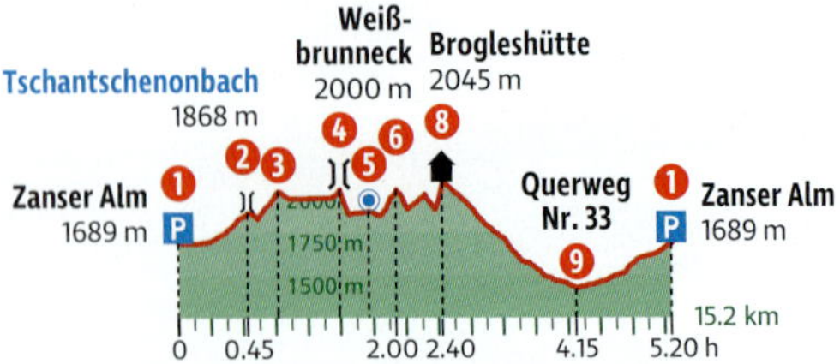

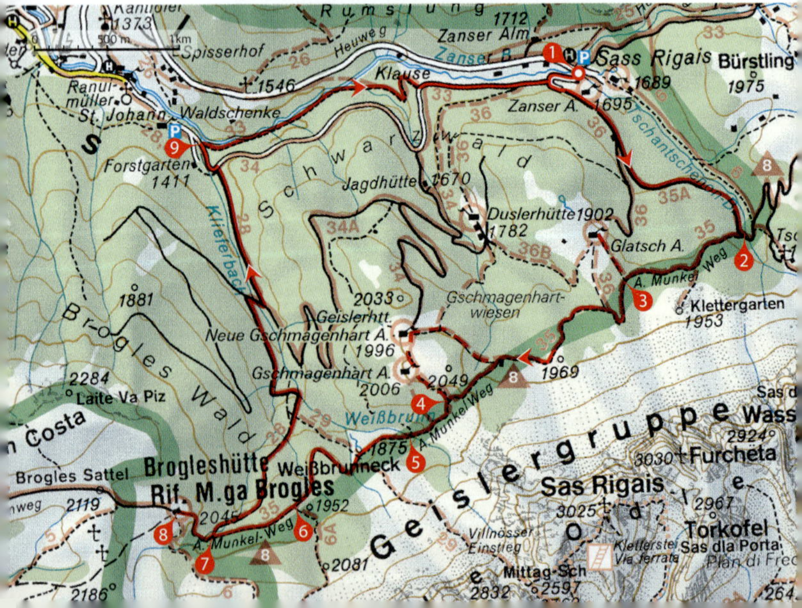

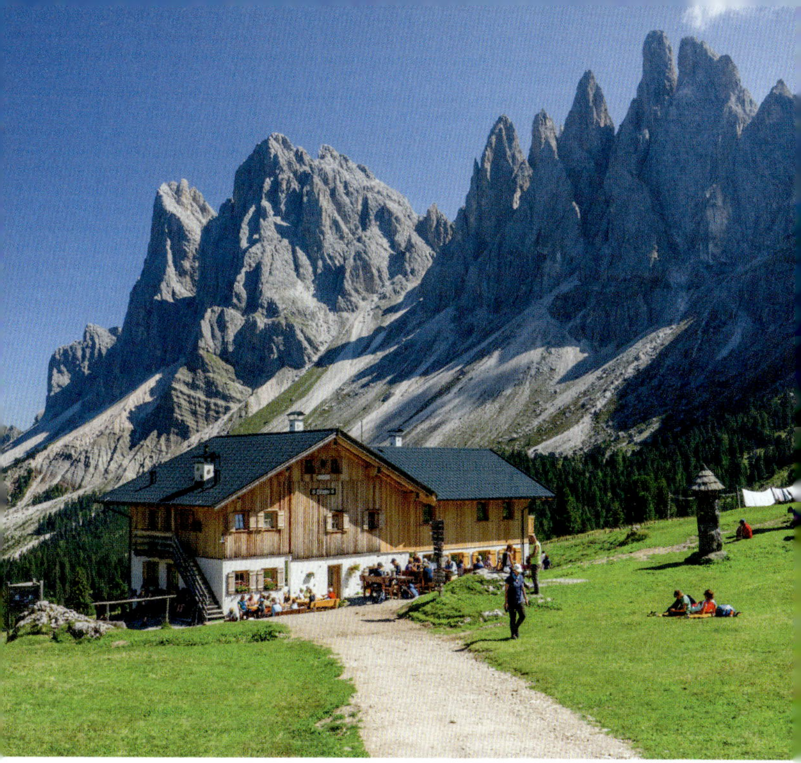

Die Brogleshütte mit Einblick in die Nordwände der Geislergruppe.

Ausgangspunkt: Zanser Alm, 1689 m, Parkplatz (Tagesmaut), im inneren Villnösstal, 6 km von St. Peter in Villnöss. Bushalt »Zanserhütte« der Linie 330 Brixen – Mileins – Villnöss, verkehrt im Stundentakt.
Anforderungen: Lange, aber unschwierige Tour. Markierte Wege oder Straßen.
Einkehr: Treffpunkt Zans (Infostelle Dolomiten UNESCO Welterbe, Imbiss-Restaurant, keine Übernachtung, geöffnet 1. Mai bis 6. Nov., Mo. Ruhetag, Tel. +39 0472 840054 und +39 333 4714302, zans.it), Zanser Schwaige (Übernachtung, geöffnet 1. Mai bis 1. Nov., Tel. +39 0472 671311, +39 380 7908439, zanserschwaige.com), Glatschalm (geöffnet 15. Mai bis 15. Okt., Di. Ruhetag außer im Juli und August, Tel. +39 0472 670978, glatschalm.com), Gschnagenhardt Alm (geöffnet 25./31. Mai bis 31. Okt., Tel. +39 340 6348100, gschnagenhardtalm.it), Geisleralm (geöffnet 20. Mai bis 5. Nov., Mo. Ruhetag außer vom 15. Juni bis 15. Sept., Tel. +39 339 6044685, geisleralm.com), Brogleshütte (14 Betten, 12 Lager, geöffnet 15. Juni bis 15. Okt., Tel. +39 0471 655642).
Varianten: Die Abstecher zur Glatschalm, Gschnagenhardt- und der etwas tiefer gelegenen Geisleralm lohnen mit tollen Blicken auf die Geislergruppe.

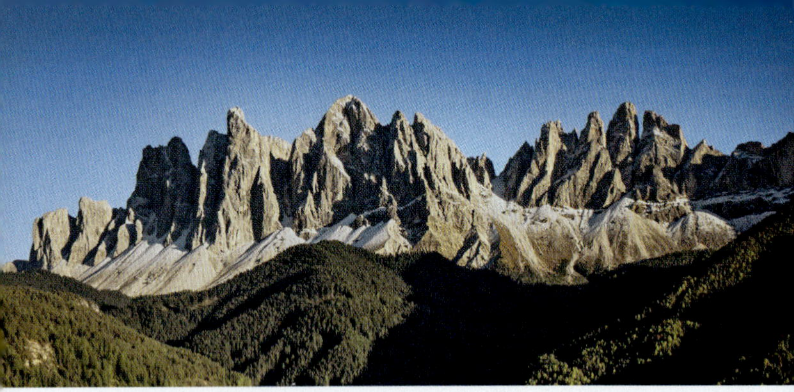

Die großartige Nordwände-Phalanx der Geislergruppe über dem inneren Villnösstal mit (von links) Wasserkofel, Furchetta, Sass Rigais, Odlen, Fermeden und Seceda.

Von der Bushaltestelle am Parkplatz bei der **Zanser Alm** ❶ die Straße mit Weg Nr. 33 und 36 westwärts eben durch das Parkplatzgelände, dann in einer Linkskehre hinauf zur Verzweigung am oberen Ende des Platzes. Rechts die Forststraße mit Weg Nr. 36 im Wald nach Südosten bergauf zu einer Gabelung und links den Fahrweg mit Nr. 35A zur Brücke über den **Tschantschenonbach** ❷. Rechts ab und auf dem **Adolf-Munkel-Weg** (Nr. 35) durch Wald und über Wiesenböden unter den großartigen Nordwänden der Geislergruppe, an der **Rechtsabzweigung** ❸ zweier Wege zur nahen Glatschalm vorbei, nach Südwesten zu einem gegen das Villnösstal vorspringenden Rücken. Weiter zu schöner Wiesenfläche mit verfallenen Almhütten (erste Rechtsabzweigung zur Gschnagenhardtalm), danach durch Wald in einen **Sattel** ❹ und kurz nach rechts zur zweiten Rechtsabzweigung gegen die malerische Gschnagenhardtalm. Durch lichten Wald und über ein angegrüntes Geröllfeld in engen Kehren gegen den Graben des Klieferbachs hinunter, danach an der Quelle **Weißbrunn** ❺, 1875 m, vorbei zu einer Verzweigung. Geradeaus in Windungen steil hoch zur Schulter des **Weißbrunnecks** ❻, 2000 m. Nach Querung licht bewaldeter Hänge in die Mulde des **Klieferbachs** ❼. Die Rechtsabzweigung von Weg Nr. 28 ignorierend jenseits kurz nach Norden empor zu den Wiesen der Broglesalm mit der **Brogleshütte** ❽, 2045 m.
Zurück zur Abzweigung von **Weg Nr. 28** ❼. Auf ihm rechts vom Klieferbach durch Wald nach Nordosten hinab zu einer Forststraße und diese in Kehren (keine Abkürzer benutzen!) gegen das Klieferbachtal hinunter. Dort talaus (bei Verzweigungen rechts vom Bach bleibend gerade fort) zum querenden **Fahrweg Nr. 33** ❾ an der Mündung gegen das Villnösstal. Auf dem Fahrweg neben dem Villnösser Bach rechts (Nordosten) aufwärts, später, den Graben des Düslerbachs querend, durch Wald ostwärts zur Bushaltestelle am Parkplatz bei der **Zanser Alm** ❶.

↗ 930 m | ↘ 930 m | 13.7 km

5.00 h

Außerraschötz, 2282 m (von Norden) 18

Vergessene Wege an der Villnösser Schattenseite

Am Raschötz gibt es Gegensätze: Konfrontiert die in das Grödnertal schauende, lifterschlossene Südseite mit Massentourismus und Trubel, so kann die dem Villnösstal zugewandte Schattenseite noch mit unberührter Bergnatur aufwarten.

Ausgangspunkt: Oberflitz, 1392 m, kleiner Parkplatz beim Hof Oberegarter von St. Peter in Villnöss zu erreichen. Bushalt Linie 330 Brixen – St. Peter, von dort sind es 4 km, etwa 1 Std., zu Fuß zum Ausgangspunkt.
Anforderungen: Lange Rundtour mit anstrengendem Steilanstieg. Trittsicherheit erforderlich!
Einkehr: B&B Chalet Restaurant Raschötz (20 Betten, geöffnet 15. Mai bis 10. Okt., mit Bergbahn, Tel. +39 335 5630007, resciesa.com), Raschötzhütte (50 Betten, geöffnet 15. Mai bis 10. Okt., Tel. +39 328 3345986, rifugioresciesa.com).
Variante: Es lohnt die Besichtigung der »Eisenquelle«, die auf z. T. gesichertem Steig durch eine wilde Steilschlucht erreicht wird. Das stark eisenhaltige Wasser ist in trockenen Sommern nur verdünnt genießbar. Zeitaufwand 1 Std.

Vom Hof Oberegarter in **Oberflitz** ❶ die Naturstraße nach Südosten hinauf und bei Teilung rechts zur Linksabzweigung von Weg Nr. 31. Auf ihm an der linken Seite des bewaldeten Flitzerbachgrabens nach Osten aufwärts, später auf Forststraße, dann wieder auf Weg südwärts steil empor zu einem Schutthang, der links im Wald (Vorsicht: lose Blöcke!) auf und ab

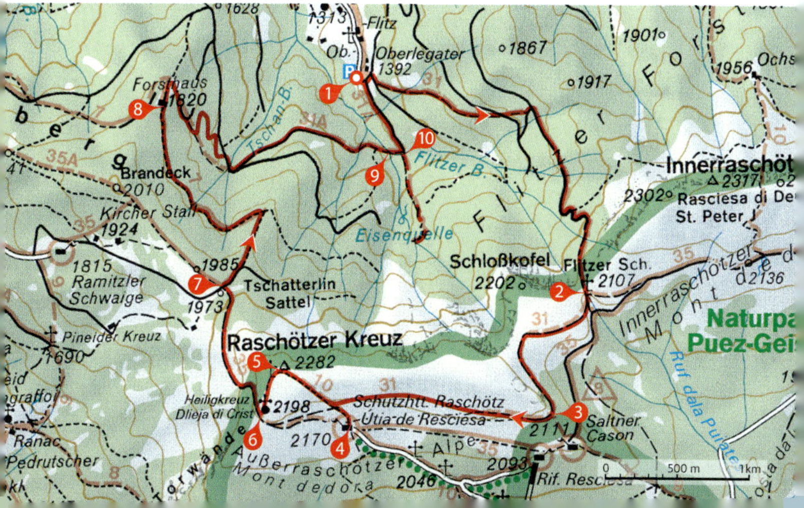

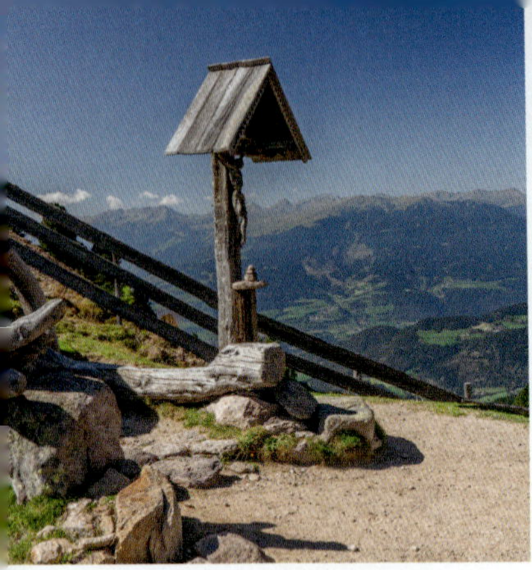

Das Bergkreuz an der Flitzer Scharte.

umgangen und so die **Flitzer Scharte** ❷, 2107 m, erreicht wird. Geradeaus (Weg Nr. 31), an der bewaldeten Ostflanke des Außerraschötz entlang, nach Süden hinauf zu einer **Schulter** ❸. (Von hier links absteigend in wenigen Minuten zur Bergstation des Raschötzlifts mit gleichnamigem Restaurant.) Nach rechts in die grasige Südseite des Berges (Tiefblick ins Grödnertal) und dort eben nach Westen zur **Raschötzhütte** ❹**,** 2170 m. Nun auf Weg Nr. 10 nach Nordwesten empor zum Gipfel des **Außerraschötz** ❺, 2282 m, mit dem »Raschötzer Kreuz«, ein beeindruckendes von dem Südtiroler Josef Bernardi geschnitztes Holzkreuz. Auf Weg Nr. 10 über den Südwestrücken hinab zur **Heiligkreuzkapelle** ❻, 2198 m, mit dem Weg Nr. 35. Diesen rechts haltend, an der steilen Westflanke des Berges entlang, hinab zu riesiger Bergsturzzone. Weiter durch Zirbenwald nach Nordwesten abwärts zum **Tschatterlinsattel** ❼, 1973 m. Auf Weg Nr. 7 nordostwärts durch Wald hinunter, später scharf nach links (7 Min. vom Sattel) und in langer Querung bewaldeter Hänge zur **Tschatterlin-Jagdhütte** ❽, 1820 m, am Nordrücken des Brandegg. Auf Fahrweg den Rücken ein Stück nach Norden hinab zu einer Verzweigung. Mit Weg Nr. 31a nach rechts in die Nordseite des Außerraschötz hinein und dort teils auf Straßen, teils auf Wegen in Ostrichtung abwärts, zuletzt in eine **Schlucht** ❾. Ostwärts weiter, später an steiler Flanke (Drahtseil) hinab in eine **zweite Schlucht** ❿, wo rechts der Weg zur **Eisenquelle** abzweigt. Nach Traversierung einer dritten Schlucht (Flitzerbachgraben) hinauf zu einem Fahrweg. Auf ihm nach Norden zu einer Asphaltstraße und diese nach rechts hinauf zum Hof Oberegarter in **Oberflitz** ❶.

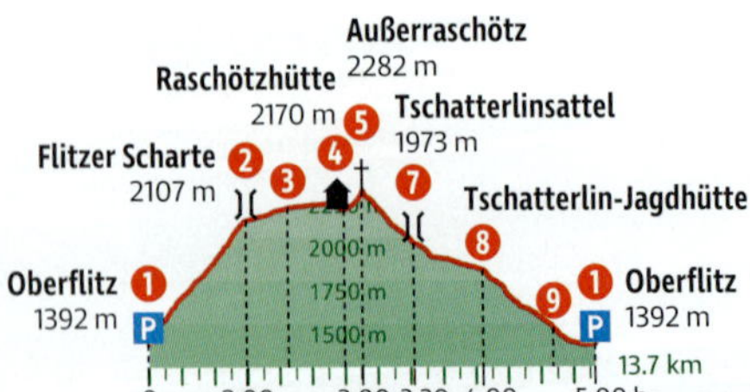

↗ 480 m | ↘ 480 m | 12.3 km

4.00 h

Grödner Poststeig **19**

Spazierweg in die Genussregion Grödnertal

Zu den beliebtesten Wegen des äußeren Grödnertals gehört fraglos der Poststeig (ladinisch: Troi da la Posta) am Sonnenhang von Lajen nach St. Ulrich. Vor dem Bau der Talstraße im Jahr 1856 wurden auf ihm Briefe und Pakete von Klausen in das Grödnertal befördert. Wer die 4-Stunden-Strecke (12 Kilometer) begeht, muss heutzutage keine Lasten mehr schleppen, auch keine größeren Proviantmengen, denn unterwegs warten mehrere Einkehrstationen auf die vielleicht schon etwas müden Wanderer. Man kann sich also voll auf die Landschaft konzentrieren, auf die unterwegs berührten malerischen Ortschaften und auf den grandiosen Langkofel, der wie eine gegen den Himmel gehaltene offene Hand verheißungsvoll über dem Talschluss thront.

Ausgangspunkt: Lajen (ital. Laion), Dorfplatz, 1097 m, im Ortszentrum.
Endpunkt: St. Ulrich, 1236 m, Busbahnhof beim Antoniusplatz (Piazza San Antonio), knapp östlich des Zentrums. Rückfahrt nach Lajen per Bus mit Linie 351 zwischen 7 und 20 Uhr, an Werktagen stündlich bis zweistündlich.
Anforderungen: Relativ lange, aber einfache Wanderung auf beschilderten und markierten Wegen (zahlreiche Rastbänke). Etwas Trittsicherheit im Bereich Pontiveser Klause nötig.
Einkehr: Gastbetriebe in Lajen, Tschöfas, St. Peter und St. Ulrich. Gasthaus Pedrutscherhof (keine Übernachtung, geöffnet 1. April bis 5./10. Nov., Di. Ruhetag, Tel. +39 338 6263881).
Hinweis: Bei Zeitmangel kann der Poststeig auch in zwei Etappen begangen werden: Strecke Lajen – St. Peter, 1.30 Std., Strecke St. Peter – St. Ulrich, 2.30 Std.
Variante: An der Verzweigung nach der »Pontiveser Klause« kann man auf Weg Nr. 8A links haltend etwas länger, aber schöner über Außerwinkel nach St. Ulrich gelangen.

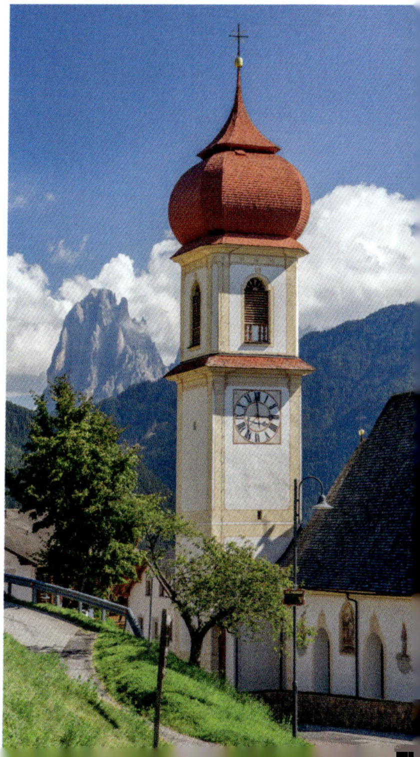

Der Zwiebelturm von St. Peter in Gröden mit dem imposanten Langkofel dahinter.

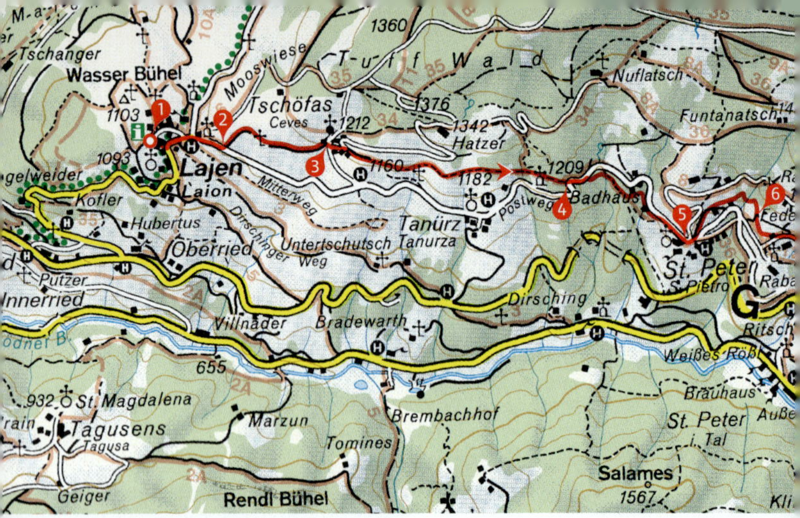

Vom Dorfplatz in **Lajen** ❶ kurz nach Osten hinab zum Rathaus und dort die Durchgangsstraße (LS 139) nach links zu einer Gabelung. Rechts die LS 139 Richtung St. Peter aufwärts zur Bushaltestelle **»Baumann«** ❷ (Linie 351). Links ab und auf dem »Tschöferer Weg« (P steht für Poststeig) anfangs auf Asphalt-, dann auf Naturstraße mit schönem Rückblick auf Lajen durch Wiesen nach Osten empor in das Dorf **Tschöfas** ❸, 1212 m. Die querende Ortstraße rechts haltend bergauf zu einer Linkskurve. Dort auf Naturfahrweg gerade fort und in herrlicher Höhenwanderung, an Wiesenhängen entlang zu einer Verzweigung. Auch hier geradeaus, später leicht fallend zur nächsten Verzweigung. Links auf Fahrweg im Wald sanft nach Nordosten aufwärts, später auf Fußweg steil empor auf eine bewaldete Anhöhe. Jenseits in Windungen bergab, später (Weg mit Holzgeländer) steil hinunter zur querenden **LS 139** ❹. Diese 30 m nach links, dann rechts ab und auf Fußweg durch Wald in Kehren hinunter in einen Graben und jenseits zu den Wiesen bei den Felsonnes Höfen. Auf Asphaltstraße nach Südosten aufwärts wieder zur LS 139 und auf Fußweg rechts neben

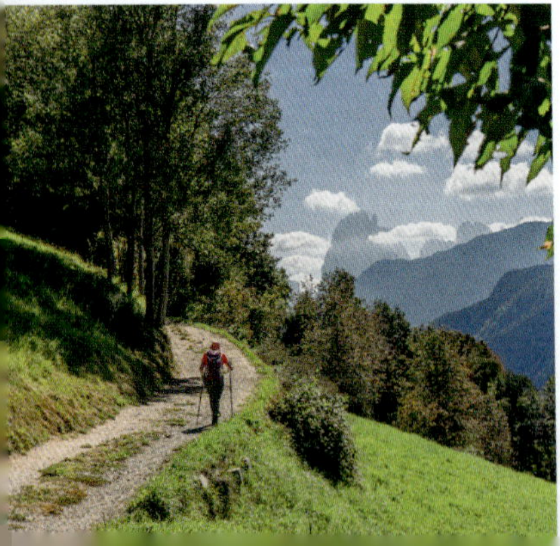

Unterwegs am Poststeig. In der Ferne die Langkofelgruppe über dem inneren Grödnertal.

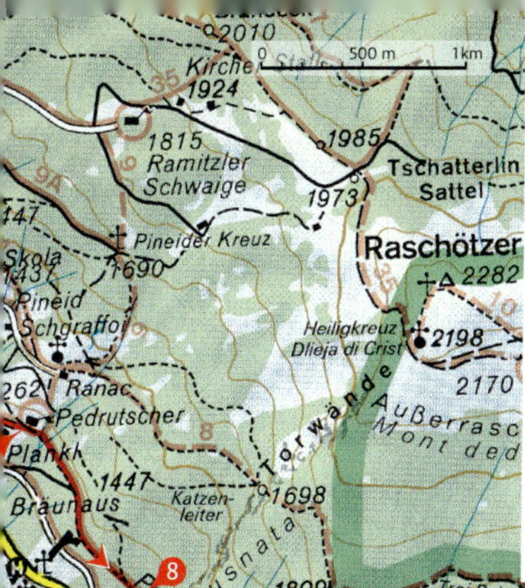

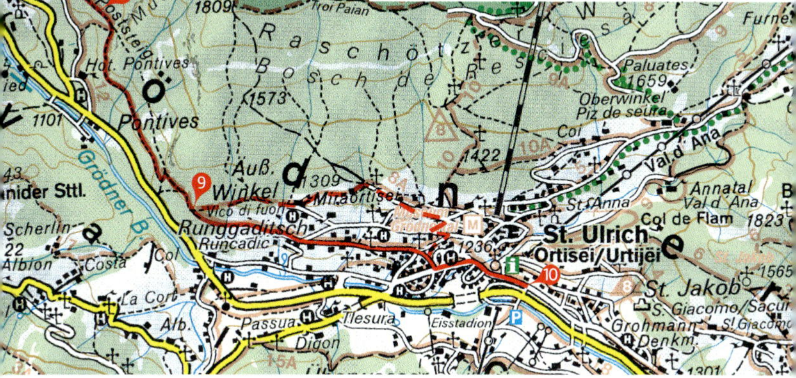

oder knapp unterhalb der Straße in das Ortsgebiet von **St. Peter** **5**, 1200 m, mit malerischer Kirche (Zwiebelturm) und Langkofelblick. Beim Spar-Geschäft nördlich gegenüber dem Hotel Überbacher, der Markierung P folgend, kurz durch eine Gasse hoch, dann auf begrüntem Fahrweg durch Wiesen steil nach Nordosten empor in den Wald. Dort weniger steil weiter, wobei mehrere wasserführende Gräben gequert werden. Über eine Anhöhe hinweg wird eine **Asphaltstraße** **6** erreicht, der man nach links folgt. Die Straße, an Höfen vorbei, durch Wiesen nach Osten aufwärts und wieder in den Wald. Einen düsteren Graben im Rechtsbogen ausgehend, nach Süden empor an eine Bergecke. Dort rechts ab (Wanderschilder) und auf Fußweg hinaus zu dem auf einer Wiesenschulter über dem äußeren Grödnertal prachtvoll gelegenen **Gasthaus Pedrutscherhof** **7**, 1260 m. Rückblick auf Lajen und St. Peter, dahinter das Rittner Horn.

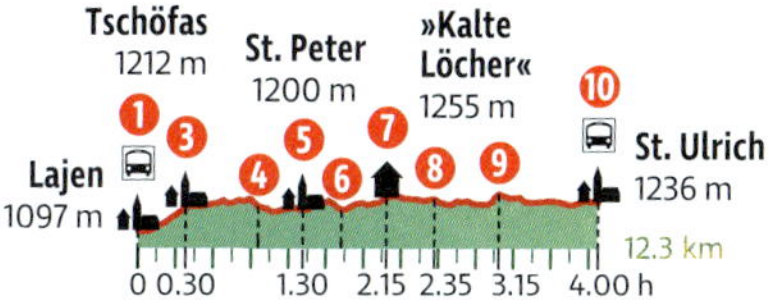

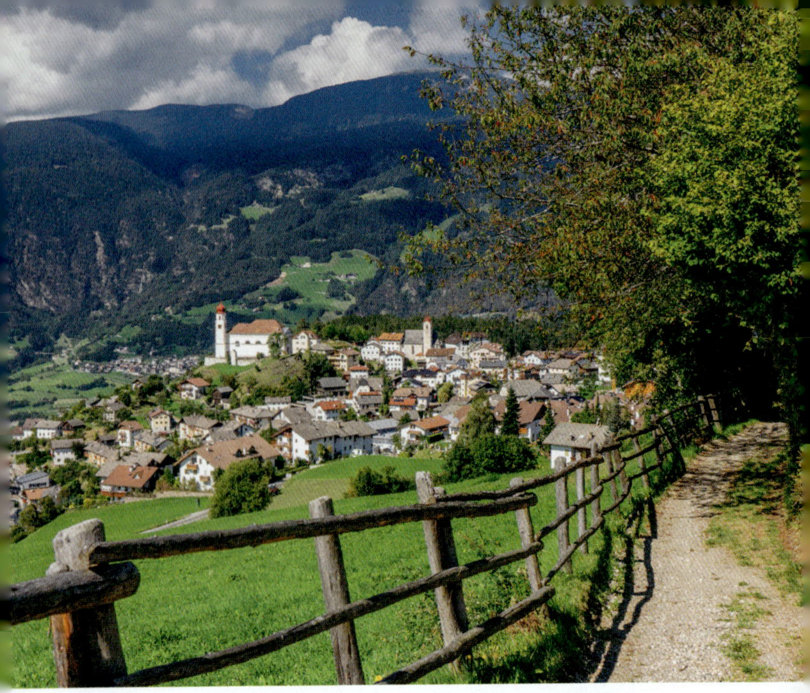

Der über Eisack- und Grödnertal gelegene Ort Lajen ist Ausgangspunkt für die Begehung des Poststeigs.

Gleich hinter dem Gasthaus führt der Poststeig ostwärts eben weiter in den Wald. Dort in allgemeiner Südostrichtung eben oder leicht fallend durch eine Bergsturzzone mit malerisch bemoosten Pophyrblöcken zum Naturdenkmal »**Kalte Löcher**« **8**, 1255 m, wo durch Nischen und Klüfte kalte Luft entweicht. Auf dem teils mit Geländer abgesicherten Fußweg, an felsdurchsetzten Waldhängen entlang, oberhalb des Orts **Pontives** (»Pontiveser Klause«) vorbei, dann an Block- und Geröllhängen stetig bergauf, zuletzt in zwei Kehren empor zu einer Anhöhe (mit Sitzbank) und zu wichtiger **Verzweigung** **9** gleich danach. Geradeaus (ostwärts) auf breitem Fußweg durch Wald leicht fallend weiter, später auf abgezäuntem Weg am Oberrand (Blick in den Hintergrund des Grödnertals mit St. Ulrich und Sellagruppe) zu einer Asphaltstraße (»Strada Nevel«). Auf dieser in Ostrichtung bergab, später eben in das Ortsgebiet von St. Ulrich, 1236 m, und in die Purgerstraße. Diese links hoch zum Kreisverkehr und dort die Reziastraße nach rechts in das Ortszentrum. Am Kulturhaus vorbei hinab zur Antoniuskirche und zum Busbahnhof beim **Antoniusplatz** **10**.

↗ 190 m | ↘ 1000 m | 7.8 km

3.00 h

Außerraschötz, 2282 m (von Süden) 20

Bequem erreichbarer Luginsland über St. Ulrich

Die aus Quarzporphyr geformte Kuppe des Außerraschötz über St. Ulrich gilt unter Kennern als der Aussichtsberg des Grödnertales. Dieser Meinung werden sich auch jene anschließen, die mit der Standseilbahn zu den baumfreien Gipfelhängen des Berges hochfahren und von dort, an der Raschötzhütte vorbei, seinen Gipfel besteigen. Die umfassende Schau auf Grödner Bergwelt, Brenta, Presanella, Ortler, Ötztaler, Stubaier und Zillertaler Alpen wird, nein, muss jeden begeistern!

Ausgangspunkt: Talstation der Raschötz-Standseilbahn, 1280 m, nördlich über dem Ortszentrum von St. Ulrich. Parkplatz und Parkgarage an der nahen Secedabahn-Talstation südöstlich im Annatal. Bushalt der Linie 350 Brixen / Bozen – Wolkenstein am Antoniusplatz, verkehrt halbstündlich. Von dort auch mit dem Dorfbus Linie 355.4 zur Haltestelle Raschötz (Rasciesa). Bergstation, 2093 m, an der Raschötz-Südseite nahe der Waldgrenze. Bahnbetrieb: 10./15. Mai bis 5./10. Okt. täglich 8.30–17/18 Uhr, Tel. +39 0471 796174, valgardena.it.

Anforderungen: Einfache Rundwanderung mit langem Talabstieg. Gut markierte Wege. Am Außerraschötz (Steilabfall nach Norden) Vorsicht bei Nebel!

Einkehr: B&B Chalet Restaurant Raschötz (20 Betten, geöffnet 15. Mai bis 10. Okt., bei Seilbahnbetrieb geöffnet, Tel. +39 335 5630007, resciesa.com), Raschötzhütte (50 Betten, geöffnet 15. Mai bis 10. Okt., Tel. +39 328 3345986, rifugioresciesa.com), Cason-Saltnerhütte (keine Übernachtung, bei Seilbahnbetrieb geöffnet).

Hinweis: Bei Talfahrt mit der Raschötzbahn etwa 1 Std. Zeitersparnis.

Von der **Talstation** der Raschötz-Standseilbahn in **St. Ulrich** ❶ hinauf zur **Bergstation** ❷. Dort den Weg kurz nach Nordosten hoch zu einer Teilung. Links haltend auf Weg Nr. 35 westwärts anfangs durch Zirbenwald, dann, die Südhänge des Außerraschötz querend, über Wiesen eben zur **Raschötzhütte** ❸, 2170 m. Auf Weg Nr. 10 über felsdurchsetzte Wiesen nordwestlich hinauf zum Gipfel des **Außerraschötz** ❹, 2282 m, auch als »Raschötzer Kreuz« bekannt.

Auf dem Weg Nr. 10 den Südwestrücken des Berges hinab zur **Heiligkreuzkapelle** ❺, 2198 m. Auf

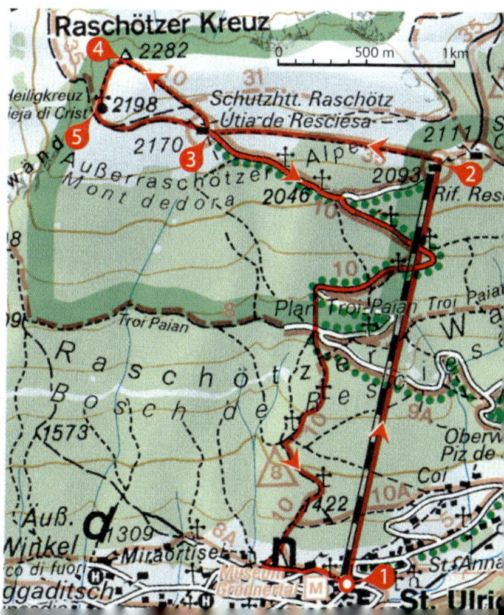

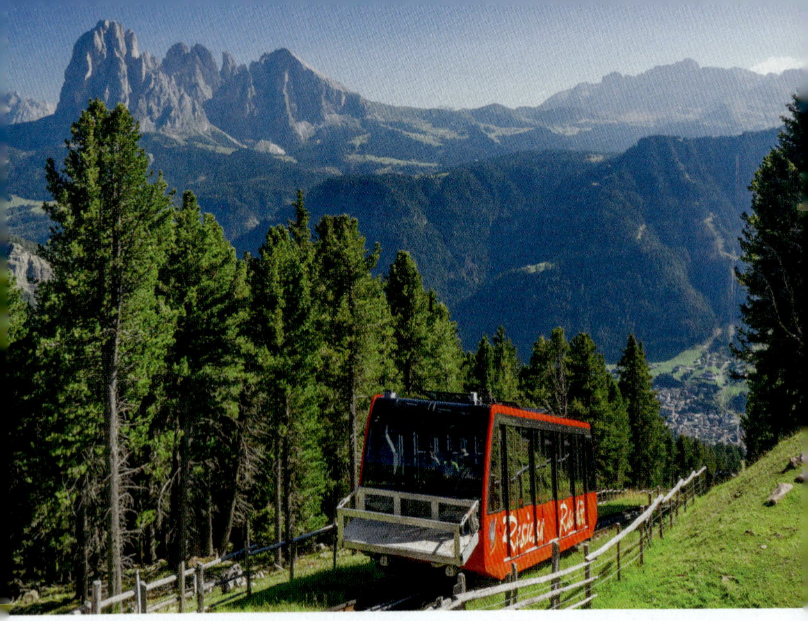

An der Bergstation der Raschötz-Standseilbahn. Im Süden Langkofelmassiv und Seiser Alm.

Weg Nr. 35 nach links (Osten) in die Südseite des Berges und dort eben zur **Raschötzhütte** ❸. Weiter entweder auf der bekannten Route zurück zur Raschötzbahn und Talfahrt nach St. Ulrich oder von der Hütte auf Naturstraße (Weg Nr. 10) vorerst über Wiesen, dann durch Zirbenwald nach Südosten abwärts zu einer Teilung. Hier rechts weiter zu einer neuerlichen Verzweigung. Nun links auf Weg Nr. 10 an den ausgedehnten Waldhängen der Raschötz-Südseite in Kehren hinunter bis zu Asphaltstraße. Diese nach links (Osten) abwärts zur **Talstation** in **St. Ulrich** ❶.

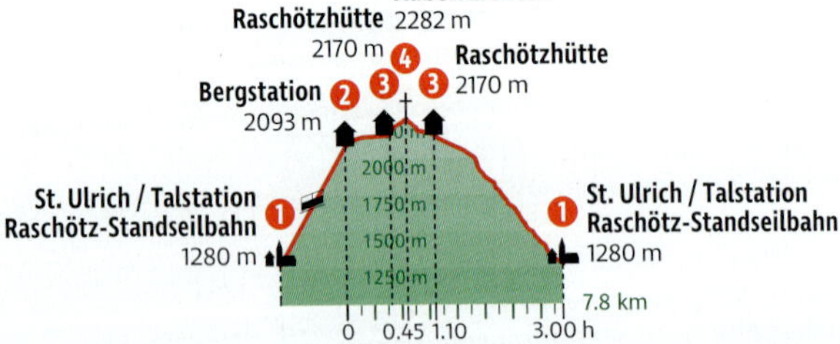

↗ 150 m | ↘ 980 m | 12.2 km

TOP

3.15 h

Raschötz-Höhenweg

21

Imponierender Höhengang angesichts der Grödner Dolomitenszene

Ohne Zweifel gehört der Raschötz-Höhenweg, diese berühmte Promenade an der Sonnseite des Grödnertals, zu den stark frequentierten Übergängen der Westlichen Dolomiten. Wem aber Menschenscharen das Wandererlebnis nicht vergällen, der erfährt hier beglückende Stunden. Oder hat der Blick von der Broglealm in die Nordwände der Geislergruppe in den Alpen ein Gegenstück?

Ausgangspunkt: Talstation der Raschötz-Standseilbahn, 1280 m, nördlich über dem Ortszentrum von St. Ulrich. Parkplatz und Parkgarage an der nahen Secedabahn-Talstation südöstlich im Annatal. Bushalt der Linie 350 Brixen / Bozen – Wolkenstein am Antoniusplatz, verkehrt halbstündlich. Von dort auch mit dem Dorfbus Linie 355.4 zur Haltestelle Raschötz (Rasciesa). Bahnbetrieb: 10./15. Mai bis 5./10. Okt. täglich 8.30–17/18 Uhr, Tel. +39 0471 796174, seceda.it.
Anforderungen: Problemlose Wanderung auf gut markierten Wegen.

Einkehr: B&B Chalet Restaurant Raschötz (20 Betten, geöffnet 15. Mai bis 10. Okt., bei Seilbahnbetrieb geöffnet, Tel. +39 335 5630007, resciesa.com), Raschötzhütte (50 Betten, geöffnet 15. Mai bis 10. Okt., Tel. +39 328 3345986, rifugioresciesa.com), Cason-Saltnerhütte (keine Übernachtung, bei Seilbahnbetrieb geöffnet), Brogleshütte (14 Betten, 12 Lager, geöffnet 15. Juni bis 15. Okt., Tel. +39 0471 655642), Café Restaurant Annatal (südtiroler Spezialitäten, keine Übernachtung, geöffnet 25./31. Mai bis 10. Okt., 9.30–19 Uhr, Tel. +39 339 6918772, +39 0471 798643, valdanna.com).

Blick vom Rastplatz oberhalb der Cason-Saltnerhütte zur Geislergruppe.

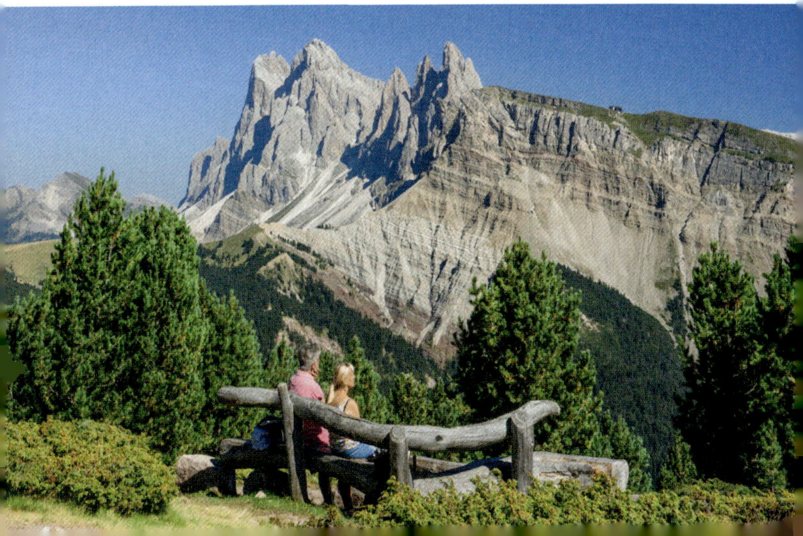

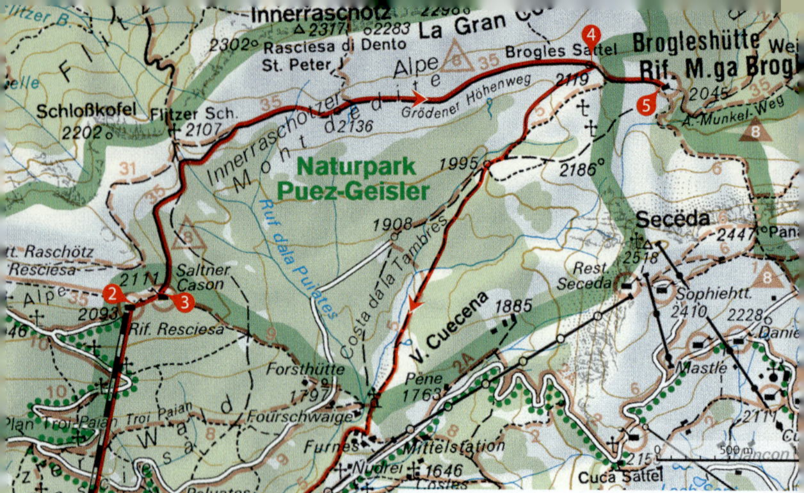
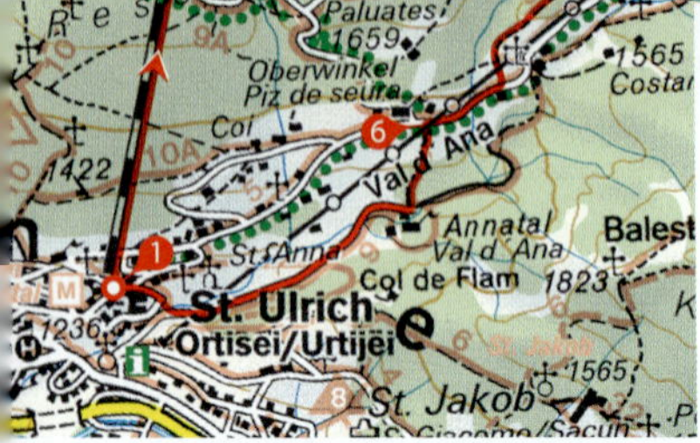

Von der **Talstation** der **St. Ulrich** ❶ mit der Raschötz-Standseilbahn hinauf zur **Bergstation** ❷. Dort auf breitem Weg kurz nach Westen hinauf zu Wegteilung. Rechts haltend (Weg Nr. 35) im lichten Zirbenwald nach Osten aufwärts zur **Cason-Saltnerhütte** ❸, 2111 m, und über Wiesen weiter zu einer aussichtsreichen Schulter (Bank, Kruzifix). Nach links in die Ostflanke des Berges, und dort in Nordrichtung abwärts. Noch vor der **Flitzer Scharte** nach rechts in die Südflanke des Innerraschötz hinein und dort durch Zirbenwald und über Almweiden nach Osten hinauf zur Linkseinmündung von Weg Nr. 31. Geradeaus auf breitem Weg (Nr. 35), die grasigen Südflanken des Innerraschötz querend, ostwärts zum **Broglessattel** ❹,

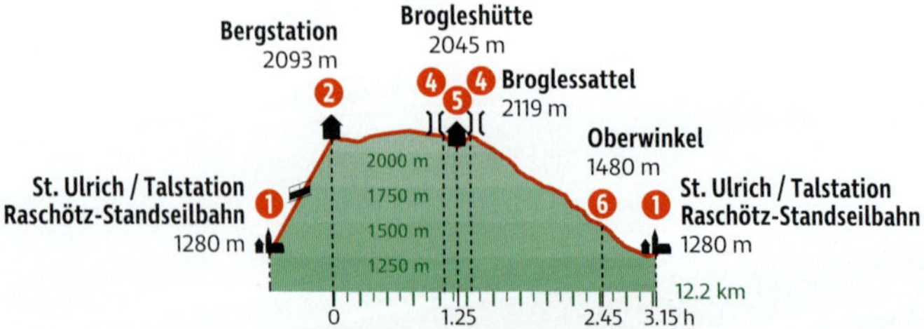

2119 m. Jenseits durch erdiges Gelände abwärts zu einem Gatter, dann über Wiesen zur **Brogleshütte 5**, 2045 m.
Zurück zum **Broglessattel 4**, 2119 m, links ab und auf Weg Nr. 5 durch das obere Cuecenatal über Wiesen und durch lichten Wald abwärts, später zur Linken eines Schotterbettes eben weiter zu einer Verzweigung (links zur Secedabahn-Mittelstation Furnes). Geradeaus, links über dem Rio Cuecena, einen bewaldeten Rücken nach Südwesten hinunter zu den Wiesen von **Oberwinkel 6** und dort zu einer Asphaltstraße. Auf ihr abwärts, später über die großartige Cuecena-Porphyrschlucht (»Gran Puent«) und bald danach zu einer Verzweigung. Links den Wiesenweg Nr. 9 in Kehren nach Süden hinunter in das Annatal mit dem Café Restaurant Annatal. Weiter auf der Naturstraße talauswärts zur **Talstation** in **St. Ulrich 1**.

Am Broglessattel. Blick über die Brogleshütte hinweg in die Nordabstürze der Geislergruppe.

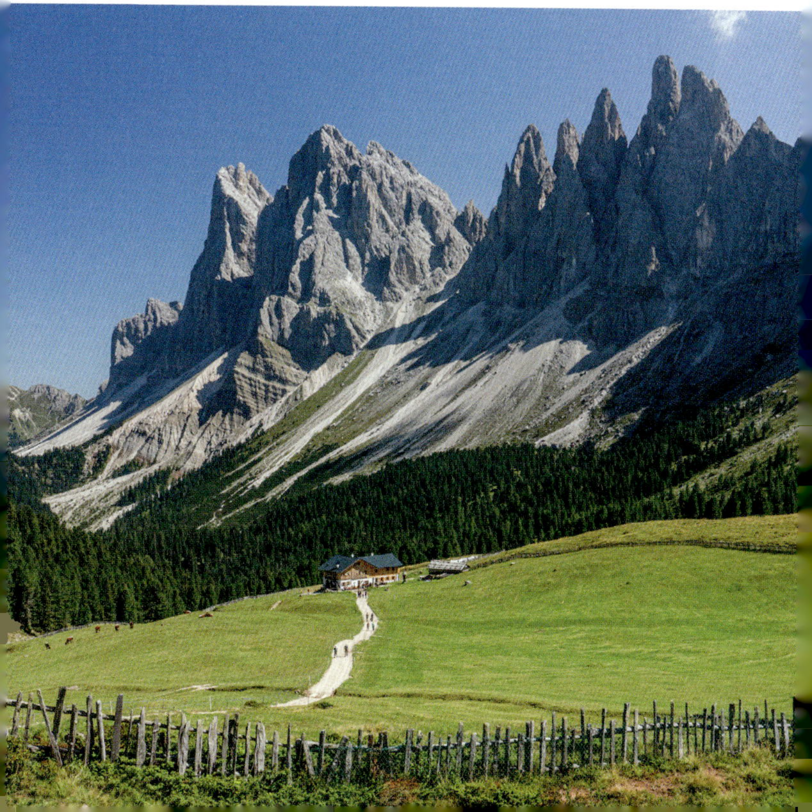

↗ 240 m | ↘ 1440 m | 14.4 km

22 Von der Seceda zur Raschötzalm

4.30 h

Höhenwanderung gegenüber den Trümpfen des Grödnertals

Der Hausberg von St. Ulrich, die 2518 Meter hohe, seilbahnerschlossene Seceda, ist Ausgangspunkt für viele schöne Touren. Der Übergang von hier zur Raschötzhütte, vor allem der beliebte Raschötz-Höhenweg, zählt zu den Glanzstücken im Grödner Wanderrepertoire. Trittsicherheit, Schwindelfreiheit sowie schnee- und eisfreie Verhältnisse sind für die Begehung der Steilschlucht von der Panascharte herab allerdings vonnöten!

Ausgangspunkt: Talstation der zweiteiligen Seceda-Seilbahn, 1256 m, in St. Ulrich, am Eingang in das Annatal (Parkplatz, Parkgarage), Bushalt der Linie 350 Brixen / Bozen – Wolkenstein am Antoniusplatz in St. Ulrich, verkehrt halbstündlich. Von dort auch mit dem Dorfbus Linie 355.4 zur Haltestelle Seceda. Untere Sektion: Kleinkabinenbahn St. Ulrich – Furnes, 1730 m. Obere Sektion: Gondelbahn Furnes – Seceda (Bergstation, 2456 m, südlich unter dem Gipfel). Betrieb: 1. Juni bis 1./5. Nov. täglich 8.30–16.30/17.30 Uhr, seceda.it.
Anforderungen: Lange, anspruchsvolle Tour. Auf dem z. T. durch Drahtseile und Klammern gesicherten Steilabstieg von der Panascharte herab (bei Vereisung dringend abzuraten!) sind Trittsicherheit und Schwindelfreiheit nötig. Es besteht Steinschlaggefahr (Helm empfohlen!).
Einkehr: Seceda-Bergrestaurant (keine Übernachtung, bei Seilbahnbetrieb geöffnet), Brogleshütte (14 Betten, 12 Lager, geöffnet 15. Juni bis 15. Okt., Tel. +39 0471 655642), B&B Chalet Restaurant Raschötz (20 Betten, geöffnet 15. Mai bis 10. Okt., bei Seilbahnbetrieb geöffnet, Tel. +39 335 5630007, resciesa.com), Raschötzhütte (50 Betten, geöffnet 15. Mai bis 10. Okt., Tel. +39 328 3345986, rifugioresciesa.com), Cason-Saltnerhütte (keine Übernachtung, bei Seilbahnbetrieb geöffnet).
Varianten: Von der Bergstation Besteigung des Seceda-Gipfels, 2518 m (markierter Steig, gesamter Zeitaufwand 20 Min.).
Von der Raschötzhütte Anstieg zum Außerraschötz, 2282 m (markierter Steig, gesamter Zeitaufwand 25 Min.).
Hinweis: Der nordseitige Abstieg von der Panascharte kann wegen Rutschungen und Steinschlaggefahr temporär gesperrt sein.

Von der **Talstation** in **St. Ulrich** ❶ mit der Seceda-Seilbahn hinauf zur **Bergstation Seceda** ❷. Dort auf Weg Nr. 1, Grashänge querend, eben nach Nordosten zu Verzweigung und links haltend zur **Panascharte** ❸, 2447 m. Jenseits der Scharte eine düstere Felsschlucht (Weg Nr. 6, Drahtseile) steil nach Norden hinunter, später links von ihr zu Verzweigung. Hier links in Kehren weiter abwärts, dann über begrünte Schutthänge in Richtung Westen hinab. Schließlich durch Wald und über Wiesen nordwärts zur **Brogleshütte** ❹, 2045 m.

Atemberaubende Dolomitenlandschaft: Die felsgewaltige Geislergruppe von der Seceda.

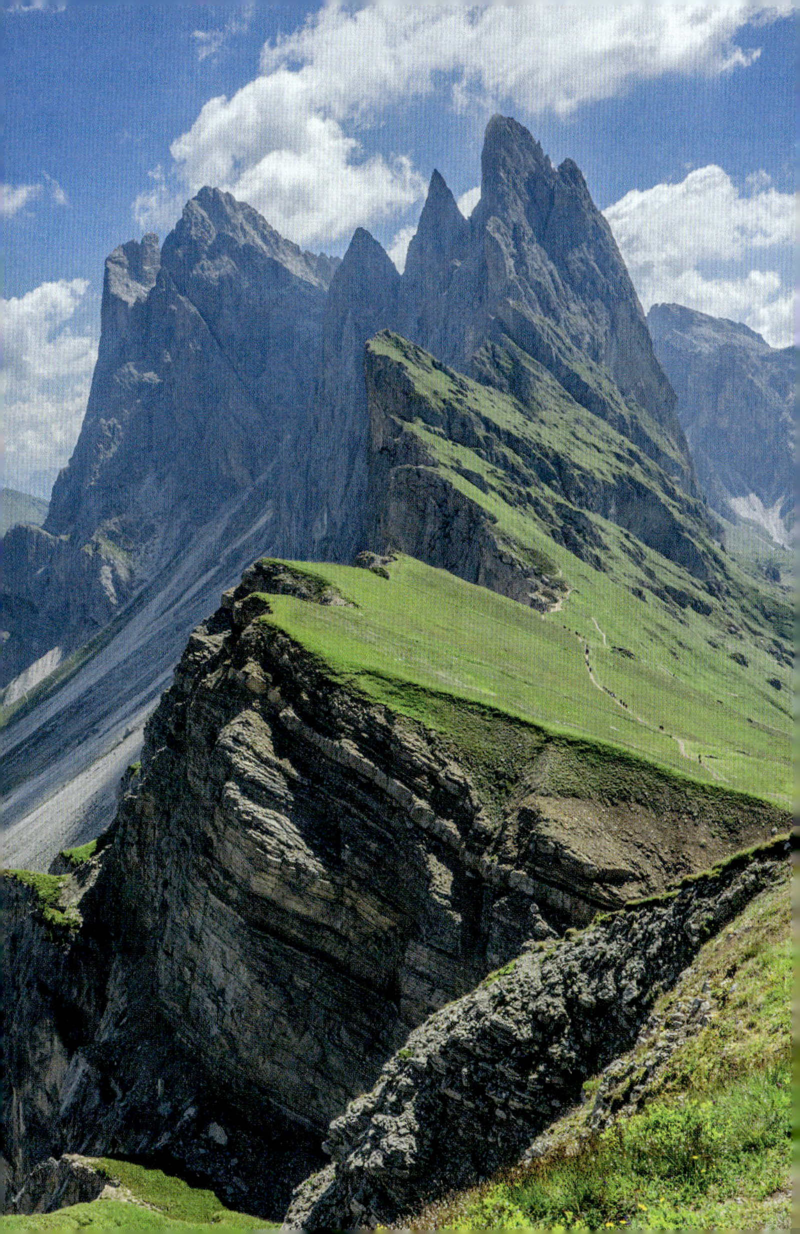

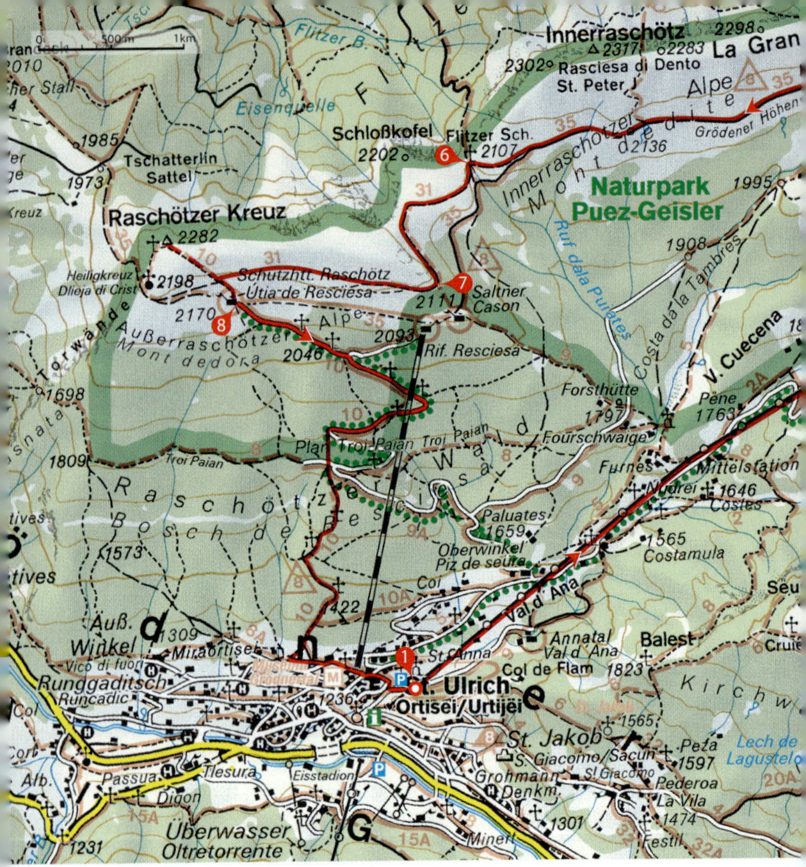

0 500 m 1km
Innerraschötz
2298
2317
2283
La Gran
2302
Rasciesa di Dento
St. Peter
Alpe
Flitzer B.
Eisenquelle
Schloßkofel
2202
Flitzer Sch.
2107
Grödener Höhen
Innerraschötzer
Mont de dite
2136
1985
Tschatterlin Sattel
1973
Naturpark Puez-Geisler
1995
Raschötzer Kreuz
2282
1908
Ruf dala Pulates
Costa da la Tambres
Heiligkreuz
Dlieja di Crist
2198
Schutzhtt. Raschötz
Utia de Resciesa
Saltner Cason
2111
2170
Außerraschötzer Alpe
Mont dedora
2046
2093
Rif. Resciesa
V. Cuecena
Torwände
Forsthütte
1797
Pene
1763
1698
Plan
Troi Paian
Fourschwaige
1809
Furnes
Mittelstation
Raschötzer Wald
Nudrei
1646
Costes
Paluates
1659
1565
Costamula
Bosch de Resciesa
1573
Oberwinkel
Piz de seura
Coi
1422
Val d' Ana
Seu
Äuß. Winkel
1309
Miraortisei
Vico di fuori
Annatal
Val d' Ana
Balest
Museum Gherdëina
St. Anna
Col de Flam
1823
Runggaditsch
Runcadic
1236
St. Ulrich
Ortisei/Urtijëi
Kirchw
1565
St. Jakob
S. Giacomo/Sacun
Peza
1597
Lech de Lagustel
Passua
Tlesura
Eisstadion
Grohmann
Denkm.
Pederoa
La Vila
1474
Digon
1301
Überwasser
Oltretorrente
1231
Minert
Festil

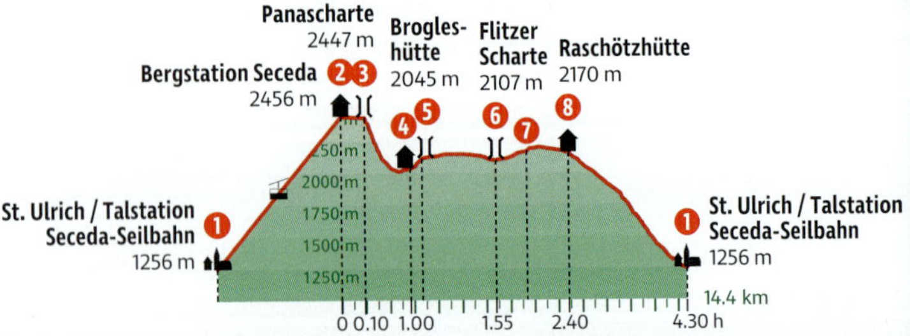

Panascharte
2447 m
Bergstation Seceda
2456 m
Brogles-hütte
2045 m
Flitzer Scharte
2107 m
Raschötzhütte
2170 m
St. Ulrich / Talstation Seceda-Seilbahn
1256 m
St. Ulrich / Talstation Seceda-Seilbahn
1256 m
2000 m
1750 m
1500 m
1250 m
14.4 km
0 0.10 1.00 1.55 2.40 4.30 h

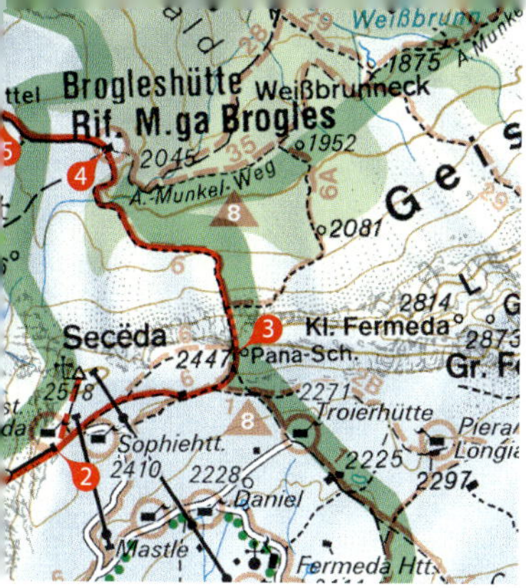

Über Wiesen (Weg Nr. 35) westwärts hinauf zum **Broglessattel** 5, 2119 m. An den Südhängen des Innerraschötz über Wiesen eben nach Westen zu einer Teilung. Rechts haltend (Weg Nr. 31) durch Almrosen- und Zirbenbestände weiter zur **Flitzer Scharte** 6, 2107 m, die nicht überschritten wird. Auf Weg Nr. 31 durch die Ostflanke des Außerraschötz nach links (Süden) hinauf zu einer **Schulter** 7. Nach rechts in die grasige Südseite des Berges und dort eben nach Westen zur **Raschötzhütte** 8, 2170 m.

Von der Hütte auf Naturstraße (Weg Nr. 10) vorerst über Wiesen, dann durch Zirbenwald nach Südosten abwärts zu einer Teilung. Hier rechts weiter zu einer neuerlichen Verzweigung. Nun links auf Weg Nr. 10 an den ausgedehnten Waldhängen der Raschötz-Südseite in Kehren hinunter bis zu Asphaltstraße. Diese nach links (Osten) abwärts zur **Talstation** in **St. Ulrich** 1.

Die Geislergruppe (Furchetta, Sass Rigais, Odlen und Fermeden) von Westen, vom Broglessattel, betrachtet.

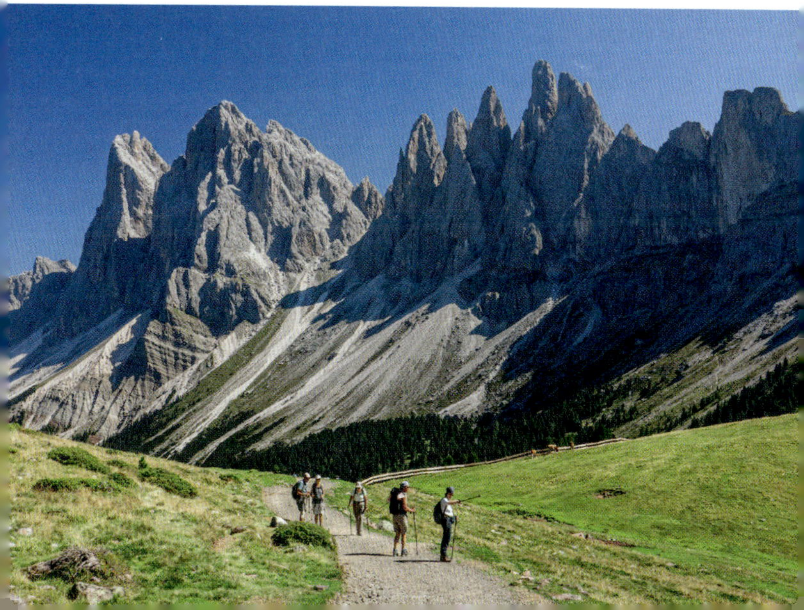

↗ 10 m | ↘ 1210 m | 12.2 km

23 Von der Seceda über die Gamsbluthütte nach St. Ulrich

2.45 h

Mußestunden an einem der schönsten Talabstiege Grödens

Wie schön muss es hier vor dem Bau der Gondelbahn gewesen sein – das denkt sich wohl so mancher, dem der sommerliche Rummel am Seceda-Gipfel zu viel wird. Aber diese Bahn hat auch ihre positiven Seiten. Denn wie wäre es sonst möglich, am Morgen frisch und ausgeruht den langen Abstieg nach St. Ulrich anzutreten, zu einer Tageszeit, die bei noch klarer Sicht die Bergwelt des Grödnertals doppelt großartig und den majestätischen Langkofel als wahre Gralsburg präsentiert?

Ausgangspunkt: Talstation der zweiteiligen Seceda-Seilbahn, 1256 m, in St. Ulrich, am Eingang in das Annatal (Parkplatz, Parkgarage), Bushalt der Linie 350 Brixen / Bozen – Wolkenstein am Antoniusplatz in St. Ulrich, verkehrt halbstündlich. Von dort auch mit dem Dorfbus Linie 355.4 zur Haltestelle Seceda. Untere Sektion: Kleinkabinenbahn St. Ulrich – Furnes, 1730 m. Obere Sektion: Gondelbahn Furnes – Seceda (Bergstation, 2456 m, südlich unter dem Gipfel). Betrieb: 1. Juni bis 1./5. Nov. täglich 8.30–16.30/17.30 Uhr, seceda.it.

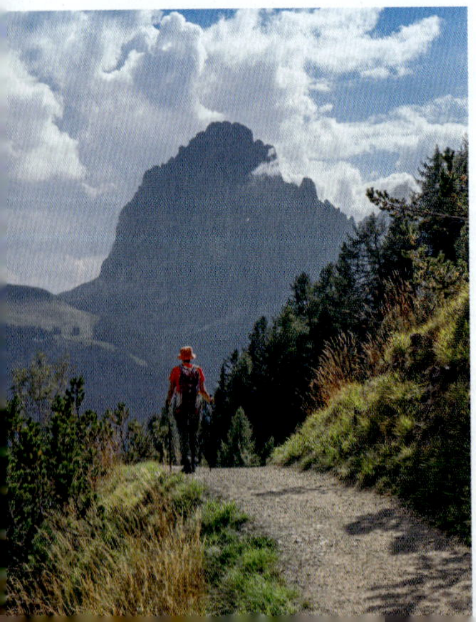

Anforderungen: Einfache, aber lange Wanderung talab auf markierten Wegen.

Einkehr: Seceda-Bergrestaurant, Sofiehütte, Mastlehütte, Danielhütte (alle keine Übernachtung, bei Seilbahnbetrieb geöffnet); Fermedahütte (50 Betten, geöffnet 1. Juni bis 15. Okt., Tel. +39 0471 1632522, fermeda.com), Cucahütte, Gamsbluthütte (alle keine Übernachtung, geöffnet 1. Juni bis 2. So. im Okt., Tel. +39 338 8601244 und +39 339 4007899, gamsblut.it), Lech-Sant-Schwaige (keine Übernachtung, Sommerbewirtschaftung).

Varianten: Von der Bergstation lohnt die Besteigung des Seceda-Gipfels, 2518 m (markierter Steig, insgesamt 20 Min.).
Von der Fermedahütte: Unter dem Cucasattel liegt der kleine Lech Sant, 2096 m, einer der schönsten Bergseen der Dolomiten! Zeitaufwand: 30 Min.

Von der **Talstation** der Seceda-Seilbahn in **St. Ulrich** ❶ hinauf zur **Bergstation Seceda** ❷. Dort den breiten Fußweg Nr. 1A über die Wiesen der Aschgler Alm nach Osten abwärts zur **Sofiehütte** ❸, 2410 m. Auf Naturfahrweg weiter bergab

Am Wanderweg »Troi dla Schirlates« mit dem Langkofelstock im Süden.

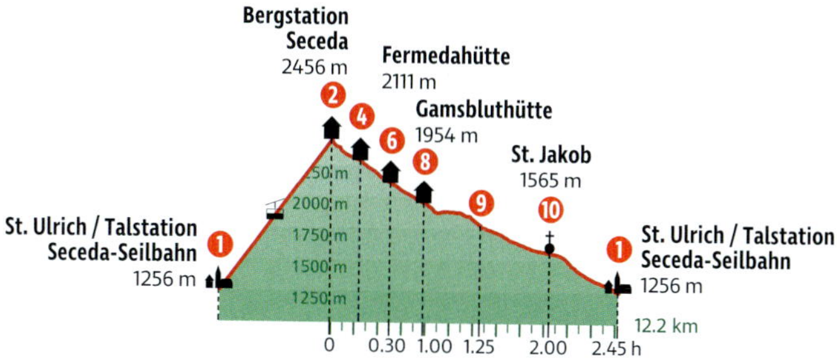

zu einer Rechtskehre, danach mit Weg Nr. 6 nach Südwesten hinunter zu Linkskehre mit Verzweigung. Links ab und auf Weg Nr. 1A zur **Mastlehütte** ❹, später unterm Fermeda-Sessellift durch und über Wiesen, an der **Danielhütte** ❺ vorbei, nach Osten abwärts zu einer Verzweigung. Hier in Windungen nach rechts (Süden) hinunter zur Fermeda-Kapelle und weiter zur Verzweigung mehrerer Fahrwege. Rechts haltend erreicht man in Kürze die **Fermedahütte** ❻, 2111 m. Bei oben genannter Fahrweg-Verzweigung wählt man jenen, der nach Süden über Wiesen und durch lichten Zirbenbestand sanft abwärts – links in einer Mulde die **Cucahütte** ❼ – zur **Gamsbluthütte** ❽, 1954 m, am

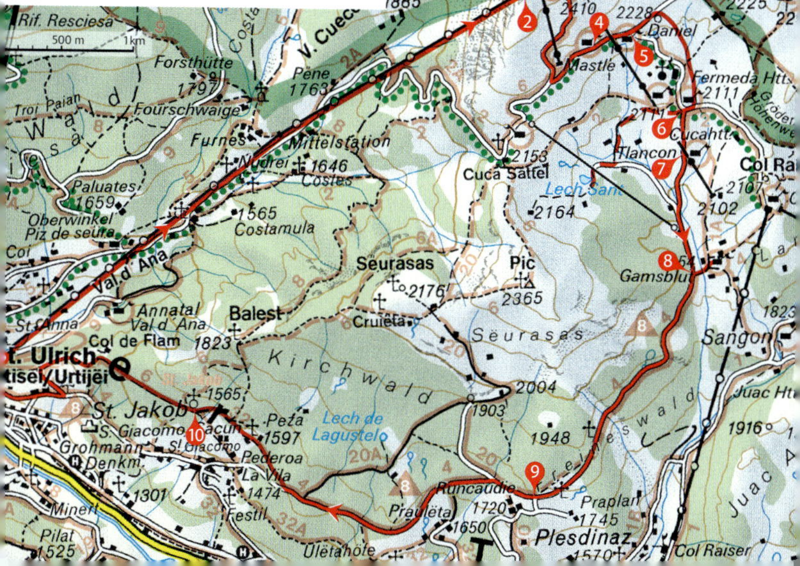

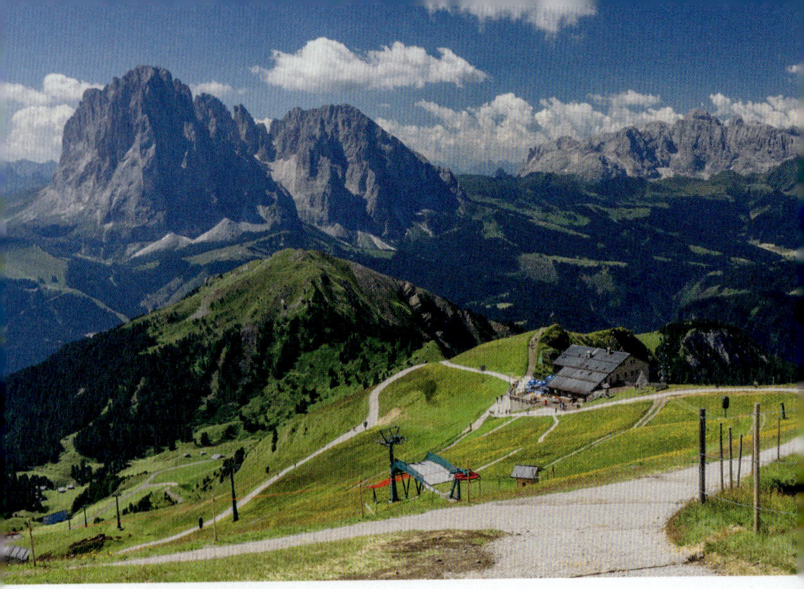

Blick von der Seceda über den Pitschberg hinweg nach Süden auf Langkofelstock, Rosengarten und Seiser Alm.

Querweg Nr. 4 führt. Auf dem Fahrweg 50 m nach rechts zur Linksabzweigung des Fußwegs »Troi dla Schirlates«. Auf diesem (Nr. 4) an den Abhängen des Pitschberges durch Wald in Südwestrichtung abwärts zu schöner Viehweide, wo einer der herrlichsten Promenadenwege der Grödner Dolomiten ansetzt. Im leichten Auf und Ab und begleitet von Ausblicken zu Steviagruppe, Cirspitzen, Sella und Langkofel an den Waldhängen hoch über dem Grödnertal entlang, schließlich durch traumhafte Lärchenwiesen, an der Rechtsabzweigung von Weg Nr. 41 zur Baita Seurasas vorbei, wieder zum Fahrweg und zu **Verzweigung** ❾ bei Sitzbank und Kruzifix. Auf dem Fahrweg mit Nr. 4 geradeaus in Westrichtung abwärts, oberhalb der Wiesenböden von Runggaldier vorbei und nach längerer Waldwanderung zu wichtiger Wegteilung. Geradeaus (markierter Weg, keine Nummer) im Wald eben dahin, dann am alten Pezzahof vorbei, zuletzt durch Föhrenwald zur Kirche **St. Jakob** ❿, 1565 m.
Auf markiertem Weg (keine Nummer) im Föhrenwald eben nach Westen, später hinab zu einer Schulter mit Verzweigung. Links haltend am Rücken des Col de Flam über Lärchenwiesen weiter, schließlich hinab zu einer Kapelle mit großem Kruzifix. Nun die »Col-de-Flam-Promenade« in Kehren nach links (Süden) hinunter, dann auf Asphaltstraße nach rechts (Westen) ins Zentrum von **St. Ulrich** und zurück zur **Talstation** der **Seceda-Seilbahn** ❶.

↗ 20 m | ↘ 1220 m | 8.5 km

3.15 h

Von der Seceda über den Cucasattel nach St. Ulrich

24

Großartiger Panoramaweg bergab

Zu den attraktivsten Wanderungen von der mit Gondelbahn erreichbaren Seceda gehört der Talabstieg über den Cucasattel und die Felskanzel Balest nach St. Ulrich. Je nach Lust und Laune können Ausdauernde ab Cucasattel auch den Gipfel des Pitschbergs überschreiten, was zwar mit einem 200-Meter-Gegenanstieg, aber auch mit fantastischen Ausblicken auf die Trümpfe Grödens – Sella, Langkofel und Schlern – verbunden ist.

Ausgangspunkt: Talstation der zweiteiligen Seceda-Seilbahn, 1256 m, in St. Ulrich, am Eingang in das Annatal (Parkplatz, Parkgarage), Bushalt der Linie 350 Brixen / Bozen – Wolkenstein am Antoniusplatz in St. Ulrich, verkehrt halbstündlich. Von dort auch mit dem Dorfbus Linie 355.4 zur Haltestelle Seceda.
Untere Sektion: Kleinkabinenbahn St. Ulrich – Furnes, 1730 m. Obere Sektion: Gondelbahn Furnes – Seceda (Bergstation, 2456 m, südlich unter dem Gipfel). Betrieb: 1. Juni bis 1./5. Nov. täglich 8.30–16.30/17.30 Uhr, seceda.it.

Anforderungen: Einfache Wanderung auf markierten Wegen und Steigen. Nur bei guter Sicht ratsam.

Einkehr: Seceda-Bergrestaurant, Sofiehütte und Mastlehütte (keine Übernachtung, bei Seilbahnbetrieb geöffnet), Curonahütte und Lech-Sant-Schwaige (beide keine Übernachtung, Sommerbewirtschaftung).

Varianten: Von der Secedabahn-Bergstation lohnt die Besteigung des Seceda-Gipfels, 2518 m (markierter Steig, gesamter Zeitaufwand 20 Min.).
Von der Verzweigung in der Wiesenmulde vor dem Cucasattel kann der Pitschberg, 2365 m, überschritten werden: Links den Fußweg Nr. 2 nach 20 m zur nächsten Gabelung und dort geradeaus, ostwärts, bergauf in den Cucasattel, 2153 m (Verzweigung), zwischen Seceda und Pitschberg. Rechts auf Weg Nr. 6 den begrünten Nordrücken empor zum Gipfel des Pitschbergs (auch »Pic«, Rundsicht). Auf Weg Nr. 6 den steilen grasigen Westrücken hinunter in den Sattel der Seura-Sass-Alm. In der Südseite des Kammes durch Wiesen eben fort zum luftigen Felsvorsprung »Crujeta« (Kruzifix, 2149 m) mit tollem Tiefblick in das Grödnertal. Durch steilen Nadelwald in engen Kehren hinab zur Schulter Plan da la Roles und am Hauptweg weiter. Ca. 30 Min. zusätzlich.

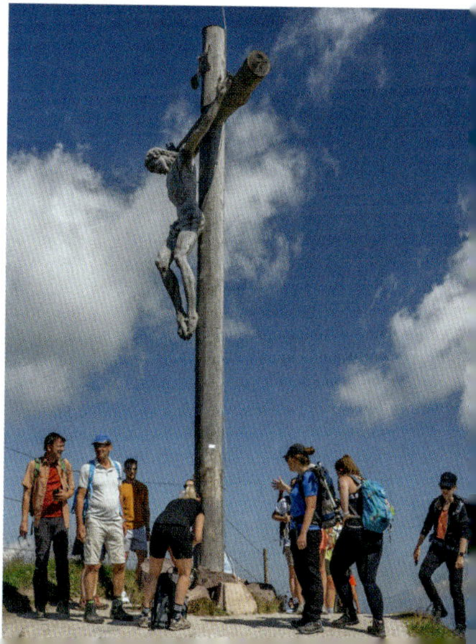

Das an der Abbruchkante gegen das Grödnertal stehende Kreuz »Crujeta«.

Von der **Secedabahn-Talstation** in **St. Ulrich** ❶ hinauf zur **Bergstation Seceda** ❷. Dort den breiten Fußweg Nr. 1A über die Wiesen der Aschgler Alm nach Osten hinab zur **Sofiehütte** ❸, 2410 m. Den Naturfahrweg weiter bergab zu einer Rechtskehre, danach mit Weg Nr. 6 nach Südwesten hinunter zu Linkskehre mit Verzweigung (links zur Mastlehütte). Rechts den Fahrweg (Weg Nr. 6) in Südwestrichtung (Abkürzer) abwärts zur **Curonahütte**, 2175 m, und weiter in die Wiesenmulde westlich des Cucasattels mit **Verzweigung** ❹. Links den Fußweg Nr. 2 Richtung Cucasattel nach 20 m zur nächsten Gabelung. Dort rechts ab und auf dem Jägersteig »Troi de Tuei« (Weg Nr. 6A), die bewaldeten West- und Nordflanken des Pitschbergs im weiten Rechtsbogen querend, abwärts und eben an den Westrücken des Berges, wo an der Schulter **Plan da la Roles** ❺, 2010 m, der Querweg Nr. 6 erreicht wird. Auf diesem über den Waldrücken abwärts, später auf felsigem Steig steiler bergab zur licht bewaldeten Felskanzel **Balest** ❻, 1823 m. Tiefblick auf St. Ulrich!

Nach links in die Südseite des Rückens und dort in weiten Kehren und Schleifen nach Südwesten hinab zur Kirche **St. Jakob** ❼, 1565 m, mit schönen Fresken und prachtvollem Langkofelblick – ein Glanzstück des Grödnertals! Rechts den markierten Weg Nr. 6 quer durch die Südflanke des **Col**

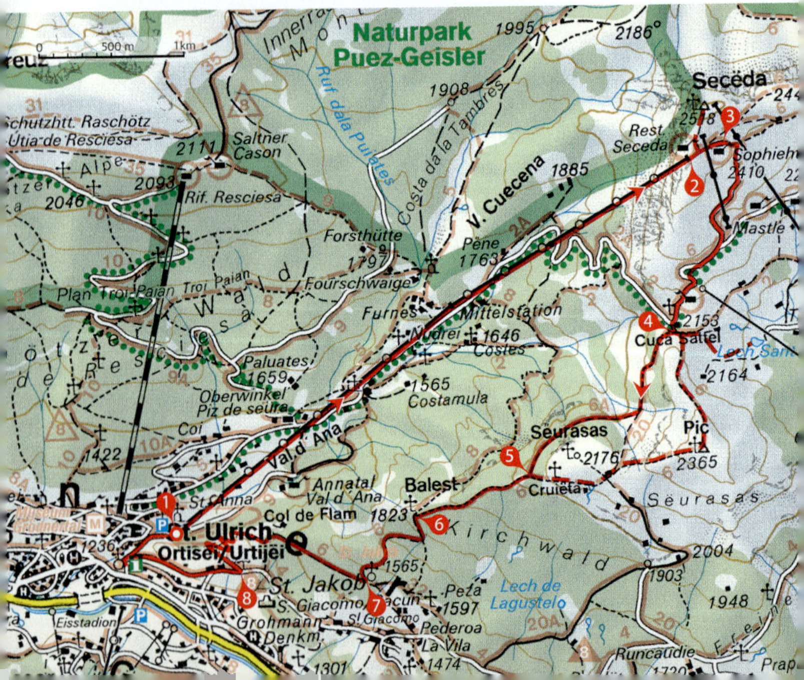

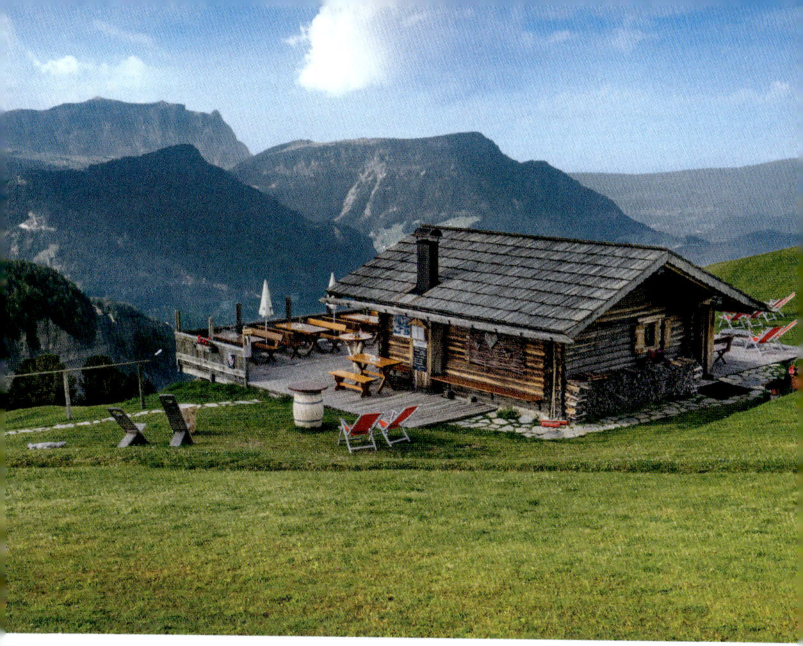

Die kleine Curonahütte am Cucasattel. Jenseits des Grödnertals der Schlern mit Pitzberg und Puflatsch davor.

da la Dleja im Föhrenwald eben nach Westen, später sanft abwärts zu einer Schulter am Südwestrücken des Berges und dort zu einer Verzweigung. Links, dem Rücken »Col de Flam« folgend, durch Wiesen und Lärchenwald hinab zu einer Kapelle mit gewaltigem Kruzifix. Nun die »Col de Flam«-Promenade in Kehren abwärts, zuletzt auf Asphaltstraße (Weg Nr. 4 und 6) rechts haltend hinunter in das Zentrum von **St. Ulrich** 8 und von dort zurück zur **Talstation** der **Seceda-Seilbahn** 1.

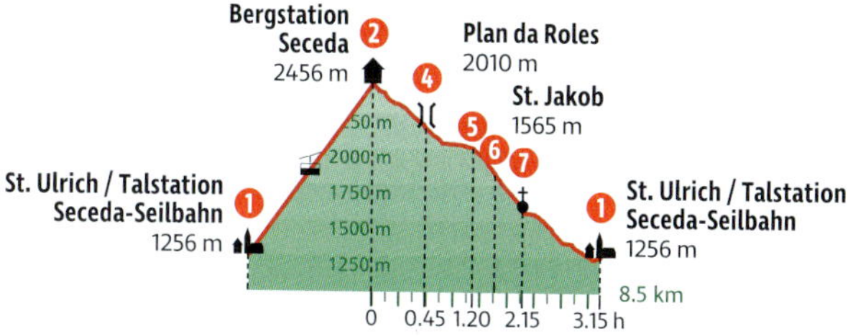

↗ 100 m | ↘ 1300 m | 10.1 km

25 Von der Seceda durch das Cuecenatal nach St. Ulrich

2.45 h

Beeindruckende Abstiegsalternative für Geübte

Während der Abstieg über den Pitschberg nach St. Ulrich ganz auf das innere Grödnertal ausgerichtet ist, so erschließt diese Route auch die Villnösstaler Bergszene im Norden. Dies wird durch einen Steilabstieg von der Panascharte zur Broglesalm ermöglicht – eine Route, die nach Felsstürzen gesperrt sein kann und an Altschneeresten Vorsicht erfordert.
Als Entschädigung für Wagemut und Kraftaufwand wartet eine landschaftliche Sensation: der Einblick in die gewaltigen Nordwände der Odlen, der Fermeden und der Geislergruppe. Was dann im weiteren Talabstieg noch folgt, ist hindernisloses Schreiten durch eine bezaubernde Parklandschaft.

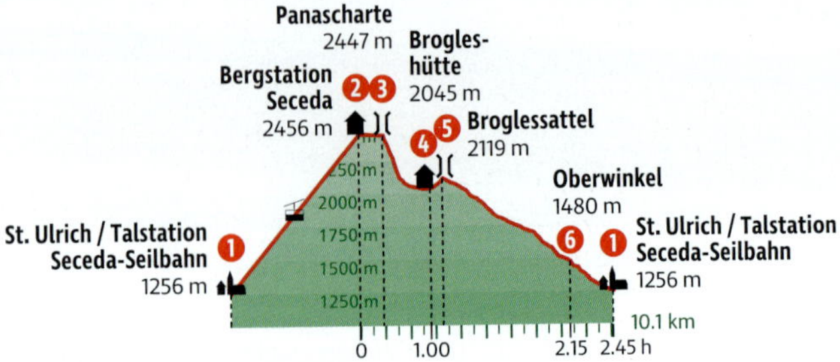

Ausgangspunkt: Talstation der zweiteiligen Seceda-Seilbahn, 1256 m, in St. Ulrich, am Eingang in das Annatal (Parkplatz, Parkgarage), Bushalt der Linie 350 Brixen / Bozen – Wolkenstein am Antoniusplatz in St. Ulrich, verkehrt halbstündlich. Von dort auch mit dem Dorfbus Linie 355.4 zur Haltestelle Seceda. Untere Sektion: Kleinkabinenbahn St. Ulrich – Furnes, 1730 m. Obere Sektion: Gondelbahn Furnes – Seceda (Bergstation, 2456 m, südlich unter dem Gipfel). Betrieb: 1. Juni bis 1./5. Nov. täglich 8.30–16.30/17.30 Uhr, seceda.it.
Anforderungen: Anspruchsvolle Wanderung. Auf dem z. T. durch Drahtseile und Klammern gesicherten Steilabstieg von der Panascharte herab (bei Vereisung dringend abzuraten!) sind Trittsicherheit und Schwindelfreiheit nötig. Es besteht Steinschlaggefahr (Helm empfohlen!).
Einkehr: Seceda-Bergrestaurant (keine Übernachtung, bei Seilbahnbetrieb geöffnet), Brogleshütte (14 Betten, 12 Lager, geöffnet 15. Juni bis 15. Okt., Tel. +39 0471 655642), Café Restaurant Annatal (keine Übernachtung, geöffnet 25./31. Mai bis 10. Okt., Tel. +39 339 6918772, +39 0471 798643, valdanna.com).
Variante: Von der Bergstation lohnt die Besteigung des Seceda-Gipfels, 2518 m (markierter Steig, insgesamt 20 Min.).
Hinweis: Der nordseitige Abstieg von der Panascharte kann wegen Rutschungen und Steinschlaggefahr temporär gesperrt sein.

Von der **Talstation** in **St. Ulrich** ❶ mit der Seceda-Seilbahn zur **Bergstation Seceda** ❷. Dort auf Weg Nr. 1, Grashänge querend, eben nach Nordosten zu Verzweigung und links haltend zur **Panascharte** ❸, 2447 m. Jenseits der Scharte eine düstere Felsschlucht (Weg Nr. 6, Drahtseile) steil nach Norden hinunter, später links von ihr zu Verzweigung. Hier links in Kehren weiter abwärts, dann über begrünte Schutthänge in Richtung Westen hinab. Schließlich durch Wald und über Wiesen nordwärts zur **Brogleshütte** ❹, 2045 m. Nun auf Weg Nr. 35 durch Wiesen in Westrichtung aufwärts zum **Broglessattel** ❺, 2119 m, mit Verzweigung. Links ab und auf Weg Nr. 5 durch das obere Cuecenatal über Wiesen und durch lichten Wald abwärts, später zur Linken eines Schotterbettes eben zu einer Verzweigung (links zur Secedabahn-Mittelstation Furnes). Geradeaus, links über dem Rio Cuecena, einen bewaldeten Rücken nach Südwesten hinunter nach **Oberwinkel** ❻ und dort zu einer Asphaltstraße. Auf ihr abwärts, später über die großartige Cuecena-Porphyrschlucht (»Gran Puent«) und bald danach zu einer Verzweigung. Links den Wiesenweg Nr. 9 nach Süden hinunter in das Annatal mit dem Restaurant Annatal. Weiter auf der Naturstraße talaus zur **Talstation** in **St. Ulrich** ❶.

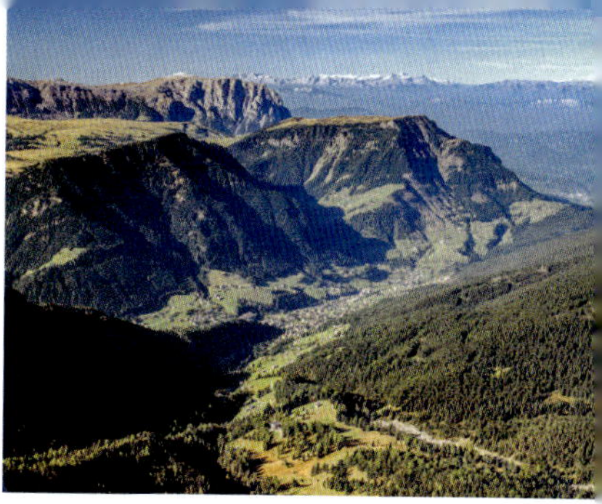

Tiefblick von der Seceda in das äußere Grödnertal mit dem Schlern darüber.

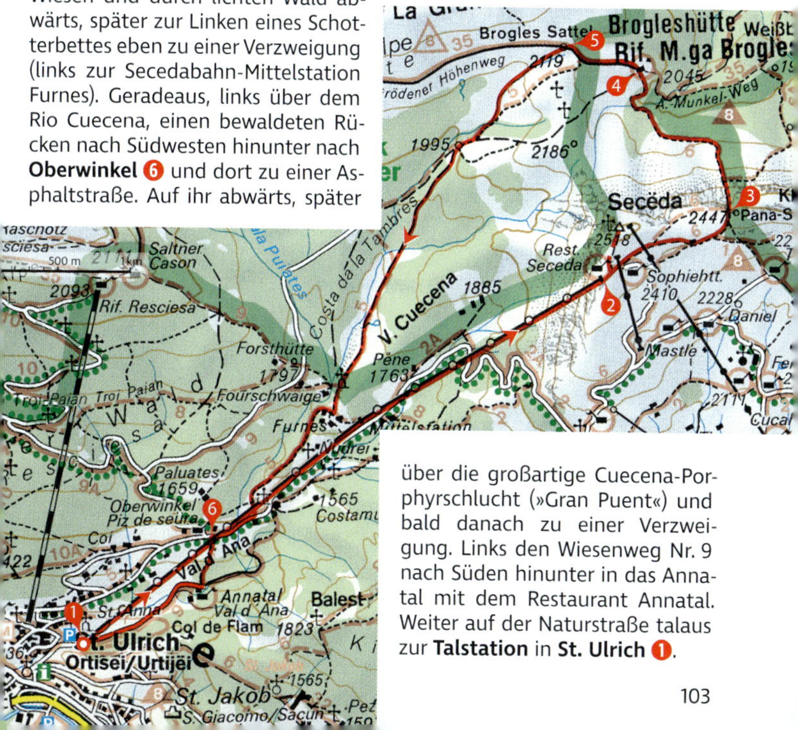

↗ 30 m | ↘ 920 m | 9.1 km

26 Von der Seceda nach Wolkenstein

2.00 h

Eine Wanderung talab zum Schauen und Staunen

Vor einer sich ständig wandelnden Gebirgskulisse führt der hier beschriebene Abstiegsweg von der Seceda nach Wolkenstein mitten durch ein paradiesisches Wiesengefilde, an kleinen Bergseen und mehreren Gaststätten vorbei. Sich da ohne Zeitdruck ganz dem Schauen, dem Landschaftsgenuss hinzugeben, dürfte bei diesem Unternehmen wahrlich nicht schwerfallen.

Die Regensburger Hütte im Cislestal, dahinter der mächtige Langkofelstock.

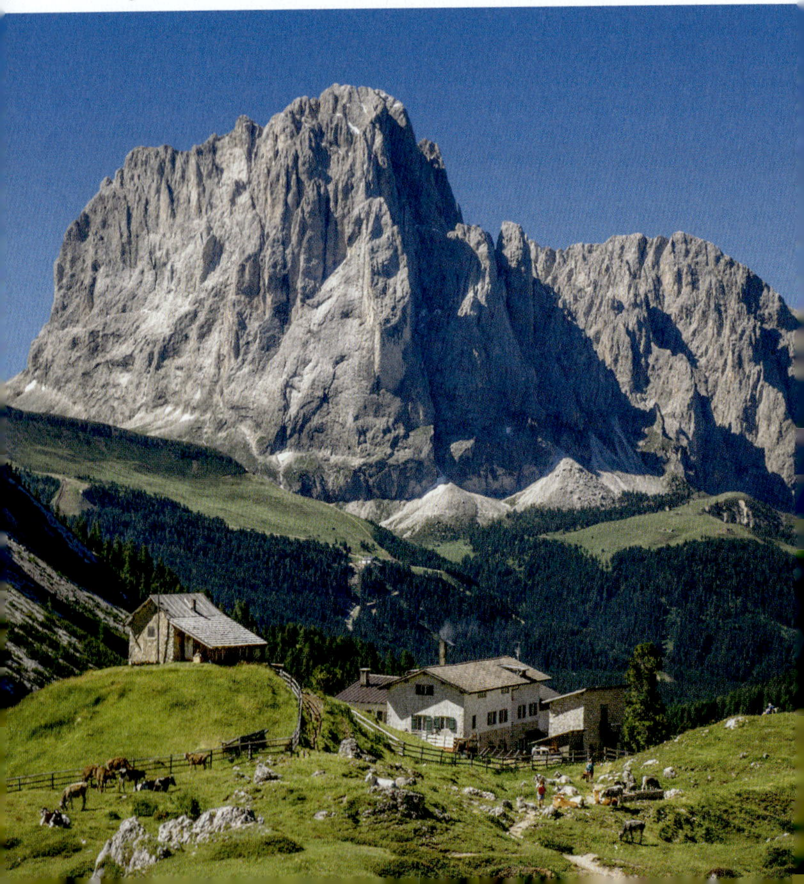

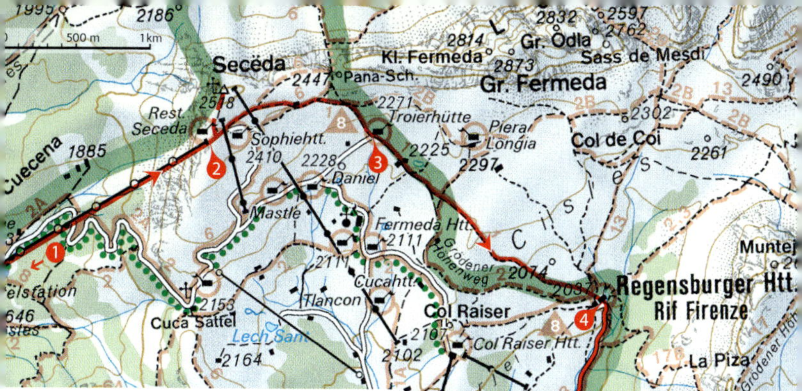

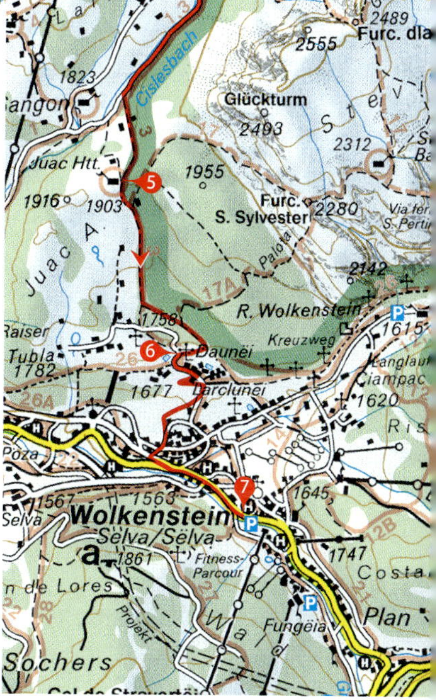

Ausgangspunkt: Talstation der zweiteiligen Seceda-Seilbahn, 1256 m, in St. Ulrich, am Eingang in das Annatal (Parkplatz, Parkgarage), Bushalt der Linie 350 Brixen / Bozen – Wolkenstein am Antoniusplatz in St. Ulrich, verkehrt halbstündlich. Von dort auch mit dem Dorfbus Linie 355.4 zur Haltestelle Seceda. Untere Sektion: Kleinkabinenbahn St. Ulrich – Furnes, 1730 m. Obere Sektion: Gondelbahn Furnes – Seceda (Bergstation, 2456 m, südlich unter dem Gipfel). Betrieb: 1. Juni bis 1./5. Nov. täglich 8.30–16.30/17.30 Uhr, seceda.it.
Endpunkt: Wolkenstein, 1563 m. Von dort Rückfahrt per Bus mit der halbstündlich verkehrenden Linie 350 nach St. Ulrich.
Anforderungen: Einfacher Talabstieg mit kurzer Gegensteigung. Gut markierte Wege.
Einkehr: Seceda-Bergrestaurant, Troier Hütte (beide keine Übernachtung, bei Seilbahnbetrieb geöffnet), Regensburger Hütte (90 Betten, geöffnet 1. Juni bis 10./15. Okt., Tel. +39 0471 796307, +39 0471 795206, rifugiofirenze.com), Juac-Hütte (20 Betten, geöffnet 1./5. Juni bis 5./10. Okt., Tel. +39 335 8082321, +39 335 7554215, juac.it).
Hinweis: Sehenswert ist eine 40 m südwestlich der Juac-Hütte gelegene überdimensionale Sonnenuhr (schräger Metallzeiger mit goldfarbiger Kugelspitze und Stundensteinen am Wiesenboden).
Variante: Von der Bergstation lohnende Besteigung des Seceda-Gipfels, 2518 m (markierter Steig, insgesamt 20 Min.).

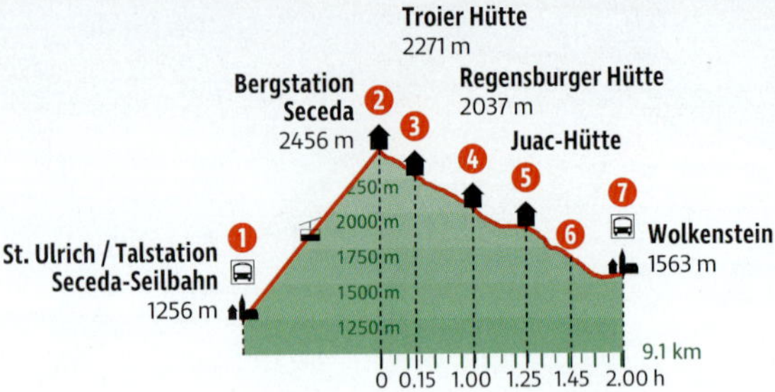

Von **St. Ulrich** ❶ mit der Secedabahn hinauf zur **Bergstation Seceda** ❷. Dort auf Weg Nr. 1, Grashänge querend, eben nach Osten zu einer Verzweigung und geradeaus weiter zur nächsten Teilung. Rechts ab und auf Weg Nr. 1 über steile Hänge in Kehren nach Südosten hinab zur **Troier Hütte** ❸, 2271 m. Weiterhin auf Weg Nr. 1, am Seeauge des Lech da Iman vorbei und den Weg Nr. 4A kreuzend, nach Südosten abwärts, schließlich hinauf auf einen Wiesenrücken. Jenseits über die weiten Wiesenhänge der Cislesalm nach Osten abwärts, zuletzt durch lichten Zirbenbestand zur **Regensburger Hütte** ❹, 2037 m.

Auf Fahrweg Nr. 1 anfangs ostwärts, dann nach Süden hinab in das Cislestal und dort durch Wiesen und Wald nach rechts (Südwesten) abwärts zur Verzweigung bei der Lacke **Lech de Ciaulonch** (Beschneiungsteich; Aufblick zur Geislergruppe). Links ab und auf breitem Weg (Nr. 3) durch Föhrenwald und über Wiesen nach Süden hinauf zu der auf aussichtsreicher Schulter stehenden **Juac-Hütte** ❺, 1903 m. Den Weg Nr. 3 über Wiesen und durch Wald nach Süden abwärts zum kleinen Lech da Schutz und weiter zu schönem Wiesenboden. Nun nach links (Südosten), an der Linksabzweigung des Expresssteiges (»La Palota«) vorbei, durch Wald abwärts, dann nach rechts (Westen) hinunter zum Weiler **Daunèi** ❻, 1687 m. Auf Straße in Windungen südwärts hinab nach **Wolkenstein** ❼, 1563 m. Rückfahrt mit dem Bus nach **St. Ulrich**.

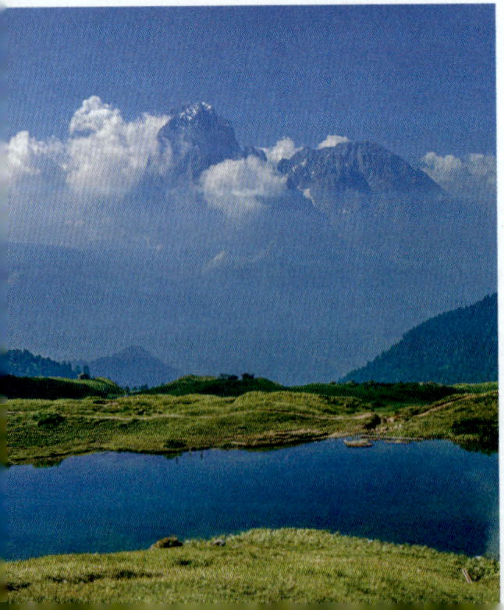

Der kleine Lech da Iman auf der Aschgler Alm mit der Langkofelgruppe jenseits des Grödnertals.

↗ 330 m | ↘ 330 m | 5.0 km

1.30 h

St. Jakob, 1565 m

27

Zum ältesten Gotteshaus Grödens

Die alte Kirche von St. Jakob (13. Jh.) östlich über St. Ulrich gehört mit ihren prachtvollen Fresken wohl zu jenen Stellen in den Dolomiten, bei denen man immer wieder gerne verweilt. Das fotogen auf einer Waldlichtung vor dem himmelstrebenden Langkofel gelegene Gotteshaus ist ein Ort der stillen Einkehr und Betrachtung. Das Kirchlein kann von St. Ulrich auf schönem Rundwanderweg besucht werden, wobei sich ständig Ausblicke auf die prachtvolle Bergumrahmung des Grödnertals ergeben.

Ausgangspunkt: Platz vor der Pfarrkirche in St. Ulrich, 1236 m (Parkplätze), Bushalt »Antoniusplatz« der Linie 350 Brixen / Bozen – Waidbruck – Wolkenstein, verkehrt halbstündlich.
Anforderungen: Leichte Rundwanderung. Gut markierte Wege oder Straßen.
Einkehr: Hotel Ansitz Jakoberhof (Luxushotel, geöffnet 15. Mai bis 15./20. Okt., Tel. +39 0471 796344, jakoberhof.com) im Weiler St. Jakob.
Hinweis: Die Tour empfiehlt sich vor allem im Frühjahr zur Blütezeit oder bei herbstlicher Laubfärbung.

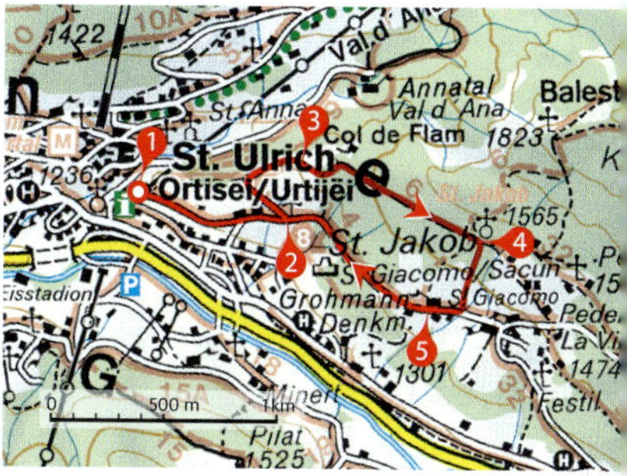

Von der Pfarrkirche in **St. Ulrich** ❶ auf der zum Weiler St. Jakob führenden Asphaltstraße (Weg Nr. 4 und 6) nach Osten hinauf, dann **links ab** ❷ und auf einem Serpentinenweg (»Col-de-Flam-Promenade«) nordwärts empor an den unteren Südwestrücken des **Col de Flam** ❸ (Pitschberg). Über diesen nach rechts zu einer Kapelle mit gewaltigem Kruzifix. Durch schönen Lärchenwald und über Wiesen (Langkofelblick!) am Rücken weiter aufwärts bis zu einer Schulter mit Wegteilung. In die rechte Seite (Südseite) des Col de Flam und dort ostwärts im Föhrenwald anfangs noch etwas steigend, dann eben zur Kirche **St. Jakob** ❹, 1565 m.
Auf markiertem Weg Nr. 6 anfangs südostwärts, später südwärts über Wiesen hinunter zur Straße und auf dieser nach rechts in den Weiler **St. Jakob** ❺, 1433 m. In Westrichtung, der Asphaltstraße folgend, durch Wald und über Wiesen sanft abwärts nach **St. Ulrich** ❶.

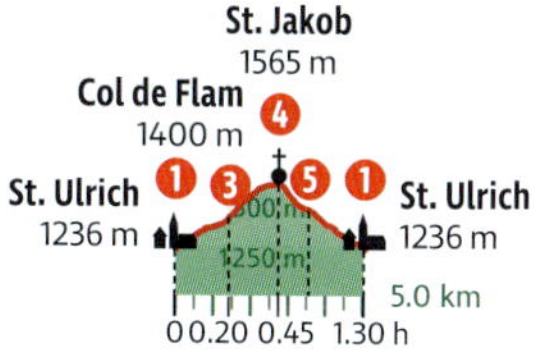

Nächste Seite: Die Kirche St. Jakob in Gröden mit dem wuchtigen Langkofel (rechts).

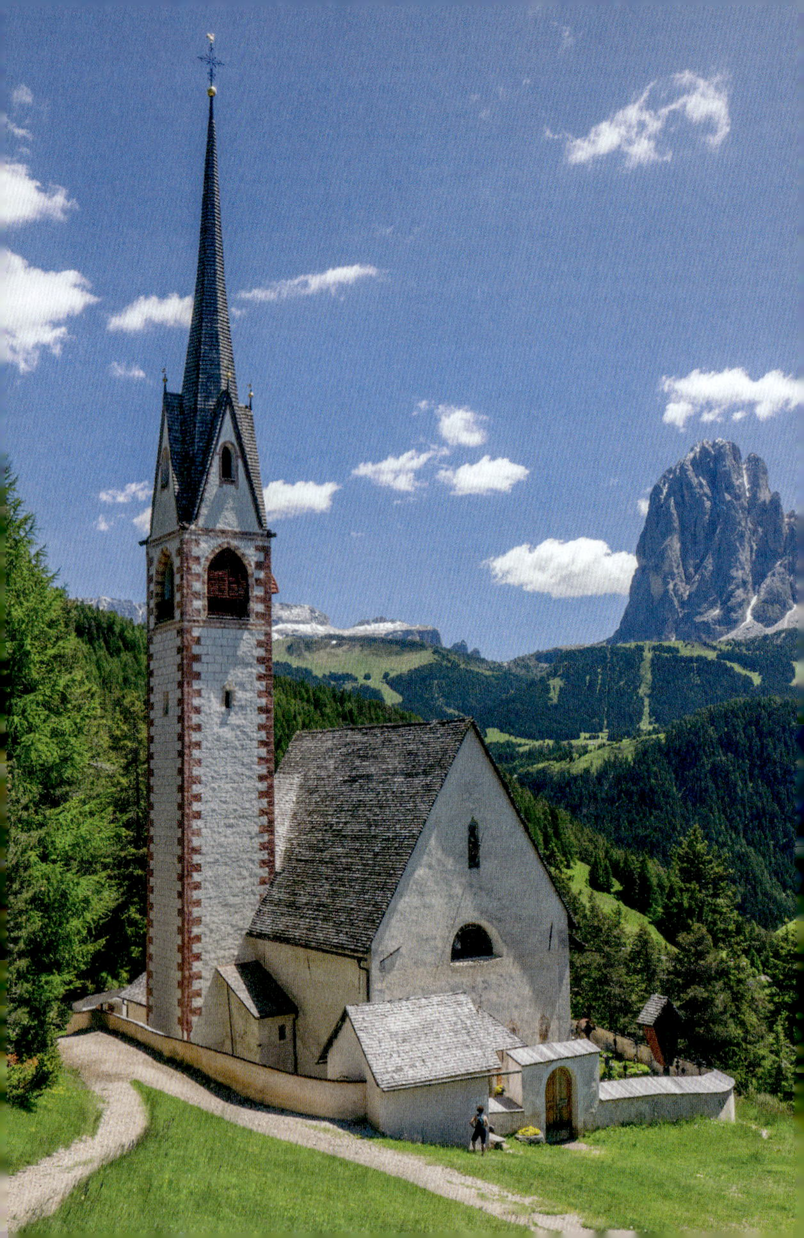

↗ 600 m | ↘ 600 m | 8.1 km

3.30 h

Seurasas-Runde 28

Ein Panoramaweg am Grödner Sonnenhang

Seurasas, ladinisch für »über dem Stein«, so nennen sich Hütte und Alm an den Südhängen des Pitschbergs. Dank einer Traumlage gegenüber den Prunkstücken Grödens – Sella, Langkofel, Schlern – und der raschen Erreichbarkeit vom Parkplatz Cristauta über St. Christina gibt das als Einkehrgaststätte geführte Haus schon für sich ein Top-Wanderziel ab. Für alle, die weiter wollen, bieten sich zum einen die hier beschriebene Runde über Crujeta, Ballest und das Kirchlein St. Jakob an, zum anderen die Pitschberg-Überschreitung zum Cucasattel – beides Touren, die fraglos zur obersten Liga im Grödner-Wanderrepertoire gehören.

Ausgangspunkt: Parkplatz Cristauta, 1750 m, nördlich über St. Cristina, am Südabhang des Pitschberges (auch »Pic«). Auffahrt mit Pkw vom Kreisverkehr im Zentrum St. Cristina / Dosses auf kehrenreicher schmaler Asphaltstraße, 3 km. Gebührenpflichtig vom 25. Juli bis 31. August. In der Zeit vom 15. Juni bis 20./25. Sept. kann der Parkplatz im Stundenintervall auch per Bus mit der Linie 358 erreicht werden. Bergfahrt ab St. Cristina / Dosses 7.58–17.58 Uhr, Talfahrt ab Cristauta 8.08–18.08 Uhr. Außerhalb der Busfahrzeiten besteht die Möglichkeit, den Parkplatz mit dem Taxi anzufahren: Taxi Alpin, Tel. +39 333 3222666; Taxi Auto DUL, Tel. +39 366 2208808; Taxi Autosella, Tel. +39 0471 790033; Taxi Comploj Stefan, Tel. +39 335 6325444; Taxi Leo, Tel. +39 335 8410330, Taxi Uli, Tel. +39 347 8313287.

Anforderungen: Einfache mittellange Wanderung mit einigen exponierten Passagen. Gut markierte Fahr- und Fußwege, dennoch Trittsicherheit nötig. Nur bei trockenem Wetter!

Einkehr: Baita Seurasas (keine Übernachtung, geöffnet 10./15. Juni bis 15./20. Okt., kein Ruhetag, Tel. +39 339 7069018, seurasas.it).

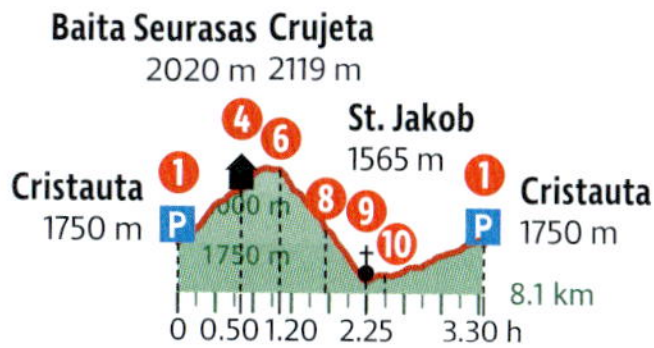

Hinweis: Am luftigen Felsvorsprung Crujeta (Steilabbrüche!) ist mit Kindern Vorsicht geboten.

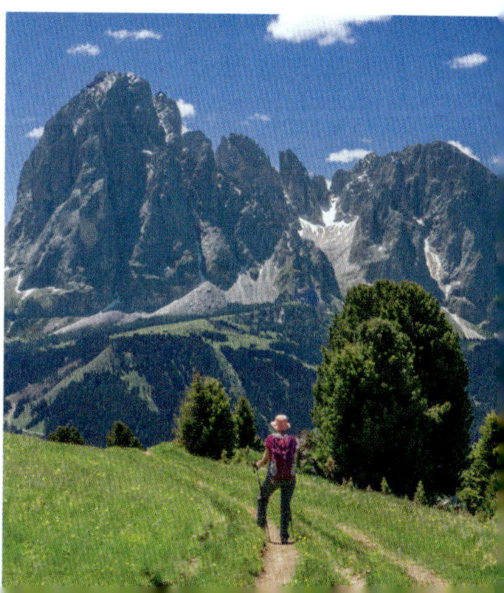

Die felsgewaltige Langkofelgruppe von der Seurasas-Alm.

Vom Parkplatz **Cristauta** ❶ auf Naturstraße durch Wiesen und lichten Lärchenwald nach Norden aufwärts zur **Querstraße Nr. 4** ❷, 1778 m. Rechts haltend nicht auf ihr, sondern auf dem etwas tiefer verlaufenden Fußweg Nr. 4 durch Lärchenwald nordostwärts mäßig steil bergauf zur **Linksabzweigung** ❸ von Weg Nr. 41. Diesen, die Naturstraße kreuzend, durch schönen Bergnadelwald vorerst in Nordwest-, dann in Nordrichtung steil und direkt hoch, später weniger steil weiter und nach Querung eines Grabens in Kehren empor zur Zubringerstraße. Auf dieser (Weg Nr. 20) bald durch Wiesen und lichtem Zirbenbestand zur **Baita Seurasas** ❹, 2020 m, in aussichtsreicher Position hoch über den Grödnertal. Prachtvolle Schau auf die Trümpfe Grödens vom Sellastock links über Sellajoch, Langkofel-Massiv, Rosengarten und Seiser Alm bis zum Schlern (mit Euringer- und Santnerspitze) rechts.

Von der Hütte auf dem Fahrweg Nr. 20 (betonierte Fahrspuren) durch lichten Zirbenbestand steil nach Nordwesten aufwärts zu den Hütten der Seurasas-Alm und durch Almweiden nun weniger steil in einen **Sattel** ❺, 2125 m, am Westrücken des Pitschberges mit Verzweigung. Auf Weg Nr. 6 nach links in die Südseite des Rückens und dort westwärts in aussichtsreicher Querung der Almwiesen an den Pitschberg-Rücken, der am luftigen Felsvorsprung **Crujeta** ❻, 2119 m (großes Schnitzkreuz), erreicht wird. Atemberaubender Tiefblick über steile Felswände in das Grödnertal und auf St. Ulrich!

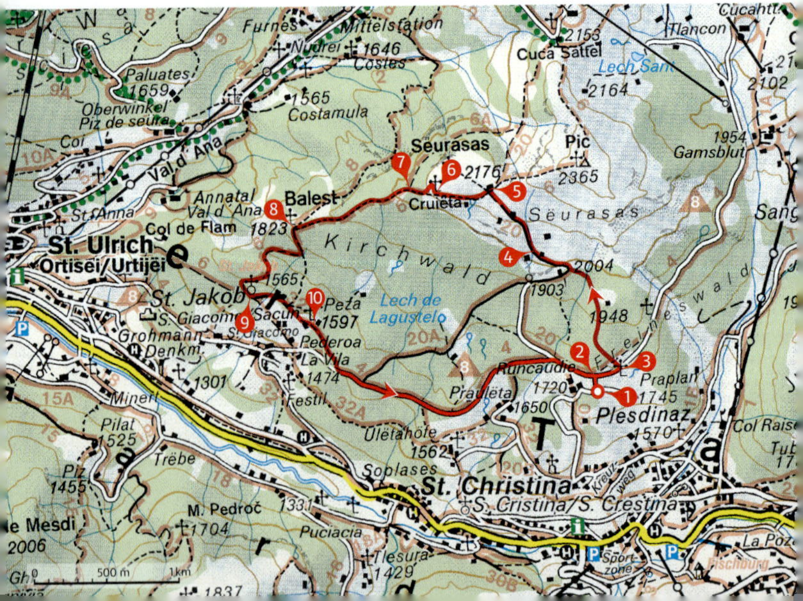

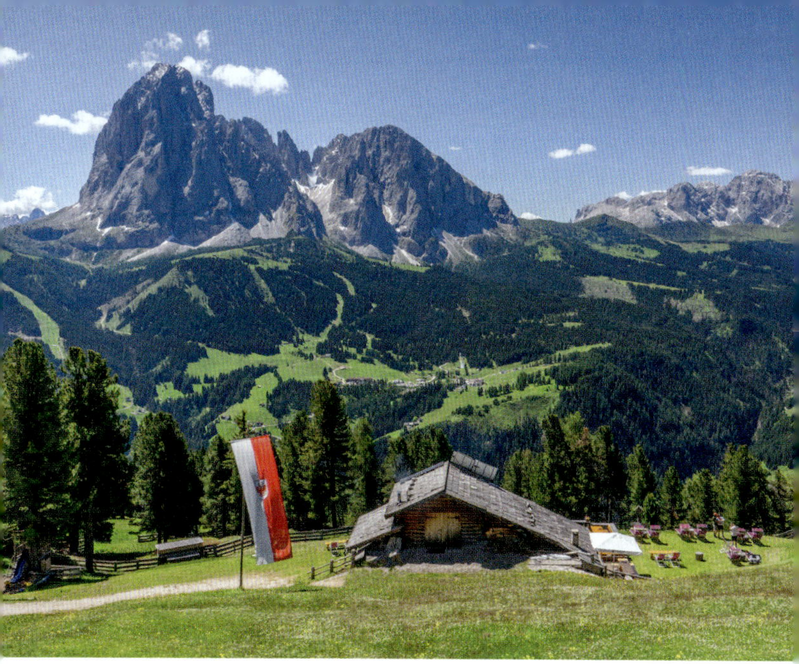

Ein Panoramapunkt erster Klasse: Die Baita Seurasas mit dem Langkofelmassiv im Süden gegenüber.

Den Rücken durch Bergnadelwald in engen Kehren sehr steil (Trittsicherheit nötig) rund 100 Höhenmeter hinunter zur Schulter **Plan da la Roles** 7, 2022 m, mit Rechtseinmündung von Weg Nr. 6A. Den Waldrücken nun weniger steil hinab zur Felsschulter **Balest** 8, 1823 m, wo sich der Weg nach links in die Südseite des Kammes wendet. Über die Waldhänge in weiten Schleifen und Querungen nach Südwesten hinunter zu der auf einer Wiesenlichtung wunderschön gelegenen Kirche **St. Jakob** 9, 1565 m, mit der fantastischen Kulisse des Langkofels im Hintergrund ein Highlight des Grödnertals! Den breiten Fußweg Nr. 32 oberhalb der Kirche vorbei, dann durch Wald in Südostrichtung aufwärts zu den Hütten der **Malga Peza** 10, 1597 m, mit Langkofelblick, danach auf Naturstraße zu Verzweigung. Links ab und auf Fußweg Nr. 4 im Wald nach Südosten empor zur Straße und auf dieser (jetzt mit Nr. 4 und 32) an den Waldhängen zur Rechtsabzweigung von Weg Nr. 32 in Richtung St. Christina. Geradeaus die Schotterstraße (Weg Nr. 4) an den Waldhängen weiter aufwärts, später am Oberrand der Wiesen von Prauleta und Runcaudie aufwärts zu **Verzweigung** 2, 1778 m. Rechts ab und auf bekanntem Weg hinunter zum Parkplatz **Cristauta** 1.

TOP

29 Pitschberg (»Pic«), 2365 m

↗ 620 m | ↘ 620 m | 8.6 km

3.30 h

Rundwanderung über den besten Orientierungspunkt Grödens

Mitten ins Tal gerückt, ist der beinahe frei aufragende Pitschberg der ideale Orientierungs- und Panoramapunkt im inneren Grödnertal. Er lässt sich auf einfachen Wegen von allen möglichen Seiten besteigen, nach Auffahrt mit der Seceda-Seilbahn sogar im Zuge des langen Abstiegs nach St. Ulrich. Wer am Parkplatz Cristauta über St. Christina startet, erreicht ihn auf markierten Wegen über die prachtvoll gelegene Baita Seurasas. Mit Abstieg zum Cucasattel und Rückweg über den märchenhaft schönen Lech Sant und die Gamsbluthütte gehört die Runde zweifellos zu den »Pflichttouren« im Grödner Wanderrepertoire.

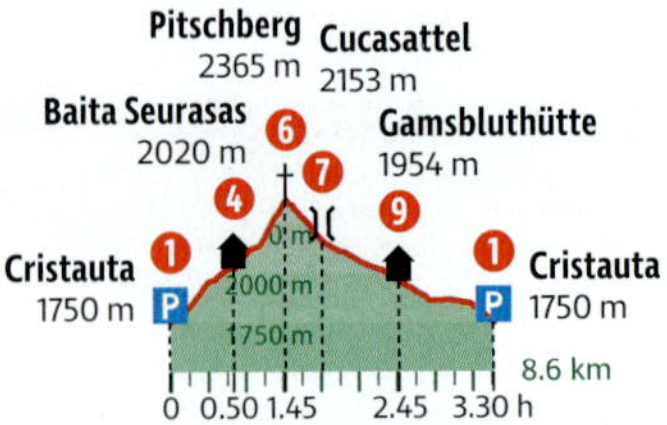

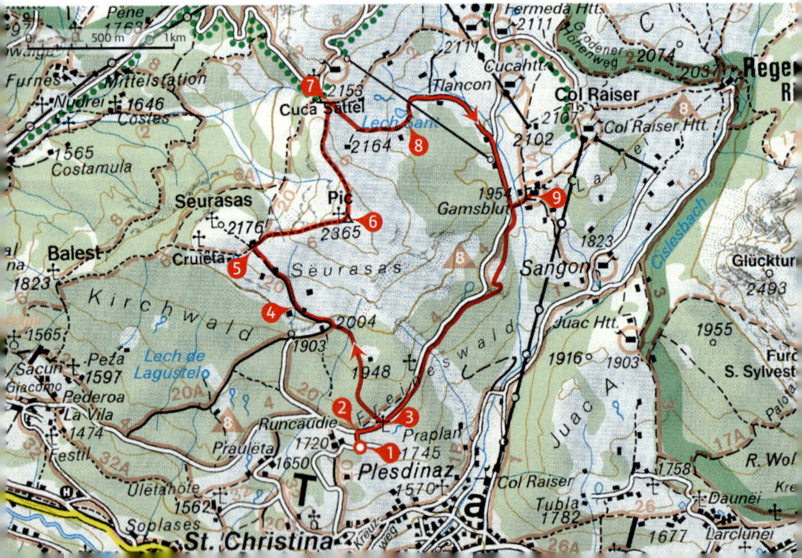

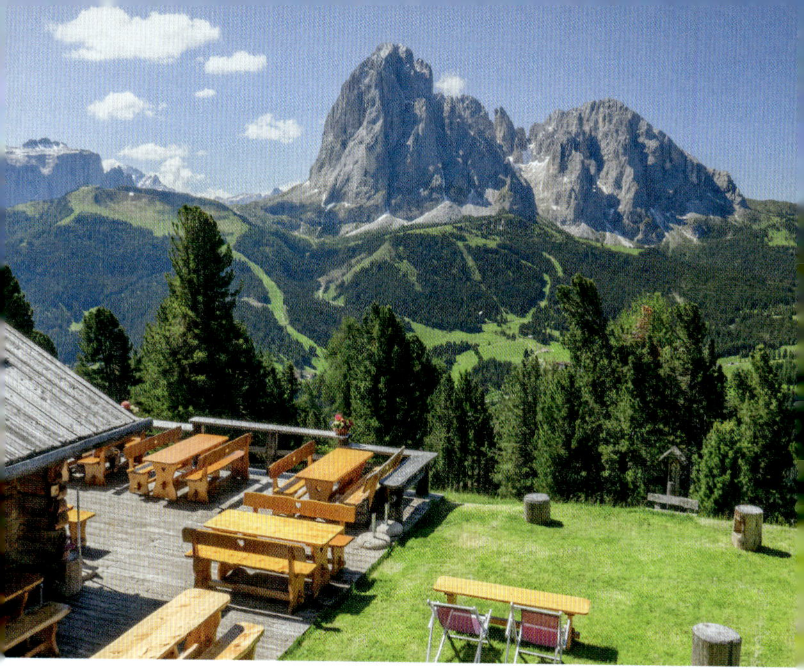

Sellajoch und Lankofelmassiv von der Gartenterrasse der Baita Seurasas.

Ausgangspunkt: Parkplatz Cristauta, 1750 m, nördlich über St. Cristina, am Südabhang des Pitschberges (auch »Pic«). Auffahrt mit Pkw vom Kreisverkehr im Zentrum St. Cristina / Dosses auf kehrenreicher schmaler Asphaltstraße, 3 km. Gebührenpflichtig vom 25. Juli bis 31. August. In der Zeit vom 15. Juni bis 20./25. Sept. kann der Parkplatz im Stundenintervall auch per Bus mit der Linie 358 erreicht werden.
Bergfahrt ab St. Cristina / Dosses 7.58–17.58 Uhr, Talfahrt ab Cristauta 8.08–18.08 Uhr.
Außerhalb der Busfahrzeiten besteht die Möglichkeit, den Parkplatz mit dem Taxi anzufahren: Taxi Alpin, Tel. +39 333 3222666; Taxi Auto DUL, Tel. +39 366 2208808; Taxi Autosella, Tel. +39 0471 790033; Taxi Comploj Stefan, Tel. +39 335 6325444; Taxi Leo, Tel. +39 335 8410330, Taxi Uli, Tel. +39 347 8313287.
Anforderungen: Einfache Wanderung auf markierten Fahr- und Fußwegen. Nur bei trockenem Wetter und guter Sicht!
Einkehr: Baita Seurasas (keine Übernachtung, geöffnet 10./15. Juni bis 15./20. Okt., kein Ruhetag, Tel. +39 339 7069018, seurasas.it), Lech-Sant-Schwaige (keine Übernachtung, geöffnet 15. Juni bis 15. Sept., Tel. +39 338 4914549), Gamsbluthütte (keine Übernachtung, 1. Juni bis 2. So. im Okt. geöffnet, Tel. +39 338 8601244 und +39 339 4007899, gamsblut.it).
Hinweis: Das 360-Grad-Panorama vom Pitschberg verdient beste Sichtverhältnisse, weshalb die Tour nur bei ausgesprochen gutem Wetter empfohlen wird.

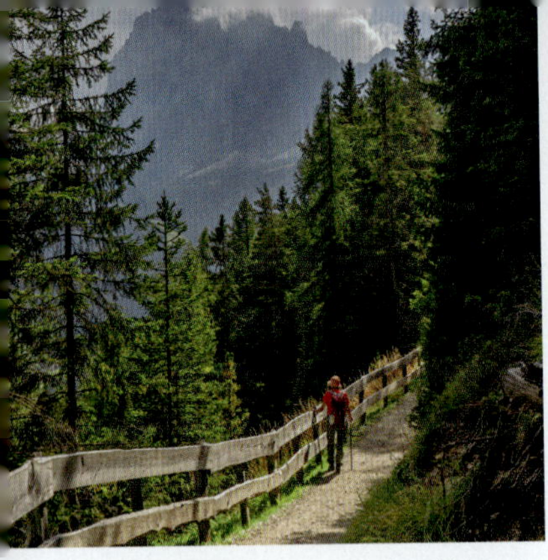

Unterwegs auf dem »Troi dla Schirlates«.

Vom Parkplatz **Cristauta** ❶ auf Naturstraße durch Wiesen und lichten Lärchenwald nach Norden aufwärts zur **Querstraße Nr. 4** ❷, 1778 m. Rechts haltend nicht auf ihr, sondern auf dem etwas tiefer verlaufenden Fußweg Nr. 4 durch Lärchenwald nordostwärts mäßig steil bergauf zur **Linksabzweigung** ❸ von Weg Nr. 41. Diesen, die Naturstraße kreuzend, durch schönen Bergnadelwald, vorerst in Nordwest-, dann in Nordrichtung steil und direkt hoch, später weniger steil weiter und nach Querung eines Grabens in Kehren empor zur Zubringerstraße. Auf dieser (Weg Nr. 20) bald durch Wiesen und lichtem Zirbenbestand zur **Baita Seurasas** ❹, 2020 m, hoch über den Grödnertal mit herrlicher Sicht auf Sellagruppe (Südosten), Langkofel (Süden), Rosengarten und Seiser Alm und Schlern (Südwesten). Von der Hütte den Fahrweg Nr. 20 (betonierte Fahrspuren) durch lichten Zirbenbestand steil nach Nordwesten aufwärts zu den Hütten der Seurasas-Alm und durch Almweiden nun weniger steil in einen **Sattel** ❺, 2125 m, am Westrücken des Pitschberges mit Verzweigung. Rechts ab und auf Weg Nr. 6 den steilen grasigen Westrücken empor auf den **Pitschberg** ❻, 2365 m, mit umfassendem Überblick über die Bergwelt des inneren Grödnertals. Auf Weg Nr. 6 den begrünten Nordrücken hinunter in den **Cucasattel** ❼, 2153 m. Wenige Meter vor Erreichen des Sattels rechts ab und auf unmarkiertem Pfad durch gemuldete Wiesen nach Osten abwärts zum malerischen **Lech Sant**, 2096 m, einem der schönsten Bergseen Grödens. Rechts (südlich) oberhalb des Sees die urige **Lech-Sant-Schwaige** ❽, 2105 m. Von der Alm den Naturfahrweg Nr. 42 durch zauberhaften Zirbenwald in Windungen nach Osten abwärts, später in Südrichtung, an der **Malga La Nedia**, 2007 m, vorbei, zu querender Naturstraße. Nicht geradeaus auf dem »Troi dla Schirlates« talwärts weiter, sondern die Straße über den Mastlebach nach links zur nahen **Gamsbluthütte** ❾, 1954 m. Die Naturstraße zurück zur Linksabzweigung des Fußwegs »Troi dla Schirlates«. Auf diesem (Weg Nr. 4) an den Abhängen des Pitschbergs durch Wald nach Südwesten abwärts zu einer Viehweide, danach in herrlicher Höhenwanderung auf und ab an den Waldhängen über dem Grödnertal entlang, schließlich durch Lärchenwiesen, an der Rechtsabzweigung von Weg Nr. 41 zur Baita Seurasas vorbei, zu **Verzweigung** ❷, 1778 m. Auf bekanntem Weg nach links (Süden) hinab zum Parkplatz **Cristauta** ❶.

Der malerische Lech Sant mit dem breit gebänderten Sellastock dahinter.

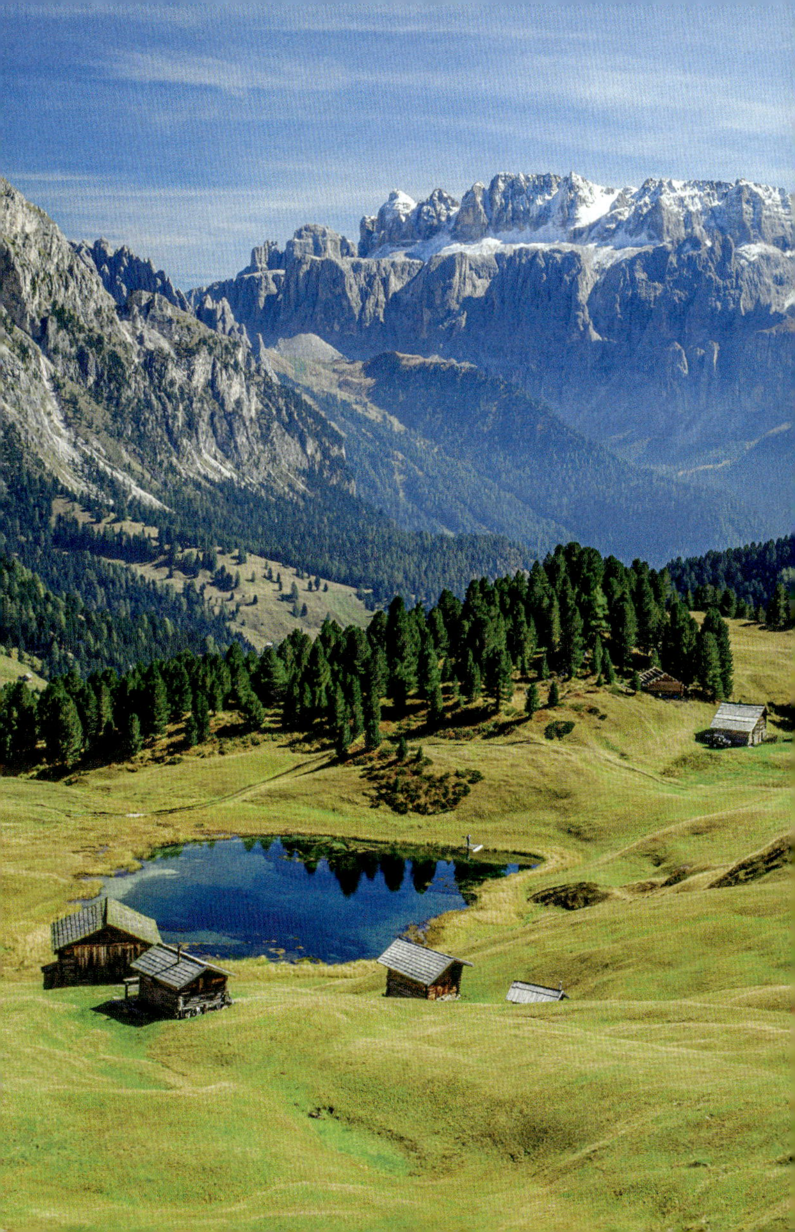

↗ 550 m | ↘ 550 m | 10.3 km

30 Zur Regensburger- und Juac-Hütte

3.00 h

Genusswandern in monumentaler Landschaft

Wie unklug, ja rücksichtslos heutzutage noch mit dem Erholungsraum Alpen umgegangen wird, merkt man erst beim regelmäßigen Besuch einer bestimmten Gegend. Von Jahr zu Jahr vergrößern sich Orte, entstehen neue Liftanlagen, Einkehrgaststätten usw. Zu den diesbezüglich am stärksten betroffenen Gebieten zählt zweifellos Gröden. Dort muss man sich als Wanderer, sofern man seilbahnfreies Gelände liebt, schon etwas einfallen lassen. Im vorliegenden Fall gehen wir der Col-Raiser-Seilbahn aus dem Weg und steigen, begleitet von traumhaften Aufblicken zu den Felsriesen der Geislergruppe, durch das Cislestal zur Regensburger Hütte an. Den Rückweg nach Wolkenstein und St. Christina nehmen wir über die weniger populäre Juac-Hütte und durchwandern damit auch stillere, naturbelassenere Bezirke.

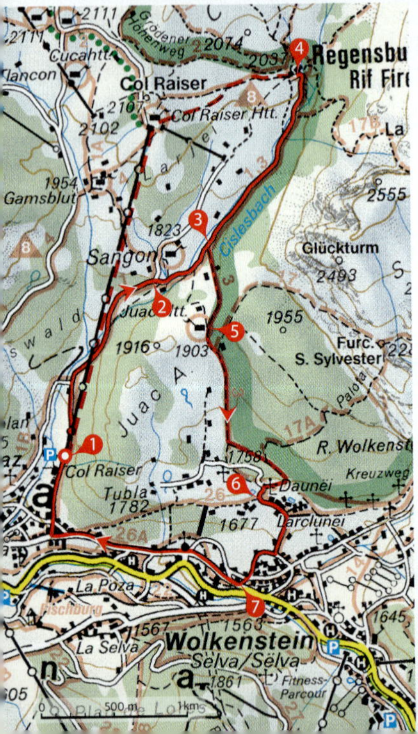

Ausgangspunkt: Talstation der Col-Raiser-Seilbahn, 1550 m (kostenpflichtiger Parkplatz, Bushalt Linie 358, vom 12. Juni bis 24. Sept. mehrmals täglich), in St. Christina, 1 km nördlich oberhalb des Ortszentrums, am Eingang in das Cislestal. Bergstation, 2104 m, am Gipfel des Col Raiser auf der Cislesalpe. Betrieb: 25./31. Mai bis 2./4. Nov. täglich 8.30–16.30/17.30 Uhr, colraiser.it/de.

Anforderungen: Einfache Wanderung auf markierten Wegen oder Straßen.

Einkehr: Regensburger Hütte (90 Betten, geöffnet 1. Juni bis 5./10. Okt., Tel. +39 0471 796307, +39 0471 795206, rifugio-firenze.com), Juac-Hütte (20 Betten, geöffnet 1./5. Juni bis 10./15. Okt., Tel. +39 335 8082321, +39 335 7554215, juac.it).

Hinweis: Sehenswert ist eine 40 m südwestlich der Juac-Hütte gelegene überdimensionale Sonnenuhr (schräger Metallzeiger mit goldfarbiger Kugelspitze und Stundensteinen am Wiesenboden).

Variante: Man kann die Regensburger Hütte einfacher und rascher durch Auffahrt mit der Seilbahn auf den Col Raiser, 2104 m, und bequemen Fußweg in 15 Min. Gehzeit erreichen, wodurch sich die Tour um etwa 1 Std. verkürzt.

Von der **Col-Raiser-Talstation** in **St. Christina** ❶ zunächst auf Asphaltstraße (Weg Nr. 1), dann auf Naturfahrweg das Cislestal entlang des Lifts durch Wiesen nach Norden aufwärts, später auf Fußweg ein Stück an der linken Talseite hoch und nach rechts (Osten) zu einer **Verzweigung** ❷ im mittleren Talabschnitt – links Weg Nr. 1A zur Gamsbluthütte. Rechts haltend, an der Linksabzweigung zur Sangonhütte vorbei, durch Wiesen nordostwärts bergauf zur Wegteilung bei der Lacke **Lech de Ciaulonch** ❸ mit imponierendem Aufblick zu den Fermeden (Geislergruppe). Geradeaus den Fahrweg Nr. 1 durch das Cislestal durch Wiesen und Nadelwald in Nordostrichtung weiter aufwärts zur Rechtsabzweigung von Weg Nr. 17B zur La-Piza-Scharte, danach, die Talsohle verlassend, nach links empor zur **Regensburger Hütte** ❹, 2037 m.

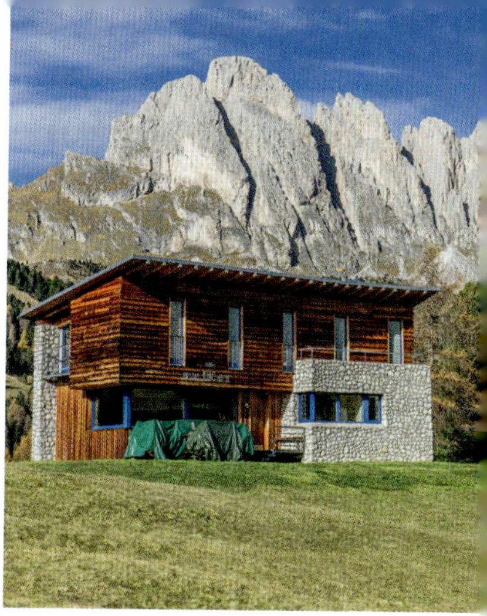

Die Juac-Hütte vor dem Felsmassiv der Fermeden (Geislergruppe).

Zurück zur Lacke **Lech de Ciaulonch** ❸. Links ab und auf dem breiten Weg Nr. 3 durch Föhrenwald und über Wiesen nach Süden hinauf zu der auf aussichtsreicher Schulter stehenden **Juac-Hütte** ❺, 1903 m. Den Weg Nr. 3 über Wiesen und durch Wald nach Süden abwärts zum kleinen Lech da Schutz und weiter zu schönem Wiesenboden. Nun nach links (Südosten), an der Linksabzweigung des Expresssteiges (»La Palota«) vorbei, durch Wald abwärts, dann nach rechts (Westen) hinunter zum Weiler **Daunèi** ❻, 1687 m. Auf Straße in Windungen südwärts hinab nach **Wolkenstein** ❼, 1563 m. Dort die querende Rainelstraße kurz nach rechts, dann auf breiterer Straße, am Ortsteil **La Poza** vorbei, westwärts über die Schulter Pian da Tieja nach **St. Christina**. Am Ortsbeginn rechts ab und auf der Straße nordwärts hinauf zur **Col-Raiser-Talstation** ❶.

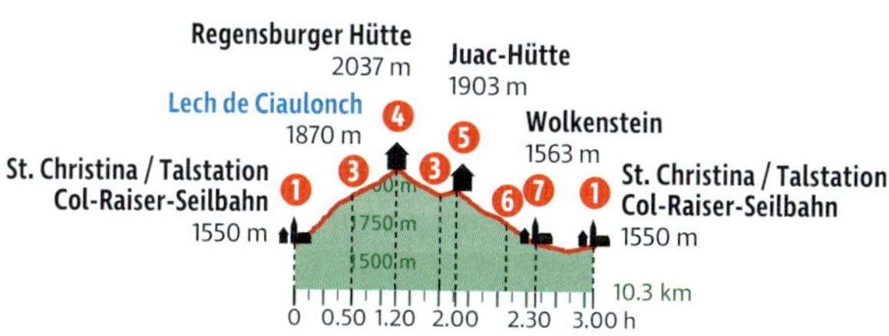

↗ 0 m | ↘ 560 m | 3.4 km

31 Vom Col Raiser nach St. Christina

1.30 h

Direktabstieg über Gamsbluthütte und Larjei-Wiesen

Von den Talabstiegen, die sich an dem per Aufstiegshilfe erreichbaren Col Raiser anbieten, ist jener über die Gamsbluthütte und die Larjei-Wiesen trotz Seilbahnnähe der wohl empfehlenswerteste. Die Felshoheiten des inneren Grödnertals vor Augen, geht es im oberen Teil durch prachtvolle Zirbenbestände, weiter unten durch die paradiesischen Lärchenwiesen von Larjei zu Tal. An der unterwegs berührten Gamsbluthütte kann man einkehren oder auch nur warten, bis die breit gebänderten Sellawände von der Kontrast steigernden Nachmittagssonne »vergoldet« werden – eine Offenbarung!

Ausgangspunkt: Talstation der Col-Raiser-Seilbahn, 1550 m (kostenpflichtiger Parkplatz, Bushalt Linie 358, vom 12. Juni bis 24. Sept. mehrmals täglich), in St. Christina, 1 km nördlich oberhalb des Ortszentrums, am Eingang in das Cislestal. Bergstation, 2104 m, am Gipfel des Col Raiser auf der Cislesalpe. Betrieb: 25./31. Mai bis 2./4. Nov. täglich 8.30–16.30/17.30 Uhr, colraiser.it/de.

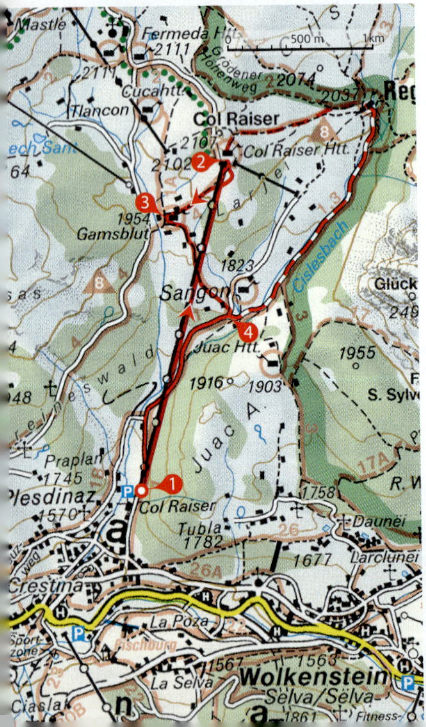

Anforderungen: Einfache kurze Wanderung auf markierten Fahr- und Fußwegen.

Einkehr: Almhotel Col Raiser (35 Betten, geöffnet 10./15. Juni bis 10./15. Okt., Tel. +39 0471 796302, +39 0471 797021, colraiser.com), Odles-Hütte (keine Übernachtung, bei Seilbahnbetrieb geöffnet, Tel. +39 338 2005571, odles.info), Gamsbluthütte (keine Übernachtung, 1. Juni bis 2. So. im Okt. geöffnet, Tel. +39 338 8601244 und +39 339 4007899, gamsblut.it), Baita Sangon (keine Übernachtung, Sommerbewirtschaftung).

Variante: Wem der etwas steile Abstieg vom Col Raiser über die Gamsbluthütte zu beschwerlich erscheint, kann über die Regensburger Hütte und das Cislestal, an der Lacke Lech de Ciaulonch (Rückblick zur Geislergruppe) vorbei, zwar etwas länger, aber bequemer zur Talstation der Col-Raiser-Seilbahn gelangen. 15 Min. zusätzlicher Zeitaufwand.

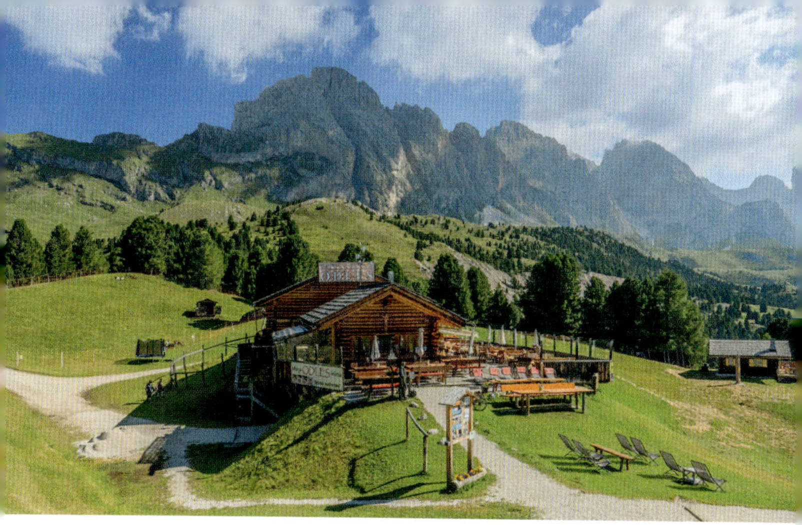

Die Odles-Hütte nahe der Bergstation der Col-Raiser-Seilbahn, darüber die Geisler-gruppe.

Von der **Talstation** der Col-Raiser-Seilbahn in **St. Christina** ❶ Auffahrt zur **Bergstation** ❷, 2107 m, und dort zum Beginn (Wegtafel) von Weg Nr. 4 gleich östlich des Almhotels Col Raiser. Den gut trassierten Fußweg z. T. über Stufen einen steilen Geländerücken durch lichten Zirben- und Lärchenwald in Kehren nach Südwesten hinab zur **Gamsbluthütte** ❸, 1954 m, mit imponierendem Langkofelblick. Auf Weg Nr. 1A, dem breit gebänderten Sellastock entgegen, durch die herrlichen Lärchenwiesen von Larjei in Windungen nach Südosten abwärts, später unter der Col-Raiser-Seilbahn hindurch, danach steiler bergab zum Querweg Nr. 1 in der Talsohle des **Cislestals** ❹ nahe der **Baita Sangon**. Auf dem Fahrweg, später auf rechts abzweigendem Fußweg an der rechten Talseite durch Wald in Südwestrichtung abwärts und wieder nach links in die Talsohle. Dort bald auf schmaler Asphaltstraße parallel mit dem Col-Raiser-Lift durch Wiesen hinab zur **Col-Raiser-Talstation** in **St. Christina** ❶.

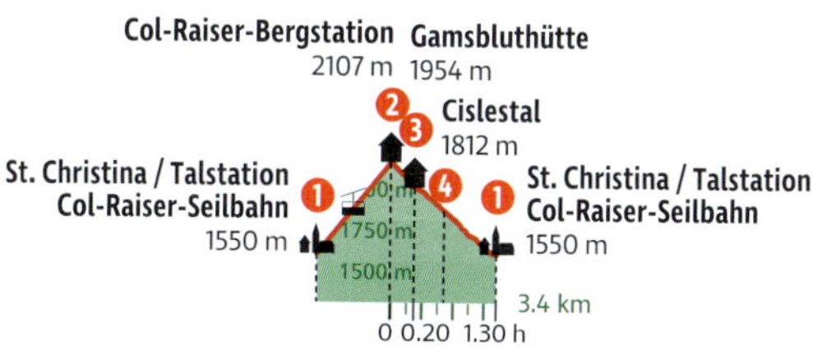

↗ 20 m | ↘ 890 m | 8.9 km

32 Vom Col Raiser nach St. Ulrich

2.00 h

Kommode Talabwanderung vor heroischem Dolomiten-Szenarium

Von der Anhöhe des Col Raiser führen Wanderwege strahlenförmig in alle Richtungen. Eine Kabinenbahn von St. Christina im Grödnertal macht diese grüne Kuppe am Rande der Cislesalm zu einem rege besuchten Ausgangspunkt für schöne Wanderungen. Von den möglichen Talabstiegen ist jener nach St. Ulrich der zwar längste, aber auch der beeindruckendste. Eine Busfahrt zurück nach St. Christina ist bei dieser »Wanderung bergab« allerdings obligatorisch.

Ausgangspunkt: Talstation der Col-Raiser-Seilbahn, 1550 m (kostenpflichtiger Parkplatz), in St. Christina, 1 km nördlich oberhalb des Ortszentrums, am Eingang in das Cislestal. Anreise mit Buslinie 350 (Bozen – St. Christina) und Weiterfahrt mit Buslinie 358 (diese nur vom 12. Juni bis 24. Sept). Bergstation, 2104 m, am Gipfel des Col Raiser auf der Cislesalpe. Betrieb: 25./31. Mai bis 2./4. Nov. täglich 8.30–16.30/17.30 Uhr, colraiser.it/de.
Endpunkt: St. Ulrich, 1236 m. Busverbindung Linie 350 und 358 (im Sommer mehrmals täglich) nach St. Christina.

Anforderungen: Anspruchsloser Talabstieg auf markierten Wegen.
Einkehr: Almhotel Col Raiser (35 Betten, geöffnet 10./15. Juni bis 10./15. Okt., Tel. +39 0471 796302, +39 0471 797021, colraiser.com), Odles-Hütte (keine Übernachtung, bei Seilbahnbetrieb geöffnet, Tel. +39 338 2005571, odles.info), Gamsbluthütte (keine Übernachtung, geöffnet 1. Juni bis 2. So. im Okt., Tel. +39 338 8601244 und +39 339 4007899, gamsblut.it). Hotel Jakoberhof (Luxushotel, Tel. +39 0471 796344, jakoberhof.com) in St. Jakob.

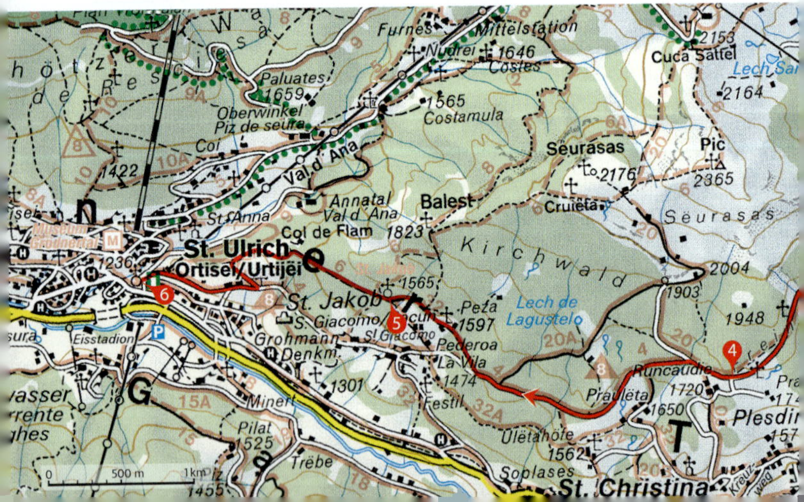

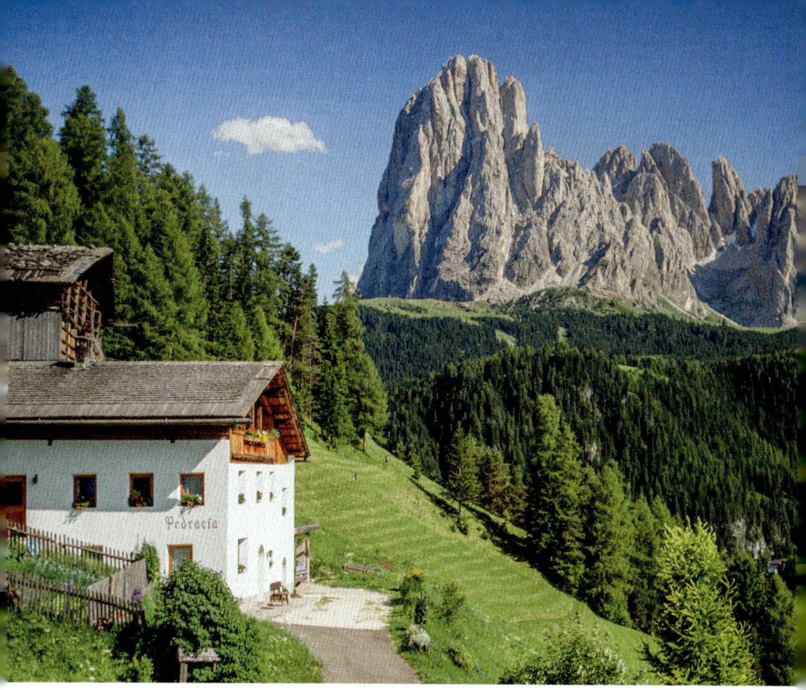

Der wuchtige Langkofelstock vom Weiler St. Jakob in Gröden.

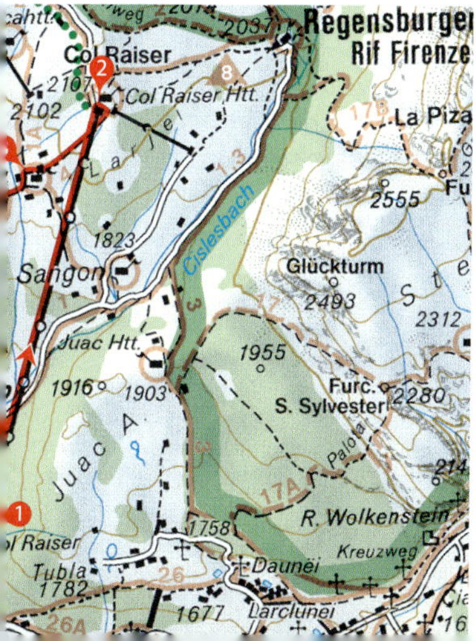

Von der **Talstation** in **St. Christina** ❶ mit der Col-Raiser-Seilbahn zur **Bergstation** ❷. Dort knapp östlich der Bergstation, auf Weg Nr. 4 einen Wiesenrücken steil nach Südwesten hinunter in den Graben des Aschgler Baches und zur **Gamsbluthütte** ❸, 1954 m. Auf dem Fahrweg Nr. 4 50 m weiter zur Linksabzweigung des Fußwegs »Troi dla Schirlates«. Diesen (Nr. 4) an den Abhängen des Pitschbergs durch Wald in Südwestrichtung abwärts zu schöner Viehweide, wo einer der herrlichsten Promenadenwege der Grödner Dolomiten ansetzt. Im leichten Auf und Ab und begleitet

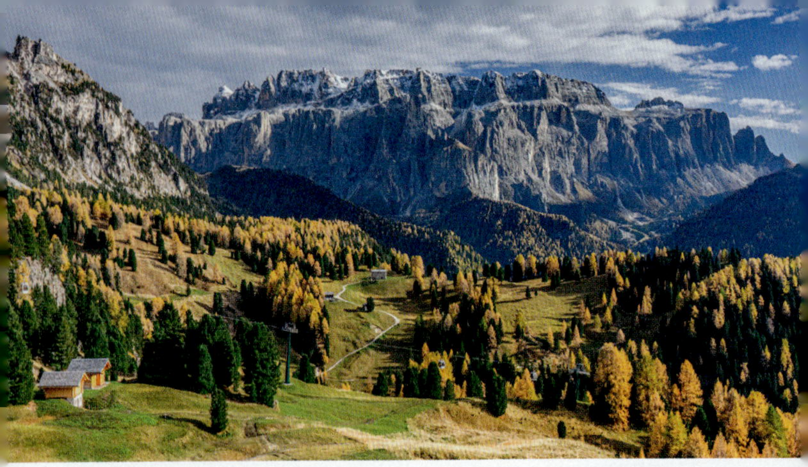

Blick von der Gamsbluthütte über die Schulter bei der Juac-Hütte hinweg gegen das Sellamassiv.

von Ausblicken zu den Felsrecken der Steviagruppe, Cirspitzen, Sella und Langkofel an den Waldhängen hoch über dem Grödnertal entlang, schließlich durch traumhaft schöne Lärchenwiesen, an der Rechtsabzweigung von Weg Nr. 41 vorbei, wieder zum Fahrweg und zu **Verzweigung** ❹. Auf dem Fahrweg mit Nr. 4 geradeaus in Westrichtung abwärts, oberhalb der Wiesenböden von Runggaldier vorbei und nach längerer Waldwanderung zu wichtiger Wegteilung. Geradeaus (markierter Weg, keine Nummer) im Wald eben dahin, dann am alten Pezzahof vorbei, zuletzt durch Föhrenwald zur herrlich gelegenen Kirche **St. Jakob** ❺, 1565 m, aus dem 13. Jahrhundert. Auf markiertem Weg (keine Nummer) im Föhrenwald eben nach Westen, später hinab zu einer Schulter mit Verzweigung. Links haltend am Rücken des Col de Flam über Lärchenwiesen weiter, schließlich hinab zu einer Kapelle mit großem Kruzifix. Nun die »Col-de-Flam-Promenade« in Kehren nach links (Süden) hinunter, dann auf Asphaltstraße nach rechts (Westen) ins Zentrum von **St. Ulrich** ❻, 1236 m. Rückfahrt per Bus nach **St. Christina**.

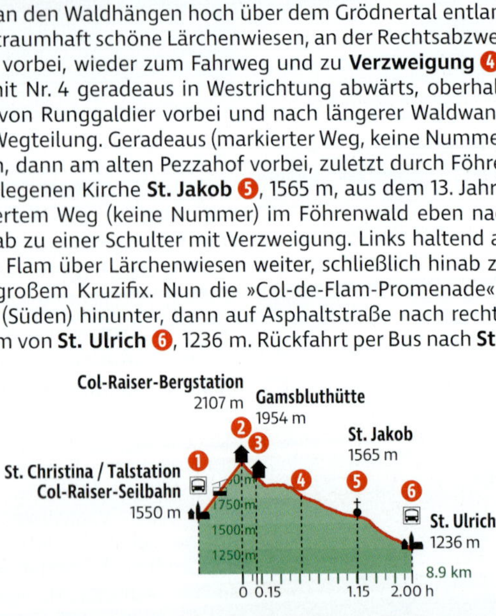

↗ 600 m | ↘ 1150 m | 13.6 km

5.30 h

Cisles-Höhenweg

Spektakuläre Panoramatour unter den Südwänden der Geisler

Er leitet unter den Südabstürzen der Odlen, Fermeden und Geislerspitzen entlang und hat unter den Panoramawegen Grödens bislang noch keinen großen Namen, der Cisles-Höhenweg von der Seceda zur Regensburger Hütte, würdiges Gegenstück zum nordseitigen Munkelweg. Angesichts der im südlichen Gegenüber aufgereihten Trümpfen Sella, Marmolada, Langkofel, Rosengarten, Seiser Alm und Schlern beschert seine Begehung ein unvergessliches Wanderlebnis ohne größere Anstrengung. Unterwegs kommt man an der reizvoll gelegenen Pieralongia Hütte vorbei, die ihren Namen von einem in unmittelbarer Nähe frei aufragenden kühnen Felszacken hat. Wir absolvieren den Höhenweg im Zuge einer Runde von dem per Seilbahn bequem erreichbaren Col Raiser aus.

Ausgangspunkt: Talstation der Col-Raiser-Seilbahn, 1550 m (kostenpflichtiger Parkplatz, Bushalt Linie 358, vom 12. Juni bis 24. Sept. mehrmals täglich), in St. Christina, 1 km nördlich oberhalb des Ortszentrums, am Eingang in das Cislestal. Bergstation, 2104 m, am Gipfel des Col Raiser auf der Cislesalpe. Betrieb: 25./31. Mai bis 2./4. Nov. täglich 8.30–16.30/17.30 Uhr, colraiser.it/de.
Anforderungen: Lange, aber unschwierige Wanderung ohne größere Anstiege. Meist gut markierte Wege.
Einkehr: Almhotel Col Raiser (35 Betten, geöffnet 10./15. Juni bis 10./15. Okt., Tel. +39 0471 796302, +39 0471 797021, colraiser.com), Regensburger Hütte (90 Betten, geöffnet 1. Juni bis 5./10. Okt., Tel. +39 0471 796307, +39 0471 795206, rifugiofirenze.com), Odles-Hütte (keine Übernachtung, bei Seilbahnbetrieb geöffnet, Tel. +39 338 2005571, odles.info), Troier Alm (im Sommer bewirtschaftet, Tel. +39 339 8212373, troier.com), Seceda-Bergrestaurant (bei Seilbahnbetrieb geöffnet), Pieralongia Hütte (Sommerbewirtschaftung, Tel. +39 320 3326321), Baita Sangon (Sommerbewirtschaftung), alle keine Übernachtung.
Varianten: Bei Benutzung des Fermedalifts (Vierersessellift, Talstation, 2033 m, westlich unter dem Col Raiser, von dort auf Fußweg in 20 Min. zu erreichen, Bergstation am Gipfel der Seceda; Betrieb: 25. Juni bis 25. Sept. 9.30–16.30 Uhr) etwa 45 Min. Zeitersparnis. Von der Secedabahn-Bergstation kann der Gipfel der Seceda, 2518 m, auf markiertem Steig unschwierig bestiegen werden. Gesamter Zeitaufwand: 20 Min.

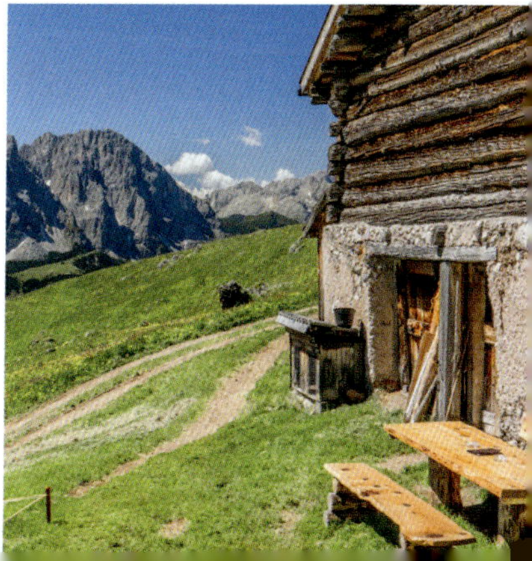

Almeinkehr an der Pieralongia Hütte. Im Hintergrund der Plattkofel.

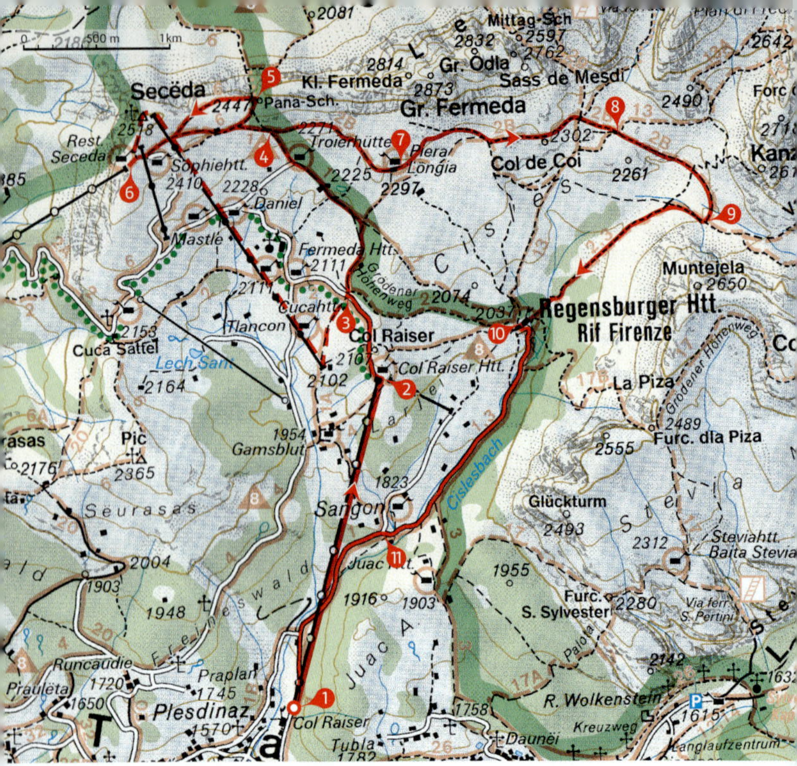

Von der **Col-Raiser-Talstation** in **St. Christina** ❶ Auffahrt zur **Bergstation** ❷, 2104 m. Den Naturfahrweg Nr. 2, oberhalb der Odleshütte vorbei, durch lichten Zirbenbestand nach Norden hinab in einen Sattel mit Weggabelung danach. Links haltend weiter zur nächsten **Verzweigung** ❸. Rechts auf Weg Nr. 1 und 4A durch Wiesen und lichten Baumbestand nach Norden hoch zur nächsten Gabelung. Dort links auf Weg Nr. 1, am malerischen Lago da Iman und der Troier Alm, 2250 m, vorbei, in allgemeiner Nordwestrichtung aufwärts zu breitem **Querweg** ❹. Diesen mit Weg Nr. 1 eben nach links bald zu einer Verzweigung und dort den Serpentinenweg Nr. 6 steil nach rechts (Norden) empor in die **Panascharte** ❺, 2447 m, mit überraschender Aussicht nach Norden zu den Gletschern der Zentralalpen und Tiefblick in das Villnösstal. Ohne die Scharte zu überschreiten, auf Weg Nr. 6 an den südseitigen Wiesenhängen nach links (Westen) zum breiten Hangweg Nr. 1 und diesen in Westrichtung eben fort zur **Secedabahn-Bergstation** ❻, 2500 m, mit prachtvollem Panorama.

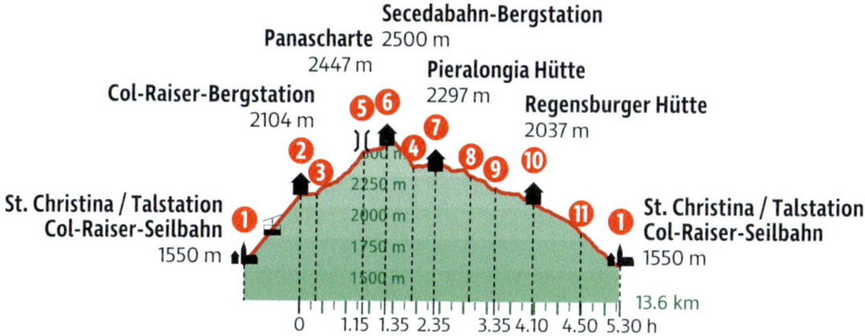

Auf Weg Nr. 1 gegen die Panascharte zurück zur bekannten **Verzweigung** ❹. Geradeaus nun auf Weg Nr. 2B in herrlicher Höhenwanderung an den Grashängen eben oder leicht fallend in eine seichte Wiesenmulde und aus ihr nach rechts empor auf eine Wiesenschulter. Jenseits kurz nach links hinab zur **Pieralongia Hütte** ❼, 2297 m, vor einer zerklüfteten Bergsturzzone mit dem frei aufragenden Zacken der »Pieralonga«. Auf und ab durch die Felsenstadt, danach an den angegrünten Schutthängen weiter zur Rechtsabzweigung von Weg Nr. 13B. Auf Weg Nr. 2B geradeaus über eine begrünte

Inmitten der Bergsturzzone um den Felszacken »Pieralonga« mit Durchblick zum Langkofel.

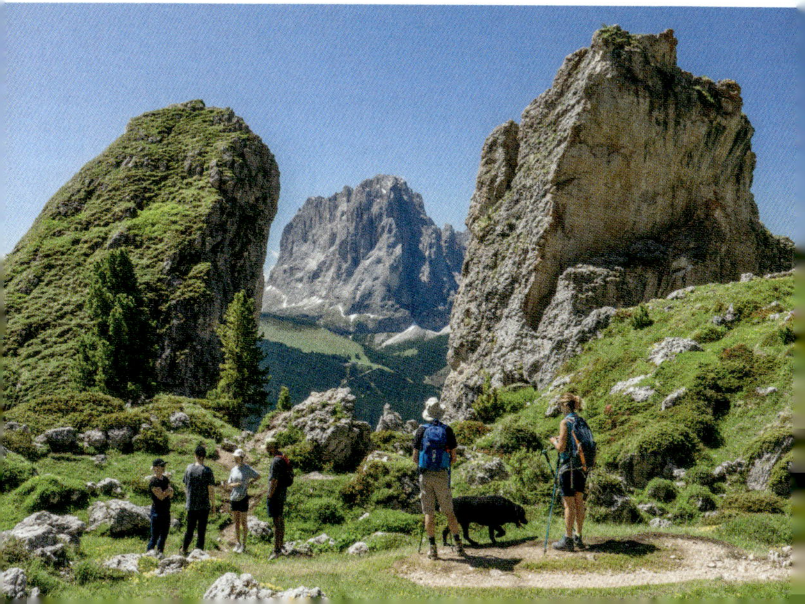

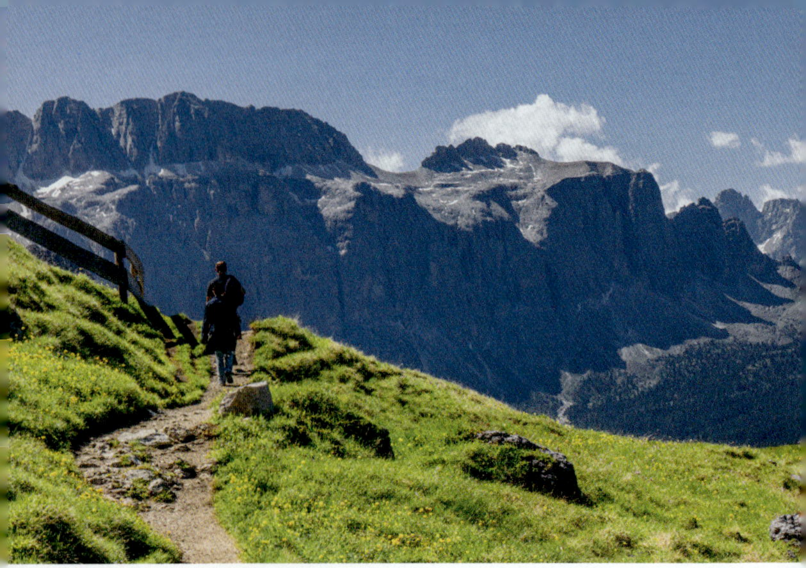

Unterwegs am Cisles-Höhenweg kurz vor Erreichen der Pieralongia Hütte mit Blick zur Sella.

Anhöhe hinweg zu den Wiesenflächen des Pian Ciautier im Auslauf des Wasserrinnentals (Val de la Salieries) und dort zur **Linksabzweigung** ❽ von Weg Nr. 23, gleich danach zu jener (Weg Nr. 13) zur Wasserscharte. Rechts auf Weg Nr. 2B zunächst über Wiesenböden, dann über steile Grashänge in Windungen nach Südosten hinunter zu den Schuttströmen des Wassertals (Val Munt da l'Ega), die traversiert werden. Jenseits nach rechts (Süden) hoch zum Querweg Nr. 2 und 3 im Hochtal **Forces de Sieles** ❾. Diesen durch Latschen, dann über ein großes angegrüntes Schuttfeld nach Südwesten abwärts zu einem Gatter (Überstieg), danach durch lichten Zirbenwald steil hinunter in die Sohle des Cislestals und jenseits an den Hängen bergauf zur **Regensburger Hütte** ❿, 2037 m.

Von der Hütte den Fahrweg Nr. 1 zunächst ost-, dann südwärts hinab in die Talsohle des Cislestals und dort durch Wiesen und Nadelwald in Südwestrichtung abwärts zu einer Verzweigung bei der Lacke **Lech de Ciaulonch** (Beschneiungsteich; Rückblick zur Geislergruppe). Auf dem Fahrweg das Cislestal, an der Abzweigung zur nahen Baita Sangon vorbei, südwestwärts weiter bergab zur **Rechtsabzweigung** ⓫ von Weg Nr. 1A zur Gamsbluthütte. Auch hier geradeaus, bald aber auf Fußweg an der rechten Talseite durch Wald in Südwestrichtung abwärts und wieder nach links hinab in die Talsohle. Dort auf Fahrweg, später auf schmaler Asphaltstraße neben der Col-Raiser-Seilbahn durch Wiesen hinab zur **Col-Raiser-Talstation** in **St. Christina** ❶.

↗ 1110 m | ↘ 1110 m | 19.3 km

6.30 h

Von St. Christina zur Puezhütte

34

Langer hochalpiner Übergang für geübte Bergwanderer

Wer aus dem inneren Grödnertal zur Puezhütte will, hat ab St. Christina die Möglichkeit, über die Regensburger Hütte und die Sielesscharte dorthin zu gelangen. Der lange und etwas beschwerliche Weg mit über 1100 Metern Höhendifferenz kann allerdings nur geübten Bergwanderern empfohlen werden. Beeindruckend ist dabei der Szenenwechsel zwischen den lieblichen Gefilden der Cislesalm und der strengen, hochalpinen Karrenlandschaft des Puez-Plateaus.

Ausgangspunkt: Talstation der Col-Raiser-Seilbahn, 1550 m (kostenpflichtiger Parkplatz), in St. Christina, 1 km nördlich oberhalb des Ortszentrums, am Eingang in das Cislestal. Anreise mit Buslinie 350 (Bozen – St. Christina) und Weiterfahrt mit Buslinie 358 (diese nur vom 12. Juni bis 24. Sept). Bergstation, 2104 m, am Gipfel des Col Raiser auf der Cislesalpe. Betrieb: 25./31. Mai bis 2./4. Nov. täglich 8.30–16.30/17.30 Uhr, colraiser.it/de.
Endpunkt: Wolkenstein, 1563 m. Busverbindung Linie 350 und 358 (im Sommer mehrmals täglich) nach St. Christina.
Anforderungen: Insgesamt lange, anstrengende Wanderung. Einige leichte Felspassagen. Nur für geübte Bergwanderer bei sicherem Wetter!
Einkehr: Regensburger Hütte (90 Betten, geöffnet 1. Juni bis 5./10. Okt., Tel. +39 0471 796307, +39 0471 795206, rifugiofirenze.com), Puezhütte (8 Betten, 52 Lager, geöffnet 15./20. Juni bis 30. Sept./5. Okt., Tel. +39 0471 646427, rifugiopuez.it), Baita Sangon (keine Übernachtung, Sommerbewirtschaftung).
Variante: Man kann die Regensburger Hütte einfacher und rascher durch Auffahrt auf den Col Raiser, 2104 m, und auf bequemem Fußweg in 15 Min. Gehzeit erreichen. Etwa 1 Std. Zeitersparnis.

Von der **Talstation** der Col-Raiser-Seilbahn in **St. Christina** ❶ zunächst auf Asphaltstraße (Weg Nr. 1), dann auf Naturfahrweg das Cislestal entlang des Lifts durch Wiesen nach Norden aufwärts, später auf Fußweg ein Stück an der linken Talseite hoch und nach rechts (Osten) zu einer **Verzweigung** ❷

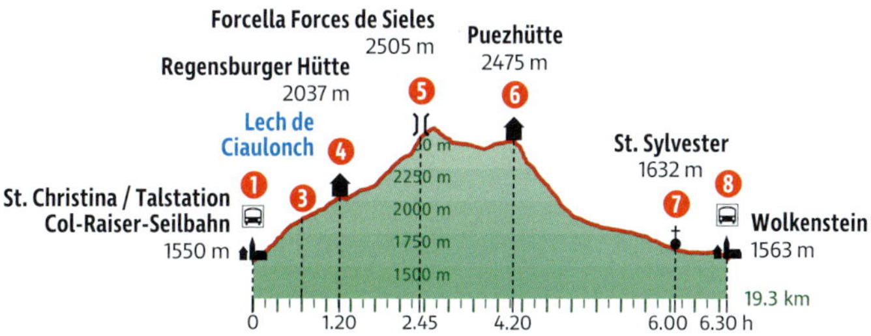

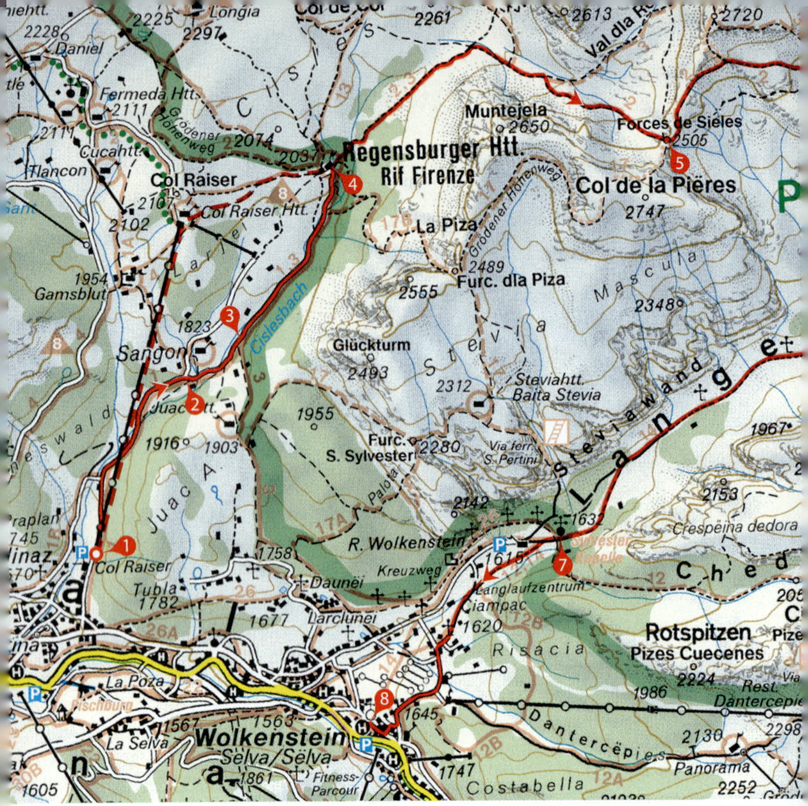

im mittleren Talabschnitt – links Weg Nr. 1A zur Gamsbluthütte. Rechts haltend, an der Linksabzweigung zur Sangonhütte vorbei, durch Wiesen nordostwärts bergauf zur Wegteilung bei der Lacke **Lech de Ciaulonch** ❸ mit imponierendem Aufblick zu den Fermeden (Geislergruppe). Geradeaus den Fahrweg Nr. 1 durch das Cislestal durch Wiesen und Nadelwald in Nordostrichtung weiter aufwärts zur Rechtsabzweigung von Weg Nr. 17B zur La-Piza-Scharte, danach, die Talsohle verlassend, nach links empor zur **Regensburger Hütte** ❹, 2037 m.

Hinter der Hütte den Fußweg Nr. 2 und 3 am Hang entlang nach Nordosten hinab zum Cislesbach und jenseits durch lichten Zirbenwald steil empor zu einem Gatter (Überstieg). Nun in Nordostrichtung über ein großes Schuttfeld, dann durch Latschen aufwärts in das geröllige Hochtal Forces de Sieles und durch dieses nach Osten empor zu einer Verzweigung. Ge-

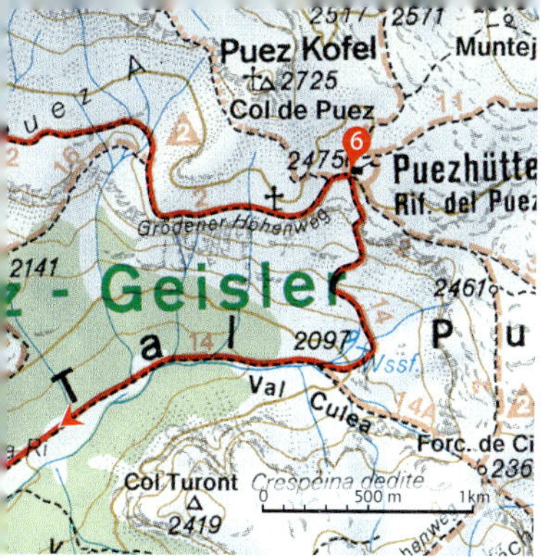

radeaus weiter (Weg Nr. 2), zuletzt in Kehren steil hoch zur **Forcella Forces de Sieles** 5, 2505 m. Einen Felsgrat (Drahtseile) nach links aufwärts, später Querung nach rechts und hinab zur **Puezalm**. Über sie nach Osten, dann im Bogen um den Puezkofel herum zur in einem Dolinenkar gelegenen **Puezhütte** 6, 2475 m. Auf Weg Nr. 14 südwärts in Kehren über steile Hänge gegen das Langental hinab zu weiten Schuttfeldern. Diese nach rechts abwärts in die Talsohle und dort auf breitem Weg durch Wald und Wiesen talaus zur Kapelle **St. Sylvester** 7, 1632 m. Weiter, bald auf einer Straße, in Südwestrichtung nach **Wolkenstein** 8, 1563 m. Rückfahrt mit Bus nach **St. Christina**.

Tiefblick von der Puez-Hochfläche in das Langental, in der Ferne Seiser Alm und Schlern.

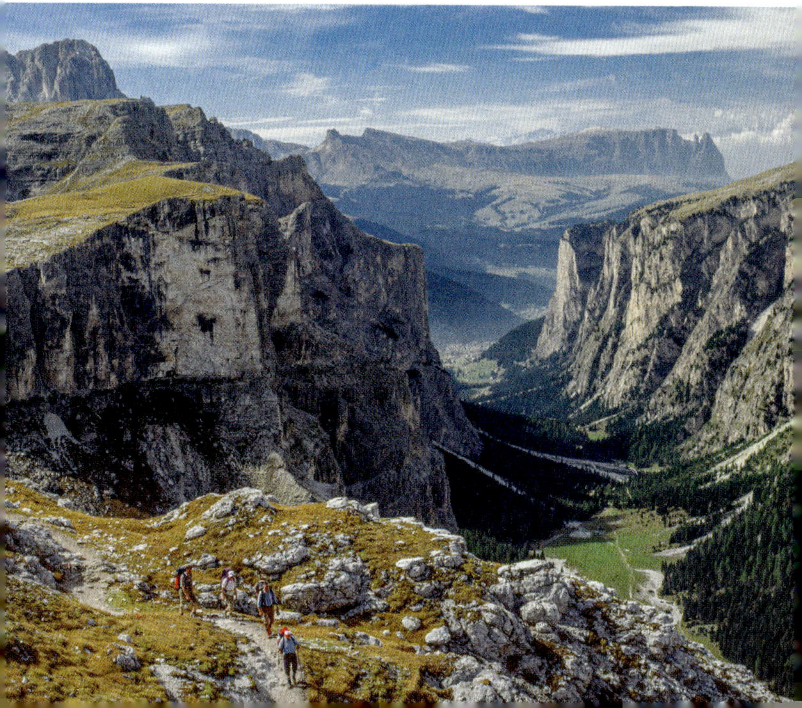

↗ 890 m | ↘ 950 m | 12.0 km

35 Piz Doledes, 2909 m

6.00 h

Schönes Gipfelziel am Rande der Dolomiten-Höhenroute Nr. 2

Sowohl aus der Forcella Roa als auch von der Forcella Forces de Sieles über Steiganlagen zugänglich, ist der Piz Doledes, lad. »Piz Duleda«, im Westen der Puezgruppe ein ziemlich häufig bestiegener Berg. Das ist zum einen dem grandiosen Gipfelpanorama, zum anderen seiner Lage am Rande des beliebten Dolomiten-Höhenwegs Nr. 2 zu danken. Dieser führt über die beiden erwähnten Scharten, von denen seine Besteigung ohne größere zusätzliche Höhenunterschiede möglich ist. Summa summarum: ein Berg für trainierte Geher an wettermäßig besonders begünstigten Tagen.

Ausgangspunkt: Talstation der Col-Raiser-Seilbahn, 1550 m (kostenpflichtiger Parkplatz, Bushalt Linie 358, vom 12. Juni bis 24. Sept. mehrmals täglich), in St. Christina, 1 km nördlich oberhalb des Ortszentrums, am Eingang in das Cislestal. Bergstation, 2104 m, am Gipfel des Col Raiser auf der Cislesalpe. Betrieb: 25./31. Mai bis 2./4. Nov. täglich 8.30–16.30/17.30 Uhr, colraiser.it/de.

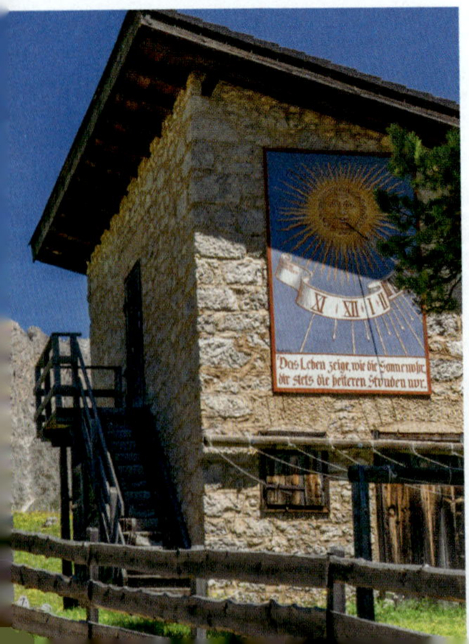

Anforderungen: Trotz markierter Steiganlage anspruchsvolle Tour mit einigen durch Drahtseile und einer Eisenleiter gesicherten Felspassagen. Nur für geübte, ausdauernde Geher bei trockenem nebelfreiem Wetter und schneefreien Verhältnissen.

Einkehr: Almhotel Col Raiser (35 Betten, geöffnet 10./15. Juni bis 10./15. Okt., Tel. +39 0471 796302, +39 0471 797021, colraiser.com), Regensburger Hütte (90 Betten, geöffnet 1. Juni bis 5./10. Okt., Tel. +39 0471 796307, +39 0471 795206, rifugiofirenze.com), Odles-Hütte (keine Übernachtung, bei Seilbahnbetrieb geöffnet, Tel. +39 338 2005571, odles.info).

Variante: Der Gipfel des Piz Doledes kann bei gleichem Zeitaufwand, aber weniger anspruchsvoll, auch über den gesamten Südrücken erreicht werden: Von der erwähnten Verzweigung am Pian della Roa folgt man Weg Nr. 2 ostwärts empor in die Forcella Forces de Sieles, 2505 m. Dort links haltend weiterhin auf Weg Nr. 2 in der Ostseite des Grats aufwärts zu einer Verzweigung. Links auf Weg Nr. 3B empor zur Sella Nivea und auf der Hauptroute weiter zum Gipfel.

Große Sonnenuhr an der Hauswand der Regensburger Hütte.

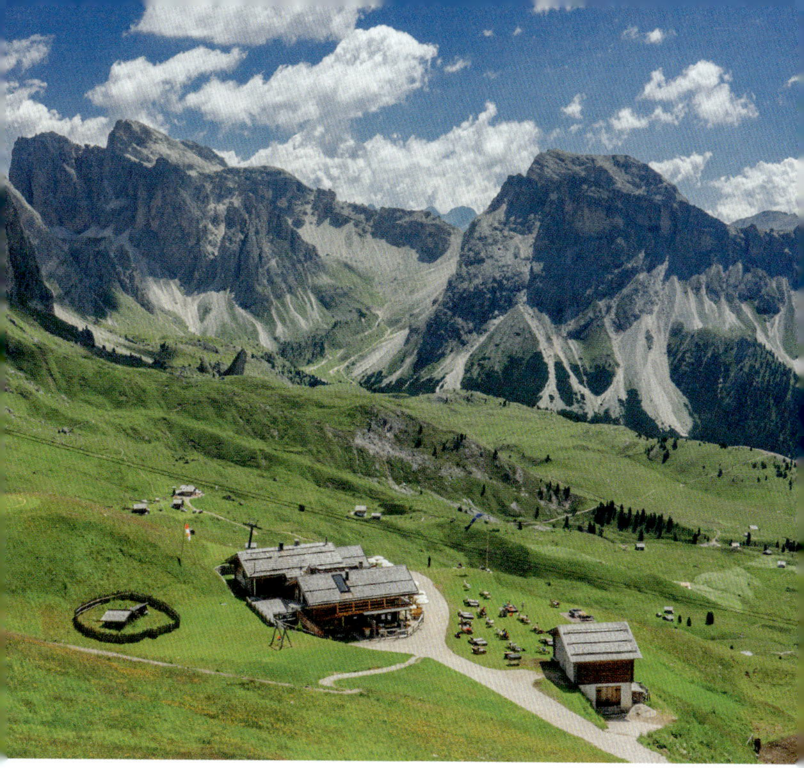

Piz Doledes (links) und Col de la Pieres von Westen, von der Pieralongia Hütte am Cisles-Höhenweg.

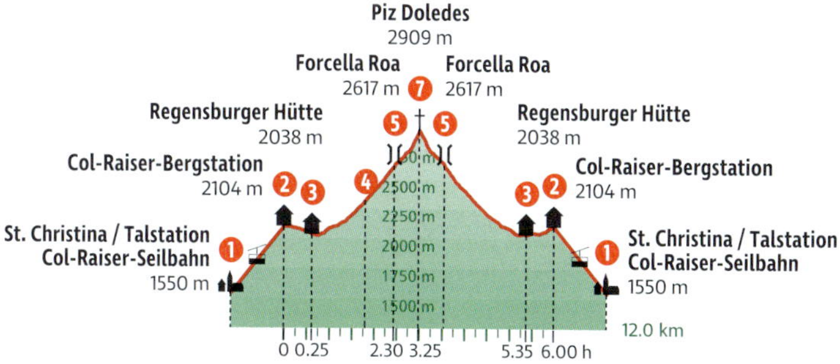

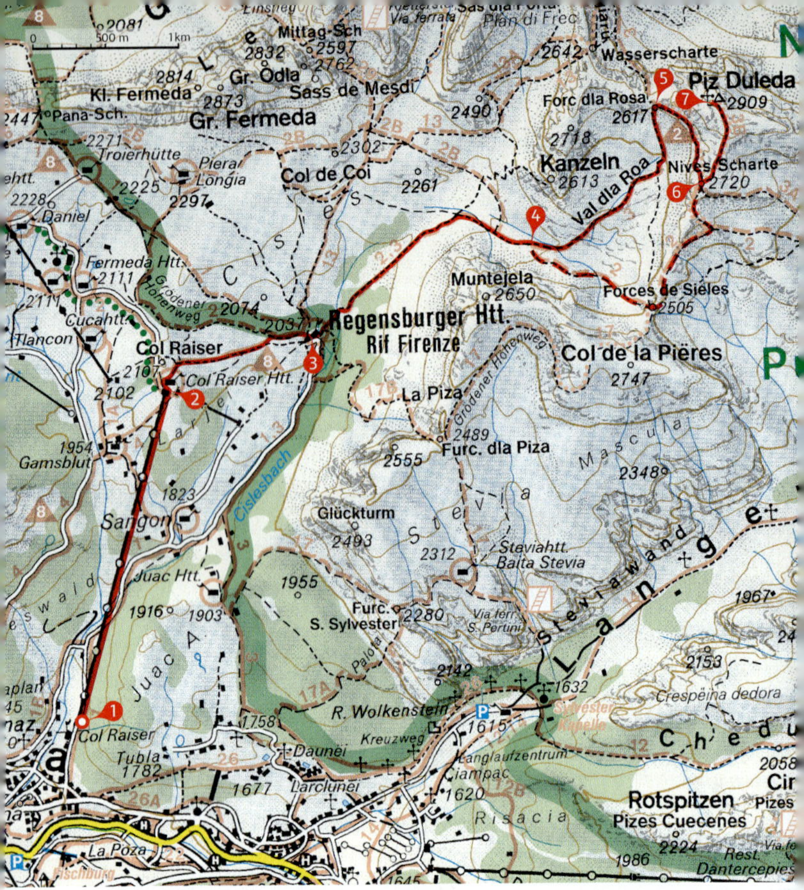

Von der **Talstation** in **St. Christina** ❶ Auffahrt mit der Col-Raiser-Seilbahn zur **Bergstation** ❷. Dort den breiten Weg Nr. 4 vorerst über Wiesen, dann durch lichten Lärchen- und Zirbenwald nach Nordosten abwärts und eben zur **Regensburger Hütte** ❸, 2037 m. Hinter der Hütte den Fußweg Nr. 2 und 3 am Hang entlang nach Nordosten hinab zum **Cislesbach** und jenseits durch lichten Zirbenwald steil empor zu einem Gatter (Überstieg). Nun in Nordostrichtung über ein großes angegrüntes Schuttfeld, dann durch Latschen aufwärts in das geröllige Hochtal Forces de Sieles und durch dieses nach Osten empor zur **Verzweigung** ❹ am **Pian della Roa**. Links auf Weg Nr. 3 durch das Roa-Hochtal (Val della Roa) in Nordostrichtung aufwärts,

zuletzt über einen Schutthang in Kehren empor in die **Forcella Roa** 5, 2617 m, mit überraschendem Blick nach Norden zu den Zillertaler Alpen. Noch bevor man die Scharte erreicht, auf Weg Nr. 3A unterhalb der Wände des Piz Doledes über Schutthänge nach rechts (Südosten) zum Einstieg in die Felsen an der Mündung einer Schlucht (im Frühsommer oft Schneereste). Links der Schlucht auf gesichertem Steig (Drahtseile, weiter oben eine Eisenleiter) nach Osten empor in die **Sella Nivea** 6 (auch »Nives-Scharte« bzw. »Furcel Nives«, 2720 m) am Südrücken des Piz Doledes.
Nun links den teilweise unmarkierten Weg Nr. 3B den breiten Südrücken des Berges über Felsstufen und Geröll empor zum Gipfel des **Piz Doledes** 7, 2909 m. Auf dem Anstiegsweg geht es zurück zur **Talstation** in **St. Christina** 1.

Die Regensburger Hütte von Nordosten, aus dem oberen Cislestal.

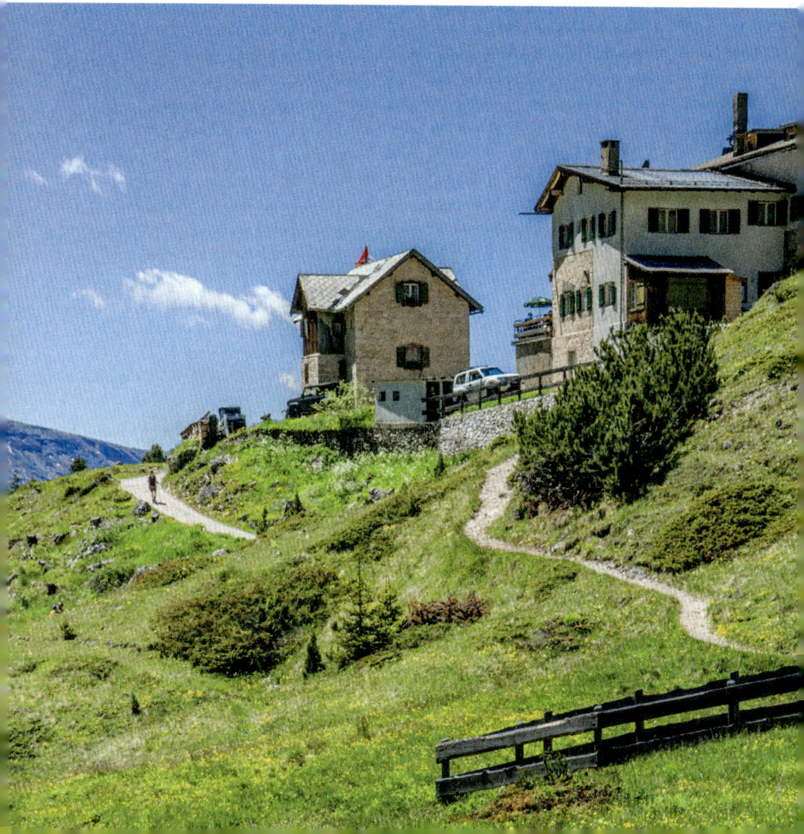

↗ 690 m | ↘ 690 m | 7.7 km

36 Expresssteig und Steviahütte

3.15 h

In eine noch heile Welt des inneren Grödnertals

Im Süden des Monte Stevia steht hart am Abbruchrand zum Langental die Steviahütte. Sie kann von Wolkenstein / Daunèi im Zuge einer Rundtour besucht werden, wobei der 600-Meter-Steilanstieg über den unschwierigen, aber exponierten Expresssteig (»La Palota«) einige Mühen bereitet. Die gemütliche Hüttenatmosphäre, der beeindruckende Überblick über die Grödner Bergwelt und eine hier noch spürbare Distanz zu Trubel und alltäglichem Geschehen machen das anspruchsvolle Unternehmen zu einem unvergesslichen Erlebnis.

Ausgangspunkt: Weiler Daunèi, 1687 m, Parkmöglichkeit, Haltestelle Ortsbus 357 La Selva – Danterceppies – Daunèi 15. Juni bis 15. Sept., ansonsten Fußanstieg von Wolkenstein (dort Bushalt Linie 350 von Brixen / Bozen), 1,5 km, 25 Min. Gehzeit.
Anforderungen: Anstrengende Wanderung, z. T. im steilen Felsgelände. Trittsicherheit und Schwindelfreiheit nötig!
Einkehr: Steviahütte (keine Übernachtung, geöffnet 20./25. Juni bis 15./20. Sept., Tel. +39 347 3053879, stevia.bz.it), Juac-Hütte (20 Betten, geöffnet 1./5. Juni bis 10./15. Okt., Tel. +39 335 8082321, +39 335 7554215, juac.it).
Hinweis: Sehenswert ist eine 40 m südwestlich der Juac-Hütte gelegene überdimensionale Sonnenuhr (schräger Metallzeiger mit goldfarbiger Kugelspitze und Stundensteinen am Wiesenboden).
Variante: Von der Steviahütte auf Weg Nr. 17 über die La-Piza-Scharte auf den aussichtsreichen Monte Stevia, 2555 m. Zusätzlicher Zeitaufwand 1.15 Std.

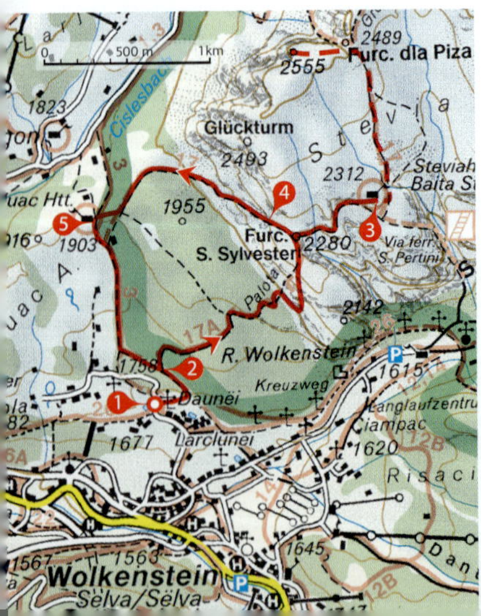

Von **Daunèi** ❶ auf Asphaltstraße 150 m nach Osten aufwärts zu Linkskehre. Geradeaus (Weg Nr. 3), dann im Linksbogen nach Nordwesten hinauf zur Rechtsabzweigung des **Expresssteigs** ❷. Auf diesem (Weg Nr. 17A) durch Wald und über schrofendurchsetzte Steilhänge in Kehren nach Nordosten empor zur grünen **Steviola-Hochfläche**.
Über diese aufwärts, dann rechts um eine Anhöhe herum und auf luftigem Steig in die wilde **Sylvesterschlucht** mit der Linkseinmündung von Weg Nr. 17 aus der St.-Sylvester-Scharte. Diesen, mehrere Steilschluchten (Vorsicht!) querend nach rechts (Osten) aufwärts zur

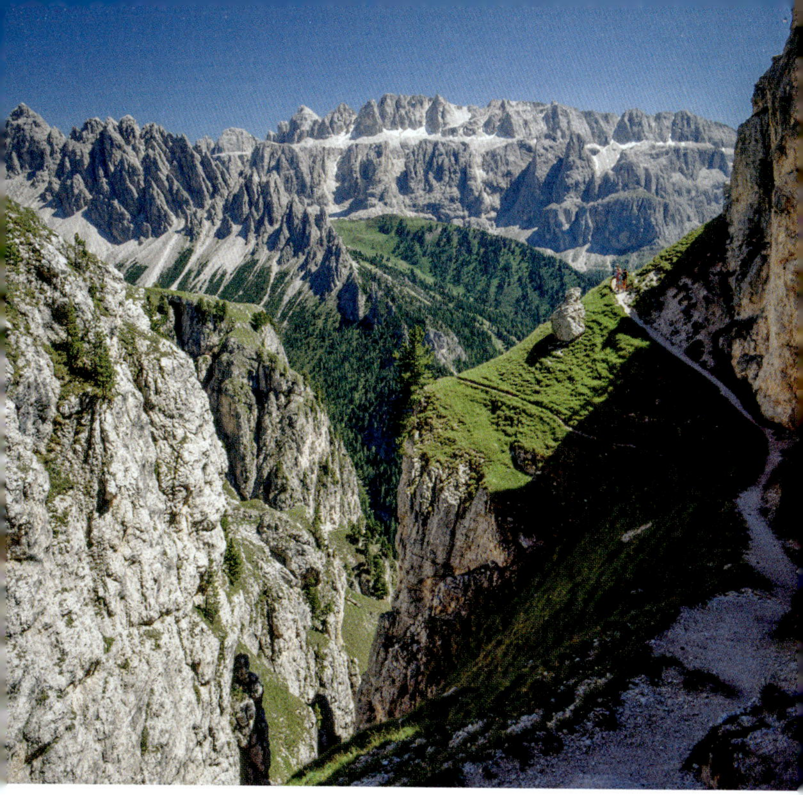

Die Sellagruppe vom Anstieg zur Steviahütte.

Steviahütte ❸, 2312 m. Zurück in die Sylvesterschlucht und durch sie nach Westen hinauf zur **St.-Sylvester-Scharte** ❹, 2280 m. Jenseits im schrofigen Gelände eine Rinne hinunter, dann in Querungen und Kehren nach rechts (Nordwesten) abwärts, schließlich durch Wald nach links (Südwesten) hinab zur **Juac-Hütte** ❺, 1903 m. Auf Weg Nr. 3 über Wiesen, später durch Wald südwärts hinunter zum kleinen Lech da Schutz und weiter zu schönem Wiesenboden. Mehr nach links (Südosten) abwärts zur **Abzweigung des Expresssteigs** ❷ und auf bekanntem Weg zurück nach **Daunèi** ❶.

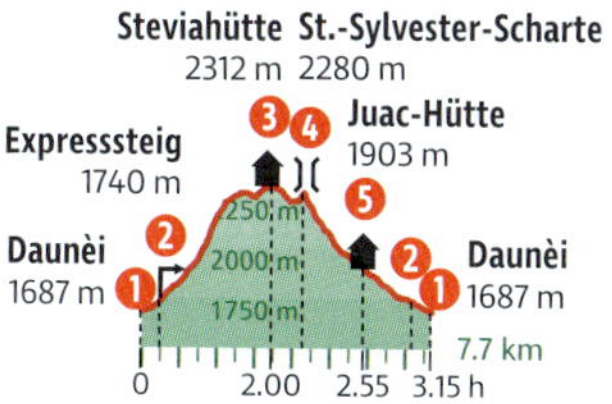

↗ 1360 m | ↘ 1360 m | 18.1 km

37 Monte Stevia, 2555 m, und Col de la Pieres, 2747 m

8.00 h

Stille Panoramagipfel über Cisles- und Langental

In den Bergen Grödens nach Ruhe und Beschaulichkeit Ausschau zu halten, scheint ein müßiges Unterfangen. Und doch gibt es einige minder überlaufene, allein dem Wanderer vorbehaltene Bereiche, nämlich dort, wo Straßenbau und Seilbahnerschließung noch keinen Einzug gehalten haben. So z. B. der kaum beachtete Monte Stevia und der nördlich von ihm aufragende Col de la Pieres im Winkel zwischen Cisles- und Langental. Beide erreichen wir nach Stunden mühsamen Steilanstiegs und werden mit unerwartet schönen Aus- und Rundsichten belohnt.

Die Steviahütte über dem Langental. Im Südosten die wilde Zackenkette der Rotspitzen, dahinter die Sellagruppe.

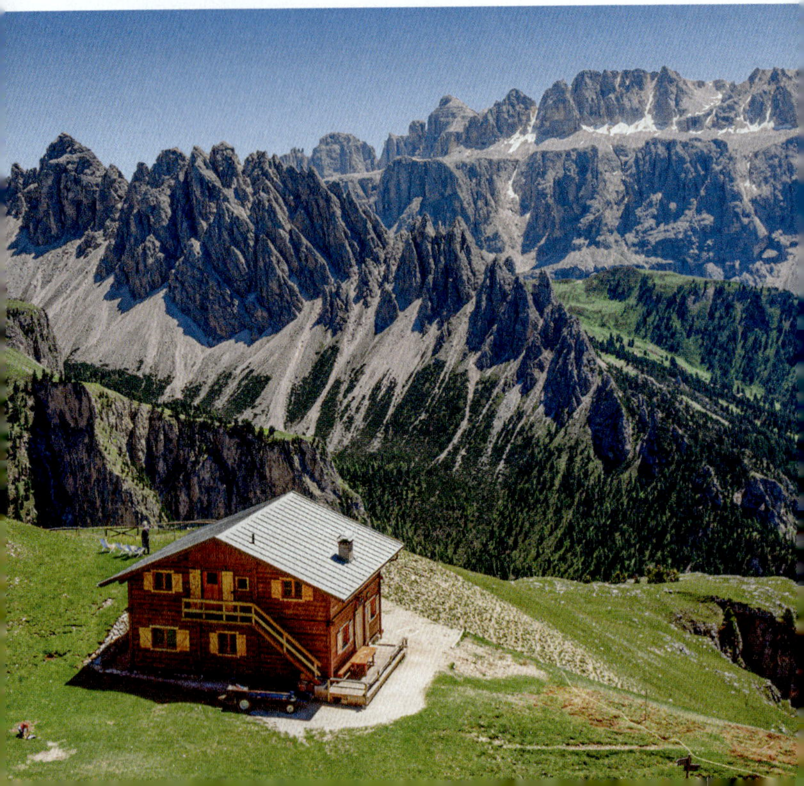

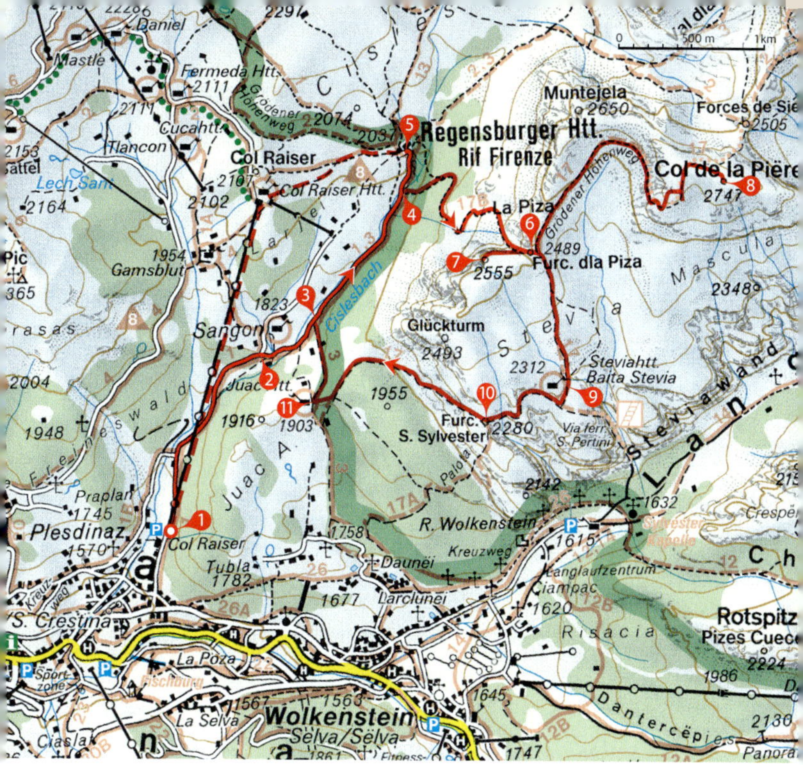

Ausgangspunkt: Talstation der Col-Raiser-Seilbahn, 1550 m (kostenpflichtiger Parkplatz, Bushalt Linie 358, vom 12. Juni bis 24. Sept. mehrmals täglich), in St. Christina, 1 km nördlich oberhalb des Ortszentrums, am Eingang in das Cislestal.

Anforderungen: Sehr lange und anstrengende Tour mit beachtlicher Anstiegshöhe und schweißtreibendem Steilanstieg. Trittsicherheit, Schwindelfreiheit und Ausdauer nötig!

Einkehr: Regensburger Hütte (90 Betten, geöffnet 1. Juni bis 5./10. Okt., Tel. +39 0471 796307, +39 0471 795206, rifugio-firenze.com), Steviahütte (keine Übernachtung, geöffnet 20./25. Juni bis 15./20. Sept., Tel. +39 347 3053879, stevia.bz.it), Juac-Hütte (20 Betten, geöffnet 1./5. Juni bis 10./15. Okt., Tel. +39 335 8082321, +39 335 7554215, juac.it), Baita Sangon (keine Übernachtung, Sommerbewirtschaftung).

Hinweis: Sehenswert ist eine 40 m südwestlich der Juac-Hütte gelegene überdimensionale Sonnenuhr (schräger Metallzeiger mit goldfarbiger Kugelspitze und Stundensteinen am Wiesenboden).

Variante: Man kann die Regensburger Hütte einfacher und rascher durch Auffahrt mit der Seilbahn auf den Col Raiser, 2104 m, und auf bequemem Fußweg in 15 Min. Gehzeit erreichen. Etwa 1 Std. Zeitersparnis.

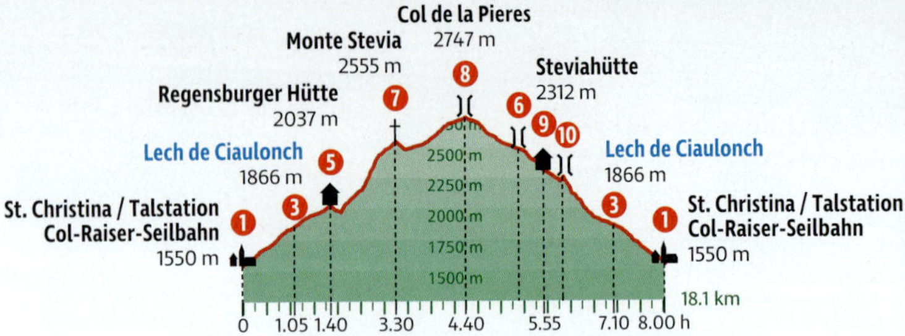

Vom Parkplatz an der **Col-Raiser-Talstation** in **St. Christina** ❶ die Asphaltstraße (Weg Nr. 1) entlang der Seilbahn durch das wiesenreiche Cislestal aufwärts, später auf Naturfahrweg zu **Verzweigung** ❷ (links Weg Nr. 1A zur Gamsbluthütte) knapp unterhalb der Sangonhütte. Rechts den Fahrweg Nr. 1 durch Wiesen nun in Nordostrichtung bergauf zur Wegteilung bei der Lacke **Lech de Ciaulonch** ❸ (Beschneiungsteich) mit imponierendem Aufblick zu den Fermeden (Geislergruppe). Geradeaus auf Fahrweg durch Wiesen und Nadelwald weiter bergauf und an der **Rechtsabzweigung** ❹ von Weg Nr. 17B zur La-Piza-Scharte vorbei, schließlich, die Talsohle verlassend, nach links hoch zur **Regensburger Hütte** ❺, 2037 m. Zurück zur **Abzweigung** ❹ von Weg Nr. 17B. Auf diesem durch Zirbenwald und Latschen, später über Grashänge in Kehren nach Südosten empor in eine steile Blockrinne. Durch sie, rechts am Felsturm La Piza vorbei, mühsam hinauf zur **La-Piza-Scharte** ❻, 2489 m, und auf Steigspuren durch Wiesen nach rechts (Westen) empor zum Gipfel des **Monte Stevia** ❼, 2555 m. Zurück in die **La-Piza-Scharte** ❻. Dort links auf Weg Nr. 17, an Grashängen entlang, nach Norden aufwärts, danach, einen weiten Geröllkessel im Rechtsbogen ausgehend, in die felsige Westflanke des Col de la Pieres hinein. Über ein Felsband (Sicherungen) schräg nach rechts hoch und die steile Flanke (Holztreppen, Drahtseile) in Windungen und Kehren empor auf die Gipfelhochfläche (rechts zu dem auf einem Felsvorsprung stehenden Gipfelkreuz, 2729 m). Über Schutt nach links (Norden) hoch zum quer verlaufenden Gipfelkamm und diesen rechts haltend zum höchsten Punkt des **Col de la Pieres** ❽, 2747 m. Zurück in die **La-Piza-Scharte** ❻. Geradeaus den Weg Nr. 17 an begrünten Hängen in Südwestrichtung abwärts, später einen breiten Rücken nach Südosten hinunter zur **Steviahütte** ❾, 2312 m. Auf Steig (Weg Nr. 17) westwärts an Grashängen abwärts, dann, mehrere Steilschluchten querend, in die wilde Sylvesterschlucht. Durch diese (Linksabzweigung von Weg Nr. 17A) steil nach Westen hinauf zur **St.-Sylvester-Scharte** ❿. Jenseits eine Rinne hinunter, dann in Kehren nach rechts abwärts, schließlich nach links hinab zur **Juac-Hütte** ⓫, 1903 m. Nun auf Weg Nr. 3 nach rechts (Norden) hinunter zur Lacke **Lech de Ciaulonch** ❸ und auf bekanntem Weg zurück nach **St. Christina** ❶.

↗ 490 m | ↘ 1140 m | 14.7 km

5.30 h

Puez-Plateau-Überschreitung 38

Große Rundwanderung mit Abstieg durch das Langental

Das wie von einer Zyklopenfaust in das Massiv der Puezgruppe eingehauene Langental gehört zu den Schaustücken Grödens. Unsere Wanderung führt über das dolinenreiche Puez-Plateau und im weiten Bogen um den Canyon herum, schließlich durch das grandiose Tal selbst hinaus zur idyllisch gelegenen Sylvesterkapelle und weiter nach Wolkenstein. Wer da nicht beeindruckt ist von all den landschaftlichen Reizen, den können die Wunder der Natur kaum noch beglücken!

Rückblick vom Crespeinajoch in das Chedultal, darüber Cirjoch und Cirspitzen mit dem Langkofel dahinter.

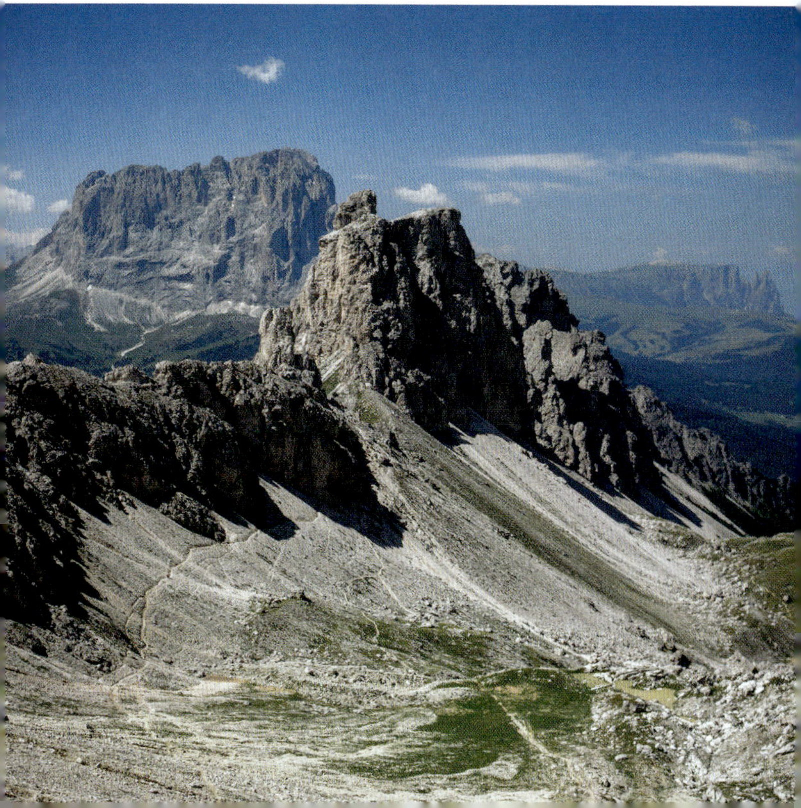

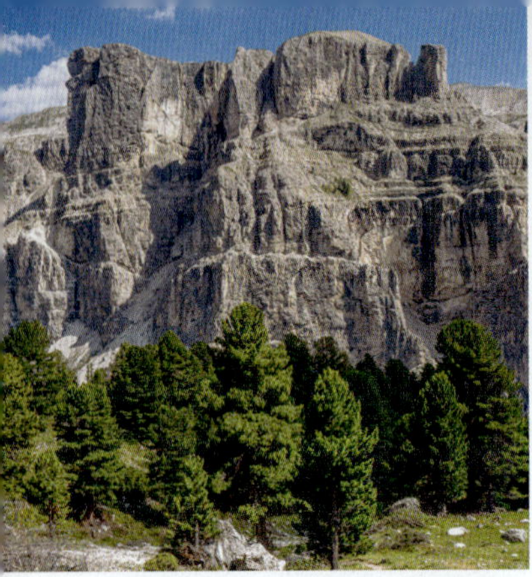

Die großartigen Wände und Felsbastionen des Col Turont (südliche Puezgruppe) aus dem Langental.

Ausgangspunkt: Talstation der Dantercepies-Gondelbahn, 1645 m (Parkplatz), im östlichen Ortsbereich von Wolkenstein (dort Bushalt der Linien 350 Brixen / Bozen – Waidbruck – Wolkenstein sowie von Ortsbus 357 La Selva – Danterceppies – Daunèi vom 15. Juni bis 15. Sept.). Bergstation, 2298 m, nördlich über dem Grödner Joch. Betrieb: 10./15. Juni bis 5./10. Okt. täglich 8.30–17 Uhr, dantercepies.it.
Anforderungen: Unschwierige, aber lange Tour. Nur bei sicherem Wetter!
Einkehr: Dantercepies Mountain Lounge (keine Übernachtung, bei Gondelbahnbetrieb geöffnet), Jimmyhütte (keine Übernachtung, geöffnet 25. Juni bis letzten So. im Sept., kein Ruhetag, Tel. +39 0471 836776, +39 333 4332262, jimmyhuette.com), Puezhütte (8 Betten, 52 Lager, geöffnet 15./20. Juni bis 30. Sept./5. Okt., Tel. +39 0471 646427, rifugiopuez.it).

Von der **Talstation** in **Wolkenstein** ❶ mit der Dantercepies-Gondelbahn hinauf zur **Bergstation** ❷. Von dort auf einer Straße kurz nach Osten, dann auf Weg Nr. 12A geradeaus weiter zur **Jimmyhütte** ❸, 2222 m. Auf Weg Nr. 2 im schrofigen Gelände steil nach Nordosten aufwärts, später zwischen Felsblöcken hindurch und über Schutt zum **Cirjoch** ❹, 2469 m. Erst geht es hinab gegen das geröllige Chedultal, dann steil nach rechts (Osten) empor zum **Crespeinajoch** ❺, 2528 m. Jenseits auf Weg Nr. 2 hinunter zu einem Wiesenboden (links unterhalb liegt der **Crespeinasee**), später die Crespeina-Hochfläche auf und ab nach Nordosten zum **Ciampaijoch** ❻, 2366 m. Auf Weg Nr. 2 eine Felsrinne hinauf zur nördlichen Puez-Hochfläche und diese vorerst nach Norden, dann Richtung Nordwesten sanft aufwärts zur **Puezhütte** ❼, 2475 m. Auf Weg Nr. 2 um den Puezkofel herum zu **Verzweigung** ❽ vor dem Erreichen der Puezalm. Links ab und auf Weg Nr. 16 über Wiesen nach Südwesten, dann über Schutt in steilen Kehren südwärts hinab, schließlich eine grüne Mulde nach links (Südosten) hinunter zum Steilabfall gegen das Langental. An der rechten Talseite in langer Querung

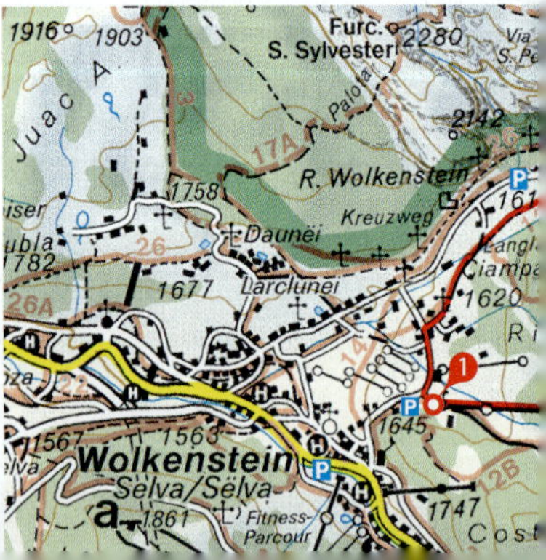

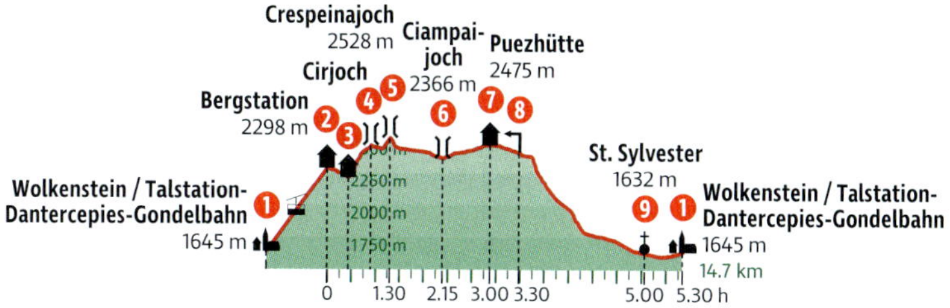

abwärts in die von hohen Wänden flankierte Talsohle und dort auf Fahrweg (Nr. 14) talaus zur Kapelle **St. Sylvester** ❾, 1632 m. Weiter auf Wiesenweg zu einer Asphaltstraße und auf ihr nach **Wolkenstein** ❶. Hier südwärts hinauf zur Talstation der Dantercepies-Gondelbahn.

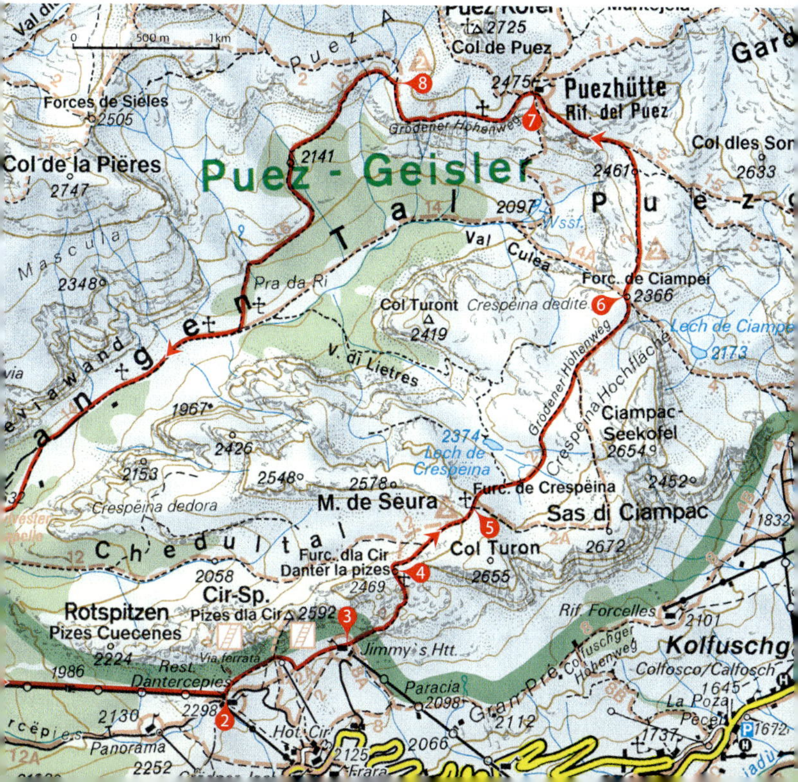

39 Langkofelhütte und Confinboden

2.45 h

Eine Pflichttour für Dolomiten-Enthusiasten

Eine dolomitische, ja fast eine alpine Berühmtheit ist der Confinboden am Nordwestfuß des monumentalen Langkofelstockes. Dass diese große Waldwiese am Rande der Seiser Alm noch nicht erschlossen und »verhüttelt« wurde, mag Gottes Segen oder dem Weitblick lokaler Funktionäre zu danken sein. Wer vom Monte de Seura angesichts gewaltiger Wände zu der im engen Rund des Langkofelkars gelegenen Hütte ansteigt und anschließend den Rückweg über den Confinboden nimmt, hat mehr gesehen als manch einer anderswo auf tagelangen Streifzügen.

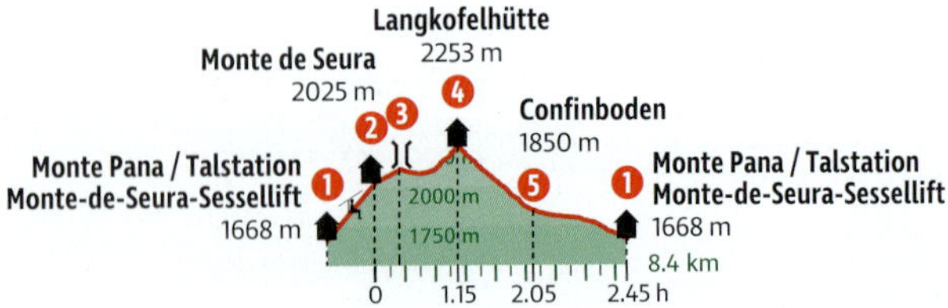

Am Confinboden, darüber Fünffinger- und Langkofelkarspitze.

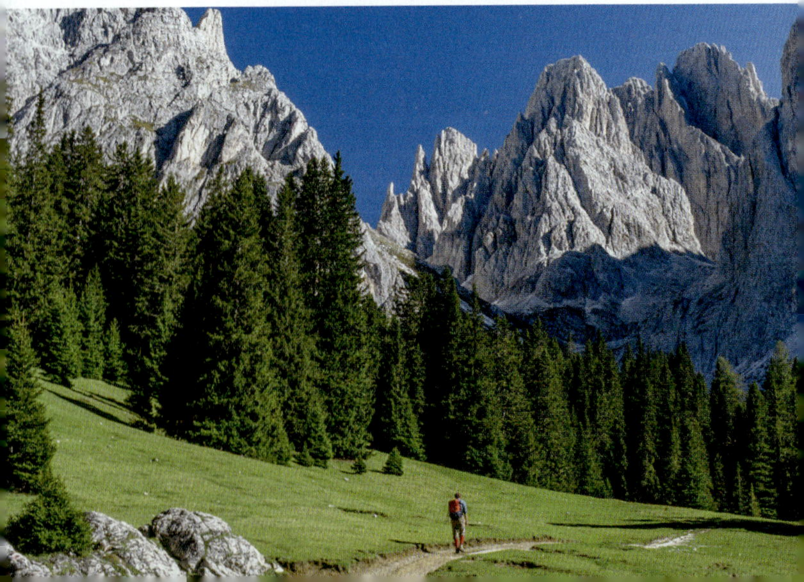

Ausgangspunkt: Talstation des Monte-de-Seura-Lift (Vierersessellift), 1668 m, etwas oberhalb der 2,5 km südlich über St. Christina gelegenen Hotelsiedlung Monte Pana, 1636 m (Parkplatz, im Sommer keine Busverbindung, von St. Christina ca. 45 Min. zu Fuß). Bergstation am Monte de Seura, 2025 m. Betrieb: 1./5. Juni bis 15./20. Okt. täglich 8.30–17/17.30 Uhr, valgardena.it/de/sommerurlaub-dolomiten/lifte-groeden.
Anforderungen: Leichte Rundwanderung auf gut markierten, im Sommer z. T. rege frequentierten Wegen.
Einkehr: Monte-Seura-Alm (keine Übernachtung, bei Liftbetrieb geöffnet), Langkofelhütte (69 Betten, geöffnet 15./20. Juni bis 1./5. Okt., Tel. +39 0471 792323, +39 335 6279567, rifugiovicenza.com).
Variante: Die Tour lässt sich auch umgekehrt als Anstiegsrunde und Talfahrt mit dem Monte-de-Seura-Lift absolvieren, wobei man den grandiosen Langkofelwänden um Confinboden und Langkofelkar entgegenwandert. Gehzeit 3.15 Std.

Von der **Talstation** am **Monte Pana** ❶ mit dem Monte-de-Seura-Lift hinauf zum **Monte de Seura** ❷. Von dort auf Weg Nr. 526B einen Wiesenrücken, später eine Mulde nach Südwesten aufwärts zum **Sattel** ❸, 2113 m, zwischen **Piz Ciaulonch** und Langkofel. Kurz nach Süden hinauf zum Weg Nr. 526. Diesen direkt unter den Langkofelwänden im felsigen Gelände nach rechts abwärts, später, an begrünten Schutthängen entlang, nach Süden zur Mündung des Langkofelkars. Links ab und auf dem Querweg Nr. 525 (»Santnerweg«) das steile Langkofelkar über Geröll nach Südosten bergauf, zuletzt im Rechtsbogen empor zur **Langkofelhütte** ❹, 2253 m. Auf Weg Nr. 525 wieder das Langkofelkar hinunter, dann, an der Linksabzweigung von Weg Nr. 527 vorbei, das Langkofelkar und die folgenden Schutthänge z. T. in Kehren nach Nordwesten abwärts, zuletzt im lichten Wald zur herrlichen Wiese des **Confinbodens** ❺, 1850 m. Über die Wiese eben nach Norden und durch Wald zu einer Forststraße. Auf dieser (Weg Nr. 30) geradeaus, dann in Windungen nordostwärts hinab nach **Monte Pana** ❶, 1668 m.

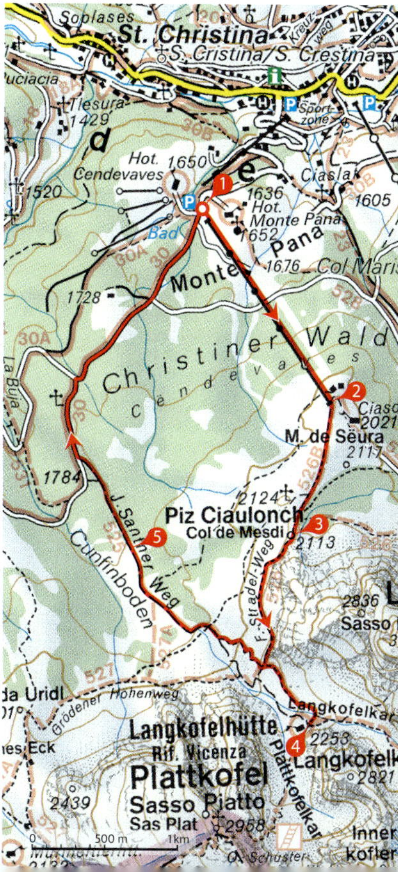

↗ 1090 m | ↘ 1450 m | 14.4 km

40 Plattkofel, 2958 m: Oskar-Schuster-Steig

7.30 h

Rassiger Steilanstieg auf einen Aussichtsberg von Format

Der Oskar-Schuster-Steig am Plattkofel gehört weniger schwierigkeitsmäßig als landschaftlich zu den interessantesten »Vie ferrate« im Umkreis des Grödnertals. Man durchklettert die Ostwand des Berges an sicher befestigten Drahtseilen und hat zuweilen viel Luft unter den Füßen. Doch gibt es keine wirklich heikle Passage, alles ist auf Anhieb zu schaffen, sodass man sich unterwegs der atemberaubenden Aussicht auf die Felsrecken der Langkofelgruppe voll widmen kann.

Ausgangspunkt: Talstation des Monte-de-Seura-Lifts (Vierersessellift), 1668 m, etwas oberhalb der 2,5 km südlich über St. Christina gelegenen Hotelsiedlung Monte Pana, 1636 m (Parkplatz, im Sommer keine Busverbindung, von St. Christina ca. 45 Min. zu Fuß). Bergstation am Monte de Seura, 2025 m. Betrieb vom 1./5. Juni bis 15./20. Okt. täglich 8.30–17/17.30 Uhr, valgardena.it/de/sommerurlaub-dolomiten/lifte-groeden.
Anforderungen: Anspruchsvolle Tour für trittfeste Geher mit Klettersteig-Erfahrung. Begehung nur mit Klettersteig-Set und Steinschlaghelm! Freie Kletterstellen im Schwierigkeitsgrad I. Nur bei sicherem Wetter!
Einkehr: Monte-Seura-Alm (keine Übernachtung, bei Liftbetrieb geöffnet), Langkofelhütte (69 Betten, geöffnet 15./20. Juni bis 15./20. Okt., Tel. +39 0471 792323, +39 335 6279567, rifugiovicenza.com), Plattkofelhütte (30 Betten, 30 Lager, geöffnet 25./31. Mai bis 15./20. Okt., Tel. +39 0462 601721, +39 334 9569626, plattkofel.com).
Hinweis: Man kann im Abstieg auch mit dem Monte-de-Seura-Lift (etwas Zeitgewinn, aber weniger schön) talwärts fahren.

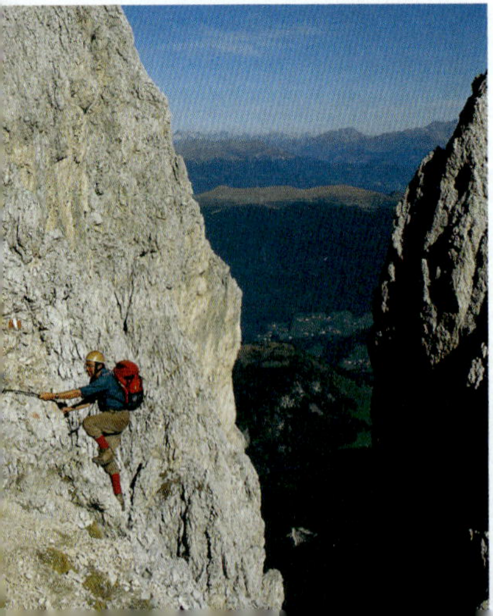

Von der **Talstation** am **Monte Pana** ❶ mit dem Monte-de-Seura-Lift hinauf zum **Monte de Seura** ❷. Von dort auf Weg Nr. 526B einen Wiesenrücken, später eine Mulde nach Südwesten aufwärts zum **Sattel** ❸, 2113 m, zwischen **Piz Ciaulonch** und Langkofel. Kurz nach Süden hinauf zum Weg Nr. 526. Diesen direkt unter den Langkofel-Wänden im felsigen Gelände nach rechts abwärts, später, an begrünten Schutthängen entlang, nach

Unterwegs im Mittelteil des Oskar-Schuster-Steigs, Ausblick nach Norden über den Raschötzkamm hinweg zu den Zentralalpen.

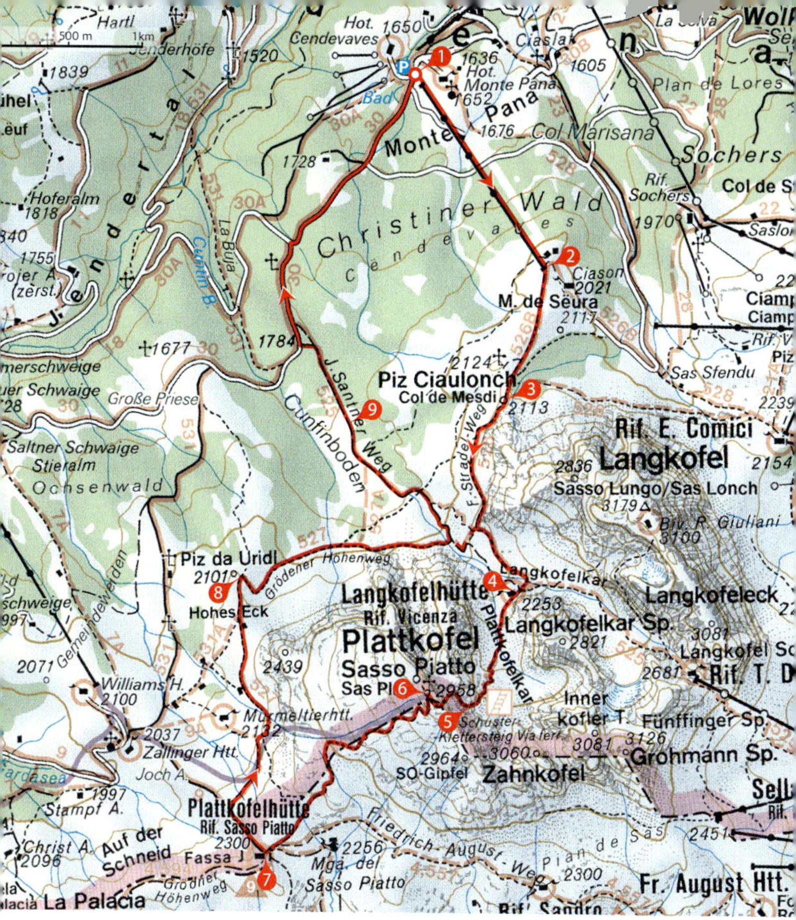

Süden zur Mündung des Langkofelkars. Links ab und auf dem Querweg Nr. 525 (»Santnerweg«) das steile Langkofelkar über Geröll nach Südosten bergauf, zuletzt im Rechtsbogen empor zur **Langkofelhütte** ❹, 2253 m. Von der Hütte auf dem »**Oskar-Schuster-Steig**« (keine Nummer) anfangs unter den Wänden der Langkofelkarspitze, dann an der linken Seite des **Plattkofelkars** über Schutt und Blockwerk in Kehren nach Südwesten aufwärts, später quer über das Kar nach rechts und über einen Schuttkegel (oft Hartfirn) zum **Einstieg in die Felsen** ❺, 2570 m, an der Mündung einer Schlucht. Durch die Schlucht in leichter Kletterei (I) nach rechts empor in eine Scharte und jenseits in die nächste Schlucht. Nicht durch sie, sondern die gegliederte Felsrinne links davon in anregender Kletterei (I) hinauf in eine Scharte (oft Altschnee) mit Tiefblick zum Confinboden. Oberhalb einer Geröllterrasse durch Kamine im Auf und Ab nach links, dann ausgesetzte Querung einer senkrechten Wand (Drahtseil) und durch eine Rinne hoch. Über eine steile Wand (Drahtseil) 20 m empor und nach links in die lange Ausstiegsrinne. Durch sie ohne besondere Schwierigkeit hinauf zu einer Scharte im Gipfelgrat und nach rechts zum Mittelgipfel des **Plattkofels** 6, 2958 m, mit Kruzifix und umfassender Rundsicht.

Auf markiertem Steig (keine Nummer) die steile Westflanke über Schrofen in Kehren abwärts, später weniger steil über Geröll nach Südwesten hinunter, wobei eine Rinne traversiert wird. Hinab in eine Mulde am Bergfuß, dann über einen Wiesenrücken zur **Plattkofelhütte** 7, 2300 m, am **Fassajoch**.

Auf dem Fahrweg Nr. 9 nordwestwärts hinunter zur Rechtsabzweigung von Weg Nr. 527. Diesen, an den Gras- und Schutthängen zu Fü-

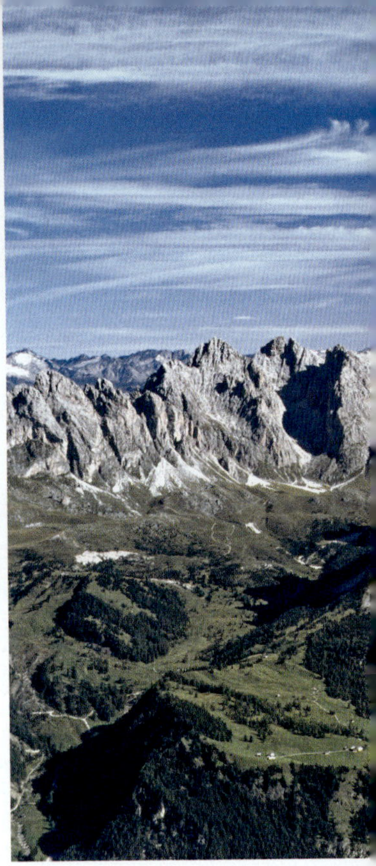

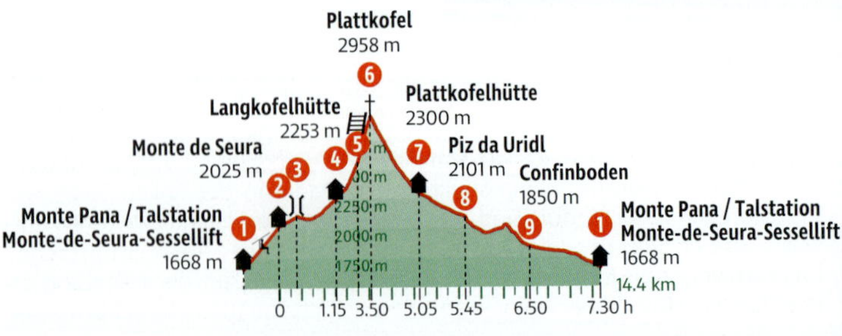

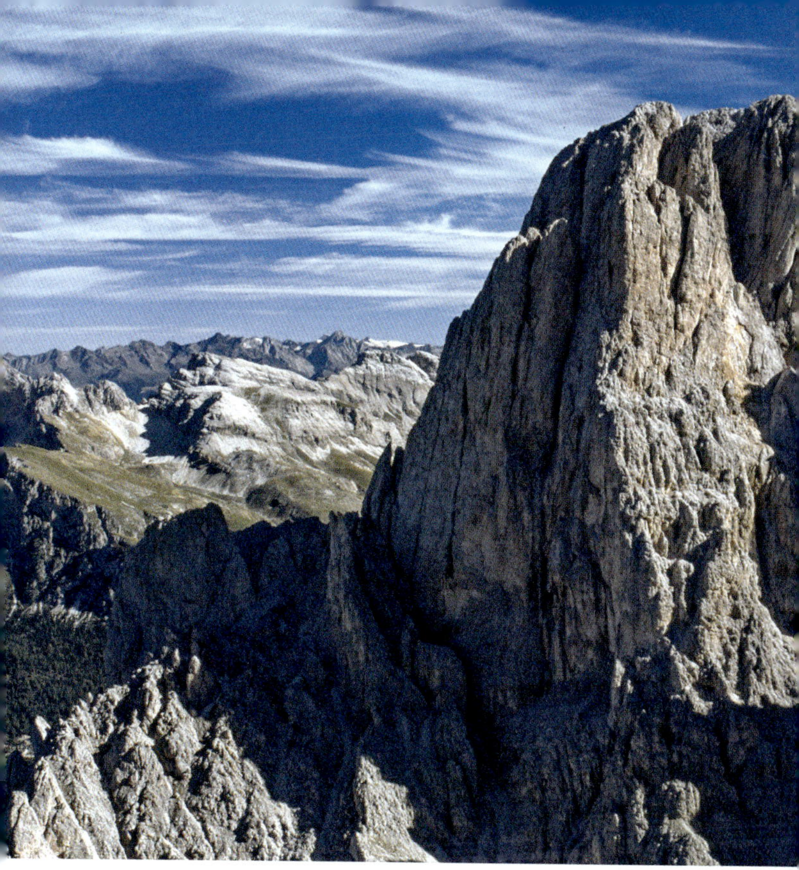

Am Gipfel des Plattkofels. Im Nordosten Geisler- und Puezgruppe mit dem nahen Langkofel rechts davor.

ßen des Plattkofels entlang, nach Norden sanft abwärts, zuletzt durch eine Blockzone zur Grasschulter des **Piz da Uridl** 8, 2101 m, der auch als »**Hohes Eck**« bekannt ist. Über Wiesen und durch lichten Zirbenbestand nach Osten abwärts. Dann Querung unter den Plattkofel-Nordwänden, schließlich über Geröll hinauf zur Mündung des **Langkofelkars**. Den Querweg Nr. 525 über Schutthänge in Kehren nach links (Nordwesten) hinunter zum herrlichen **Confinboden** 9, 1850 m. Über ihn eben nach Norden, dann durch Wald zu einer Forststraße. Auf ihr (Weg Nr. 30) geradeaus, dann in Windungen nordostwärts hinab nach **Monte Pana** 1.

TOP

41

Seiser-Alm-Rundweg

↗ 430 m | ↘ 430 m | 10.7 km

3.15 h

Wiesenteppiche und Blumeninseln auf Europas größter Almhochfläche

Wer im Grödnertal seine Zelte aufgeschlagen hat, dem bringt die Gondelbahn von St. Ulrich auf den Monte Seuc an den Nordrand der Seiser Alm, in eine Wiesenregion ungeahnter Schönheit, in ein Wanderparadies für Jung und Alt, für jeden Geschmack. Hier lassen sich im Schatten majestätischer Dolomitenstöcke ausgedehnte Streifzüge unternehmen, wobei es immer wieder Neues zu schauen, zu entdecken gibt. Wohl dem, der für solch anspruchslose Unternehmungen noch Zeit und Muße hat! Mit ein paar guten Schuhen, Rucksack und Fotoapparat ausgerüstet, kann er da die Erfüllung seiner Träume, sein Paradies finden. Der nachstehend beschriebene Seiser-Alm-Rundweg versteht sich als Halbtagsbummel für Genießer und kontemplativ veranlagte Naturen.

Ausgangspunkt: Talstation der Seilbahn St. Ulrich – Seiser Alm, 1236 m (Parkplatz, Bushalt Linie 350 Brixen / Bozen – St. Ulrich – Wolkenstein) in St. Ulrich südlich der Umfahrungsstraße. Bergstation beim Bergrestaurant Monte Seuc, 2005 m, östlich des Pitzberges, am Nordrand der Seiser Alm. Betrieb: 15./20. Mai bis 1./5. Nov. tägl. 8 – 18 Uhr, Okt. / Nov. bis 17 Uhr, valgardena.it.
Anforderungen: Einfache Wanderung auf gut markierten Wegen. Viel begangen!

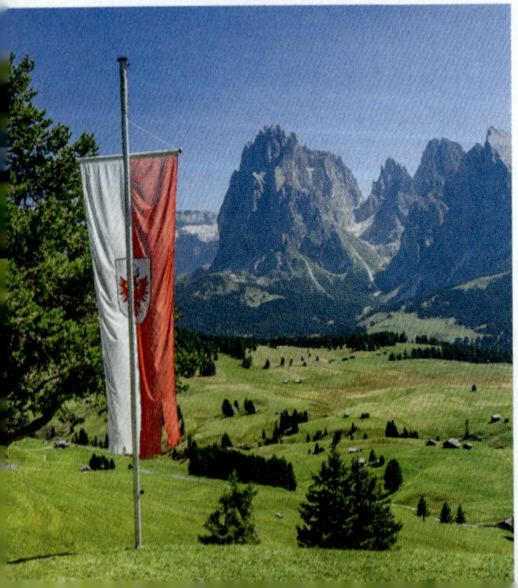

Einkehr: Bergrestaurant Monte Seuc (keine Übernachtung, während der Betriebszeiten der Seilbahn geöffnet), Schgaguler Schwaige (keine Übernachtung, geöffnet 15. Juni bis 15. Okt., Tel. +39 0471 727005, schgagulerschwaige.com), Sporthotel Sonne (geöffnet 15. Juni bis 10./15. Okt., Tel. +39 0471 727000, sporthotelsonne.com), Hotel-Restaurant Ritsch-Schwaige (im Nov. geschlossen, Tel. +39 0471 727910, ritsch-schwaige.com), Vitalpina Hotel Icaro (ganzj. geöffnet, Tel. +39 0471 729900, hotelicaro.com), Contrin Schwaige (keine Übernachtung, geöffnet 25. Mai bis 2. Nov., Spezialität »Kniakiachln«: Bauernkrapfen mit Preiselbeeren, Tel. +39 339 5223054, malgacontrin.it) Auf Saltria mehrere Hotels (saltria.com, floralpina.com, hotel-brunelle.com, hoteltirler.com), ferner Radauer Schwaige (keine Übernachtung, geöffnet 1. Juni bis 31. Okt., Tel. +39 338 7639193, +39 0471 700002, radauerhof.com), Saltner Schwaige (Übernachtung im Heustadel, geöffnet 15. Juni bis 15. Okt., Tel. +39 0471 727804, saltner.eu).

Blick von der Contrin Schwaige über die Seiser-Alm-Hochfläche hinweg zur Langkofelgruppe.

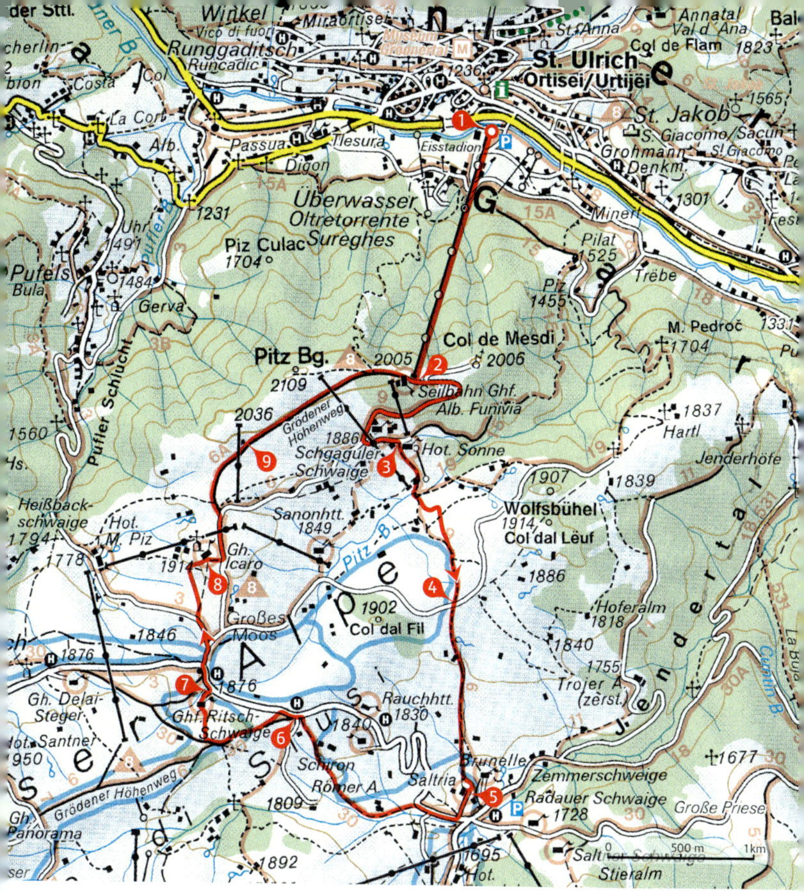
St. Ulrich
Ortisei/Urtijëi
Runggaditsch
Runcadic
Winkel
Vico di fuori
Miraortise
Museum Gröden
Annatal
Val d' Ana
Col de Flam
1823
St. Anna
1236
St. Jakob
S. Giacomo/Sacun
1565
Grohmann Denkm.
1301
Eisstadion
Tlesura
Passua
Digon
La Cort
Costa
Col
Überwasser
Oltretorrente
Sureghes
Piz Culac
1704
1231
Uhr
1491
Pufler B.
Pufels
Bula
1484
Gerva
Pufler Schlucht
Pilat
1525
Minert
Trèbe
Piz
1455
M. Pedroč
1704
Col de Mesdi
2006
Pitz Bg.
2005
2109
Seilbahn Ghf.
Alb. Funivia
Grödener Höhenweg
2036
1886
Schgaguler Schwaige
Hot. Sonne
1837
Hartl
Jenderhöfe
1839
1907
Wolfsbühel
1914
Col dal Lëuf
1560
Heißbackschwaige
1794
Hot. M. Piz
1778
1914
Gh. Icaro
Sanonhtt.
1849
Pitz B.
1886
Großes Moos
1902
Col dal Fil
Hoferalm
1818
1840
1846
1876
1876
1755
Trojer A. (zerst.)
Gh. Delai-Steger
Ghf. Ritsch-Schwaige
Rauchhtt.
1830
1840
Hot. Santner
1950
Schiron
Römer A.
Saltria
Brunelle
Zemmerschweige
Radauer Schwaige
1728
1677
Große Priese
Grödener Höhenweg
Gh. Panorama
1809
1892
1695
Hot.
Saltner Schwaige
Stieralm
Cunfin B.
La Buja
0
500 m
1 km
1
2
3
4
5
6
7
8
9

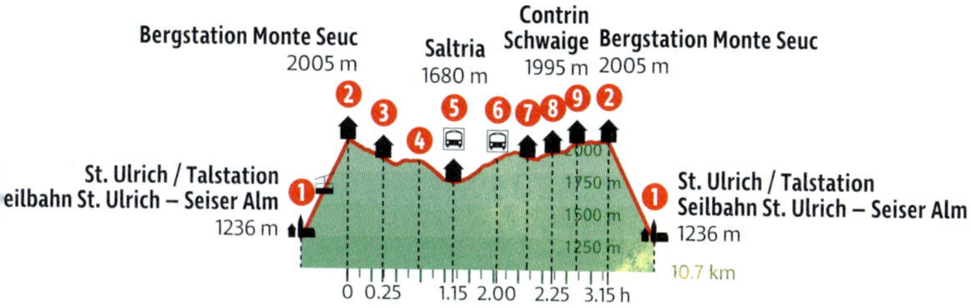
Bergstation Monte Seuc
2005 m
Saltria
1680 m
Contrin Schwaige
1995 m
Bergstation Monte Seuc
2005 m
St. Ulrich / Talstation Seilbahn St. Ulrich – Seiser Alm
1236 m
St. Ulrich / Talstation Seilbahn St. Ulrich – Seiser Alm
1236 m
2000 m
1750 m
1500 m
1250 m
10.7 km
0
0.25
1.15
2.00
2.25
3.15 h

Von **St. Ulrich** ❶ mit der Seilbahn St. Ulrich – Seiser Alm hinauf zur **Bergstation** ❷ mit dem Bergrestaurant Monte Seuc. Auf Naturstraße (Weg Nr. 9) durch Wald und über Wiesen in weit ausholender Rechtskehre nach Süden hinab zur Seiser-Alm-Hochfläche und dort zur **Schgaguler Schwaige**. Hier auf Asphaltstraße kurz nach Süden, dann nach Links (Osten) hinab zum **Sporthotel Sonne** ❸, 1857 m, mit Talstation der Seggiovia Al Sole. Den Wiesenweg Nr. 9 nach Süden hinab zum Pitzbach (Holzbrücke). Jenseits empor auf eine Grashochfläche und dort, am Moorbiotop »Col dal Fil« vorbei, sanft aufwärts in den **Wiesensattel** ❹, 1847 m, zwischen Wolfsbühl und »Col dal Fil« mit querender Schotterstraße. Jenseits (Weg Nr. 9) durch Wiesen rechts einer Waldzeile gegen das Jendertal (Süden) hinunter in die weite **Saltria-Senke** ❺, 1680 m, am Ostrand der Seiser-Alm-Hochfläche mit Hotelsiedlung und Almbus-Haltestelle (Linie 11) Kompatsch – Saltria.
Die Seiser-Alm-Straße 500 m nach Westen aufwärts zu einer Rechtskurve. Links ab und anfangs auf schottrigem Fahrweg, dann auf Fußweg in schöner Wanderung (Langkofelblick) durch gemuldete Wiesen mit lichtem Baumbestand in Windungen nach Westen hoch, später auf abgezäuntem Wiesenweg in Nordrichtung wieder zur Seiser-Alm-Straße, die am Verzweigungspunkt und Almbus-Haltestelle »**Wiedner Egg**« ❻, 1862 m, erreicht

Auf dem Seiser-Alm-Rundweg unterwegs zwischen Saltria und Wiedner Egg. Blick zur Langkofelgruppe.

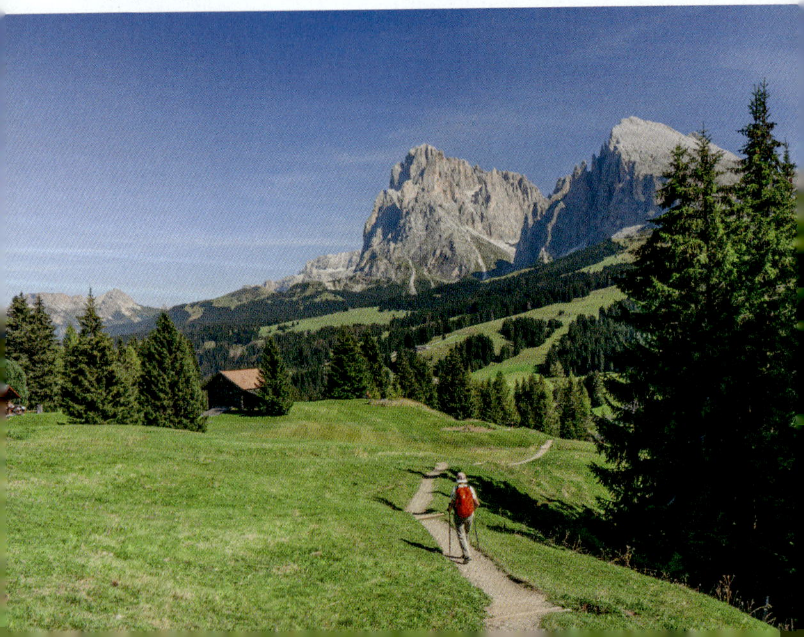

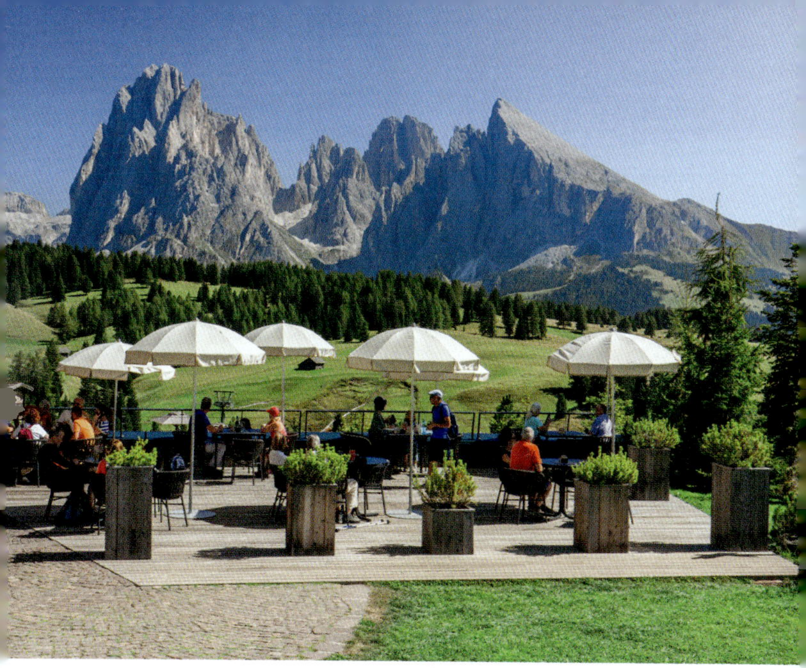

Beschauliche Rast mit Langkofelblick an der Gartenterrasse von Sporthotel Sonne.

wird. Halb links auf Fußweg Nr. 30 (»Hans-und-Paula-Steger-Weg«) durch lichten Lärchenbestand (Langkofelblick!) südwestwärts bergauf auf Anhöhe, danach rechts ab und auf Weg Nr. 6 nach Norden hinunter zum **Hotel-Restaurant Ritsch-Schwaige** 7, 1876 m, nahe der Seiser-Alm-Straße (Almbus-Haltestelle »Ritsch«). Entlang der Asphaltstraße (Fußgängerweg links daneben) 200 m nach Nordwesten zu Verzweigung. Kurz nach rechts (Norden) zu einer Gabelung. Links die Asphaltstraße mit Weg Nr. 3 Richtung Pufels nach 100 m zur Rechtsabzweigung eines Wiesenwegs. Diesen in gerader Nordrichtung empor zum **Vitalpina Hotel Icaro** 8, 1914 m. Nach rechts (Osten) wieder zur Asphaltstraße und auf ihr nordwärts zur Linksabzweigung von Fußweg Nr. 6A. Auf diesem den Wiesenhang »Cherta« steil nach Nordosten empor zu einer Verzweigung und kurz nach links (Westen) zur **Contrin Schwaige** 9, 1995 m, von der man die gesamte Seiser Alm wie von einer Balkonloge überschaut.
Wieder hinab zum Hauptweg Nr. 6A und auf diesem in einmalig schöner Landschaft an den südseitigen Wiesenhängen des Pitzbergs entlang nach Nordosten aufwärts, zuletzt durch Wald leicht bergab zur **Bergstation** 2 und mit der Seilbahn hinab ins Tal nach **St. Ulrich** 1.

↗ 740 m | ↘ 740 m | 11.6 km

42 Um den Sass da Ciampac

4.30 h

Gegenüber den Riesenwänden der Sella

Diese Wanderung am südlichen Rand der Puezgruppe konfrontiert zuerst mit den öden Karrenflächen dieses Bezirks und präsentiert später, am Kolfuschger Höhenweg, den schaurig-großartigen Nordabsturz der Sellagruppe.

Ausgangspunkt: Grödner Joch, 2121 m (begrenzter Parkraum!), zwischen Puez- und Sellagruppe. Auffahrt mit Bus (Linie 473 Gadertal – Gröden vom 15. Juni bis 15. Okt.) oder Pkw, 10 km von Wolkenstein im inneren Grödnertal, 7 km von Kolfuschg im oberen Gadertal (Hochabtei).
Anforderungen: Einfache, aber lange Wanderung. Nur für ausdauernde Geher.
Einkehr: Am Grödner Joch: Hotel Cir (geöffnet 1. Juli bis 1. Septemberwochenende; Übernachtung nur nach Voranmeldung, Tel. +39 0471 795127, hotelcir.com), Rifugio Alpino Frara (38 Betten, 25 Lager; geöffnet 15. Mai bis 31. Okt., Tel. +39 0471 795225, rifugiofrara.it). Baita Rifugio Forcelles (keine Übernachtung, Sommerbewirtschaftung, Tel. +39 333 9393995, utiaforcelles.it), Jimmyhütte (keine Übernachtung, geöffnet 25. Juni bis letzten So. im Sept., kein Ruhetag, Tel. +39 0471 836776, +39 333 4332262, jimmyhuette.com), Edelweißhütte (keine Übernachtung, geöffnet 1./5. Juni bis 30. Sept., kein Ruhetag, Tel. +39 0471 836024, +39 0471 830332, rifugioedelweiss.it).

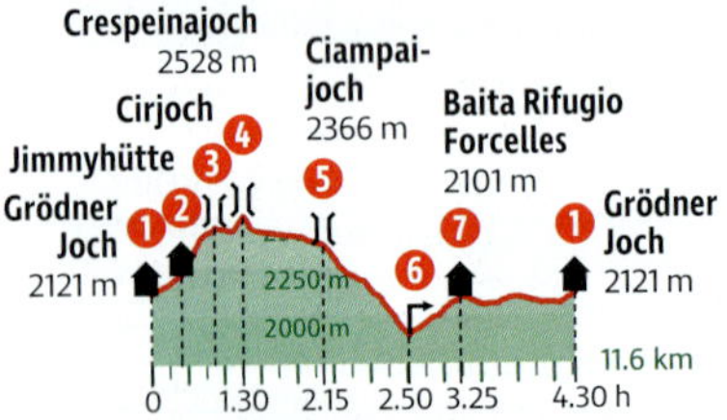

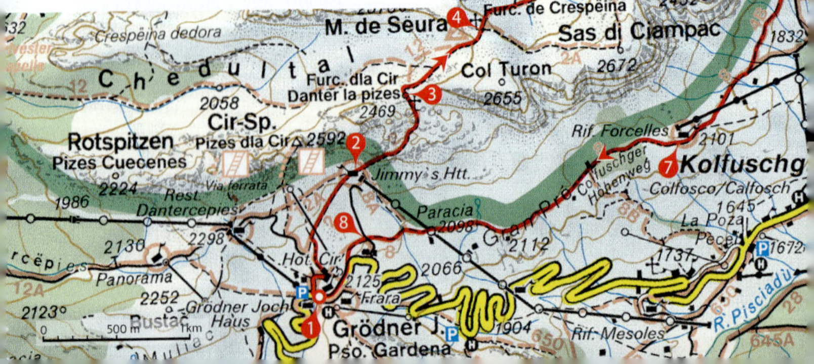

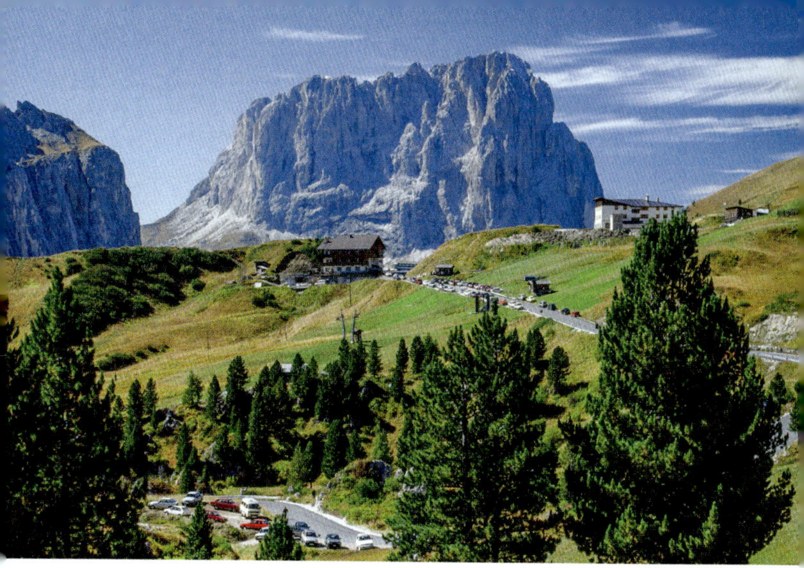

Blick von der Ciralm über das Grödner Joch hinweg zum Langkofelstock.

Vom **Grödner Joch** ❶ auf Straße in Kehren nach Norden hoch, dann auf Weg Nr. 2 über Wiesen nach rechts (Nordosten) empor zur **Jimmyhütte** ❷, 2222 m. Auf Weg Nr. 2 im schrofigen Gelände steil nach Nordosten hinauf, später zwischen Felsblöcken hindurch und über Schutt zum **Cirjoch** ❸, 2469 m. Erst hinab gegen das geröllige Chedultal, dann steil nach rechts (Osten) empor zum **Crespeinajoch** ❹, 2528 m. Jenseits auf Weg Nr. 2 hinunter zu einem Wiesenboden (links unterhalb der **Crespeinasee**), später die Crespeina-Hochfläche auf und ab nach Nordosten zum **Ciampaijoch** ❺, 2366 m. Auf Weg Nr. 4, am Ciampaisee, 2173 m, vorbei, südostwärts gegen das Edelweißtal hinunter zur Linksabzweigung von Weg Nr. 5 und 7. Geradeaus weiter zu einem Bildstock und zur **Verzweigung** ❻ danach (noch oberhalb der Edelweißhütte). Rechts den Weg Nr. 4B in Kehren steil nach Süden hinab zur Bergstation eines Schlepplifts (Beginn einer Straße, Infotafeln). Dort rechts (Weg Nr. 4B) an den Hängen durch Latschen auf und ab nach Südwesten, später auf einem Fahrweg (Nr. 8) am Rande einer Skitrasse steil empor zur **Baita Rifugio Forcelles** ❼, 2101 m, nahe der Bergstation eines Sessellifts.

Kurz aufwärts zu einer Wiesenschulter (Ende des Fahrwegs). Auf dem markierten »**Kolfuschger Höhenweg**« (Weg Nr. 8) die Hangtrasse zu Füßen des Sass da Ciampac durch Wiesen und Zirbenbestände nach Südwesten sanft aufwärts, zuletzt eben zur **Ciralm** ❽, 2064 m, und nach links zur Passstraße. Auf ihr 150 m hinauf zum **Grödner Joch** ❶.

↗ 560 m | ↘ 560 m | 5.9 km

43 Pisciadùhütte, 2587 m

2.30 h

Ein »Adlerhorst« am Sella-Ringband

Die imposante Sella-Festung erlaubt nur an wenigen Stellen einfache Durchstiege aus dem Tal zur Höhe. Im Bereich der Nordseite sind es das grandiose Val de Mesdi und die schaurig-düstere Kluft des Val Setus. Vom Grödner Joch her betritt man sie nach langer Hangquerung und ist sogleich betroffen von der bedrückenden Enge dieses wilden Felsspalts. Befreiend fürwahr, wenn schlussendlich das seengeschmückte Sella-Ringband mit der jüngst erweiterten Pisciadùhütte erreicht ist. Gemütliche Hüttenatmosphäre und wunderbare Ausblicke sind der Lohn für den zugegebenermaßen anstrengenden Steilanstieg.

Ausgangspunkt: Grödner Joch, 2121 m (nur begrenzter Parkraum!), zwischen Puez- und Sellagruppe. Auffahrt mit Bus (Linie 473 Gadertal – Gröden vom 15. Juni bis 15. Okt.) oder Pkw, 10 km von Wolkenstein im inneren Grödnertal, 7 km von Kolfuschg im oberen Gadertal (Hochabtei).
Anforderungen: Anstrengender Steilanstieg. Trittsicherheit, Schwindelfreiheit und etwas Erfahrung im felsigen Gelände erforderlich. Vorsicht ist an Altschneeresten im Frühsommer sowie bei Vereisung der Felsen geboten!
Einkehr: Am Grödner Joch: Hotel Cir (geöffnet 1. Juli bis 1. Septemberwochenende; Übernachtung nur nach Voranmeldung, Tel. +39 0471 795127, hotelcir.com), Rifugio Alpino Frara (38 Betten, 25 Lager, geöffnet 15. Mai bis 31. Okt., Tel. +39 0471 795225, rifugiofrara.it), Pisciadùhütte (100 Betten, geöffnet 1. Juli bis 25./30. Sept., Tel. +39 0471 836292, +39 335 6096141, rifugiopisciadu.it).

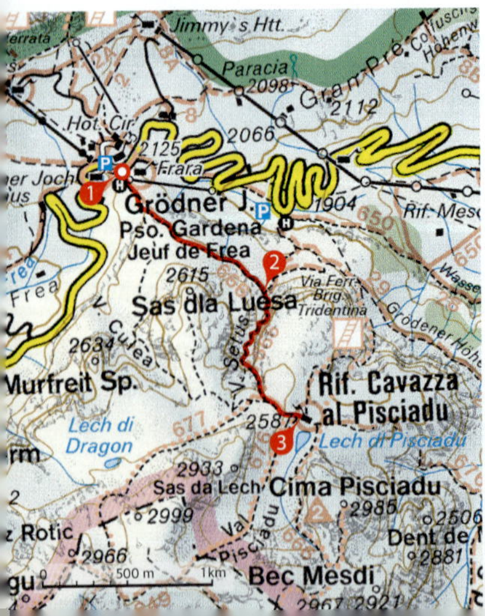

Vom **Grödner Joch** ❶ auf Weg Nr. 666 durch begrüntes Gelände südwärts gegen den Sass dla Luesa hinauf, dann unter seinen Nordwänden über Geröll eben nach links (Südosten) zur Mündung des großartigen **Val Setus**. **Linksabzweigung** ❷ des Zugangs zur Via ferrata Brigata Tridentina. Nicht diesen Abzweig wählend, sondern das Hoch-

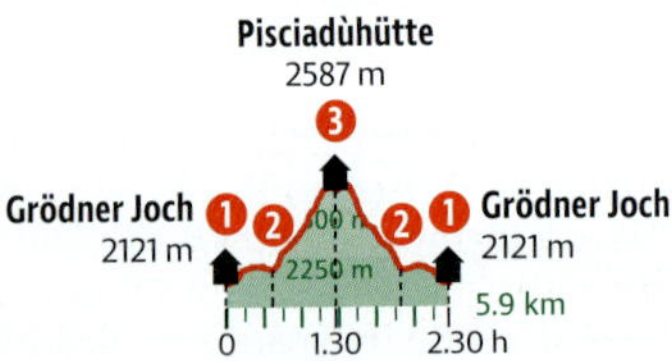

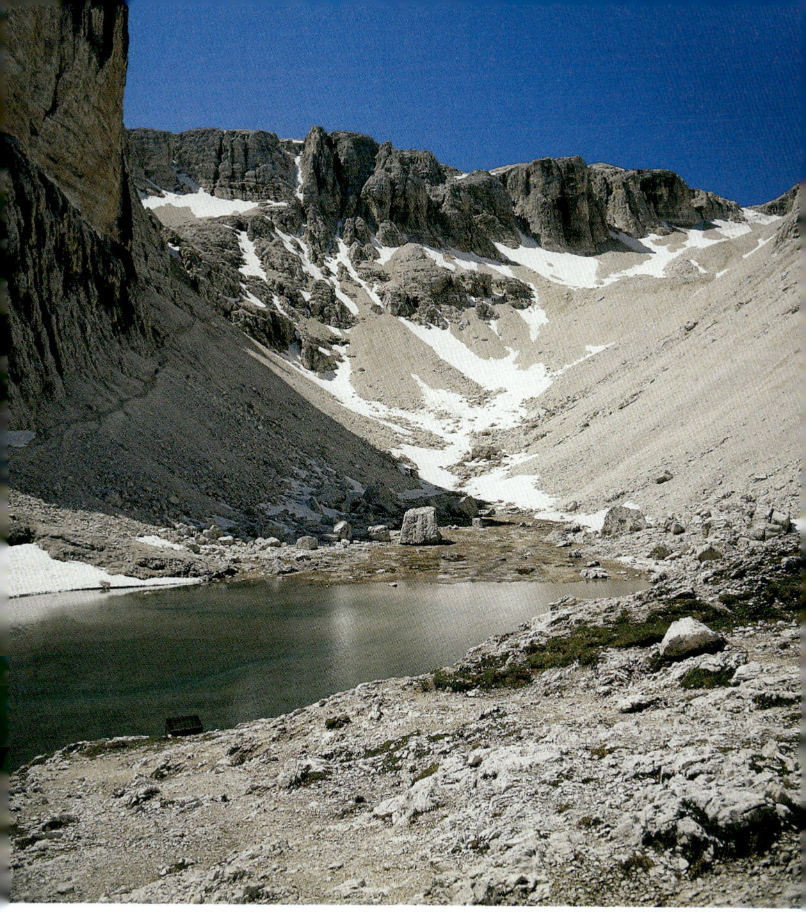

Am Pisciadùsee.

tal über Geröll (im Frühsommer oft Schneereste!) in Kehren aufwärts zu einer Erweiterung und schräg nach links hinauf unter eine Felswand, an der sich das Tal verzweigt. Der weitere Anstieg folgt dem linken Ast. Über Schutt (Steig) nach links empor, später die steilen Felsen (Drahtseile) an der rechten Schluchtbegrenzung in anregender, leichter Turnerei hinauf zum **Sella-Ringband**. Hier über Felsblöcke eben nach links (Osten), dann abwärts zu der in imponierender Hochgebirgslandschaft gelegenen **Pisciadù-hütte** ❸, 2587 m. Abstieg auf derselben Route.

↗ 120 m | ↘ 120 m | 3.9 km

44 Steinerne Stadt

1.15 h

Auf der »Naturonda« durch das Felslabyrinth

»Steinerne Stadt«, das ist im Grunde ein wilder Blockhaufen, eine alte Bergsturzzone am Südostfuß des Langkofelecks nahe beim Sellajoch. Doch welch eine Vielfalt an Natur, an Tieren, Pflanzen, Gesteinen und Landschaften auf kleinstem Raum! Um das Blockgewirr zu erkunden, starten wir an dem auch mit dem Bus erreichbaren Großparkplatz beim Hotel Passo Sella Resort am Sellajoch und folgen dem Themenweg »Naturonda« hinauf zur Bergstation des Achtersesselllifts Gran Paradiso, wo bald danach der Retourweg durch das Felslabyrinth beginnt. Da öffnen sich mit jeder Biegung neue Perspektiven, erschließen sich die umliegenden Dolomitenkolosse, werden Blicke zu den Gletschern der Marmolada frei. Und wer Kletterambitionen hat, kann mit entsprechender Ausrüstung und gesichert sein Glück an den so verlockenden Felstürmen versuchen.

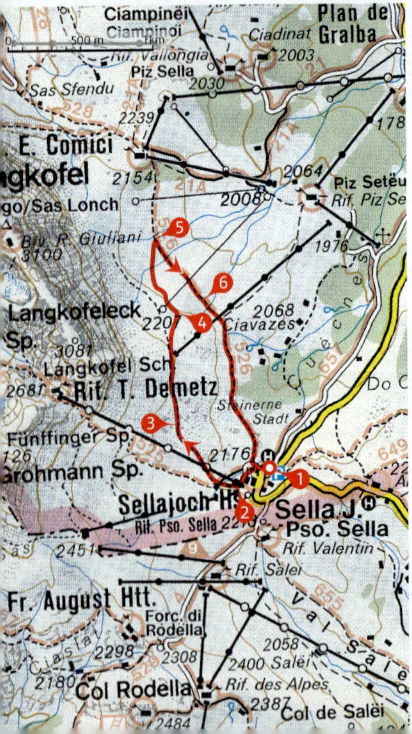

Ausgangspunkt: Hotel Passo Sella Resort, 2176 m (Großparkplatz), nördlich unterhalb des Sellajochs, 2213 m, zwischen Langkofel- und Sellagruppe. Auffahrt von Norden (Grödnertal) per Bus (Linie 471) oder Pkw, 9 km von Wolkenstein, oder von Süden (Fassatal) mit dem Pkw, 12,5 km von Canazei.

Anforderungen: Einfache, kurze Runde ohne größere Höhenunterschiede auf gut markierten Fahr- und Fußwegen.

Einkehr: Hotel Passo Sella Resort (geöffnet 15. Juni bis 15. Okt., Tel. +39 0471 795136, passosella-resort.com), Rifugio Carlo Valentini (45 Betten, geöffnet 15. Juni bis 30. Sept., Tel. +39 0462 601183, rifugiocarlovalentini.com).

Hinweis: Die anspruchslose Runde eignet sich hervorragend mit Kindern. Vorsicht ist jedoch bei Kletterversuchen an den Felsblöcken geboten!

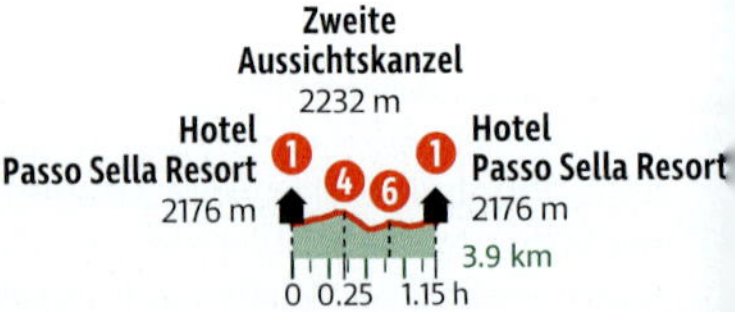

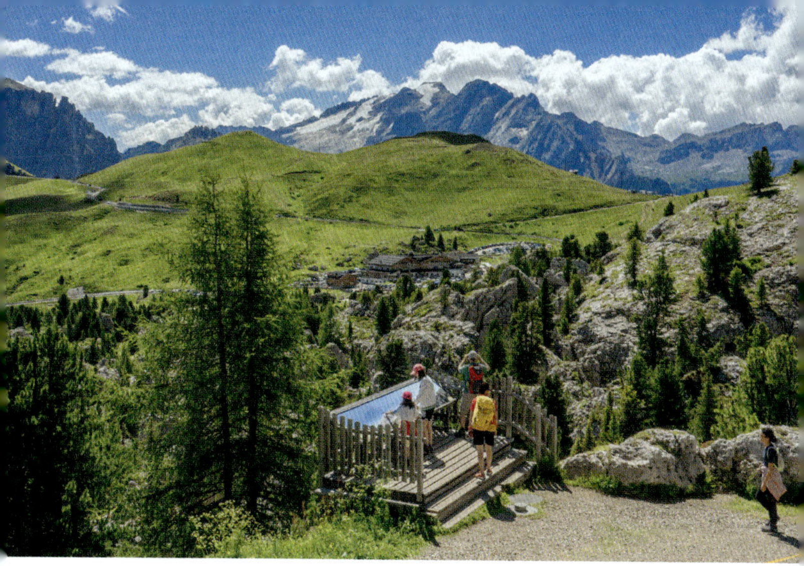

An der ersten Aussichtskanzel der »Naturonda«. Im Südosten hinterm nahen Sellajoch die (noch) vergletscherte Marmolada.

Vom **Hotel Passo Sella Resort** ❶ kurz nach Südwesten aufwärts zur Talstation des **Langkofelschartenlifts »Sassolungo«** ❷, 2180 m, und dort auf Schotterstraße 50 m nach Westen zu einer Gabelung. Rechts die Naturstraße mit Weg Nr. 526C (»Naturonda«), an Infotafeln über die heimische Tier- und Pflanzenwelt vorbei, in Richtung Langkofeleck durch Wiesen nach Nordwesten aufwärts, später durch das Bergsturzgelände der **»Steinernen Stadt«** mit malerischem Föhren-Zirben-Almrosen-Bewuchs in Nordrichtung empor zur **ersten Aussichtskanzel** ❸, 2205 m (Panoramatafel). Die Schotterstraße an den Abhängen der Langkofelgruppe nordwärts weiter bergauf zur Weggabelung vor der Bergstation des Achtersessellifts Gran Paradiso und dort kurz rechts hinab zur **zweiten Aussichtskanzel** ❹, 2232 m (Panoramatafel).
Auf schottrigem Fußweg (Nr. 526C) anfangs unter dem Achtersessellift Gran Paradiso durch nach Nordwesten hinab zum breiten **Querweg Nr. 526** ❺. Diesen über felsdurchsetzte Wiesen scharf nach rechts (Südosten) aufwärts, zuletzt etwas steiler empor zu einer **Anhöhe** ❻, 2182 m. Durch ein Gatter (Durchlass), dann auf schönem Fußweg südwärts an Wiesenhängen entlang, später durch lichten Zirbenwald wieder in die Steinerne Stadt. Mit imponierender Aussicht auf die Sellagruppe und herrlichen Aufblicken zur imposanten Langkofelgruppe höchst abwechslungsreich zwischen den Felsblöcken hindurch, zuletzt durch Wiesen direkt zum **Hotel Passo Sella Resort** ❶.

↗ 240 m | ↘ 750 m | 8.3 km

3.00 h

45 Rund um den Langkofel

Dolomitische Felsenwucht aus nächster Nähe

An der vom Sellajoch per Stehgondelbahn erreichbaren Langkofelscharte beginnt die beliebte Wanderung rund um den Langkofel. Um nur ein wenig von den Glanzpunkten dieser Tour zu schwärmen: Da sind die überwältigenden Felskulissen des Langkofelkars, dann der herrliche Höhenspaziergang unter den 1000 m hohen Nord- und Ostwänden des Massivs und schließlich das Blocklabyrinth der »Steinernen Stadt«, wo Kinder mit Begeisterung ihre Kletterkünste (nur mit Seilsicherung!) demonstrieren können. Eine Tour, die man einfach gemacht haben muss!

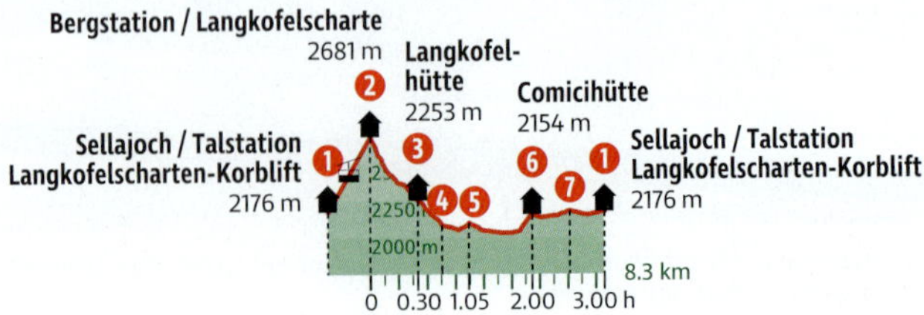

Ausgangspunkt: Talstation des Langkofelscharten-Korblifts, 2176 m, nördlich unter dem Sellajoch, 2213 m, zwischen Langkofel- und Sellagruppe. Großparkplatz (kostenpflichtig) beim Hotel Passo Sella Resort. Zufahrt von Norden (Grödnertal) per Bus (Linie 471) oder Pkw, 9 km von Wolkenstein, oder von Süden (Fassatal) mit dem Pkw, 12,5 km von Canazei. Bergstation in der Langkofelscharte, 2681 m (Toni-Demetz-Hütte). Betrieb: 15./20. Juni bis 5./10. Okt. täglich 8.15–17 Uhr, visitfassa.com/de/geoffnete-lifte.

Anforderungen: Unschwierige Wanderung. Trittsicherheit nötig!

Einkehr: Hotel Passo Sella Resort (geöffnet 15. Juni bis 15. Okt., Tel. +39 0471 795136, passosella-resort.com), Toni-Demetz-Hütte (24 Lager, geöffnet 1./5. Juni bis 30. Sept./10. Okt., Tel. +39 0471 795050, +39 335 6586796, tonidemetz.it), Langkofelhütte (69 Betten, geöffnet 15./20. Juni bis 1./5. Okt., Tel. +39 0471 792323, +39 335 6279567, rifugiovicenza.com), Comicihütte (keine Übernachtung, geöffnet 25. Juni bis 15. Okt. 9–17 Uhr, Tel. +39 0471 1930388, rifugiocomici.com).

Hinweis: An der Langkofelscharte können oft Kletterer beobachtet werden.

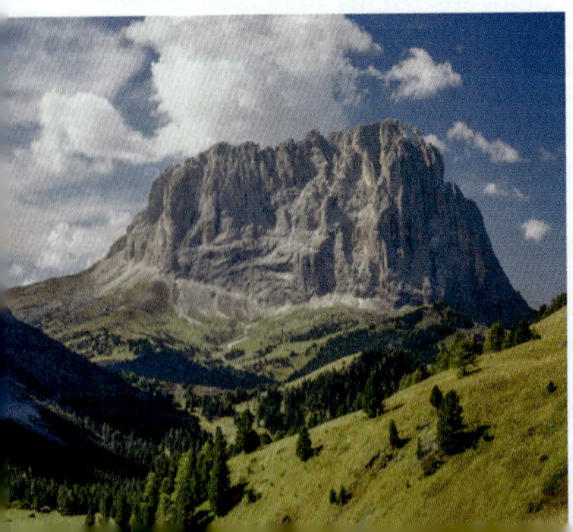

Der kolossale Langkofelstock von Nordosten, aus dem Blickwinkel des Grödner Jochs.

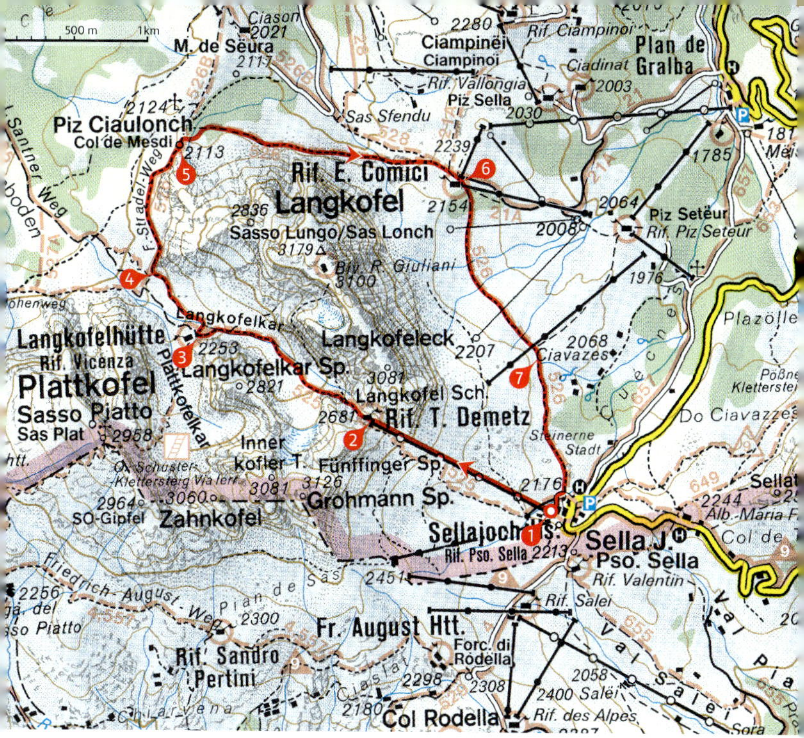

Von der **Talstation** am **Sellajoch** ❶ mit dem Langkofelscharten-Korblift hinauf zur **Bergstation** in der **Langkofelscharte** ❷. Von dort das steile Langkofelkar (Weg Nr. 525) über Felsblöcke und Geröll in Kehren nach Nordwesten abwärts zu der am Nordfuß der Langkofelkarspitze gelegenen **Langkofelhütte** ❸, 2253 m. Auf Weg Nr. 525 an die rechte Seite des Langkofelkars und dort in Kehren nach Nordwesten hinunter zu einem **Querweg** ❹ im Auslauf des Kars. Auf diesem unter den Langkofelwänden eben nach Norden, schließlich im schrofigen Terrain kurz hinauf zur **Schulter** ❺ beim Piz Ciaulonch (Wegverzweigung). Den oberen Weg (Nr. 526) direkt unter den Nordwänden des Massivs, an Schutthängen entlang, nach Osten, später durch begrüntes Gelände empor zur **Comicihütte** ❻, 2154 m.
Auf Weg Nr. 526 unterhalb der Langkofel-Ostwand über Wiesen nach Süden sanft aufwärts zu einer **Anhöhe** ❼, 2182 m. Durch ein Gatter und jenseits in die »**Steinerne Stadt**«, einer Bergsturzzone mit hausgroßen Felsblöcken. Im Auf und Ab durch sie hindurch, dann über Wiesen zur Talstation des Langkofelscharten-Korblifts am **Sellajoch** ❶.

↗ 420 m | ↘ 920 m | 12.7 km

46 Rund um den Plattkofel

4.15 h

Nicht am Gipfel und doch über allem

Angesichts der dominierenden Stellung des Langkofelstockes innerhalb der Grödner Bergwelt ist es nicht verwunderlich, dass sich viele Besucher vorerst diesem »Magneten« zuwenden. Zum Kennenlernen eignen sich da die beiden Wege um Langkofel und Plattkofel hervorragend. Überwiegt an der Langkofel-Runde die hochalpine, ernste Note, so tritt der Höhenwegcharakter bei der Plattkofel-Umwanderung stärker hervor. Bei diesem faszinierenden Panoramaweg über Seiser Alm, Duron- und Fassatal darf man abschließend die gletscherbehangene Marmolada von ihrer schönsten Seite bewundern.

Ausgangspunkt: Talstation des Langkofelscharten-Korblifts, 2176 m, nördlich unter dem Sellajoch, 2213 m, zwischen Langkofel- und Sellagruppe. Großparkplatz (kostenpflichtig) beim Hotel Passo Sella Resort. Zufahrt von Norden (Grödnertal) per Bus (Linie 471) oder Pkw, 9 km von Wolkenstein, oder von Süden (Fassatal) mit dem Pkw, 12,5 km von Canazei. Bergstation in der Langkofelscharte, 2681 m (Toni-Demetz-Hütte). Betrieb: 15./20. Juni bis 5./10. Okt. täglich 8.15–17 Uhr, visitfassa.com/de/geoffnete-lifte.
Anforderungen: Keine Schwierigkeiten, jedoch Trittsicherheit nötig!
Einkehr: Hotel Passo Sella Resort (geöffnet 15. Juni bis 15. Okt., Tel. +39 0471 795136, passosella-resort.com), Toni-Demetz-Hütte (24 Lager, geöffnet 1./5. Juni bis 30. Sept./10. Okt., Tel. +39 0471 795050, +39 335 6586796, tonidemetz.it), Langkofelhütte (69 Betten, geöffnet 15./20. Juni bis 1./5. Okt., Tel. +39 0471 792323, +39 335 6279567, rifugiovicenza.com), Plattkofelhütte (30 Betten, 30 Lager, geöffnet 25./31. Mai bis 15./20. Okt., Tel. +39 0462 601721, +39 334 9569626, plattkofel.com), Rifugio Sandro Pertini (14 Lager, geöffnet 15./20. Juni bis 20. Sept., Tel. +39 328 8651993, +39 339 8482305, rifugiopertini.com), Friedrich-August-Hütte (42 Betten, geöffnet 15./20. Juni bis 5./10. Okt., Tel. +39 377 3877567, hüttenmax.at/huetten/rifugio-friedrich-august), Saleihütte (34 Betten, geöffnet 15./20. Juni bis 25./30. Sept., Tel. +39 0462 602300, +39 335 7536315, rifugiosalei.it).
Variante: Von der Forcella Rodella kann der nahe Col Rodella, 2484 m (mit Gipfelrestaurant und einer prächtigen Aussicht auf die Langkofelgruppe) problemlos bestiegen werden. Zusätzlicher Zeitaufwand 45 Min.

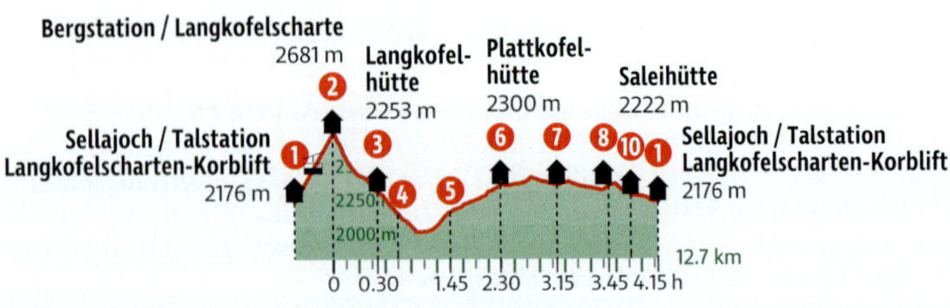

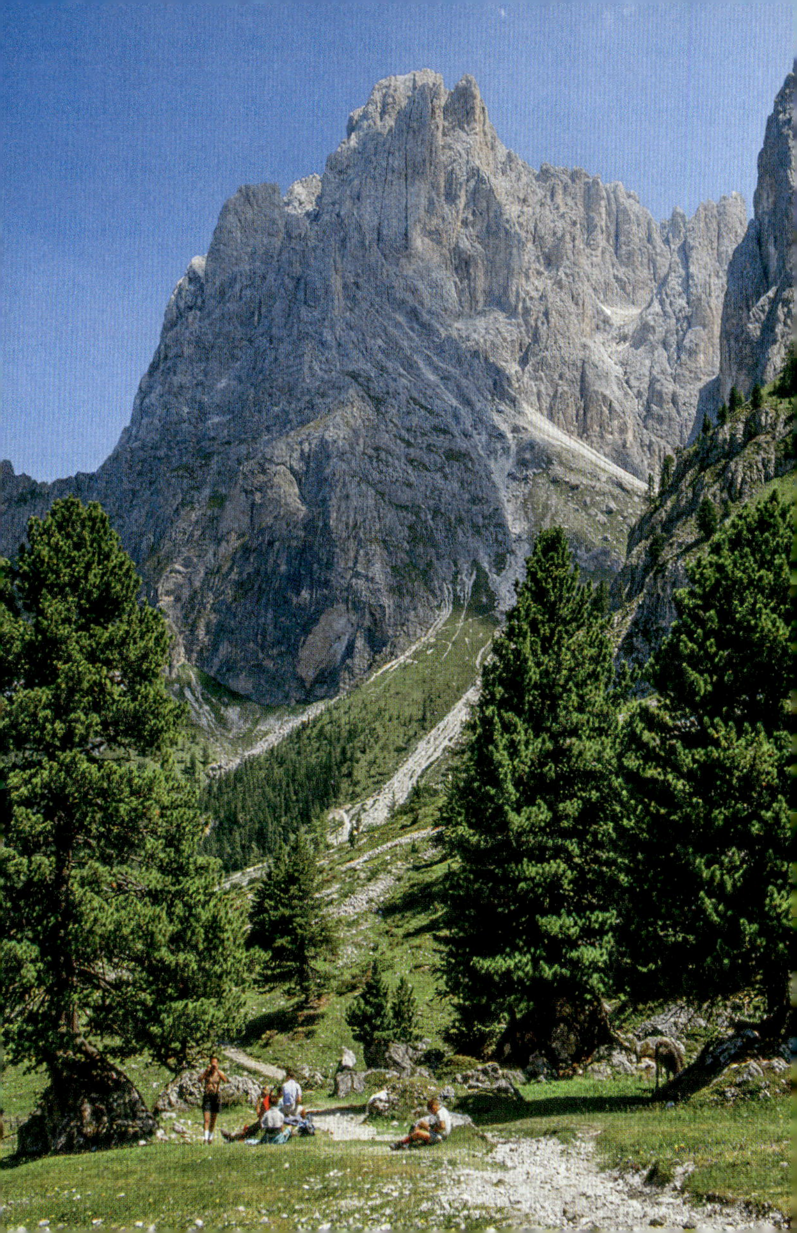

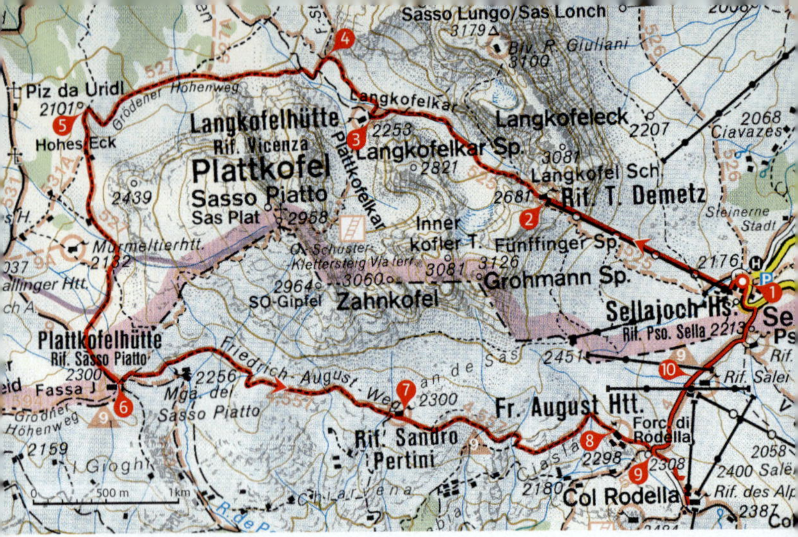

Von der **Talstation** am **Sellajoch** ❶ mit dem Langkofelscharten-Korblift hinauf zur **Langkofelscharte** ❷. Von dort das steile Langkofelkar (Weg Nr. 525) über Felsblöcke und Geröll in Kehren nach Nordwesten abwärts zu der am Nordfuß der Langkofelkarspitze gelegenen **Langkofelhütte** ❸, 2253 m. An die rechte Seite des Langkofelkars und dort abwärts zu einer Verzweigung. Links haltend (Weg Nr. 525) das Kar hinab zur **Abzweigung** ❹ von Weg Nr. 527 nach links. Auf ihm, an Geröllhängen entlang, unter den Plattkofel-Nordwänden nach Westen abwärts. Später über Wiesen empor zur Schulter des **Piz da Uridl** ❺, 2101 m, der auch als »**Hohes Eck**« bekannt ist. In die Westseite des Plattkofels und dort durch eine Blockzone, dann, an Gras- und Schutthängen entlang, nach Süden aufwärts zu querendem Fahrweg (Nr. 9) und diesen steil empor zur **Plattkofelhütte** ❻, 2300 m, am **Fassajoch**. Auf Weg Nr. 557 in die Südseite der Langkofelgruppe, dort ostwärts eine Mulde queren, sodann im Auf und Ab über eine Schulter hinweg zum **Rifugio Sandro Pertini** ❼, 2300 m. An Grashängen entlang weiter zur **Friedrich-August-Hütte** ❽, 2298 m, und hinauf zur **Forcella Rodella** ❾, 2318 m. Jenseits auf Fahrweg (Abkürzer benutzen!) nach Nordosten hinab, später an der **Saleihütte** ❿, 2222 m, vorbei zum **Sellajoch**, 2213 m (rechts unterhalb das Rifugio Valentini) und zur Großen Dolomitenstraße. Auf ihr nach links abwärts zur **Talstation** des Langkofelscharten-Korblifts am **Sellajoch** ❶.

Vorherige Seite: Unterwegs von der Langkofel- zur Plattkofelhütte. Rückblick gegen den Langkofelstock.

↗ 650 m | ↘ 650 m | 17.3 km

TOP

6.15 h

Um die gesamte Langkofelgruppe

47

Ein Panorama-Rundweg für besonders Ausdauernde

Wer mit den Augen eines Fotografen durch die Berge wandert, kann bei dieser großen Langkofel-Runde, die eine reichhaltige Palette großartigster Hochgebirgsbilder präsentiert, leicht unter Zeitdruck kommen. Trotz fehlender größerer Gegenanstiege, trotz vieler einladender Gaststätten, geht es bei dieser langen und anstrengenden Tour nicht ohne vorbereitendes Training. Eine Wanderung für gehobene Ansprüche!

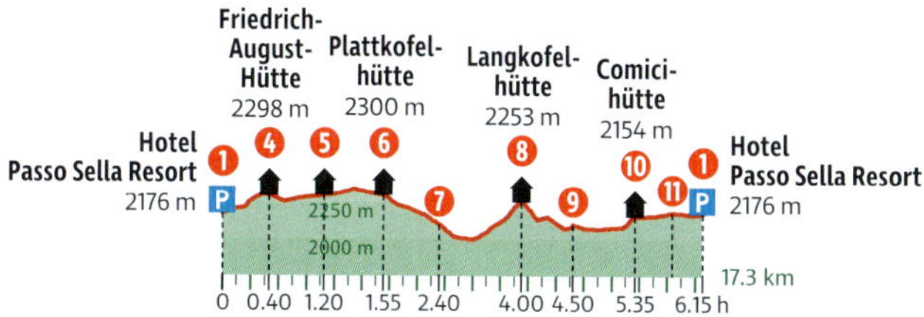

Die Langkofelgruppe von Osten, vom Sellajoch, mit Grohmannspitze, Fünffingerspitze und Langkofeleck.

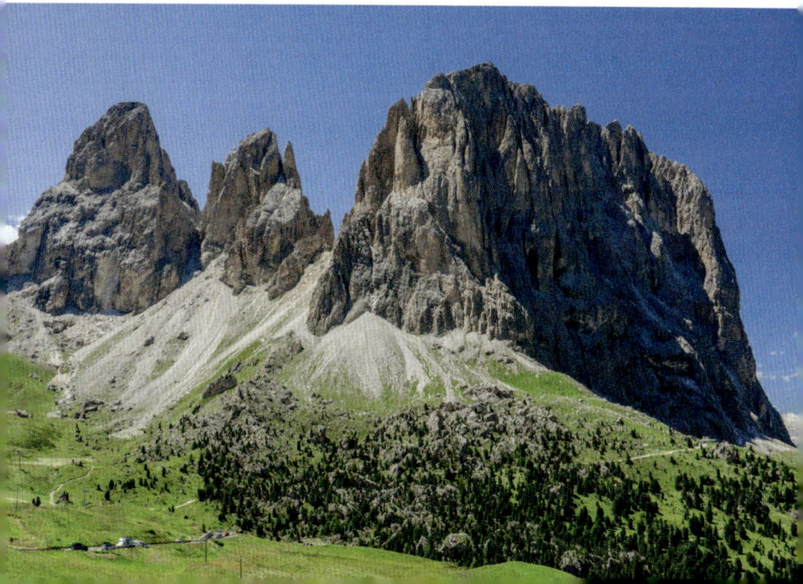

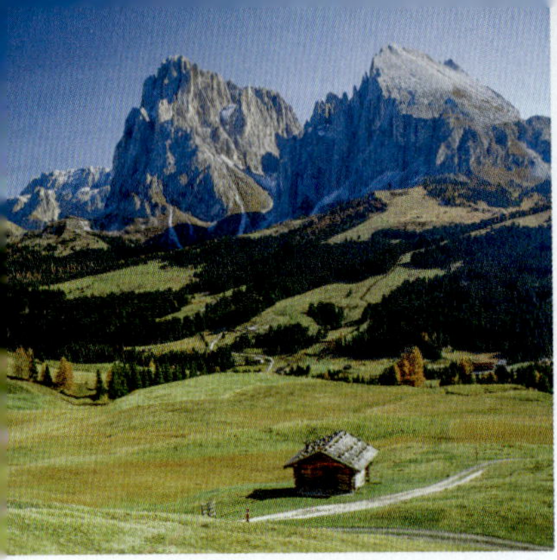

Die Langkofelgruppe mit Langkofel, Fünffingerspitze und Plattkofel.

Ausgangspunkt: Hotel Passo Sella Resort, 2176 m (Großparkplatz), nördlich unterhalb des Sellajochs, 2213 m, zwischen Langkofel- und Sellagruppe. Auffahrt von Norden (Grödnertal) per Bus (Linie 471) oder Pkw, 9 km von Wolkenstein, oder von Süden (Fassatal) mit dem Pkw, 12,5 km von Canazei.
Anforderungen: Eine der längsten und anstrengendsten Touren dieses Wanderführers, allerdings mit zahlreichen Einkehrmöglichkeiten unterwegs. Keine Schwierigkeiten!
Einkehr: Hotel Passo Sella Resort (geöffnet 15. Juni bis 15. Okt., Tel. +39 0471 795136, passosella-resort.com), Rifugio Carlo Valentini (45 Betten, geöffnet 15. Juni bis 30. Sept., Tel. +39 0462 601183, rifugiocarlovalentini.com), Saleihütte (34 Betten, geöffnet 15./20. Juni bis 25./30. Sept., Tel. +39 0462 602300, +39 335 7536315, rifugiosalei.it), Friedrich-August-Hütte (42 Betten, geöffnet 15./20. Juni bis 5./10. Okt., Tel. +39 377 3877567, friedrichaugust.it), Rifugio Sandro Pertini (14 Lager, geöffnet 15./20. Juni bis 20. Sept., Tel. +39 328 8651993, +39 339 8482305, rifugiopertini.com), Plattkofelhütte (30 Betten, 30 Lager, geöffnet 25./31. Mai bis 15./20. Okt., Tel. +39 0462 601721, +39 334 9569626, plattkofel.com), Langkofelhütte (69 Betten, geöffnet 15./20. Juni bis 1./5. Okt., Tel. +39 0471 792323, +39 335 6279567, rifugiovicenza.com).
Hinweis: Bei Verzicht auf den Besuch der Langkofelhütte gewinnt man 50 Gehminuten.
Variante: Von der Forcella Rodella kann der nahe Col Rodella, 2484 m (Gipfelrestaurant, prächtige Sicht auf die Langkofelgruppe), problemlos bestiegen werden. Gesamter zusätzlicher Zeitaufwand 45 Min.

Vom **Hotel Passo Sella Resort** ❶ den Fahrweg kurz nach Süden zur Verzweigung vor dem Rifugio Valentini. Rechts die Straße mit Weg Nr. 557 (Friedrich-August-Weg), am Ostabhang der Langkofelgruppe entlang, nach Südwesten zur **Saleihütte** ❷, 2222 m, und am Chalet Margherita vorbei, hinauf in die **Forcella Rodella** ❸, 2308 m. In die Südseite der Gruppe zur **Friedrich-August-Hütte** ❹ 2298 m. An Grashängen entlang westwärts zum **Rifugio Sandro Pertini** ❺, 2300 m, und weiter, im Auf und Ab über eine Schulter hinweg, zur **Plattkofelhütte** ❻, am **Fassajoch**, 2300 m.
Auf Fahrweg Nr. 9 ein Stück nach Nordwesten hinab zur Rechtsabzweigung von Weg Nr. 527. Auf diesem, an den Gras- und Schutthängen zu Füßen des Plattkofels entlang, nach Norden sanft abwärts, zuletzt durch eine Blockzone zur Grasschulter des **Piz da Uridl** ❼, 2101 m, der auch als »**Hohes Eck**« bekannt ist. Über Wiesen und durch lichten Zirbenbestand nach Osten abwärts. Dann Querung unter den Plattkofel-Nordwänden, schließlich über Geröll hinauf zur Mündung des Langkofelkars. Hier den Querweg Nr. 525

das steile Langkofelkar über Geröll nach rechts (Südosten) empor zur **Langkofelhütte** ❽, 2253 m. Auf dem bekannten Weg Nr. 525 das Langkofelkar hinab zum Querweg Nr. 526. Diesen rechts haltend unter den Langkofel-Wänden eben nach Norden, schließlich im schrofigen Terrain kurz hinauf zur **Schulter** ❾, beim Piz Ciaulonch (Wegverzweigung). Rechts den Weg Nr. 526 nun direkt unter den Nordwänden des Massivs, an Schutthängen entlang, nach Osten, später durch begrüntes Gelände empor zur **Comicihütte** ❿ 2154 m.

Auf Weg Nr. 526 unterhalb der Langkofel-Ostwand über Wiesen nach Süden sanft aufwärts zu einer Weggabelung. Halb links (Weg Nr. 526) auf breitem Fußweg nach Südosten aufwärts zur einer **Anhöhe** ⓫, 2182 m, und jenseits in die Bergsturzzone der »**Steinernen Stadt**«. Durch diese südwärts in Windungen, an hausgroßen Felsblöcken vorbei, auf und ab hindurch, zuletzt durch Wiesen zum **Hotel Passo Sella Resort** ❶.

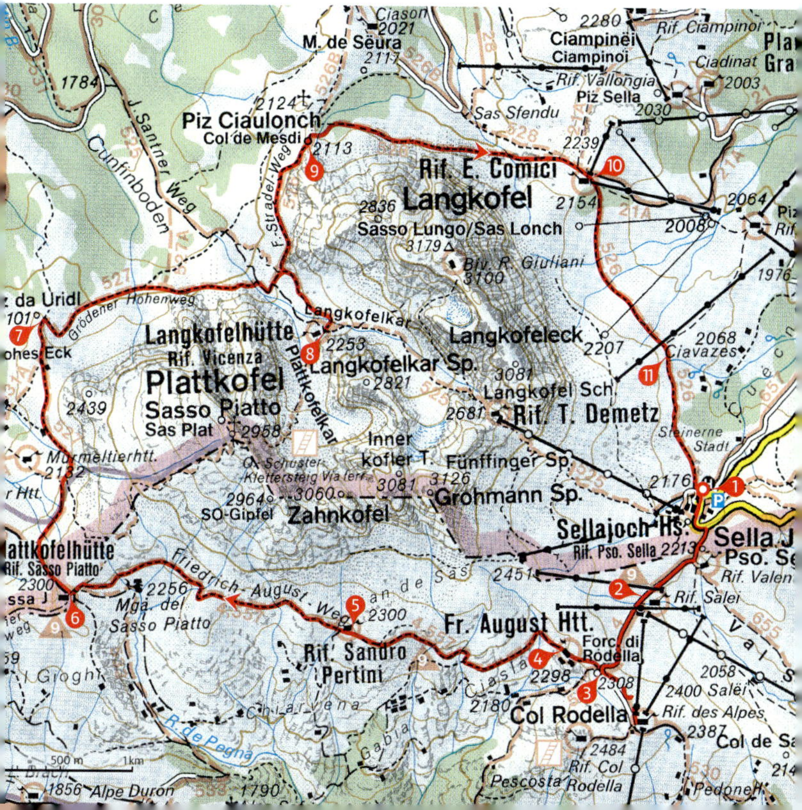

↗ 230 m | ↘ 1210 m | 15.1 km

48 Friedrich-August-Weg (Ostabschnitt)

4.15 h

Großartiger Aussichtsweg zu Füßen der Langkofel-Wände

Als glanzvolle Höhenpromenade zwischen Sella- und Rosengartengruppe steht der Friedrich-August-Weg unter Dolomitenkennern hoch im Kurs. Sein Ostabschnitt führt am Südabhang der großartigen Langkofelgruppe entlang vom Sella- zum Fassajoch und zu der dort gelegenen Plattkofelhütte. Fesselnde Ausblicke auf Marmolada und Fassaner Dolomiten begleiten uns dabei.

Der östliche Friedrich-August-Weg vermittelt faszinierende Einblicke in die Südwände der Langkofelgruppe (mit Zahnkofel und Innerkoflerturm).

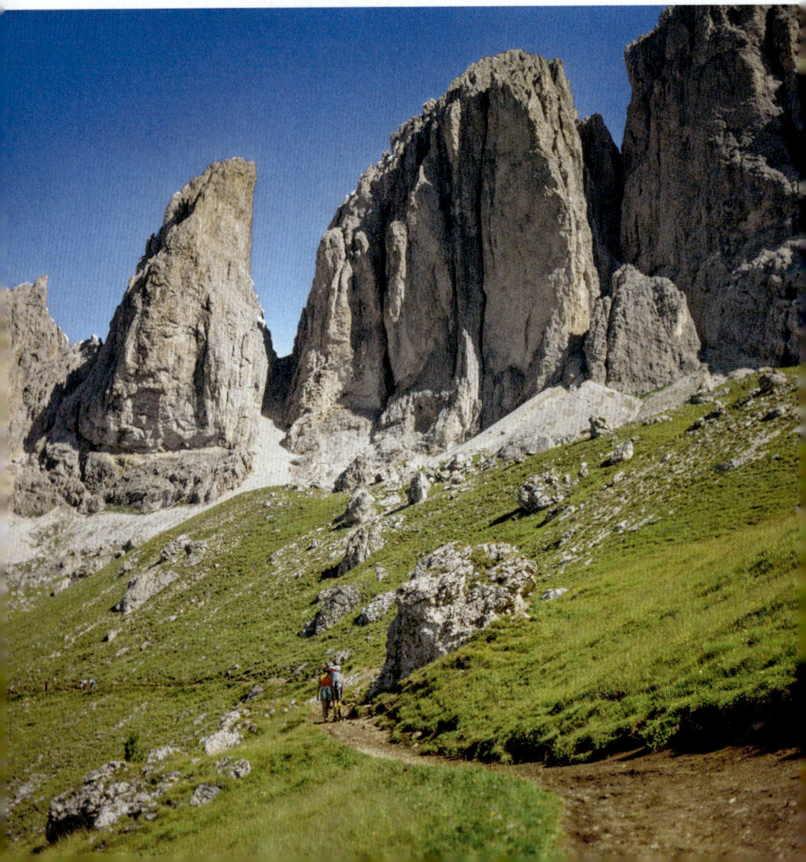

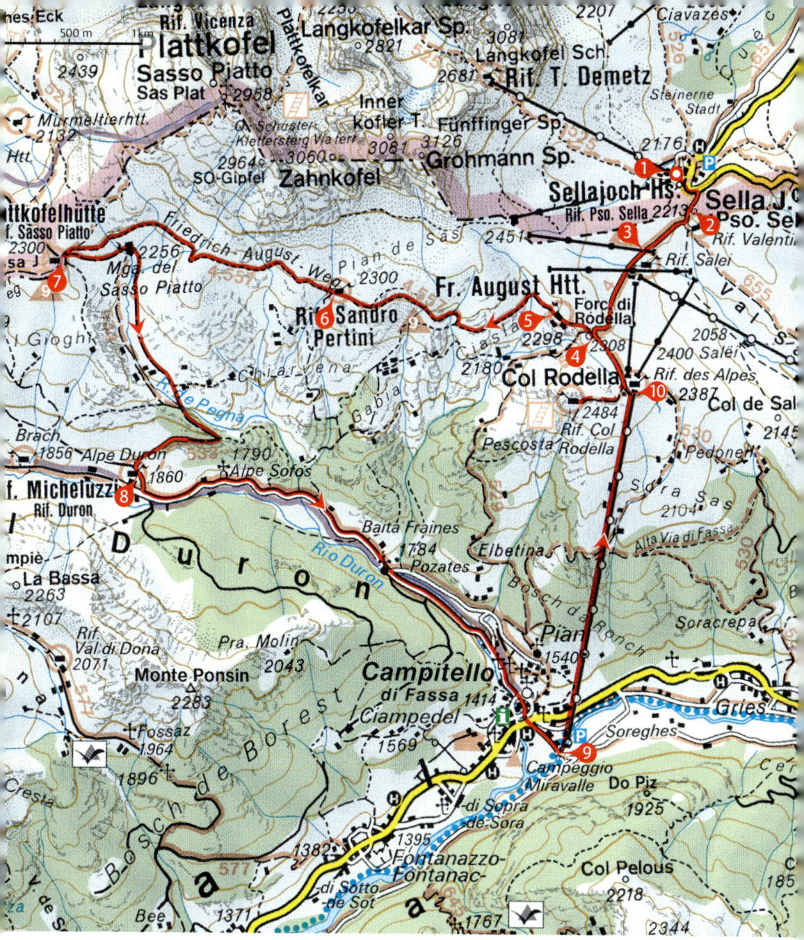

Ausgangspunkt: Hotel Passo Sella Resort, 2176 m (Großparkplatz), nördlich unterhalb des Sellajochs, 2213 m. Auffahrt von Norden (Grödnertal) per Bus (Linie 471) oder Pkw, 9 km von Wolkenstein; von Süden (Fassatal) mit Pkw, 12,5 km von Canazei.

Anforderungen: Problemlose Wanderung auf markierten Wegen oder Straßen.

Einkehr: Hotel Passo Sella Resort (geöffnet 15. Juni bis 15. Okt., Tel. +39 0471 795136, passosella-resort.com), Saleihütte (34 Betten, geöffnet 15./20. Juni bis 25./30. Sept., Tel. +39 335 7536315, rifugiosalei.it), Friedrich-August-Hütte (42 Betten, geöffnet 15./20. Juni bis 5./10. Okt., Tel. +39 377 3877567, friedrichaugust.it), Rifugio Sandro Pertini (14 Lager, geöffnet 15./20. Juni bis 20. Sept., Tel. +39 328 8651993, +39 339 8482305, rifugiopertini.com), Plattkofelhütte (30 Betten, 30 Lager, geöffnet 25./31. Mai bis 15./20. Okt., Tel. +39 0462 601721, +39 334 9569626, plattkofel.com), Rifugio Micheluzzi (32 Betten, geöffnet 1. Juni bis 1. Okt., Tel. +39 334 5023878, rifugiomicheluzzi.it), Rifugio des Alpes (24 Betten, geöffnet 15./20. Juni bis 30. Sept./15. Okt., Tel. +39 0462 601184, rifugiodesalpes.it), Rifugio Col Rodella (8 Betten, geöffnet 20. Juni bis 30. Sept., Tel. +39 338 3293620). Mehrere Gastbetriebe in Campitello.

Varianten: Bei Kombination mit dem Westabschnitt kann der gesamte Friedrich-August-Weg vom Sella- bis zum Mahlknechtjoch begangen werden. Von dort Abstieg (Weg Nr. 532) durch das Durontal nach Campitello. Zusätzlicher Zeitaufwand 2–2.30 Std. Von der Bergstation der Funivia Col Rodella (Betrieb: 15. Juni bis 10. Sept. täglich von 8.45 bis 12.30 Uhr und von 14 bis 18 Uhr) lohnende Besteigung des Col Rodella, 2484 m (Gipfelrestaurant, prächtiger Blick auf die Langkofel-Südabstürze!). Gesamter Zeitaufwand 20 Min.

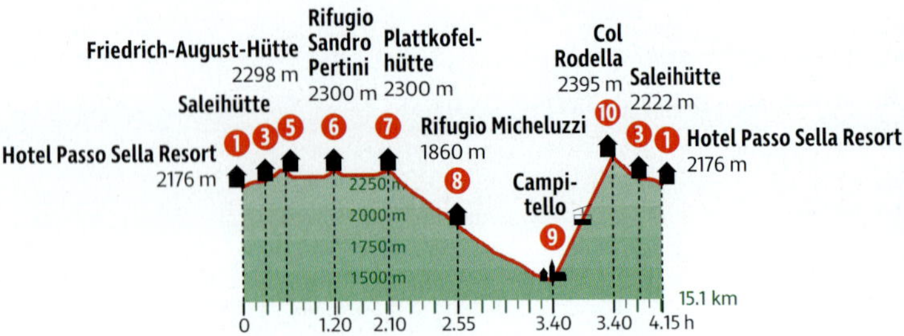

Vom **Hotel Passo Sella Resort** ❶ die Passstraße ein Stück aufwärts, dann auf Sträßchen nach rechts (Süden) zum **Sellajoch** ❷, 2213 m, mit dem Rifugio Valentini links unterhalb. Die Straße (Weg Nr. 557), am Ostabhang der Langkofelgruppe entlang, nach Südwesten zur **Saleihütte** ❸, 2222 m, und hinauf zur **Forcella Rodella** ❹, 2308 m. In die Südseite der Gruppe zur **Friedrich-August-Hütte** ❺, 2298 m. An Grashängen entlang westwärts zum **Rifugio Sandro Pertini** ❻, 2300 m, und weiter, im Auf und Ab über eine Schulter hinweg, zur **Plattkofelhütte** ❼, 2300 m, am **Fassajoch**.
Den Fahrweg Nr. 533 nach Osten abwärts zur **Plattkofelalm**, 2248 m. Jetzt neben dem Rio di Pegn nach Süden, dann durch Wald hinunter zum **Rifugio Micheluzzi** ❽, 1860 m, im reizvollen Durontal. Hier auf Naturstraße in Südostrichtung talab nach **Campitello** ❾, 1414 m, im **Fassatal**. Dort zur Talstation der **Funivia Col Rodella** im Süden der Talsohle und Auffahrt zur Bergstation **Col Rodella** ❿ östlich des Col-Rodella-Gipfels beim Rifugio des Alpes, 2395 m.
Von der Bergstation nach Norden hinunter zum Friedrich-August-Weg mit der **Forcella Rodella** ❹ und vorbei an der **Saleihütte** ❸ zurück zum **Hotel Passo Sella Resort** ❶.

↗ 440 m | ↘ 440 m | 5.8 km

3.15 h

Piz Boè, 3152 m

TOP **49**

Eine exzellente Aussichtswarte, doch leider ...

... überlaufen! Mit dieser Gegebenheit haben sich Boè-Anwärter einfach abzufinden. Tatsächlich sollte man den Berg – mit 3152 m der höchste der Sellagruppe – an schönen Wochenenden meiden. Doch an Wochentagen, vor allem im Früh- und Spätsommer, ist der Besucherstrom erträglich. Grund für die Popularität: die Gondelbahn auf den bereits 2950 m hohen Sass Pordoi, der einfache und kurze Gipfelanstieg und natürlich die viel gepriesene Rundsicht, nach jener von der Marmolada die umfassendste in den westlichen Dolomiten!

Unterwegs auf der vegetationslosen Sella-Hochfläche. Tiefblick gegen Val Lasties mit dem Sass Pordoi links darüber.

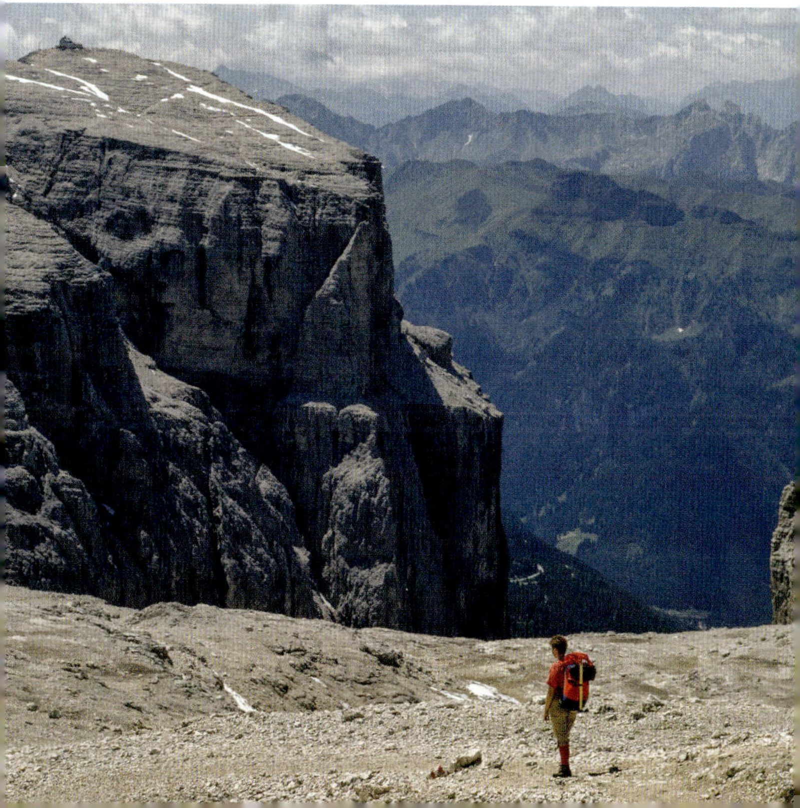

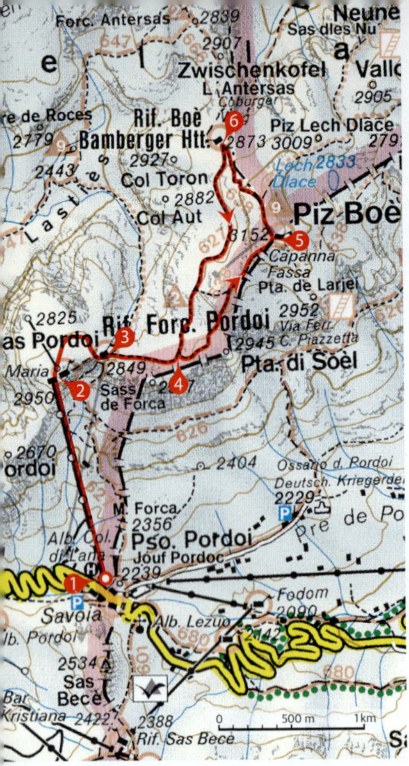

Ausgangspunkt: Talstation der Sass-Pordoi-Gondelbahn, 2239 m (Großparkplatz, Bushalt der Linie 471 Gröden – Sellajoch – Podoijoch, vom 10. Mai bis 15. Okt.), am Pordoijoch, 21 km ab Wolkenstein im inneren Grödnertal, 14 km ab Canazei im inneren Fassatal, 9 km von Arabba im Cordevoletal. Bergstation am Sass Pordoi, 2950 m, nördlich über dem Pordoijoch.
Betrieb: 20./25. Mai bis 1./5. Nov. täglich 8.30/9–16.30/17 Uhr, visitfassa.com/de/geoffnete-lifte.
Anforderungen: Unschwierige, aber nicht ungefährliche Rundtour im hochalpinen Bereich. Trittsicherheit und Schwindelfreiheit sowie Erfahrung im leichten Felsgelände notwendig. Nur bei sicherem Wetter!
Einkehr: Hotel Col di Lana (geöffnet 25. Mai/1. Juni bis 15. Okt., Tel. +39 0462 601277, coldilana.it), Hotel Pordoi (ganzj. geöffnet, Tel. +39 0462 601115, passopordoi.it), Hotel Savoia (ganzj. geöffnet, Tel. +39 0462 601717, passo-pordoi.it), Hotel & Appartements Gonzaga (ganzj. geöffnet, Tel. +39 0462 602121, hotelgonzaga.eu) alle am Pordoijoch. Bergrestaurant Sass Pordoi (Rifugio Maria, keine Übernachtung, bei Seilbahnbetrieb geöffnet), Rifugio Forcella Pordoi (geöffnet 20. Juni bis 1. Okt., Tel. +39 0462 888028, +39 366 7446715, rifugioforcellapordoi.com/en), Rifugio Capanna Piz Fassa (22 Betten, geöffnet 15./20. Juni bis 25./30. Sept., Tel. +39 0462 601723, +39 336 452523, rifugiocapannapizfassa.com), Boèhütte (38 Betten, 31 Lager, geöffnet 20. Juni bis 25. Sept., Tel. +39 0471 1930340, rifugioboe.it).

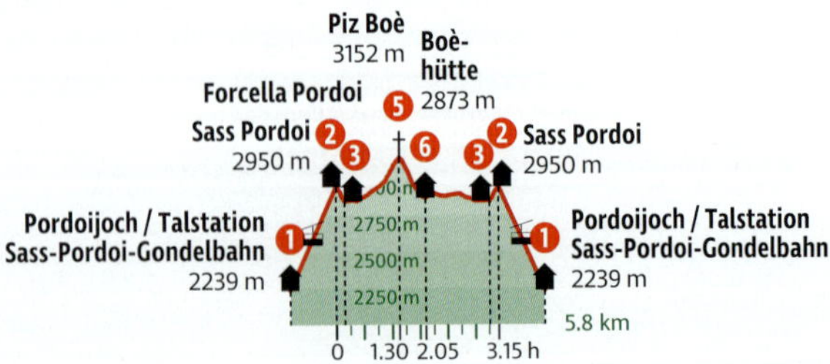

Vom **Pordoijoch** ❶ mit der Sass-Pordoi-Gondelbahn hinauf zum **Sass Pordoi** ❷. Von dort auf markiertem Weg das Gipfelplateau nach Osten, später über Felsabsätze steil nach rechts (Südosten) hinab zur **Forcella Pordoi** ❸, 2849 m, mit Hütte. Auf Weg Nr. 627, an Geröllhängen entlang, eben nach Osten zur **Verzweigung** ❹. Hier geradeaus (Weg Nr. 638) und durch die schrofigen Flanken der Punta di Soèl im Linksbogen empor zum Sattel vor dem Piz Boè. Gegen ihn sanft aufwärts, dann den steilen Südwestrücken über Felsstufen empor zum Gipfel des **Piz Boè** ❺, 3152 m.
Vom Gipfel auf Weg Nr. 638 den blockigen Nordgrat kurz hinab in eine Scharte (Forcella dei Camorces) und links haltend die geröllige Westflanke hinunter zu 40 m hohem Steilabfall. Hier über leichte Felsstufen und ein Band (Drahtseil) abwärts, dann über Schutthänge nach Nordwesten hinab zu der am Sellaplateau stehenden **Boèhütte** ❻, 2873 m. Auf Weg Nr. 627 nach Süden hinauf zu einem Sattel, dann, am Westfuß des Piz Boè entlang, weiter zu einer Schulter. Jenseits wieder abwärts, sodann im Rechtsbogen, die Geröllmulde des Vallon del Fos querend, zur **Forcella Pordoi** ❸. Nun auf bekanntem Weg hinauf zum **Sass Pordoi** ❷ und mit der Gondelbahn hinab zum **Pordoijoch** ❶.

Die Forcella Pordoi mit der gleichnamigen Schutzhütte.

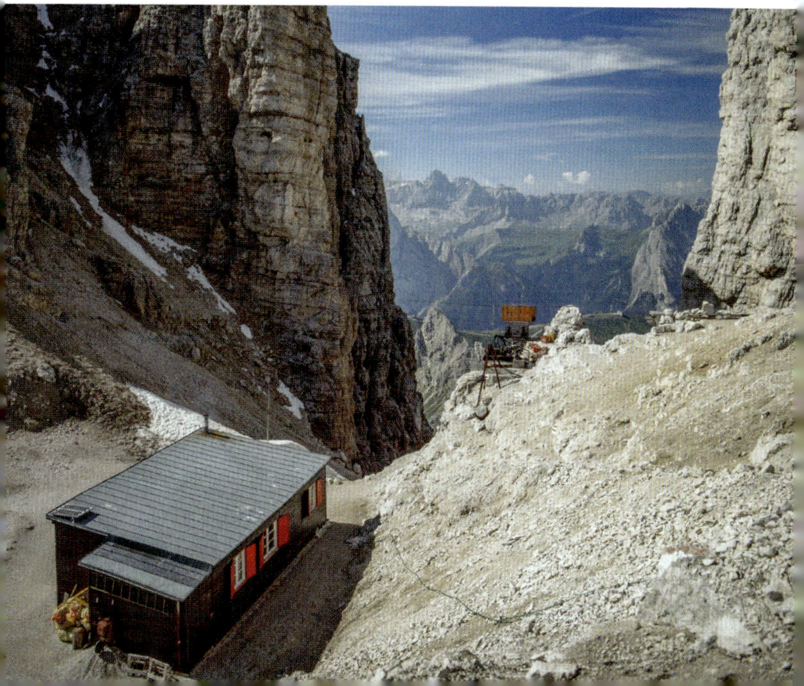

TOP

50 Bindelweg

↗ 500 m | ↘ 500 m | 12.8 km

4.30 h

Berühmter Schauweg gegenüber den Gletschern der Marmolada

Als Teilstück der Dolomiten-Höhenroute Nr. 2 gehört der Bindelweg (ladinisch »Vièl del Pan« = Brotweg) zu den bekanntesten Wanderwegen der Dolomiten, führt er doch hautnah an Königin Marmolada heran, lässt den eisigen Atem, die enormen Ausmaße des Bergriesen erkennen und verspüren. So sind es hier partout nicht bizarre dolomitische Felsenformationen, sondern die Masse eines grandiosen Gletscherberges, die uns faszinieren. Man kann das Unternehmen an verschiedenen Punkten starten. Will man den Weg im Zuge einer Runde begehen, so wählt man als Ausgangspunkt vorteilhaft das Pordoijoch.

Ausgangspunkt: Pordoijoch, 2239 m, zwischen Sella- und Padòngruppe mit Straße (»Große Dolomitenstraße«) aus dem Cordevoletal (Buchenstein) in das Fassatal, 21 km ab Wolkenstein im inneren Grödnertal, 14 km ab Canazei im inneren Fassatal, 9 km von Arabba im Cordevoletal. Großparkplatz an der Talstation der Sass-Pordoi-Gondelbahn, Bushalt der Linie 471 Gröden – Sellajoch–Podoijoch vom 10. Mai bis 15. Okt.
Anforderungen: Einfache Wanderung auf meist gut markierten Wegen. Viel begangen!
Einkehr: Mehrere Gastbetriebe am Pordoijoch. Rifugio Sass Becé (12 Betten, geöffnet im Juli und August, Tel. +39 0462 601006 und +39 333 4593034, sassbece.com), Rifugio Fredarola (4 Betten, 20 Lager, geöffnet 15. Juni bis 30. Sept., Tel. +39 0462 602072, +39 335 5654072, fredarola.it), Rifugio Vièl dal Pan (23 Betten, geöffnet 20. Juni bis 30. Sept., Tel. +39 339 3865241, rifugio-vieldalpan.com), Rifugio Luigi Gorza (keine Übernachtung, während der Betriebszeiten der Porta-Vescovo-Seilbahn geöffnet, Tel. +39 0436 79127, dolomiti-portavescovo.it) an der Bergstation der Porta-Vescovo. Hotel-Restaurant Lezuo (15 Betten, geöffnet 1. Juni bis 15. Okt., Tel. +39 0436 79131, ristorolezuo.it).

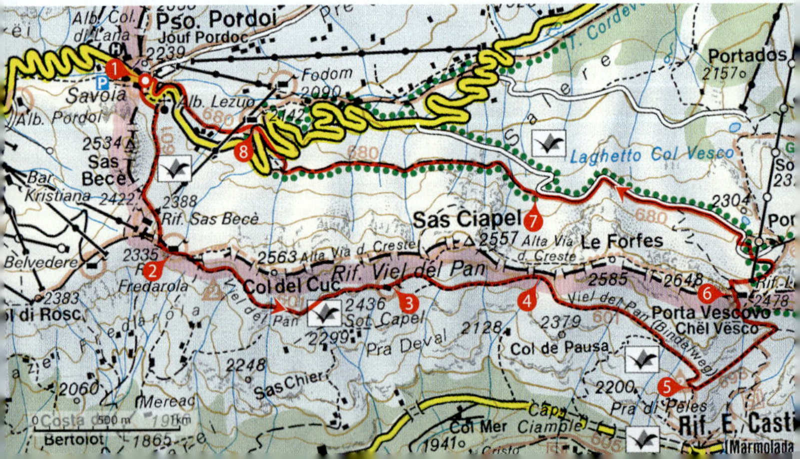

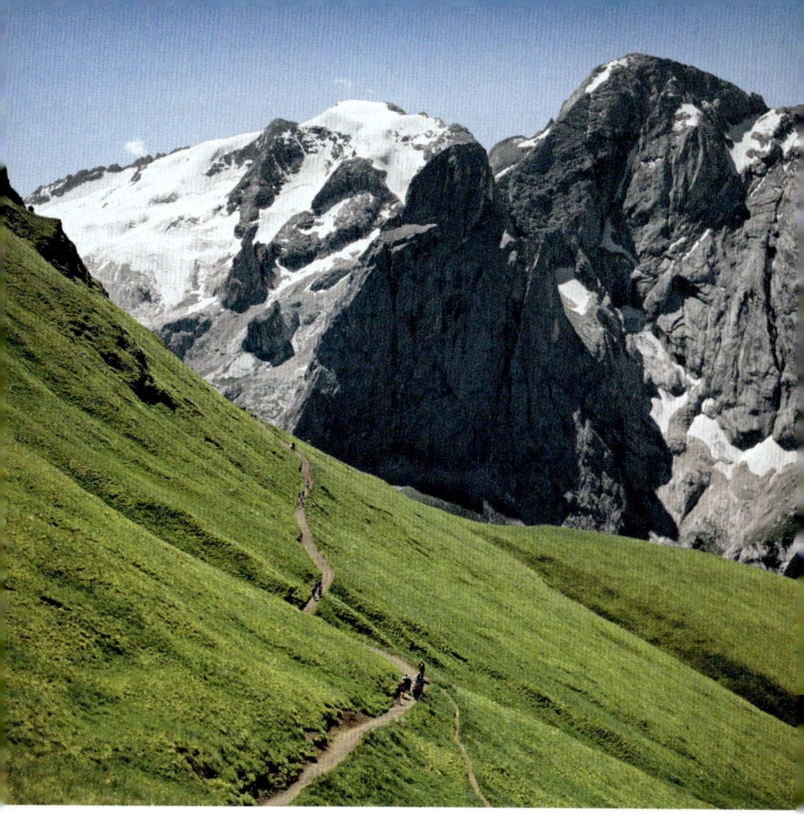

Blick vom Bindelweg zu den Gletschern der Marmolada.

Vom **Pordoijoch** ❶ den breiten Weg Nr. 601 (Bindelweg, ladinisch »Vièl del Pan«) unter der Ostwand des Sass Becè an den Wiesenhängen nach Süden aufwärts in den Sattel südlich des Gipfels. Links am begrünten P. 2423 (mit dem Rifugio Sass Becè) vorbei in den Sattel, 2370 m, östlich von ihm und

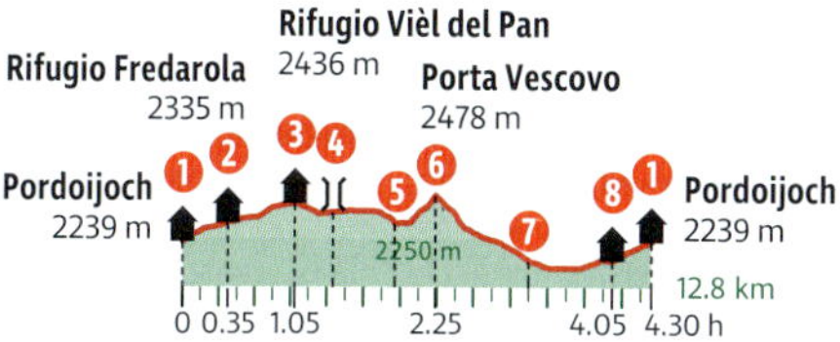

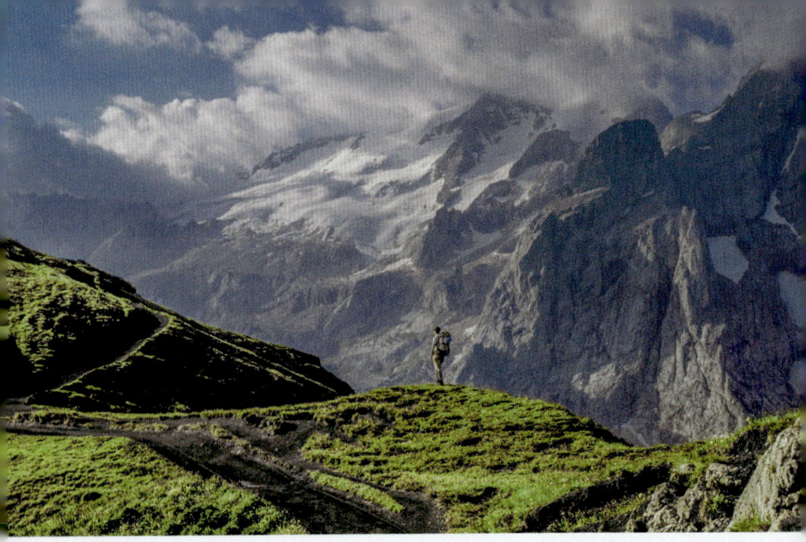

Unterwegs auf dem Bindelweg nahe der Fredarolahütte. Im Hintergrund die Marmolada.

dort zum **Rifugio Fredarola** ❷ mit erstem Blick zur Marmolada. Nun in einmalig schöner Höhenwanderung an den Südflanken des Col del Cuc und der Cima Crode Larice in Ostrichtung eben oder sanft aufwärts zu dem auf aussichtsreicher Schulter stehenden **Rifugio Vièl del Pan** ❸, 2436 m. Den jetzt schmäleren Weg Nr. 601 an den Abhängen des pilzförmigen Sasso Cappello und des Col de Pausa in Ostrichtung ab und auf in den **Sattel** ❹, 2390 m, nach dem Col de Pausa mit Blick nach Norden auf Arabba und gegen den mächtigen Sellastock. Ohne den Sattel zu überschreiten an den Hängen weiter bergauf, später oder leicht bergab zur **Verzweigung** ❺, an der Südrippe des Belvedere. Links vom Höhenweg Nr. 601 ab und auf Steig (Nr. 601A) an den steilen Hängen nach Nordosten hinauf in die grüne Mulde unterhalb der Porta Vescovo und dort zum Weg Nr. 698. Diesen in Kehren nach Norden hoch zur **Porta Vescovo** ❻, 2478 m, am Padònkamm mit Bergstation zweier Seilbahnen von Arabba.
Von der tiefsten Senke an der Porta den Fahrweg Nr. 680 und 698 über eine Skipiste steil nach Norden hinunter zu einer Gabelung. Links den Fahrweg Nr. 680, am Nordabhang des Padònkammes entlang, westwärts in schöner Höhenwanderung auf und ab zur **Verzweigung** ❼, dort, wo sich der Fahrweg nach rechts abwärts wendet. Links ab und auf Fußweg (Nr. 680) durch Buschwerk und über Wiesen eben weiter zur Gr. Dolomitenstraße, die beim **Hotel-Restaurant Lezuo** ❽, 2142 m, traversiert wird. Jenseits auf dem Fußweg Nr. 680 nach Nordwesten empor zum **Pordoijoch** ❶, 2239 m.

↗ 220 m | ↘ 400 m | 10.3 km

3.00 h

Hans-und-Paula-Steger-Weg

An der Eingangspforte zu den Wundern der Seiser Alm

Um von den Schönheiten der Seiser Alm eine erste Vorstellung zu bekommen, ist der zum Gedenken an das berühmte Bergsteiger-Ehepaar Hans Steger und Paula Wiesinger geschaffene Weg bestens geeignet. Man startet an der Bergstation der Seiser-Alm-Bahn in Kompatsch und beendet die dreistündige Wanderung bei einem Glas guten Südtiroler Wein im Zentrum des Almenreviers, im Hotelrestaurant Saltria, von wo einen der halbstündig verkehrende Bus wieder zum Ausgangspunkt zurückbringt.

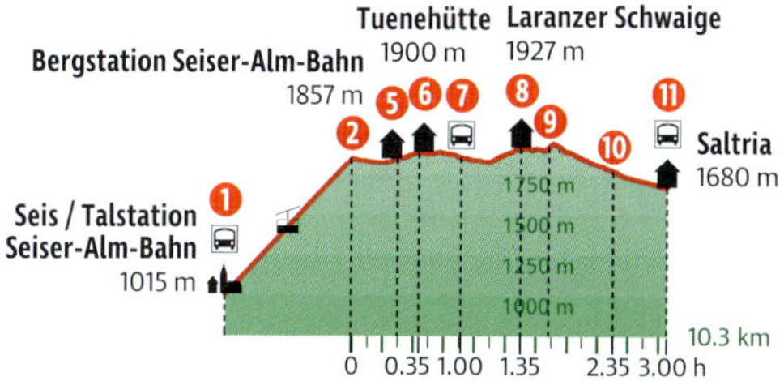

Der Hans-und-Paula-Steger-Weg leitet durch paradiesische Wiesenteppiche.

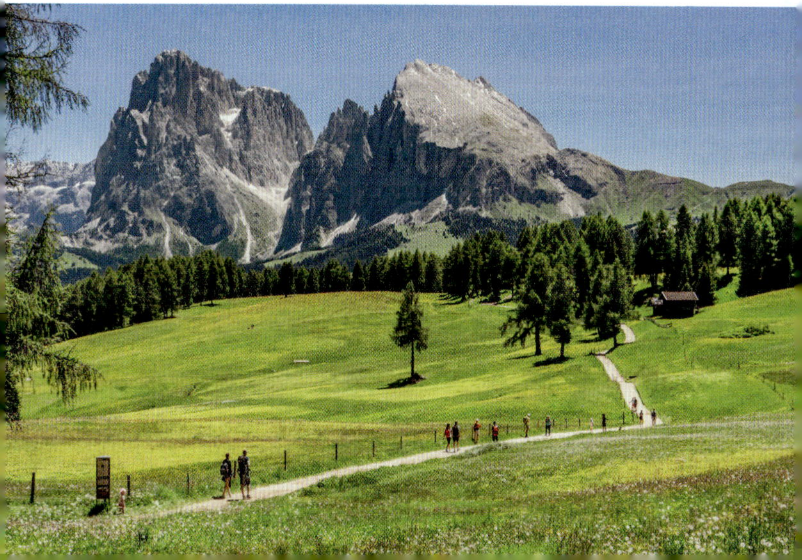

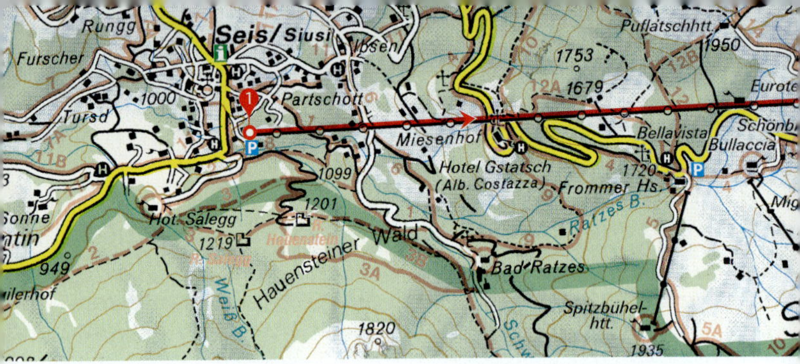

Ausgangspunkt: Talstation der Seiser-Alm-Bahn, 1015 m (Großparkplatz, kostenfreier Bereich P1) im Frötschbachgraben nahe der Landesstraße LS 24 südlich unterhalb von Seis. Bushalt der Linien 170, 172, 176, 177. Bergstation, 1857 m, am Westrand der Seiser Alm, 250 m nördlich der Hotelsiedlung Kompatsch. Bahnbetrieb: 20./25. Mai bis 1./5. Nov. tägl. 8–18/19 Uhr; seiseralmbahn.it.

Alternativ: Mit dem Pkw (ab Seis nur vor 9 Uhr und nach 17 Uhr; Talfahrt jederzeit) zum kostenpflichtigen Parkplatz P2 auf Kompatsch, 1844 m. Dorthin auch per Bus ab Kastelruth / Seis mit dem halbstündlich verkehrenden Seiser-Alm-Express (Linie 10). In der Zwischensaison (15. April bis 24. Mai, 3. Nov. bis 6. Dez.), bei Nichtverkehr der Seiser-Alm-Bahn, kann jederzeit mit dem Pkw bis zum Parkplatz P2 auf Kompatsch gefahren werden (Tagesgebühr in der Hauptsaison 26,50 Euro, in der Nachsaison die Hälfte).

Endpunkt: Hotelsiedlung Saltria, 1680 m. Von dort Rückfahrt mit dem Almbus (Linie 11; verkehrt jahreszeitlich während der Betriebszeiten der Seiser-Alm-Bahn; Frequenz: alle 40 Min., vom 10./15. Juni bis 10./15. Okt. alle 20 Min., Fahrzeit: 15 Min.) entlang der für den privaten Verkehr gesperrten Seiser-Alm-Straße nach Kompatsch und Talfahrt mit der Seiser-Alm-Bahn nach Seis.

Anforderungen: Unschwierige Wanderung, großteils auf breitem, gut beschildertem Promenadenweg. Erst ab der Laranzer Schwaige auch schmälere Fußwege. Neben der üblichen Markierung und Beschilderung ist der Weg auch mit einem Logo (zwei Berggipfel auf einer Holztafel) ausgestattet.

Einkehr: Santner's Pizzeria Restaurant (ganzj. 11–23 Uhr geöffnet, Tel. +39 0471 707678, santners.it) an der Talstation der Seiser-Alm-Bahn. Mehrere Hotels und Restaurants auf Kompatsch (alpinadolomites.it, hotelseelaus.it, schmung.com, anemone-seiseralm.com, albergofrommer.com) und Saltria (saltria.com, floralpina.com, hotel-brunelle.com, hoteltirler.com). Hotel Steger-Dellai (4-Sterne-Hotel, Tel. +39 0471 727 964, hotelstegerdellai.com), Tuenehütte und Laranzer Schwaige (beide keine Übernachtung, Sommerbewirtschaftung).

Variante: Wer die zweite Weghälfte des Hans-und-Paula-Steger-Wegs schon kennt, kann vom Wiedner Egg auf Weg Nr. 30 wesentlich kürzer (1.15 Std. Zeitersparnis), aber kaum weniger schön, ebenfalls zum Ziel gelangen. Er führt durch Wiesenmulden und Lärchenbestände dem Felsaltar des Langkofelstocks (am schönsten im Nachmittagslicht) entgegen, vorerst in Süd-, dann in Ostrichtung abwärts nach Saltria. Ein Glanzlicht unter den Wanderwegen der Seiser Alm!

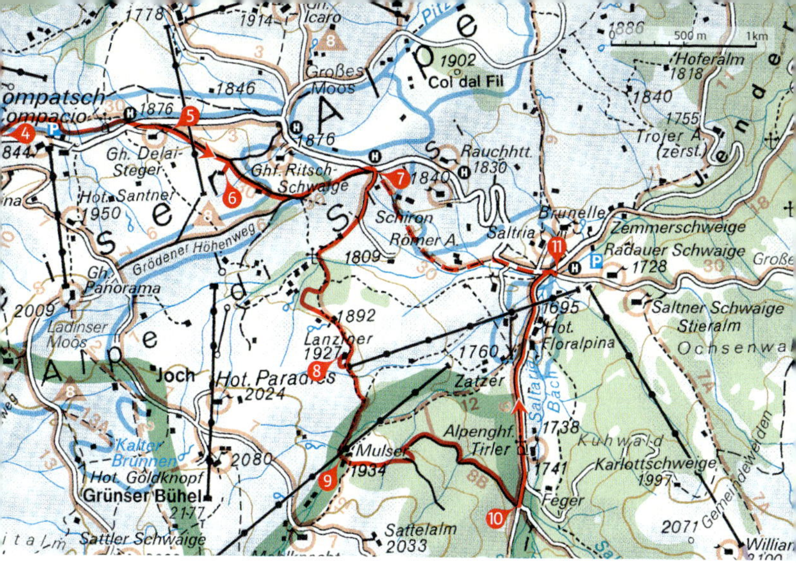

Auf der Tuenehütte is(s)t man nur selten allein …

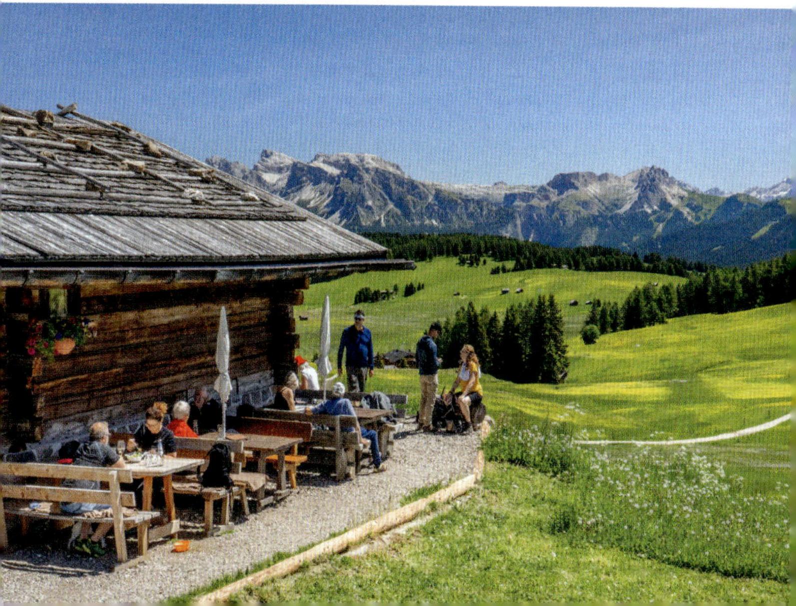

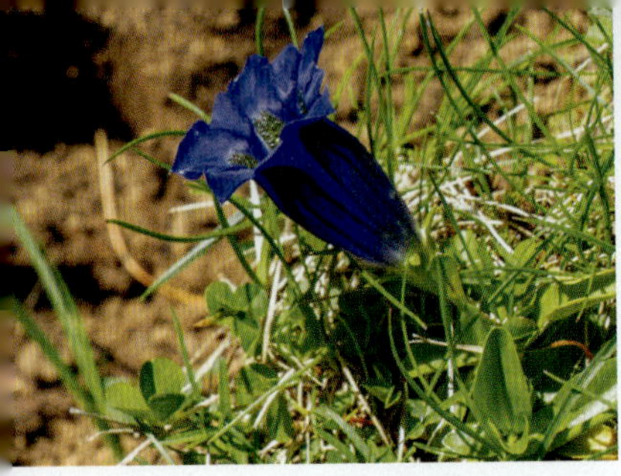

Im Frühsommer häufig: der Stängellose Enzian.

Von der **Talstation** in **Seis** ❶ Auffahrt mit der Seiser-Alm-Bahn zur **Bergstation** ❷. Dort die Ortsstraße 200 m nach rechts (Süden) in das Zentrum von **Kompatsch** ❸, 1844 m. Hier die Seiser-Alm-Straße 50 m nach links (Osten) zur **Verzweigung** ❹ gleich nach der modernen Holzkirche Hl. Franziskus. Links ab und auf dem Hans-und-Paula-Steger-Weg (Weg Nr. 30) ostwärts zunächst eben durch Wiesen, dann leicht bergauf (Rückblick zum Schlern mit den charakteristischen Felstürmen der Euringer- und Santnerspitze rechts, Fernblick nach Norden bis zu den Zentralalpen) wieder zur Seiser-Alm-Straße (Almbus-Haltestelle »Steger«), die nach links traversiert wird. Jenseits auf Asphaltstraße kurz nach Südosten hoch zum **Hotel Steger-Dellai** ❺, 1858 m, mit Teich. Auf Naturfahrweg durch Wiesen und Wald nach Südosten aufwärts zu einer Anhöhe (Rastplatz). Dort rechts ab und auf Fahrweg kurz nach Süden hoch zur **Tuenehütte** ❻, 1900 m, mit prachtvollem Langkofelblick.

Zurück zum Hauptweg Nr. 30 und diesen durch Wiesen und Lärchenbestände, Weg Nr. 6 kreuzend, südostwärts eben oder leicht bergauf zur nächsten Anhöhe mit Aussichtspunkt, danach in Nordostrichtung abwärts zur Seiser-Alm-Straße, die an einer **Verzweigung** ❼, 1862 m (Almbus-Haltestelle »Wiedner Egg«) erreicht wird. Rechts ab und auf Naturstraße (Weg Nr. 12A) durch Wiesen in Südwestrichtung abwärts zu einer Gabelung. Rechts haltend weiter, danach, einen Graben im Linksbogen ausgehend, in den Wald und dort in Windungen nach Süden hoch, schließlich durch Wiesen zur **Laranzer Schwaige** ❽, 1927 m. Auf Weg Nr. 12A südwärts zunächst durch ein Gatter, danach über ebene Wiesen, mehrere Gräben querend, in ein enges Waldtal mit rauschendem Bach. Anfangs rechts, dann links von ihm steil nach Südwesten hoch und durch ein Gatter zu den **Almhütten Mutz** ❾, 1945 m. Noch ein Stück in Südrichtung weiter zum querenden Fahrweg Nr. 12 (rechts zur Almrosenhütte). Diesen durch Wiesen und Wald in Windungen nach links (Nordosten) hinunter zu einer Verzweigung. Nicht links auf dem direkten Fußweg Nr. 12 nach Saltria, sondern rechts den Fahrweg Nr. 8B an den Waldhängen in Südostrichtung abwärts in das Tal des Dialerbaches und dort zu einer **Schotterstraße** ❿ (Weg Nr. 8). Diese kurz nach links hinab zu querender Forststraße (Weg Nr. 9) und auf ihr in Nordrichtung talaus zum Hotel Tirler, danach auf Asphaltstraße durch Wiesen, am Sporthotel Floralpina vorbei, zur Hotelsiedlung **Saltria** ⓫, 1680 m.

Rückkehr: von **Saltria** mit dem Almbus (Linie 11) nach **Kompatsch** und Talfahrt mit der **Seiser-Alm-Bahn** nach **Seis**.

↗ 360 m | ↘ 360 m | 8.8 km

3.15 h

TOP

Puflatsch-Runde 52

Vergnügliche Stunden auf einem Sonnenplateau über der Seiser Alm

Den Puflatsch sollte man anlässlich eines Seiser-Alm-Besuchs nicht übersehen. Als abgeflachte nordwestliche Randerhebung der berühmten Almhochfläche verkörpert er zwar nicht das Ideal eines Dolomitenberges, doch machen Position und Rundsicht dieses »äußerliche« Manko reichlich wett. Mehrere Einkehrmöglichkeiten, wundervolle Tief- und Fernblicke und vor allem die interessanten »Hexenbänke« schaffen Abwechslung an dem bequemen, unterhaltsamen Bergrundgang.

Ausgangspunkt: Talstation der Seiser-Alm-Bahn, 1015 m (Großparkplatz, kostenfreier Bereich P1) im Frötschbachgraben nahe der Landesstraße LS 24 südlich unterhalb von Seis. Bushalt der Linien 170, 172, 176, 177. Bergstation, 1857 m, am Westrand der Seiser Alm, 250 m nördlich der Hotelsiedlung Kompatsch. Bahnbetrieb: 20./25. Mai bis 1./5. Nov. tägl. 8–18/19 Uhr; seiseralmbahn.it. Alternativ: Mit dem Pkw (ab Seis nur vor 9 Uhr und nach 17 Uhr; Talfahrt jederzeit) zum kostenpflichtigen Parkplatz P2 auf Kompatsch, 1844 m. Dorthin auch per Bus ab Kastelruth / Seis mit dem halbstündlich verkehrenden Seiser-Alm-Express (Linie 10). In der Zwischensaison (15. April bis 24. Mai, 3. Nov. bis 6. Dez.), bei Nichtverkehr der Seiser-Alm-Bahn, kann jederzeit mit dem Pkw bis zum Parkplatz P2 auf Kompatsch gefahren werden (Tagesgebühr in der Hauptsaison 26,50 Euro, in der Nachsaison die Hälfte).

Anforderungen: Einfache Wanderung mit Wegmarkierung PU, 14 und 24.

Einkehr: Santner's Pizzeria Restaurant (ganzj. 11–23 Uhr geöffnet, Tel. +39 0471 707678, santners.it) an der Talstation der Seiser-Alm-Bahn. Mehrere Hotels und Restaurants auf Kompatsch (alpinadolomites.it, hotelseelaus.it, schmung.com, anemone-seiseralm.com, albergofrommer.com). Tschötschalm (keine Übernachtung, während der Betriebszeiten des Puflatschlifts geöffnet, Tel. +39 320 0661425, tschoetschalm.com), Puflatschlift-Bergrestaurant (keine Übernachtung, während der Betriebszeiten des Puflatschlifts geöffnet), Arnikahütte (keine Übernachtung, geöffnet von Ostern bis 2. Nov., Sa. Ruhetag, Tel. +39 0471 727 812, arnikahuette.com), Dibaita-Puflatschhütte (30 Betten, geöffnet 15./20. Mai bis 15./20. Okt., Tel. +39 0471 729090, dibaita-puflatschhuette.com).

Variante: Man erreicht die Puflatsch-Hochfläche von Kompatsch auch bequemer mit dem Puflatschlift (Kleinkabinenbahn, Betrieb: 25. Mai/1. Juni bis 10./15. Okt. tägl. 8.30/9–17 Uhr), was die Gehzeit um ca. 1 Std. verkürzt. Zur Puflatschlift-Talstation, 1815 m, gelangt man von der Bergstation der Seiser-Alm-Bahn auf breitem, bergab führendem Fußweg in 10 Gehminuten.

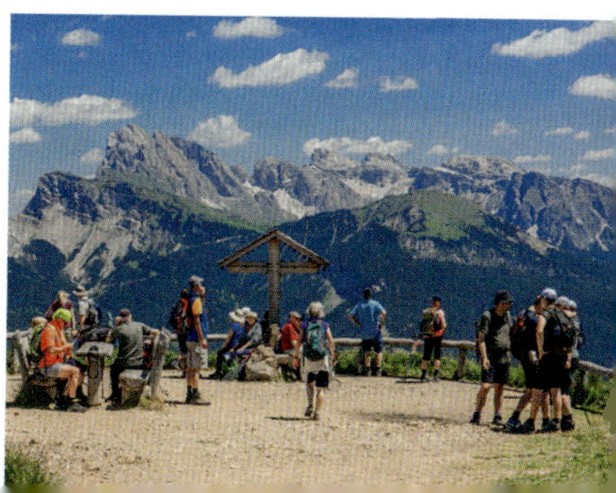

Die Aussichtsterrasse »Schnürlplatte«.

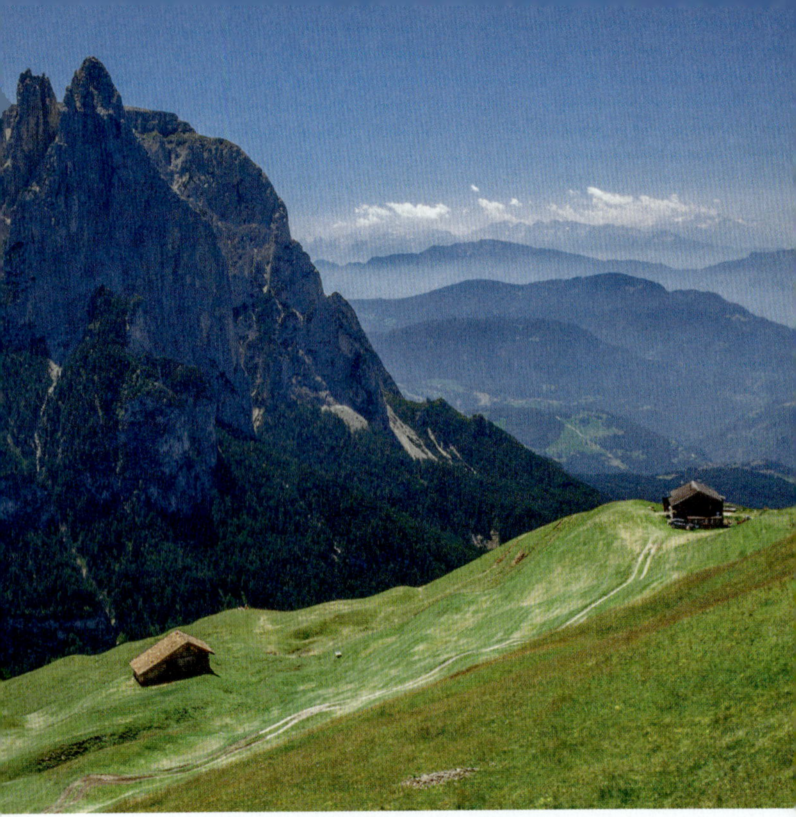

Wiesenteppiche am Puflatsch-Plateau. Im Südwesten Schlern und Bozner Mittelgebirge.

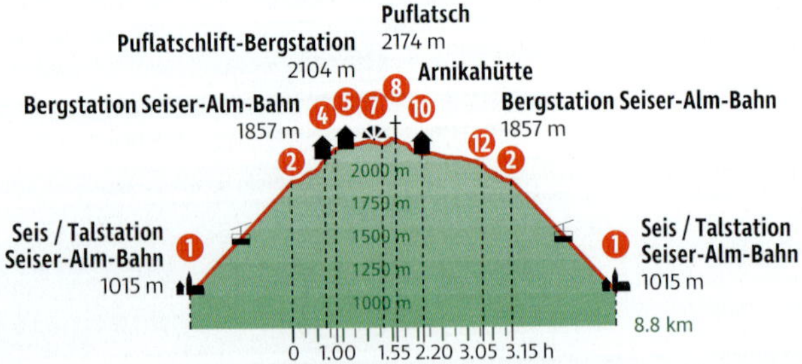

Von der Talstation in **Seis** ❶ mit der Seiser-Alm-Bahn hinauf zur **Bergstation** ❷, 1857 m. Hier die Asphaltstraße mit Weg Nr. 14 zwischen Hotelanlagen durch nach Norden hoch, dann durch Wiesen in Nordwestrichtung aufwärts zu einer **Verzweigung** ❸. Rechts den mit PU bezeichneten Fußweg durch ein Waldstück, dann durch Wiesen nordostwärts in Kehren empor zur **Tschötschalm** ❹, 2030 m, mit herrlichem Langkofel- und Schlernblick. Auf dem Weg PU durch Wiesen in Windungen und Kehren hoch zur **Puflatschlift-Bergstation** ❺, 2104 m, mit Puflatschlift-Restaurant, und in Nordostrichtung weiter bergauf zur **Aussichtsplattform »Engelsrast«** ❻, 2119 m (Panoramakreis), am Südrand der Puflatsch-Hochfläche. Umfassende Rundsicht!
Zurück zur **Puflatschlift-Bergstation** ❺ und dort kurz nach rechts (Norden) hinab zur Wegkreuzung. Geradeaus auf Fahrweg (Markierung PU) am Ostrand der Almhochfläche nach Norden aufwärts zu einer Gabelung (links Weg Nr. 14 zur Arnikahütte). Geradeaus den breiten Kiesweg, oberhalb der Messner Schwaige vorbei, in Nordrichtung weiter bergauf zur abgezäunten Aussichtsterrasse der »**Schnürlplatte**« beim **Fillner Kreuz** ❼, 2141 m. Rechtseinmündung des »Schnürlsteigs« (Weg Nr. 24) von Pufels. Atemberaubender Tiefblick ins Grödnertal. Wunderbare Rundumschau auf Geisler- und Puezgruppe, Sella und Langkofel sowie nach Norden zum Alpenhauptkamm.

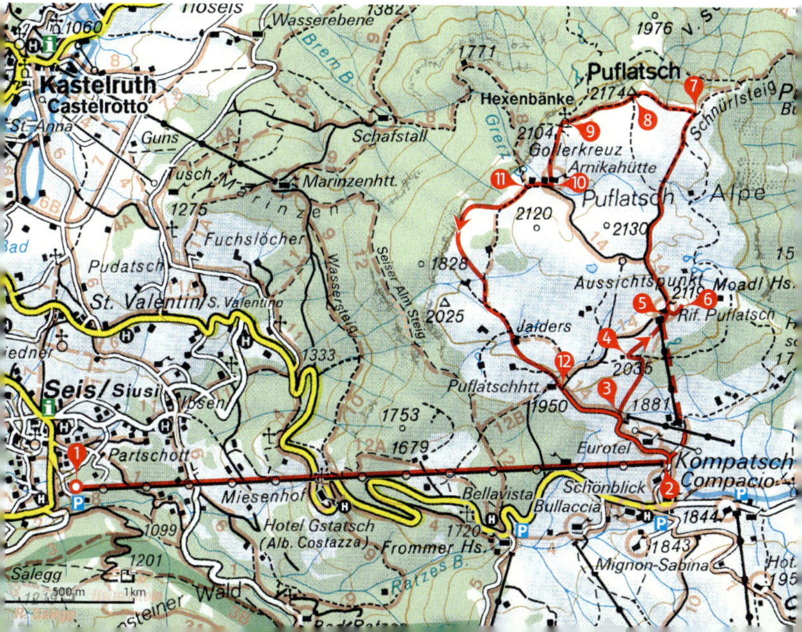

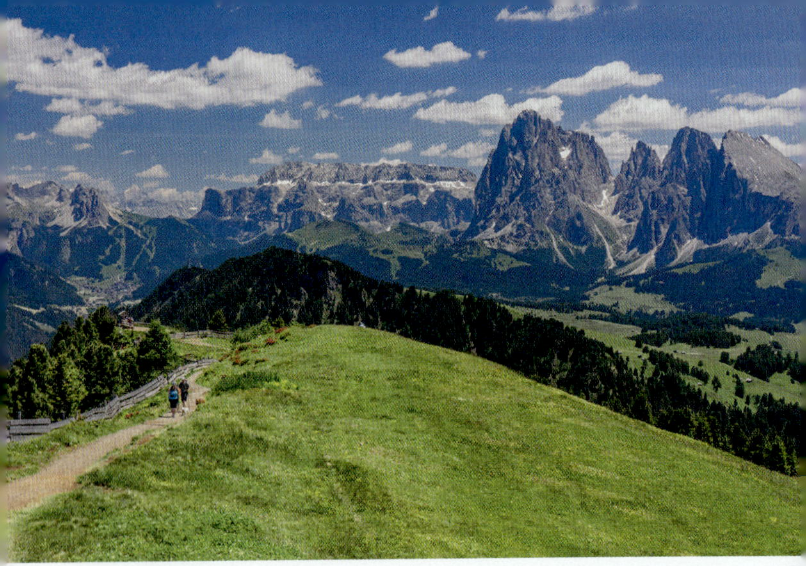

Blick vom Puflatsch über das Wiesengewoge der Seiser Alm hinweg zur Sella- und Langkofelgruppe.

Auf Weg Nr. 24 hart am Rand der Hochfläche über Wiesen nach Westen empor zum Gipfel des **Puflatsch** ❽, 2174 m, und jenseits hinab zu den »Hexenbänken«, treppenförmig angeordnete Augitporphyritsäulen – ein beherrschender Thron über dem Grödnertal. Entlang der Abbruchkante durch Wiesen, Buschwerk und über niedrige Felsstufen in Westrichtung weiter bergab zur Aussichtsterrasse »**Gollerkreuz**« ❾, 2098 m (Tiefblick auf Kastelruth und in das Eisacktal).

Den Kiesweg mit Markierung PU nach links (Süden) hinunter zu der in einer quer verlaufenden Wiesenmulde gelegenen **Arnikahütte** ❿, 2062 m. Aus der Mulde nach rechts (Westen) empor auf eine Anhöhe (Dreibalkenkreuz, Sitzgarnitur), dann, eine Flanke querend, nach links (Süden) zur Rechtseinmündung von **Weg Nr. 8** ⓫ von der **Marinzen Alm** bzw. von der Schafstallhütte her. Durch Buschwerk in Südwestrichtung weiter, dann, an mehreren Aussichtskanzeln mit Sitzbänken und dem Colonna-Kreuz vorbei, in Südostrichtung abwärts, schließlich durch sanfte Wiesenmulden zu querender Naturstraße. Auf dieser, an der Rechtsabzweigung zu der westlich unterhalb gelegenen **Dibaita-Puflatschhütte**, 1974 m, vorbei, zu einer **Asphaltstraße** ⓬. Nun nicht entlang der Straße (Weg Nr. 14), sondern auf Fußweg knapp rechts unterhalb abwärts, zuletzt wieder zur Asphaltstraße und auf dieser in Windungen hinab nach Kompatsch und zur **Bergstation** ❷. Mit der Seiser-Alm-Bahn zurück ins Tal nach **Seis** ❶.

↗ 530 m | ↘ 530 m | 9.5 km

4.15 h

Peterlunger Lacke, 2006 m **53**

Vergessene »Schönheit« im Südwesten der Seiser Alm

Nachdem sie 2013 ein Raub der Flammen wurde, ist die Peterlunger Schwaige im Südwesten der Seiser Alm auch gewieften Kennern kaum noch ein Begriff. Doch die Peterlunger Lacke in der Grasmulde knapp westlich unterhalb der Alm ist trotz starkem Algenbefalls noch immer den Besuch wert – einer der ganz wenigen natürlichen Bergseen der Seiser Alm, in dem sich die erhabenen Felsbastionen des Schlern, der Euringer- und Santnerspitze wunderschön spiegeln. Es lohnt sich, dort zu rasten, zu schauen oder gleich einen ganzen Tag zu verträumen.

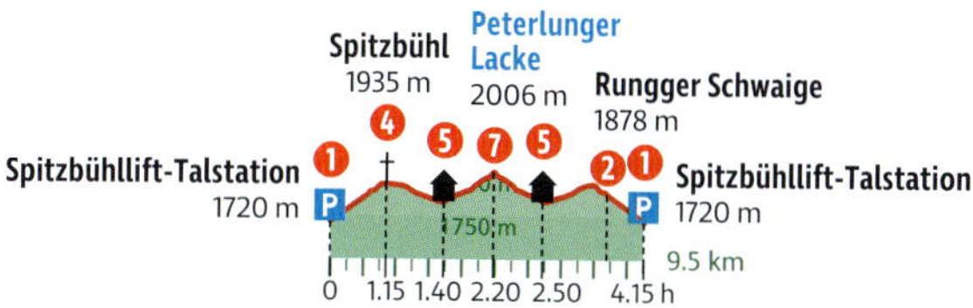

Ausgangspunkt: Talstation des Spitzbühllifts, 1720 m (Parkplatz), an der Seiser-Alm-Straße knapp oberhalb vom Gasthof Frommer, 9 km von Seis, 10 km von Kastelruth. Zufahrt von Seis mit dem halbstündlich verkehrenden Bus der Linie 10 (»Seiser Alm Express«) oder mit Pkw (ab Seis nur vor 9 Uhr und nach 17 Uhr möglich!). In der Zwischensaison (15. April bis 24. Mai, 3. Nov. bis 6. Dez.), bei Nichtverkehr der Seiser-Alm-Bahn, kann jederzeit mit dem Pkw bis zum Parkplatz P1 gefahren werden.

Anforderungen: Unschwierige Wanderung, teils auf Fahrwegen, teils durch wegloses (unmarkiertes) Almgelände. Bei Nebel abzuraten!

Einkehr: Gasthof Frommer (20 Betten, geöffnet 15. Juni bis 15. Okt., Tel. +39 0471 727917, albergofrommer.com), Bar-Restaurant an der Talstation des Spitzbühllifts (bei Liftbetrieb geöffnet, s. Variante), Spitzbühlhütte an der Lift-Bergstation (keine Übernachtung, bei Liftbetrieb geöffnet, s. Variante), Gstatsch Schwaige (keine Übernachtung,

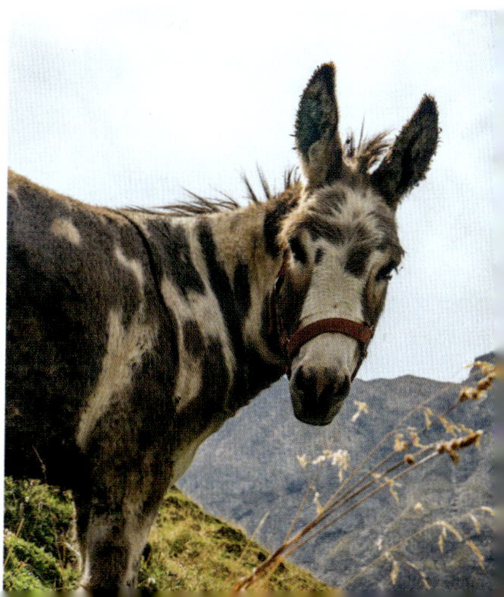

Ein neugieriger Esel – er beaufsichtigt seine Kuhherde und mustert unangemeldete Besucher …

15. Mai bis 15. Okt. geöffnet, Di. Ruhetag, Tel. +39 345 2714431), Saltnerhütte auf Tschapit (keine Übernachtung, geöffnet 15./20. Mai bis 25./31. Okt., Tel. +39 0471 706887).

Varianten: Bei Benutzung des Spitzbühllifts (Sechsersesselift, Betrieb: 20./25. Mai bis 8./10. Okt. 8.30–17.15 Uhr) bergwärts 45 Min., talwärts 30 Min. Zeitersparnis.

Folgt man den Wegspuren am Ostufer der Lacke über zwei Weidezäune hinweg nach Norden, erreicht man einen Wiesenhang und über diesen steil nach rechts ansteigend die Peterlunger Schwaige, 2033 m (keine Einkehr). Auf und ab 10 Min. zusätzlicher Zeitaufwand. Man kann im Abstieg dem runden Wiesenrücken westwärts bis zur Saltnerhütte folgen und von dort auf Fahrweg Nr. 5 in Nordrichtung zur Almschenke Gstatsch Schwaige und damit zum beschriebenen Weg gelangen. 10 Min. zusätzlicher Zeitaufwand.

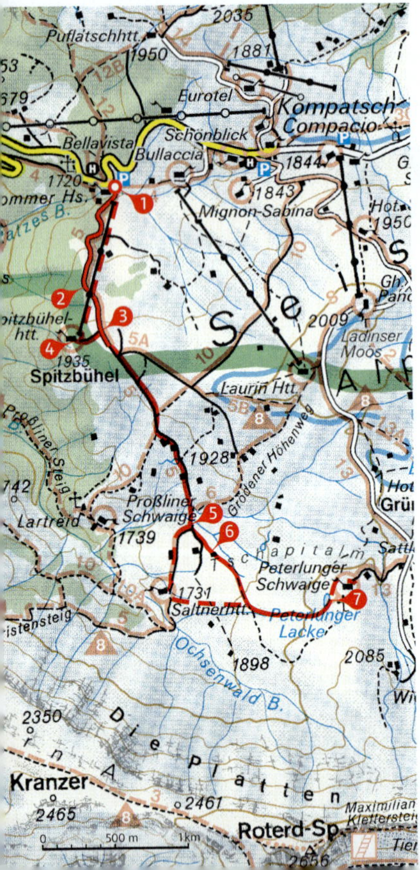

Vom Parkplatz bei der **Spitzbühllift-Talstation** ❶ die schmale Asphaltstraße mit Weg Nr. 5 durch schöne Lärchenwiesen in Windungen und Kehren z. T. steil nach Süden hoch zur **Rungger Schwaige** ❷, 1878 m, mit wunderbarer Sicht nach Westen zum Schlern mit den Türmen der Euringer- und Santnerspitze rechts. Die Straße durch Wiesen in Südrichtung weiter zu einer **Verzweigung** ❸. Rechts ab und auf Fahrweg Nr. 5A westwärts zum Gipfel des **Spitzbühls** ❹, 1935 m, mit Sessellift-Bergstation und Spitzbühlhütte. Herrliche Rundsicht!

Zurück zur erwähnten **Verzweigung** ❸ und die asphaltierte Querstraße 50 m nach rechts aufwärts zu einer Gabelung. Rechts den Fahrweg Nr. 5 (betonierte Fahrspuren) in Südostrichtung eben fort, dann, den Fußweg Nr. 10 kreuzend, an den Wiesenhängen abwärts und über den Tschapitbach zur Almschenke **Gstatsch Schwaige** ❺, 1834 m, mit Verzweigung der Fahrwege. Links den unmarkierten Naturfahrweg, an einer Heuhütte vorbei, durch Wiesen sanft nach Südosten aufwärts zu einer Gabelung und links haltend weiter zu zwei **Almhüt-**

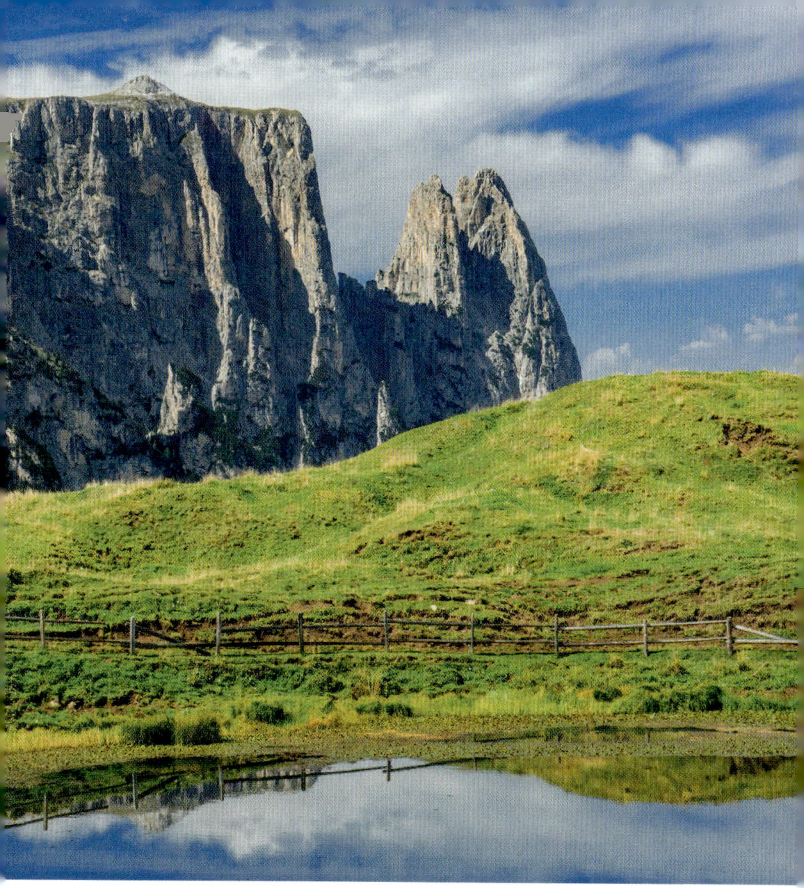

Die einsame Peterlunger Lacke im Südwestteil der Seiser Alm mit dem Schlernmassiv dahinter.

ten 6, 1873 m, wo der Fahrweg endet. An der rechten Hütte vorbei (Gatter), dann teils auf Steigspuren (Kuhtritte) teils weglos über schöne Almwiesen in Südostrichtung bergauf an einen runden Wiesenrücken. Über ihn anfangs noch sanft, dann steil hoch, schließlich in einem Linksbogen nach Norden zu der zwischen zwei Wiesenkuppen eingelagerten, von einem Zaun umgebenen **Peterlunger Lacke 7**, 2006 m. Prachtblick nach Westen gegen das wuchtige Schlernmassiv mit Euringer- und Santnerspitze rechts. Abstieg entlang der Anstiegsroute.

TOP

54 Schlern, 2564 m

↗ 1190 m | ↘ 1190 m | 22.3 km

2 Tage

Großzügige Besteigung und Runde von der Seiser Alm

Als einer der populärsten Berge Südtirols markiert der Schlern den Westrand der Dolomiten, überragt mit seinen über tausend Meter hohen West- und Nordabstürzen die Hangterrassen von Völs und Seis. Auch geologisch hat sich der Berg »verewigt«, denn hier erreicht der nach ihm benannte Schlerndolomit seine größte Mächtigkeit. Und zuoberst, im Bereich der Schlernhochfläche, sind die berühmten Blumenwiesen eine Welt für sich. Keine Frage, dass auch bei Seiser-Alm-Besuchern der Wunsch nach einer Besteigung wach wird. Das kann auf verschiedenen, zum Teil recht verwickelten Wegen geschehen. Alle sind sie unschwierig, verlangen aber aufgrund ihrer Länge und der teils beträchtlichen Anstiegshöhen vorbereitendes Training und Ausdauer. Der Nordzugang von Kompatsch am Westrand der Seiser Alm gilt als einfachste, kürzeste Route auf den Riesen, von dessen höchster Erhebung, den »Petz«, man ein 360-Grad-Panorama ohnegleichen genießen kann. Für den Rückweg bietet sich als kürzester die Anstiegsroute an. Ungleich attraktiver, jedoch um eine gute Gehstunde länger ist die hier beschriebene zweitägige Alternative mit Übernachtung am Schlernhaus über Tierser-Alpl-Hütte und Rosszahnscharte zurück nach Seis – ein »Fest der Sinne« für den, der bei strahlendem Sommerwetter unterwegs ist.

Ausgangspunkt: Talstation der Seiser-Alm-Bahn, 1015 m (Großparkplatz, kostenfreier Bereich P1) im Frötschbachgraben nahe der Landesstraße LS 24 südlich unterhalb von Seis. Bushalt der Linien 170, 172, 176, 177. Bergstation, 1857 m, am Westrand der Seiser Alm, 250 m nördlich der Hotelsiedlung Kompatsch. Bahnbetrieb: 20./25. Mai bis 1./5. Nov. tägl. 8–18/19 Uhr; seiseralmbahn.it. Alternativ: Mit dem Pkw (ab Seis nur vor 9 Uhr und nach 17 Uhr; Talfahrt jederzeit) zum kostenpflichtigen Parkplatz P2 auf Kompatsch, 1844 m. Dorthin auch per Bus ab Kastelruth / Seis mit dem halbstündlich verkehrenden Seiser-Alm-Express (Linie 10). In der Zwischensaison (15. April bis 24. Mai, 3. Nov. bis 6. Dez.), bei Nichtverkehr der Seiser-Alm-Bahn, kann jederzeit mit dem Pkw bis zum Parkplatz P2 auf Kompatsch gefahren werden (Tagesgebühr in der Hauptsaison 26,50 Euro, in der Nachsaison die Hälfte).
Anforderungen: Einfache, aber sehr lange Wanderung mit beträchtlicher Anstiegshöhe. Nur bei sicherem Wetter!
Einkehr: Santner's Pizzeria Restaurant (ganzj. 11–23 Uhr geöffnet, Tel. +39 0471 707678, santners.it) an der Talstation der Seiser-Alm-Bahn. Mehrere Hotels und Restaurants auf Kompatsch (alpina-dolomites.it, hotelseelaus.it, schmung.com, anemone-seiseralm.com, albergofrommer.com), Gstatsch Schwaige (keine Übernachtung, geöffnet 15. Mai bis 15. Okt., Di. Ruhetag, Tel. +39 345 2714431), Saltnerhütte in Tschapit (keine Übernachtung, geöffnet 15./20. Mai bis 25./31. Okt., Tel. +39 0471 706887), Schlernhaus (30 Betten, 80 Lager, geöffnet 1./5. Juni bis 15. Okt., Tel. +39 0471 612024, +39 0471 724094, schlern-

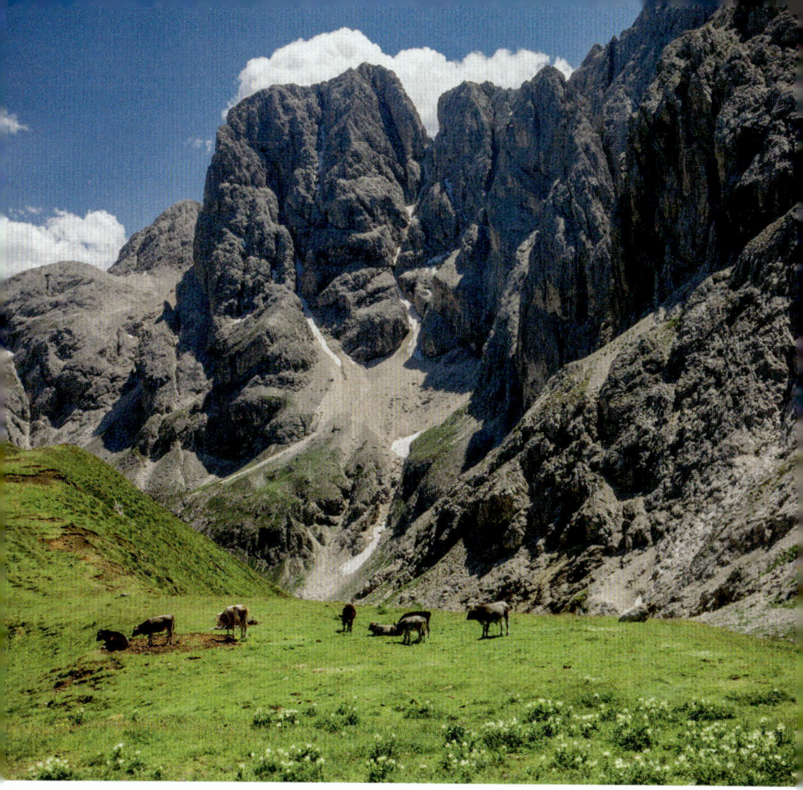

Die Abstürze des Molignonmassivs (Rosengartengruppe) über dem oberen Durontal.

haus.it), Tierser-Alpl-Hütte (33 Betten, 43 Lager, geöffnet je nach Schneelage 25. Mai/1. Juni bis 25./30. Okt., Tel. +39 0471 727958, +39 335 5777791, tierseralpl.com), Alpenhotel Panorama (ganzj. geöffnet, Tel. +39 0471 727968, alpenhotel-panorama.it).

Hinweise: Bei Übernachtung am Schlernhaus lohnt es sich, die höchste Erhebung, den Petz, abends oder anderntags früh zu besteigen (tolle Sonnenauf- und -untergänge!). Vom Gipfel bietet sich ein einzigartiges 360-Grad-Panorama, das von der Brenta und den Gardaseebergen, von Ortler, Presanella und Adamello bis hin zum Großglockner reicht.

Vom Alpenhotel Panorama kann man rascher auch mit dem Panorama-Sechsersessellift (Betrieb: 25./31. Mai und 5./10. Okt. täglich 8.30–17/18 Uhr) nach Kompatsch gelangen. 30 Min. Zeitersparnis.

Variante: Vom Petz lohnt der kurze Abstieg über den Wiesenrücken (Steigspuren) zum Burgstall, 2515 m, der nördlichen Abbruchkante der Schlernhochfläche, mit herrlicher Sicht auf die frei aufragenden Türme der Euringer- und Santnerspitze.

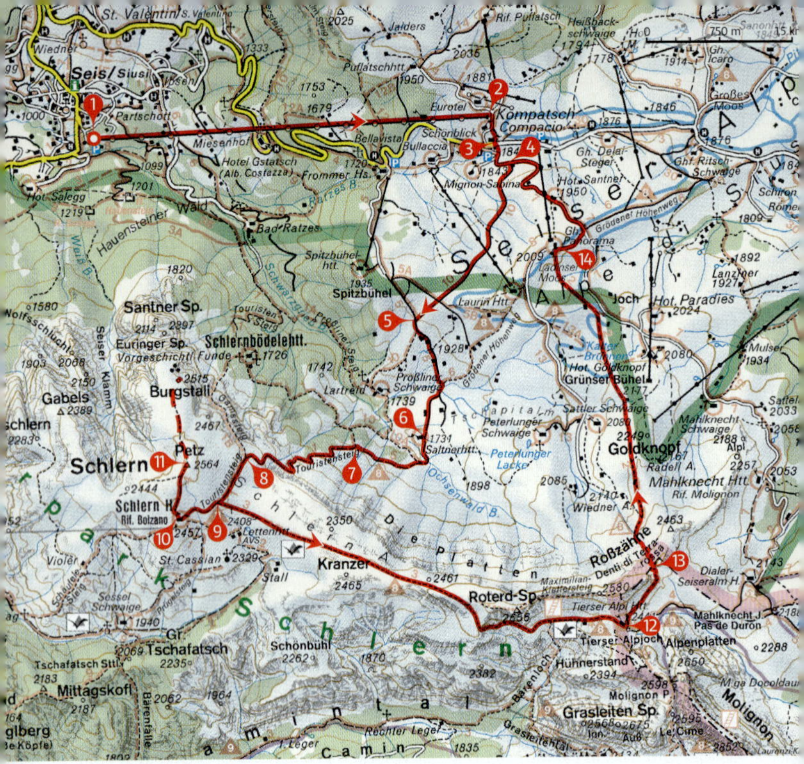

Von **Seis** ❶ Auffahrt mit der Seiser-Alm-Bahn zur **Bergstation** ❷. Hier die Ortsstraße 200 m nach rechts (Süden) in das Zentrum von **Kompatsch** ❸, 1844 m, und dort zur Seiser-Alm-Straße. Auf ihr wenige Meter nach links, dann rechts ab und auf asphaltierter Bergstraße (Weg Nr. 7 und 10) vorerst in Süd-, dann in Ostrichtung aufwärts zu einer **Gabelung** ❹. Rechts den Naturfahrweg Nr. 10 in langer Geraden durch Wiesen, an Heuhütten vorbei (wunderbare Sicht nach Westen auf die wuchtigen Felsmassive von Schlern, Euringer- und Santnerspitze), sanft nach Südwesten aufwärts zum kreuzenden Fahrweg Nr. 5A/5B und jenseits auf Weg Nr. 10 steil gegen den Frötschbachgraben hinab zum **Querweg Nr. 5** ❺, 1902 m, mit betonierten Fahrspuren. Auf ihm durch herrliche Wiesen sanft nach Süden abwärts zum Tschapitbach und jenseits zu der auf der Tschapitalm gelegenen **Gstatsch Schwaige**, 1845 m. Auf Weg Nr. 5 geradeaus weiter zur nahen **Saltnerhütte** ❻, 1830 m (auch »Saltner Schwaige«), mit einzigartiger Sicht auf die gewaltigen Ostabstürze des Schlern.

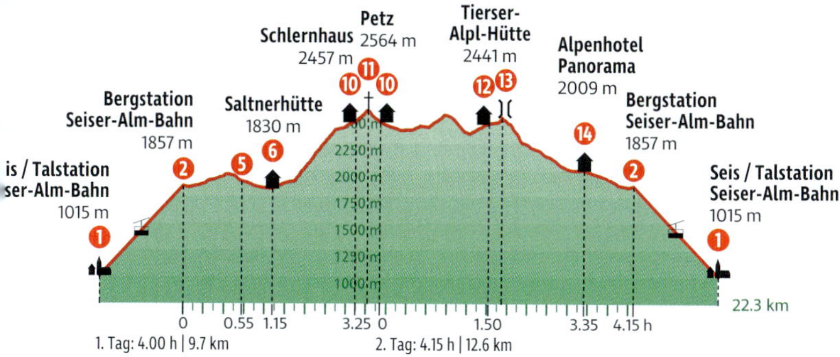

Von der Hütte auf Weg Nr. 5 noch ein Stück in Südrichtung abwärts zum Frötschbach. Jenseits am Nordabhang des Schlernmassivs durch Wiesen und lichten Baumbestand nach Westen hinauf zum querenden **Touristensteig** 7. Auf diesem (Weg Nr. 1) durch Latschen und teils felsiges Gelände westwärts in Kehren und Querungen empor an den Nordrand der Schlernhochfläche und dort zur Rechtseinmündung des **Gamssteigs** 8. In Südwestrichtung eben über die Hochfläche, wobei im Süden bald die felsgewaltige Rosengartengruppe in Erscheinung tritt. Der breite Weg führt im weiten Rechtsbogen um den Petz herum in seine Südseite und dort zu einer **Verzweigung** 9. Auf Weg Nr. 1–4, an einigen Quellen vorbei, geradeaus sanft aufwärts zum **Schlernhaus** 10, 2457 m. Von der Hütte auf Weg Nr. 4 durch begrüntes Gelände nach Norden empor zum **Petz** 11, 2564 m, der höchsten Erhebung im Schlernmassiv. Wieder hinab zum **Schlernhaus** 10, wo am Ende des 1. Tourentags übernachtet wird.

Anderntags wandern wir zurück zur erwähnten **Verzweigung** 9. Rechts auf Weg Nr. 4 die Schlernhochfläche in Südostrichtung abwärts in eine grasige Senke. Zunächst noch über die Hochfläche, dann links an der Erhebung des **Kranzer**, 2465 m, vorbei und hinauf in den Sattel vor der **Roterdspitze**. Gegen diese über einen Rücken auf eine aussichtsreiche Schulter, 2575 m, mit Linksabzweigung des Maximilian-Klettersteigs.

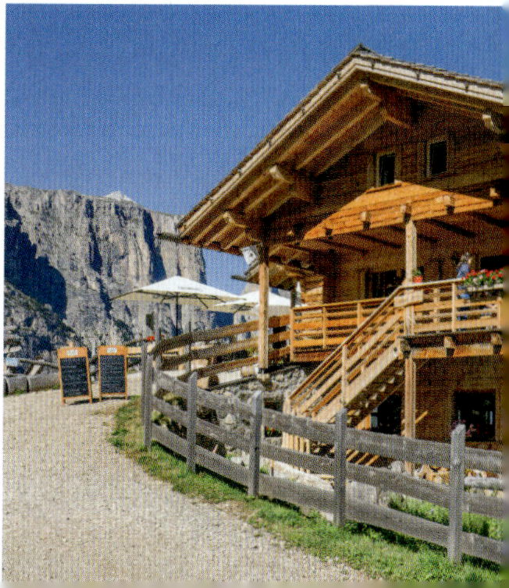

Die einladende Gstatsch Schwaige mit den wuchtigen Schlernwänden dahinter.

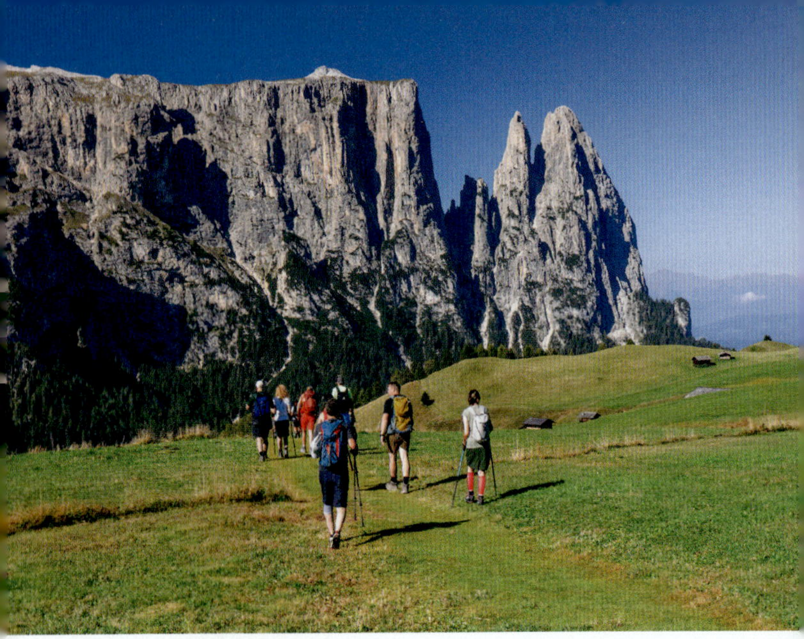

Unterwegs von Kompatsch auf den Schlern. Blick in die Ostwände des Massivs mit Burgstall, Euringer und Santnerspitze.

Nach rechts in die Südseite der Roterdspitze und dort in einigen steilen Kehren gegen das Tschamintal abwärts, später an steilen Hängen z. T. in Kehren nach links (Osten) hinunter zur Rechtsabzweigung von Weg Nr. 3 durch das »Bärenloch«. Geradeaus den gerölligen Weg Nr. 4 unter den Südwänden der Rosszähne nach Osten empor in das zwischen Schlern- und Rosengarten eingelagerte **Tierser-Alpl-Joch** und dort zur **Tierser-Alpl-Hütte** ⓬, 2441 m.
Vom Tierser-Alpl-Joch den Weg Nr. 2 an den Schutthängen unter den Rosszähnen entlang eben nach Nordosten, dann nordwärts in einigen Serpentinen empor in die **Rosszahnscharte** ⓭, 2499 m. Jenseits einen steilen Hang in Kehren nach Norden hinunter, dann, am Westabhang von Günser Bühl und Goldknopf entlang, durch Wiesen weniger steil bergab zum Ladinser Moos. Auf Bretterstegen über die feuchten Moorwiesen nach Norden zu einer Straße und auf ihr 40 m nach rechts zum **Alpenhotel Panorama** ⓮, 2009 m. Vom Hotel die asphaltierte Zufahrtsstraße kurz nach Nordosten abwärts zu einer **Gabelung** ❹ und links haltend durch Wiesen teils in Kehren nach Nordwesten hinunter nach **Kompatsch** ❸ und zur **Bergstation** ❷, danach mit der Seiser-Alm-Bahn zurück ins Tal nach **Seis** ❶.

↗ 1100 m | ↘ 1750 m | 22.6 km

2 Tage

Schlern, 2564 m: Nord-Süd-Überschreitung

55

Von Nord nach Süd über eine Südtiroler »Prominenz«

Wem eine Schlernbesteigung von der Seiser Alm aus nicht reicht, kann die Tour mit Übergang vom Schlernhaus zur Tierser-Alpl-Hütte und Abstieg durch das Tschamintal nach Weißlahnbad mit abschließender Öffibus-Rückfahrt nach Seis zu einer Überschreitung bzw. Umrundung des Schlernmassivs ausdehnen. Unterwegs gibt es prachtvolle Bergmotive und tolle Landschaftsszenerien am laufenden Band. Für das Gelingen der Zweitagestour sind Ausdauer, bergsteigerische Übung, vor allem aber beste Wetterverhältnisse ausschlaggebend.

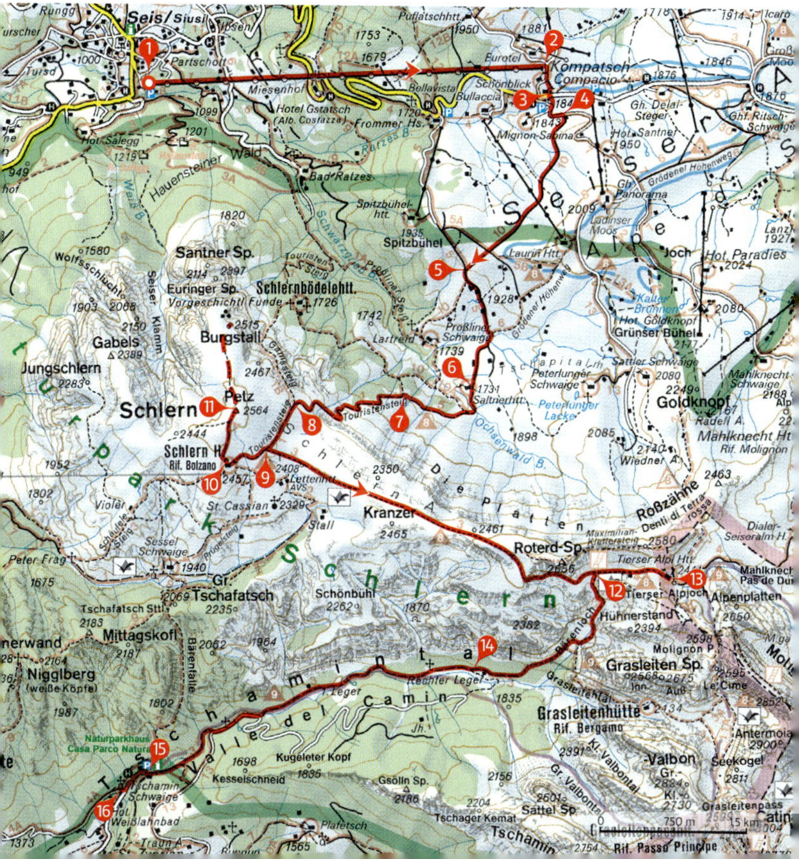

Am Rechten Leger im inneren Tschamintal, Blick auf die turmförmige Grasleitenspitze.

Ausgangspunkt: Talstation der Seiser-Alm-Bahn, 1015 m (Großparkplatz, kostenfreier Bereich P1) im Frötschbachgraben nahe der Landesstraße LS 24 südlich unterhalb von Seis. Bushalt der Linien 170, 172, 176, 177. Bergstation, 1857 m, am Westrand der Seiser Alm, 250 m nördlich der Hotelsiedlung Kompatsch. Bahnbetrieb: 20./25. Mai bis 1./5. Nov. tägl. 8–18/19 Uhr; seiseralmbahn.it. Alternativ: Mit dem Pkw (ab Seis nur vor 9 Uhr und nach 17 Uhr; Talfahrt jederzeit) zum kostenpflichtigen Parkplatz P2 auf Kompatsch, 1844 m. Dorthin auch per Bus ab Kastelruth / Seis mit dem halbstündlich verkehrenden Seiser-Alm-Express (Linie 10). In der Zwischensaison (15. April bis 24. Mai, 3. Nov. bis 6. Dez.), bei Nichtverkehr der Seiser-Alm-Bahn, kann jederzeit mit dem Pkw bis zum Parkplatz P2 auf Kompatsch gefahren werden (Tagesgebühr in der Hauptsaison 26,50 Euro, in der Nachsaison die Hälfte).
Endpunkt: Weißlahnbad, 1210 m. Rückfahrt nach Seis mit der zwischen 8.32 und 19.32 Uhr im Studenintervall verkehren Buslinie 176 über Tiers und Völs zur Talstation der Seiser-Alm-Bahn.
Anforderungen: Lange und anspruchsvolle Tour für trainierte Wanderer auf meist rege frequentierten Wegen. Im Abstieg durch das »Bärenloch« sind bergsteigerische Übung, Trittsicherheit und Schwindelfreiheit nötig. Nur bei trockenem Wetter mit guter Sicht.
Einkehr: Hotels und Restaurants auf Kompatsch (alpinadolomites.it, hotelseelaus.it, schmung.com, anemone-seiseralm.com, albergofrommer.com), Gstatsch Schwaige (keine Übernachtung, geöffnet 15. Mai bis 15. Okt., Di. Ruhetag, Tel. +39 345 2714431), Saltnerhütte in Tschapit (keine Übernachtung, geöffnet 15./20. Mai bis 25./31. Okt., Tel. +39 0471 706887), Schlernhaus (30 Betten, 80 Lager, geöffnet 1./5. Juni bis 15. Okt., Tel. +39 0471 612024, +39 0471 724094, schlernhaus.it), Tierser-Alpl-Hütte (33 Betten, 43 Lager, geöffnet je nach Schneelage 25. Mai/1. Juni bis 25./30. Okt., Tel. +39 0471 727958, +39 335 5777791, tierseralpl.com), Tschamin Schwaige (keine Übernachtung, geöffnet 2. So. im Mai bis 2. Nov., Mi. Ruhetag außer im Juli und August, Tel. +39 349 2876453, +39 349 0694535, tschaminschwaige.com). Mehrere Gastbetriebe in Weißlahnbad.
Variante: Vom Petz lohnt der kurze Abstieg über den Wiesenrücken (Steigspuren) zum Burgstall, 2515 m, der nördlichen Abbruchkante der Schlernhochfläche, mit toller Sicht auf die frei aufragenden Türme der Euringer- und Santnerspitze.

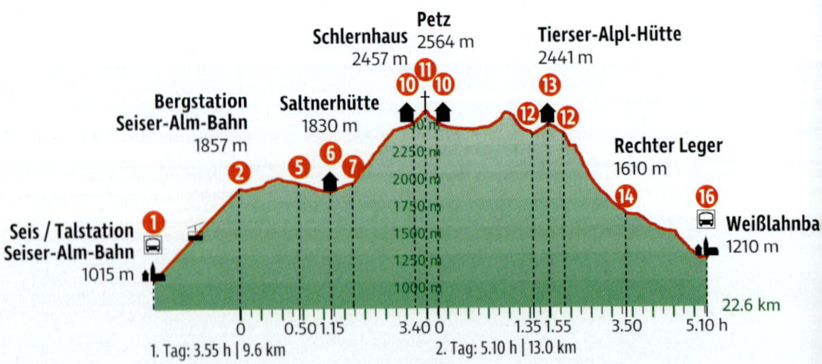

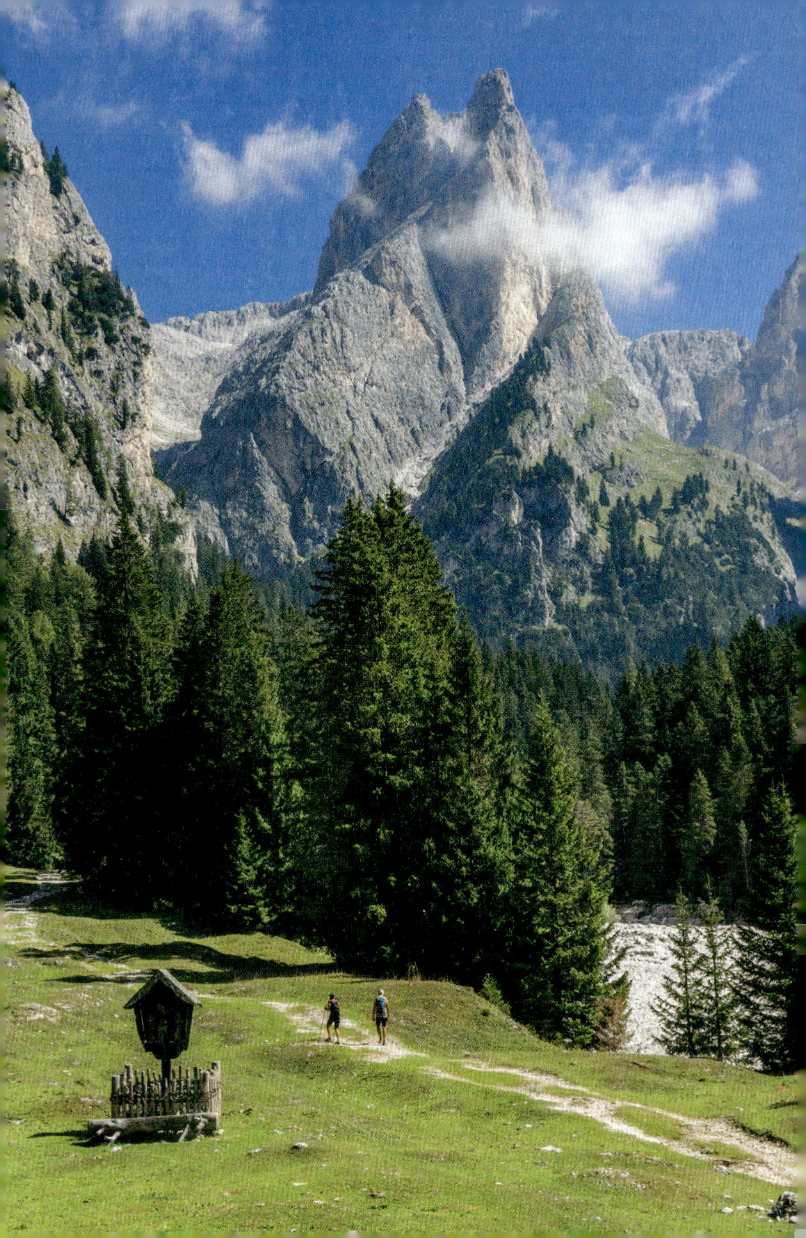

Von **Seis** ❶ Auffahrt mit der Seiser-Alm-Bahn zur **Bergstation** ❷. Hier die Ortsstraße 200 m nach rechts (Süden) in das Zentrum von **Kompatsch** ❸, 1844 m, und dort zur Seiser-Alm-Straße. Auf ihr wenige Meter nach links, dann rechts ab und auf asphaltierter Bergstraße (Weg Nr. 7 und 10) vorerst in Süd-, dann in Ostrichtung aufwärts zu einer **Gabelung** ❹. Rechts den Naturfahrweg Nr. 10 in langer Geraden durch Wiesen, an Heuhütten vorbei (wunderbare Sicht nach Westen auf die wuchtigen Felsmassive von Schlern, Euringer- und Santnerspitze), sanft nach Südwesten aufwärts zum kreuzenden Fahrweg Nr. 5A/5B und jenseits auf Weg Nr. 10 steil gegen den Frötschbachgraben hinab zum **Querweg Nr. 5** ❺, 1902 m, mit betonierten Fahrspuren. Auf ihm durch herrliche Wiesen sanft nach Süden abwärts zum Tschapitbach und jenseits zu der auf der Tschapitalm gelegenen Gstatsch Schwaige, 1845 m. Auf Weg Nr. 5 geradeaus weiter zur nahen **Saltnerhütte** ❻, 1830 m (auch »Saltner Schwaige«), mit einzigartiger Sicht auf die gewaltigen Ostabstürze des Schlern.

Von der Hütte auf Weg Nr. 5 noch ein Stück in Südrichtung abwärts zum Frötschbach. Jenseits am Nordabhang des Schlernmassivs durch Wiesen und lichten Baumbestand nach Westen hinauf zum querenden **Touristensteig** ❼. Auf diesem (Weg Nr. 1) durch Latschen und teils felsiges Gelände westwärts in Kehren und Querungen empor an den Nordrand der Schlernhochfläche und dort zur Rechtseinmündung des **Gamssteigs** ❽. In Südwestrichtung eben über die Hochfläche, wobei im Süden bald die felsgewaltige Rosengartengruppe in Erscheinung tritt. Der breite Weg führt im weiten Rechtsbogen um den Petz herum in seine Südseite und dort zu einer **Verzweigung** ❾. Auf Weg Nr. 1–4, an einigen Quellen vorbei, geradeaus sanft aufwärts zum **Schlernhaus** ❿, 2457 m. Von der Hütte auf Weg Nr. 4 durch begrüntes Gelände nach Norden empor zum **Petz** ⓫, 2564 m, der höchsten Erhebung im Schlernmassiv. Wieder hinab zum **Schlernhaus** ❿, wo am Ende des 1. Tourentags übernachtet wird.

Anderntags wandern wir zurück zur erwähnten **Verzweigung** ❾. Rechts auf Weg Nr. 4 die Schlernhochfläche in Südostrichtung abwärts in eine grasige Senke. Zunächst noch über die Hochfläche, dann links an der Erhebung des **Kranzer**, 2465 m, vorbei und hinauf in den Sattel vor der Roterdspitze. Gegen diese über einen Rücken auf eine aussichtsreiche Schulter, 2575 m, mit Linksabzweigung des Maximilian-Klettersteigs. Nach rechts in die Südseite der **Roterdspitze** und dort in einigen steilen Kehren gegen das **Tschamintal** abwärts, später an steilen Hängen z. T. in Kehren nach links (Osten) hinunter zur **Rechtsabzweigung** ⓬ von Weg Nr. 3 durch das »Bärenloch«. Geradeaus den gerölligen Weg Nr. 4 unter den Südwänden der Rosszähne nach Osten empor in das zwischen Schlern- und Rosengarten eingelagerte **Tierser-Alpl-Joch** und dort zur **Tierser-Alpl-Hütte** ⓭, 2441 m.

Zurück zur **Abzweigung** ⓬ von Weg Nr. 3 durch das »Bärenloch«. Den im oberen Abschnitt gesicherten Steig sehr steil nach Süden abwärts, später auf dem besser gehbaren Weg durch das Hochtal in Südwestrichtung hin-

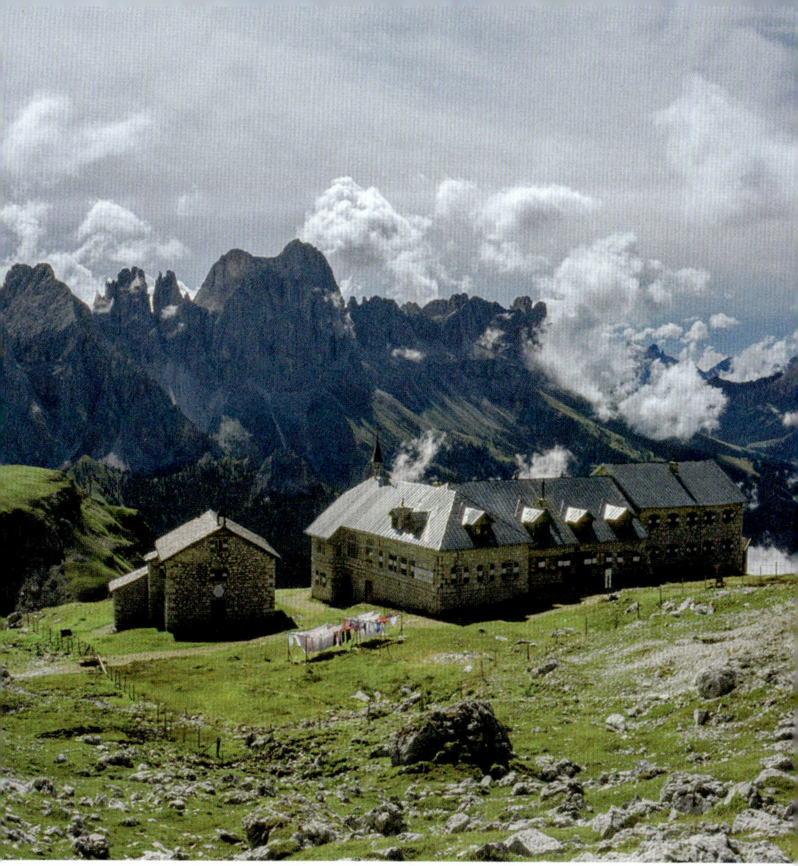

Das Schlernhaus mit der Rosengartengruppe im Südosten.

ab in den Hintergrund des von den großartigen Felsrecken der Grasleiten- und Vabonagruppe flankierten Tschamintals und dort zum Fahrweg Nr. 3. Auf ihm talaus zu den sanften Wiesenböden und Almhütten des **Rechten Legers** ⑭, 1610 m, mit markantem Schnitzkreuz ein landschaftlicher Höhepunkt des Tals. Entlang des Fahrwegs Nr. 3, am **Ersten Leger**, 1468 m, vorbei, talauswärts, zuletzt auf rechts abzweigendem Fußweg steiler hinunter zur **Tschamin Schwaige** ⑮, 1184 m. Nun auf Asphaltstraße aufwärts zum Kreisverkehr mit Bushalt und Parkplatz in **Weißlahnbad** ⑯.
Rückfahrt mit Buslinie 176 über Tiers und Völs zur **Talstation der Seiser-Alm-Bahn** in **Seis**.

↗ 750 m | ↘ 750 m | 16.5 km

56 Von der Seiser Alm zur Tierser-Alpl-Hütte, 2441 m

5.10 h

Schauen, was hinter dem Berge haust ...

Wen würde es nicht reizen, einmal über den Südrand der Seiser Alm hinaus, über den Kamm der Rosszähne hinweg, bis in die Rosengartengruppe vorzudringen? Mit Rückweg über die Mahlknechthütte nach Kompatsch ergibt das eine lohnende Runde mit einzigartigen Panoramablicken. Sie ist bei Hüttenübernachtung auch mit Kindern zu empfehlen.

Ausgangspunkt: Talstation der Seiser-Alm-Bahn, 1015 m (Großparkplatz, kostenfreier Bereich P1) im Frötschbachgraben nahe der Landesstraße LS 24 südlich unterhalb von Seis. Bushalt der Linien 170, 172, 176, 177. Bergstation, 1857 m, am Westrand der Seiser Alm, 250 m nördlich der Hotelsiedlung Kompatsch. Bahnbetrieb: 20./25. Mai bis 1./5. Nov. tägl. 8–18/19 Uhr; seiseralmbahn.it.
Alternativ: Mit dem Pkw (ab Seis nur vor 9 Uhr und nach 17 Uhr; Talfahrt jederzeit) zum kostenpflichtigen Parkplatz P2 auf Kompatsch, 1844 m. Dorthin auch per Bus ab Kastelruth / Seis mit dem halbstündlich verkehrenden Seiser-Alm-Express (Linie 10).
In der Zwischensaison (15. April bis 24. Mai, 3. Nov. bis 6. Dez.), bei Nichtverkehr der Seiser-Alm-Bahn, kann jederzeit mit dem Pkw bis zum Parkplatz P2 auf Kompatsch gefahren werden (Tagesgebühr in der Hauptsaison 26,50 Euro, in der Nachsaison die Hälfte).
Anforderungen: Lange, anstrengende, aber unschwierige Tour. Trittsicherheit nötig. Vorsicht bei Schneefeldern im Anstieg zur Rosszahnscharte!
Einkehr: Santner's Pizzeria Restaurant (ganzj. 11–23 Uhr geöffnet, Tel. +39 0471 707678, santners.it) an der Talstation der Seiser-Alm-Bahn. Mehrere Hotels und Restaurants auf Kompatsch (alpinadolomites.it, hotelseelaus.it , schmung.com, anemone-seiseralm.com, albergofrommer.com).
Alpenhotel Panorama (ganzj. geöffnet, Tel. +39 0471 727968, alpenhotelpanorama.it), Tierser-Alpl-Hütte (30 Betten, 43 Lager, geöffnet je nach Schneelage 25. Mai/1. Juni bis 25./30. Okt., Tel. +39 0471 727958, +39 335 5777791, tierser-alpl.com), Mahlknechthütte (36 Betten,

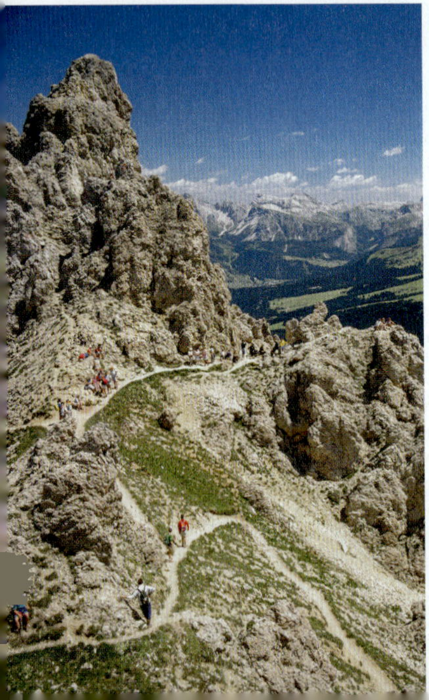

An der Rosszahnscharte. Blick nach Nordosten gegen die Puezgruppe.

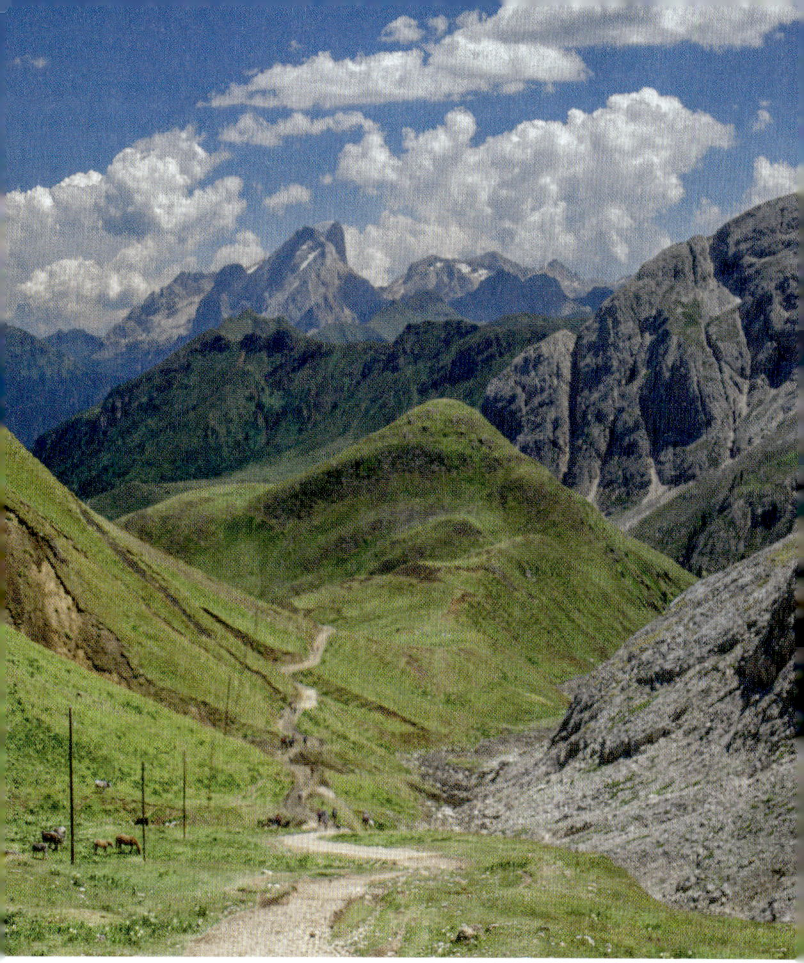

Blick vom Tierser-Alpl-Joch über das Mahlknechtjoch hinweg zur pultförmigen Marmolada.

11 Lager, geöffnet 15./20. Mai bis 25. Okt., Tel. +39 0471 727912, +39 335 5379785, mahlknechthuette.com).
Hinweis: Bei Übernachtung auf der Tierser-Alpl-Hütte ist die Tour auch für Kinder geeignet.

Variante: Bei Auffahrt von Kompatsch mit dem Panorama-Sechsersessellift verkürzt sich die Gesamtgehzeit um 45 Min. (Talstation, 1815 m, Bergstation beim Alpenhotel Panorama, Betrieb: 25./31. Mai und 5./10. Okt. tägl. 8.30–17/18 Uhr).

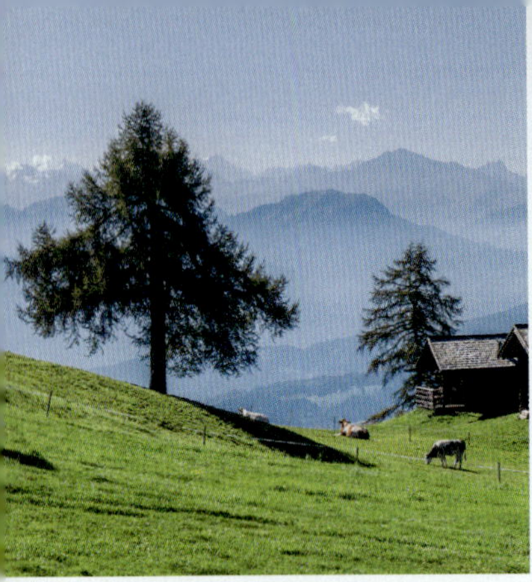

Grüne Viehweide am Westrand der Seiser Alm nahe Kompatsch.

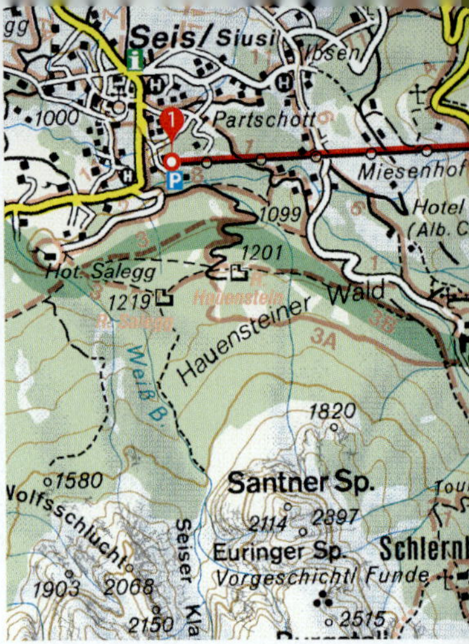

Von der **Talstation** in **Seis** ❶ Auffahrt mit der Seiser-Alm-Bahn zur **Bergstation** ❷. Dort die Ortsstraße 200 m nach rechts (Süden) in das Zentrum von **Kompatsch** ❸, 1844 m, mit der querenden Seiser-Alm-Straße. Auf dieser wenige Meter nach links, dann rechts ab und auf teils asphaltierter Bergstraße (Weg Nr. 7) durch Wiesen in Schleifen nach Südosten aufwärts und unter dem Panoramalift hindurch zu einer Anhöhe mit Verzweigungen. Dort nach rechts (Südwesten) empor zum **Alpenhotel Panorama** ❹, 2009 m. Gleich nach dem Hotel links ab und auf Bretterstegen über das Ladinser Moos, dann aufwärts zur Rechtsabzweigung von Weg Nr. 2. Diesen, am Westabhang von Günser Bühl und Goldknopf durch Wiesen nach Süden aufwärts, später einen steilen Hang in Kehren mühsam hoch zur **Rosszahnscharte** ❺, 2499 m. Jenseits einige Kehren abwärts, dann unter

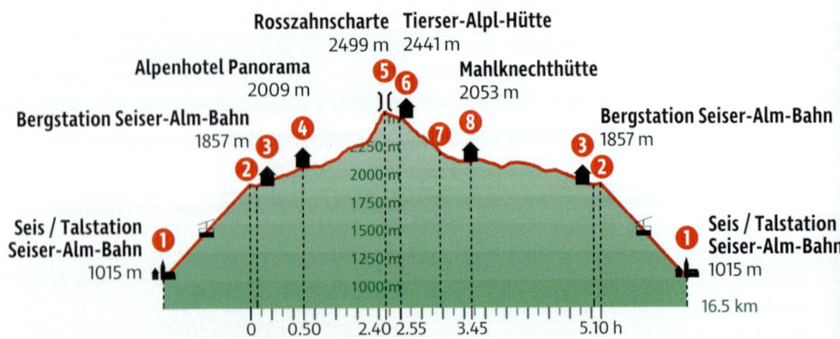

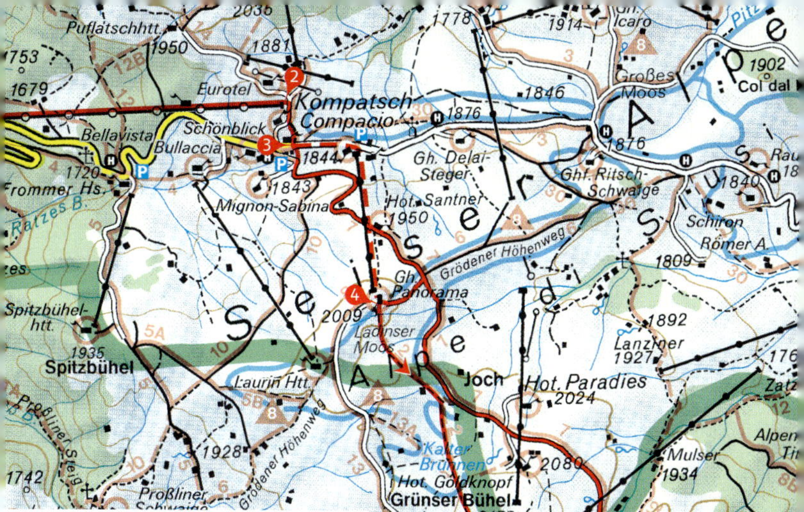

den Rosszähnen über Geröll eben nach rechts zur **Tierser-Alpl-Hütte** ❻, 2441 m, am gleichnamigen Joch. Vom Joch auf Fahrweg Nr. 4 das Durontal nach Osten abwärts zu einer Teilung. Links auf Weg Nr. 8 um einen Bergrücken herum in die Ostseite der Rosszähne und dort durch Wiesen hinunter zur Verzweigung **Dialer Alm** ❼, 2143 m. Auf Weg Nr. 7 nach Nordwesten hinab in einen schwarzfelsigen Graben. Über den Bach und jenseits nach rechts (Norden) zur **Mahlknechthütte** ❽, 2053 m. Der Bergstraße mit Weg Nr. 7 folgend, an grasigen Hängen nach Norden aufwärts, dann nordwestwärts im Auf und Ab über die ausgedehnten Wiesenflächen der Seiser Alm zur Straßenverzweigung unter dem Hotel Goldknopf. Geradeaus weiter, dann auf der vom Anstieg her bekannten Straße unter dem Panoramalift hindurch nach **Kompatsch** ❸ und dort zur **Bergstation** ❷. Mit der Seiser Alm-Bahn Talfahrt zurück nach **Seis** ❶.

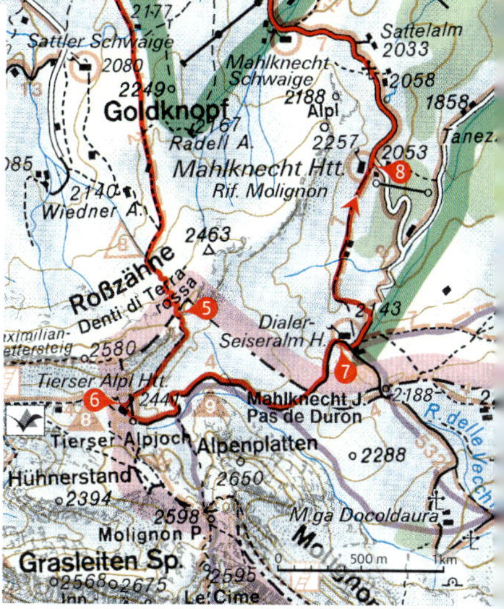

↗ 620 m | ↘ 620 m | 14.0 km

57 Friedrich-August-Weg (Westabschnitt)

4.30 h

Genussreiches Höhenwandern am Rande der Seiser Alm

Zur Saltria-Senke (Hotelsiedlung) im Osten der Seiser Alm fahren im Sommer regelmäßig Busse von Kompatsch her. Von dort lässt sich's genüsslich zur Plattkofelhütte am Fassajoch wandern (die Strecke kann bei Benutzung des Florian-Sesselliftes auf die halbe Gehzeit reduziert werden), wo der Westabschnitt des bekannten Friedrich-August-Weges – auch »Schneidweg« genannt – ansetzt. Er folgt dem Seiser Kamm »Auf der Schneid« bis zum Mahlknechtjoch, von wo es über die Tanezzaalm zurück zum Ausgangspunkt geht.

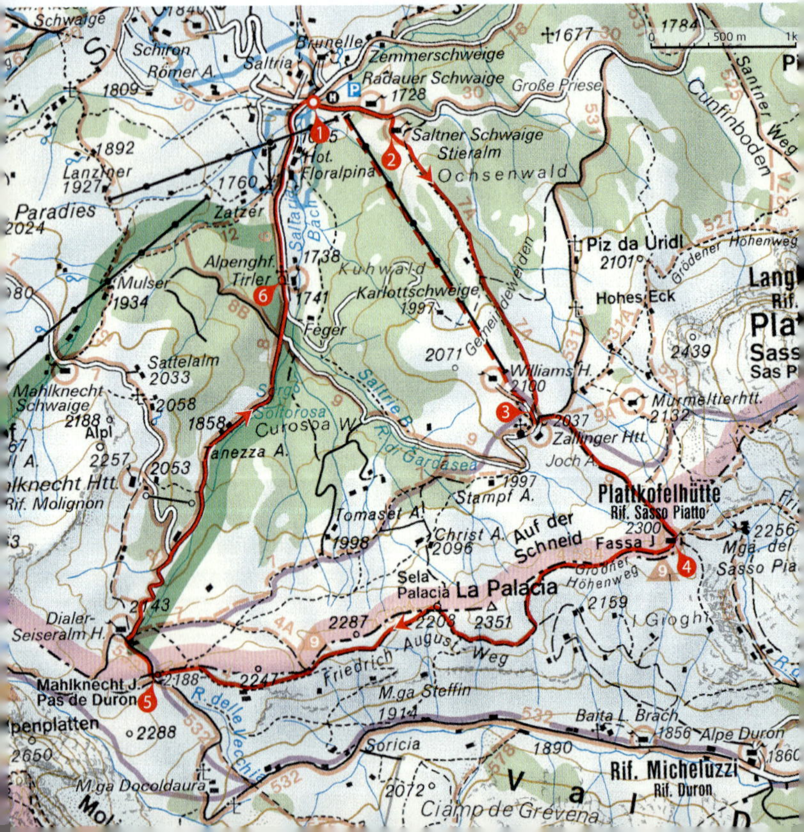

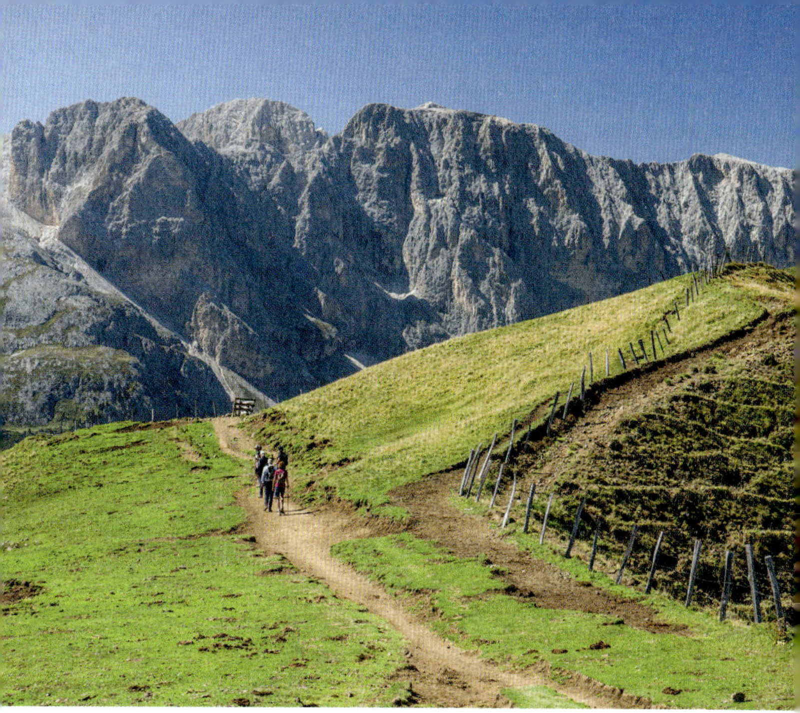

Blick vom »Schneidweg« in die Wände der Molignongruppe (Rosengarten).

Ausgangspunkt: Hotelsiedlung Saltria, 1680 m, in einer Senke am Ostrand der Seiser-Alm-Hochfläche; Almbus-Haltestelle (Linie 11) am Park- und Wendeplatz in Saltria.
Zufahrt: Von Seis mit der Seiser-Alm-Bahn (Talstation, 1015 m, im Frötschbachgraben südlich unterhalb von Seis nahe der Landesstraße LS 24 Großparkplatz; Bushalt der Linien 170, 172, 176, 177, ab Seis-Ortszentrum, Kastelruth und Völs z. T. im 15- bzw. 30-Minuten-Takt) zur Bergstation, 1857 m, am Westrand der Seiser Alm, nördlich der Hotelsiedlung Kompatsch. Bahnbetrieb: 20./25. Mai und 1./5. Nov. tägl. 8–18/19 Uhr; seiseralmbahn.it.
Alternativ: Auffahrt mit dem Pkw (ab Seis nur vor 9 Uhr und nach 17 Uhr; Talfahrt jederzeit) zum kostenpflichtigen Parkplatz P2 auf Kompatsch, 1844 m. Dorthin auch per Bus ab Kastelruth / Seis mit dem halbstündlich verkehrenden Seiser-Alm-Express (Linie 10). In der Zwischensaison (15. April bis 24. Mai, 3. Nov. bis 6. Dez.), bei Nichtverkehr der Seiser-Alm-Bahn, kann jederzeit mit dem Pkw bis zum Parkplatz P2 auf Kompatsch gefahren werden (Tagesgebühr in der Hauptsaison 26,50 Euro, in der Nachsaison die Hälfte).
Weiterfahrt: Von der Seiser-Alm-Bahn-Bergstation die Ortsstraße 200 m nach rechts (Süden) in das Zentrum von Kompatsch. Dort mit dem Almbus (Linie 11; verkehrt jahreszeitlich wie die

Seiser-Alm-Bahn; Frequenz: alle 40 Min., vom 10./15. Juni bis 10./15. Okt. alle 20 Min., Fahrzeit: 15 Min.) entlang der für den öffentlichen Verkehr gesperrten Seiser-Alm-Straße zur Hotelsiedlung Saltria.
Anforderungen: Leichte Wanderung auf markierten Wegen oder Bergstraßen.
Einkehr: Santner's Pizzeria Restaurant (ganzj. 11–23 Uhr geöffnet, Tel. +39 0471 707678, santners.it) an der Talstation der Seiser-Alm-Bahn. Mehrere Hotels und Restaurants auf Kompatsch (alpinadolomites.it, hotelseelaus.it, schmung.com, anemone-seiseralm.com, albergofrommer.com) und Saltria (saltria.com, floralpina.com, hotel-brunelle.com, hoteltirler.com). Radauer Schwaige (keine Übernachtung, geöffnet 1. Juni bis 31. Okt., Tel. +39 0471 700002, radauerhof.com/radauer-schwaige), Saltner Schwaige (Übernachtung im Heustadel, geöffnet 15. Juni bis 15. Okt., Tel. +39 0471 727804, saltner.eu), Bergrestaurant Williamshütte (keine Übernachtung, während der Betriebszeiten des Florianlifts geöffnet), Berghaus Zallinger (70 Betten, geöffnet 1. Juni bis 20. Okt., Tel. +39 0471 727947, +39 333 2397060, zallinger.com), Plattkofelhütte (30 Betten, 30 Lager, geöffnet 25./31 Mai bis 15./20. Okt., Tel. +39 0462 601721, +39 334 9569626, plattkofel.com).
Variante: Bei Benutzung des Florianlifts (Vierersessellift, Betrieb: 10./15. Juni bis 5./10. Okt. 9–17 Uhr, seiseralmbahn.it) von Saltria zur Bergstation, 2100 m, rund 1 Std. Zeitersparnis.
Kombinationsmöglichkeit: Mit Tour 48 (Ostabschnitt) kann der gesamte Friedrich-August-Weg vom Sella- bis zum Mahlknechtjoch begangen werden.

Von der Almbus-Haltestelle in **Saltria** ❶ auf Fahrweg 150 m nach Osten aufwärts Florianlift-Talstation, danach an der Radauer Schwaige vorbei zu einer Verzweigung. Rechts den breiten Weg Nr. 7A, an der **Saltner Schwaige** ❷, 1728 m, vorbei, durch Wiesen und Waldparzellen über einen lang gestreckten Rücken mäßig steil nach Südosten aufwärts zu einem **Fahrweg** ❸. Diesen mit Weg Nr. 9 (Rechtsabzweigung zum nahen Berghaus Zallinger) gerade fort über einen Rücken sehr steil aufwärts, später am Westabhang des Plattkofels entlang weiterhin steil nach Südosten empor zur **Plattkofelhütte** ❹, 2300 m, am **Fassajoch**. Nun auf Weg Nr. 4 und 594 den grasigen Höhenrücken des **Seiser Kammes** (»Auf der Schneid«) in Westrichtung sanft aufwärts, dann abwärts zum Sattel vor dem Palatsch, der links zum dahinterliegenden Sattel umgangen wird. An der linken Seite (Südseite) des Kammes entlang zur nächsten Einsattelung und geradeaus weiter zum von links, aus dem Durontal, einmündenden Fahrweg Nr. 532. Diesen kurz nach rechts zum **Mahlknechtjoch** ❺, 2188 m, und jenseits auf Weg Nr. 4B in die Nordseite des Seiser Kammes. Dort in Nordwestrichtung hinab zu querender Naturstraße und auf dieser kurz nach rechts zur Verzweigung an der **Dialer Alm**, 2130 m.
Auf Naturstraße (Weg Nr. 8) nordwärts über Wiesen und durch Buschwerk in Kehren hinunter in einen Graben mit Verzweigung. Rechts haltend, an der **Tanezzaalm**, 1858 m, vorbei, den bewaldeten Graben in Nordrichtung abwärts, zuletzt hinaus zu den weiten Saltria-Wiesen. Über sie, am **Tirler Dolomites Living Hotel** ❻, 1741 m, vorbei, fast eben wieder zur Almbus-Haltestelle in **Saltria** ❶.

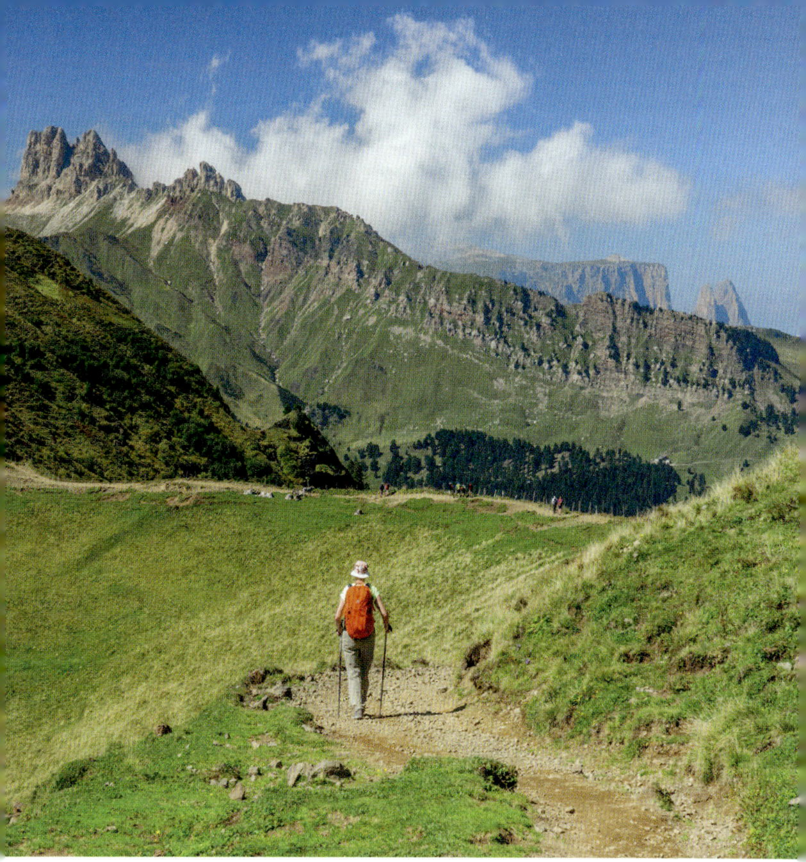

Unterwegs am westlichen Friedrich-August-Weg mit Blick auf Tierser-Alpl-Joch und Roßzähne.

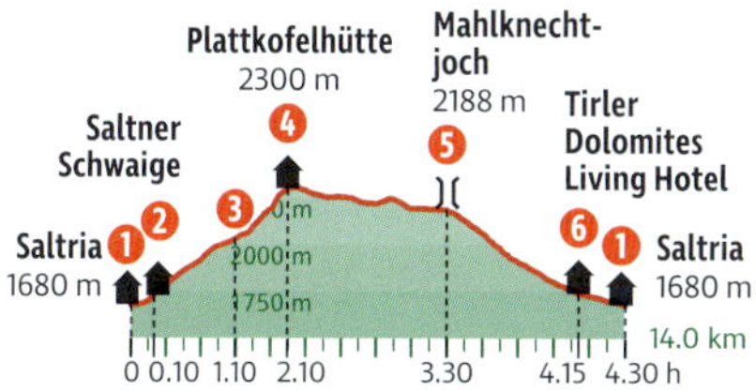

TOP

58 Plattkofel, 2958 m

↗ 1260 m | ↘ 1260 m | 13.7 km

7.00 h

»Beinahe-Dreitausender« mit einfacher Normalroute und Rundumsicht

Als Bergwanderer von echtem Schrot und Korn darf man an einer Besteigung des Plattkofels nicht vorbeigehen! Eine charakteristische, breite, einheitlich 30 Grad geneigte Westflanke gibt diesem westlichen Bollwerk der Langkofelgruppe seinen Namen. Und über sie erfolgt auch der unschwierige, wegen des zu bewältigenden Höhenunterschieds aber anstrengende Normalanstieg. Und dann die Gipfelrundsicht! Sie sucht in den Dolomiten ihresgleichen und bildet die Krönung des Unternehmens.

Ausgangspunkt: Hotelsiedlung Saltria, 1680 m, in einer Senke am Ostrand der Seiser-Alm-Hochfläche; Almbus-Haltestelle (Linie 11) am Park- und Wendeplatz in Saltria.
Zufahrt: Von Seis mit der Seiser-Alm-Bahn (Talstation, 1015 m, im Frötschbachgraben südlich unterhalb von Seis nahe der Landesstraße LS 24 Großparkplatz; Bushalt der Linien 170, 172, 176, 177, ab Seis-Ortszentrum, Kastelruth und Völs z. T. im 15- bzw. 30-Minuten-Takt) zur Bergstation, 1857 m, am Westrand der Seiser Alm, nördlich der Hotelsiedlung Kompatsch. Bahnbetrieb: 20./25. Mai und 1./5. Nov. tägl. 8–18/19 Uhr; seiseralmbahn.it. Alternativ: Auffahrt mit dem Pkw (ab Seis nur vor 9 Uhr und nach 17 Uhr; Talfahrt jederzeit) zum kostenpflichtigen Parkplatz P2 auf Kompatsch, 1844 m. Dorthin auch per Bus ab Kastelruth / Seis mit dem halbstündlich verkehrenden Seiser-Alm-Express (Linie 10). In der Zwischensaison (15. April bis 24. Mai, 3. Nov. bis 6. Dez.),

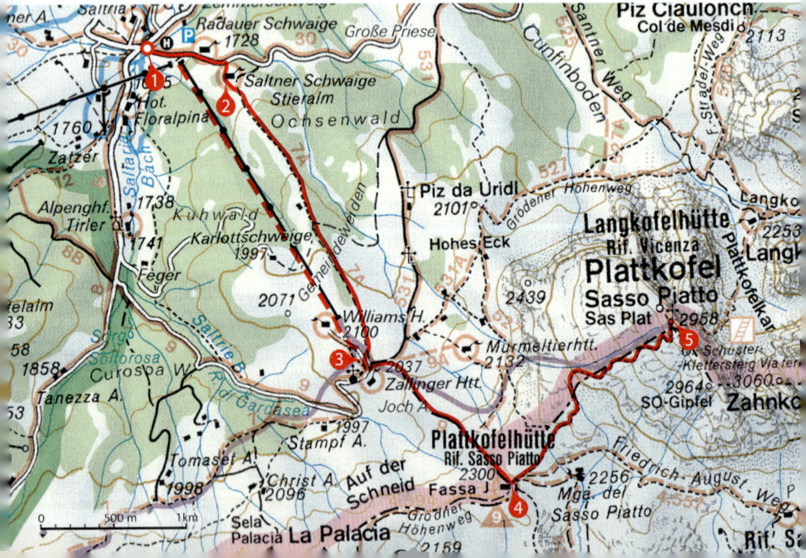

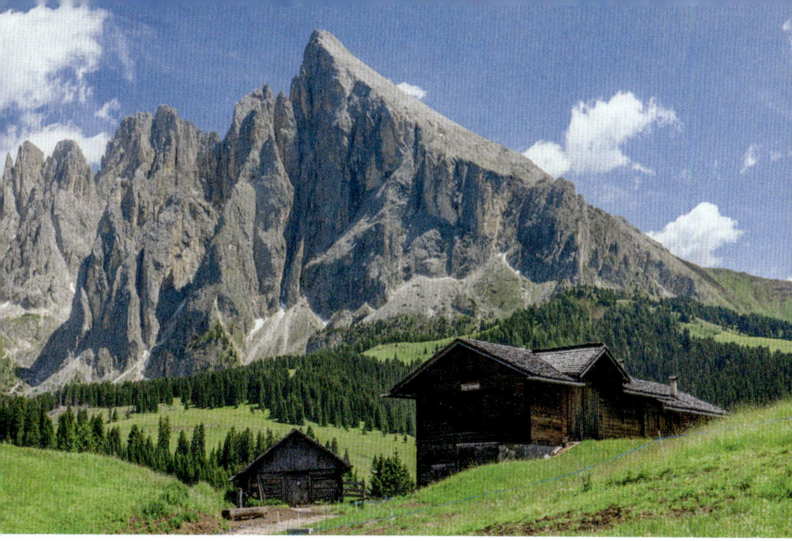

Der pultförmige Plattkofel von Norden, von der Trojer Schwaige.

bei Nichtverkehr der Seiser-Alm-Bahn, kann jederzeit mit dem Pkw bis zum Parkplatz P2 auf Kompatsch gefahren werden (Tagesgebühr in der Hauptsaison 26,50 Euro, in der Nachsaison die Hälfte). Weiterfahrt: Von der Seiser-Alm-Bahn-Bergstation die Ortsstraße 200 m nach rechts (Süden) in das Zentrum von Kompatsch. Dort mit dem Almbus (Linie 11; verkehrt jahreszeitlich wie die Seiser-Alm-Bahn; Frequenz: alle 40 Min., vom 10./15. Juni bis 10./15. Okt. alle 20 Min., Fahrzeit: 15 Min.) entlang der für den öffentlichen Verkehr gesperrten Seiser-Alm-Straße zur Hotelsiedlung Saltria.

Anforderungen: Anstrengende, aber unschwierige Tour mit beachtlichem Höhenunterschied. Nur für ausdauernde, trittfeste Wanderer bei sicherem Wetter!

Einkehr: Santner's Pizzeria Restaurant (ganzj. 11–23 Uhr geöffnet, Tel. +39 0471 707678, santners.it) an der Talstation der Seiser-Alm-Bahn. Mehrere Hotels und Restaurants auf Kompatsch (alpinadolomites.it, hotelseelaus.it, schmung.com, anemoneseiseralm.com, albergofrommer.com) und Saltria (saltria.com, floralpina.com, hotel-brunelle.com, hotel-tirler.com). Radauer Schwaige (keine Übernachtung, geöffnet 1. Juni bis 31. Okt., Tel. +39 0471 700002, radauerhof.com/radauer-schwaige), Saltner Schwaige (Übernachtung im Heustadel, geöffnet 15. Juni bis 15. Okt., Tel. +39 0471 727804, saltner.eu), Bergrestaurant Williamshütte (keine Übernachtung, während der Betriebszeiten des Florianlifts geöffnet), Berghaus Zallinger (70 Betten, geöffnet 1. Juni bis 20. Okt., Tel. +39 0471 727947, +39 333 2397060, zallinger.com), Plattkofelhütte (30 Betten, 30 Lager, geöffnet 25./31. Mai bis 15./20. Okt., Tel. +39 0462 601721, +39 334 9569626, plattkofel.com).

Variante: Bei Benutzung des Florianlifts (Vierersessellift, Betrieb: 10./15. Juni bis 5./10. Okt. 9–17 Uhr, seiseralmbahn.it) von Saltria zur Bergstation, 2100 m, rund 1 Std. Zeitersparnis.

Hinweis: Vorsicht am schmalen Gipfelgrat des Plattkofels! Steilabstürze nach Osten gegen das Langkofelkar!

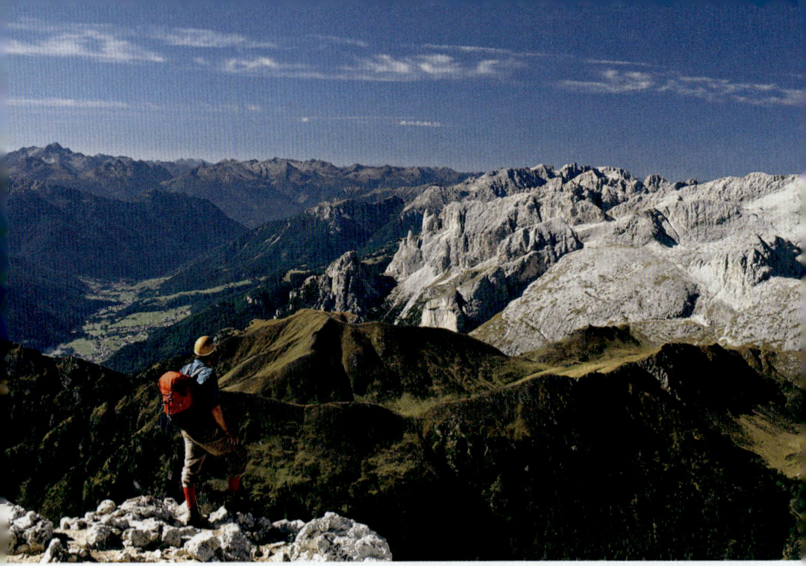

Blick vom Gipfel des Plattkofels gegen das Fassatal mit Latemar und Rosengartengruppe.

Von der Almbus-Haltestelle in **Saltria** ❶ auf dem Fahrweg 150 m nach Osten aufwärts zur Florianlift-Talstation, danach an der Radauer Schwaige vorbei zu einer Verzweigung. Rechts den breiten Weg Nr. 7A, an der **Saltner Schwaige** ❷, 1728 m, vorbei, durch Wiesen und Waldparzellen über einen lang gestreckten Rücken mäßig steil nach Südosten aufwärts zu einem **Fahrweg** ❸. Diesen mit Weg Nr. 9 (Rechtsabzweigung zum nahen Berghaus Zallinger) gerade fort über einen Rücken sehr steil aufwärts, später am Westabhang des Plattkofels entlang weiterhin steil nach Südosten empor zur **Plattkofelhütte** ❹, 2300 m, am **Fassajoch**. Von der Hütte auf markiertem Steig (Nr. 527) nordwärts über einen Grasrücken in die Mulde am Bergfuß des Plattkofels. Seine schrofig begrünte Westflanke in vielen Serpentinen nach Nordosten aufwärts, wobei in halber Höhe eine Rinne traversiert wird. Durch steiler werdendes Gelände nun in Ostrichtung zu einer Scharte im Gipfelgrat empor. Diesen über Schrofen nach links zum Mittelgipfel des **Plattkofels** ❺, 2958 m. Abstieg auf demselben Weg.

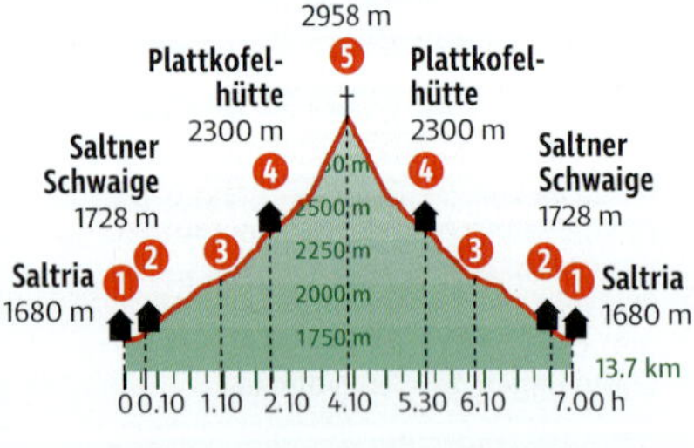

↗ 660 m | ↘ 660 m | 8.6 km

3.30 h

Schlernbödelehütte und Prossliner Schwaige

59

Spektakuläre Rundwanderung unter dräuender Bergmajestät

An den Steilflanken des kolossalen Schlernmassivs steht die schmucke Schlernbödelehütte wie ein Adlerhorst über dem schluchtartigen Frötschbachgraben. Vom Hotel Bad Ratzes kann die Hütte im Zuge einer abwechslungsreichen Rundwanderung besucht werden – eine vollendet schöne Bergtour mit mehreren Einkehrgaststätten unterwegs, schattigen Waldwegen und faszinierenden Aufblicken zu den wuchtigen Schlernwänden.

Ausgangspunkt: Wanderparkplatz, 1212 m, nördlich vom Hotel Bad Ratzes am Eingang in den Frötschbachgraben; asphaltierte Zufahrtsstraße von Seis (keine Buszufahrt, 1 Std. Gehzeit in eine Richtung), 3,5 km.
Anforderungen: Leichte Tour auf markierten Wegen, jedoch Trittsicherheit erforderlich!
Einkehr: Hotel Bad Ratzes (geöffnet 15./25. Mai bis 30. Sept., kein öffentlich zugängliches Restaurant, Tel. +39 0471 706131, badratzes.it), Schlernbödelehütte (20 Betten, geöffnet 15./20. Mai bis 1./5. Okt., Tel. +39 0471 705345, +39 0471 1885169, schlernboedelehuette.com), Prossliner Schwaige (12 Betten, geöffnet 5./10. Mai bis 31. Okt., Übernachtungsmöglichkeit nur vom 15. Juni bis 15. Sept.).

Vom **Wanderparkplatz Bad Ratzes** ❶ entlang der Zufahrtsstraße kurz weiter zur Verzweigung vor dem Hotel Bad Ratzes. Auf Weg Nr. 1 rechts am Hotel vorbei in Südrichtung weiter, dann nach rechts über den Frötschbach und jenseits kurz auf Forststraße hinauf zur Linksabzweigung von Weg Nr. 1 und 1A. Auf ihm an der rechten Seite des Frötschbachgrabens nach Südosten aufwärts zu einer **Weggabelung** ❷. Rechts ab und auf dem Weg Nr. 1 (»Touristensteig«) über steile bewaldete Hänge in Kehren nach Südwesten gegen das Schlernmassiv hinauf zur herrlich gelegenen **Schlernbödelehütte** ❸, 1726 m. Auf Weg Nr. 1 in langer Querung unterm Schlern durch Wald nach Südosten sanft aufwärts zu einer **Verzweigung** ❹, 45 Min. ab Schlernbödelehütte. Auf Weg Nr. 1A durch Wald nach links (Osten) hinunter gegen den Frötschbachgraben, dann im weiten Linksbogen an die gegenüberliegende Talseite und dort, an Wiesenhängen entlang, nach Norden zur **Prossliner Schwaige** ❺, 1739 m, mit einem prächtigen Schlernblick.

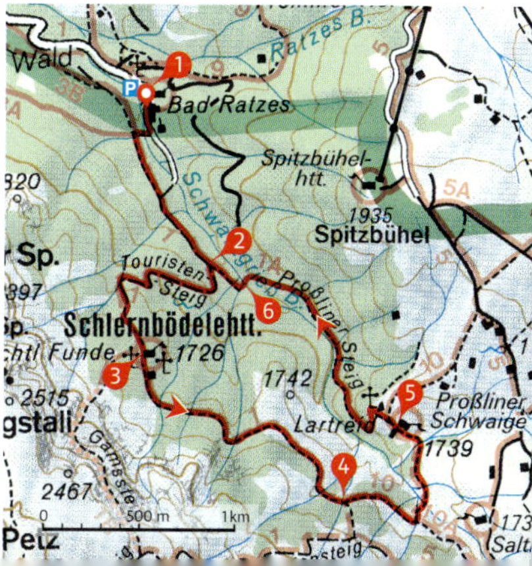

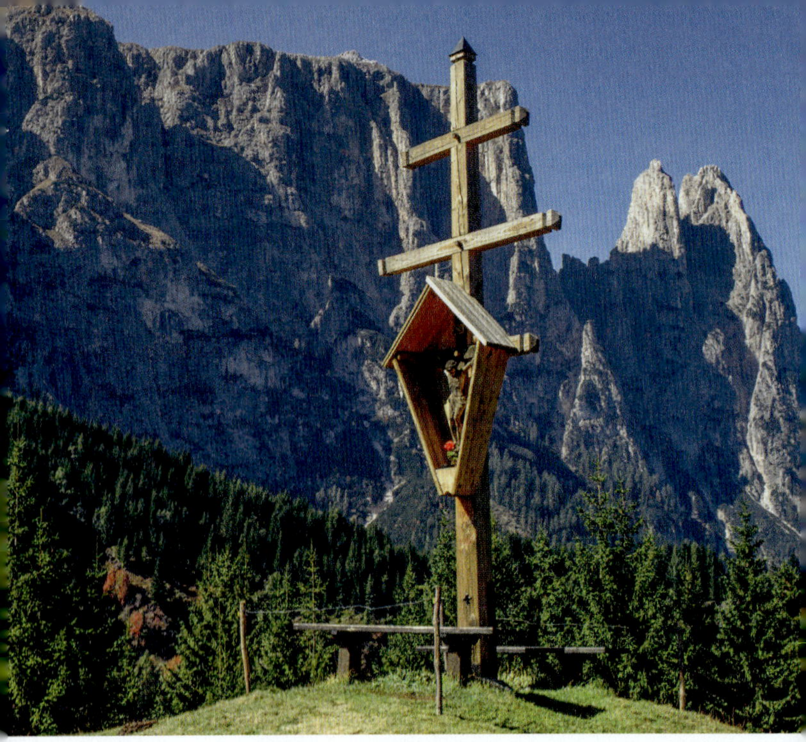

Großartige Dolomitenlandschaft! Das Dreibalkenkreuz auf der Prossliner Schwaige, dahinter Burgstall, Euringer- und Santnerspitze (Schlern).

Der Abstiegsweg beginnt am Holzkreuz 30 m nordwestlich der Schwaige (Weg Nr. 1A). Im Linksbogen um den Kreuzhügel herum, dann an der rechten Seite des Frötschbachgrabens (Vorsicht!) durch Wald und über steile, felsdurchsetzte Hänge in Kehren und Querungen nach Nordwesten hinunter zu dem in einer Felsschlucht fließenden **Frötschbach** 6, 1344 m. Über ihn (Holzbrücke) und jenseits rechts haltend, an einem schönen Wasserfall vorbei, sanft aufwärts zur Linksabzweigung von **Weg Nr. 1** 2. Auf bekannter Route zurück zum **Wanderparkplatz Bad Ratzes** 1.

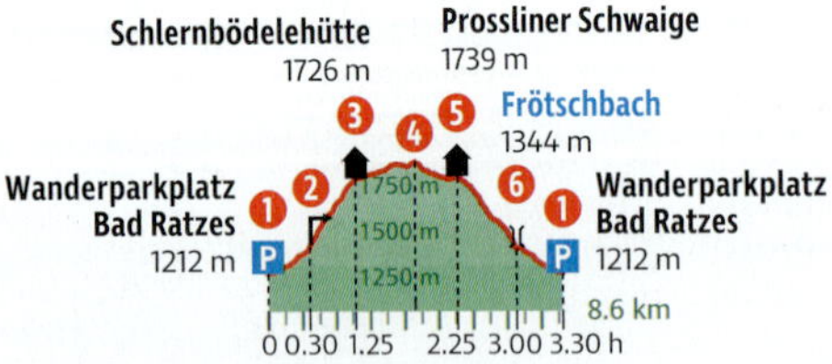

↗ 450 m | ↘ 450 m | 8.2 km

3.00 h

Marinzen Alm, 1486 m

60

Wer geht, hat mehr vom Leben!

Wer will, schwebt aus dem Ortsgebiet von Kastelruth mit dem Zweiersessellift auch bequem zu ihr empor, zu der auf aussichtsreicher Schulter westlich unterm Puflatsch gelegenen Marinzenalm. Wer aber das Wandern mag, bereichert nicht nur sein Leben, er erreicht die Alm auch wesentlich schöner und abwechslungsreicher auf gut markierten Wegen über die sagenumwobenen Hexenstühle und die bewirtschaftete Schafstallhütte. Auf Marinzen angelangt, machen wir's uns auf den Almweiden (mit Kinderspielplatz!) im Umkreis der Berghütte gemütlich, bevor wir über aussichtsreiche Wiesen, am Hof Guns vorbei, wieder talwärts schlendern.

Ausgangspunkt: Kastelruth, 1060 m, Konsummarkt neben der Marinzenlift-Talstation (Zweiersessellift) an der Durchgangsstraße LS 64 im östlichen Ortsbereich (Busbahnhof der Linien 170, 172 und 177, kostenpflichtige Parkplätze).
Anforderungen: Problemlose Wanderung auf breiten, rege frequentierten Fahrwegen. Auch mit Kindern und bei weniger gutem Wetter zu empfehlen.
Einkehr: Restaurant-Sportbar »Wasserebene« (keine Übernachtung, ganzjährig geöffnet, Mo. Ruhetag außer im Juli und August, Tel. +39 0471 706803), Schafstallhütte (keine Übernachtung, täglich geöffnet 1. Juni bis 15. Okt., niglutsch.com), Marinzenhütte (keine Übernachtung, während der Betriebszeiten des Marinzenlifts geöffnet); zahlreiche Gastbetriebe im Ortsbereich von Kastelruth.

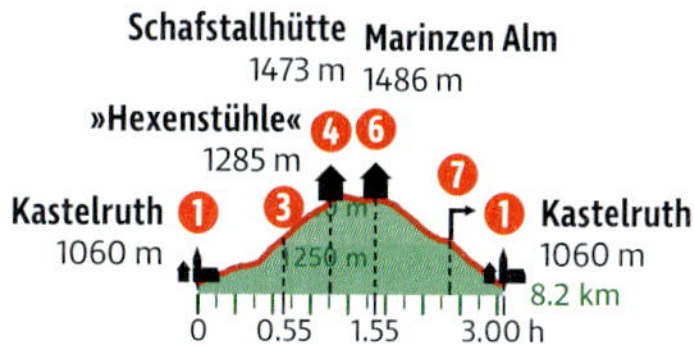

Hinweis: Bei Berg- bzw. Talfahrt mit dem Marinzenlift reduziert sich die Gehzeit um 1.45 Std. bzw. 1.15 Std. (Liftbetrieb: 15. Mai bis 1. Nov. täglich 9–17 Uhr, im Juli und August bis 17.30 Uhr, Tel. +39 0471 707158, marinzen.com).

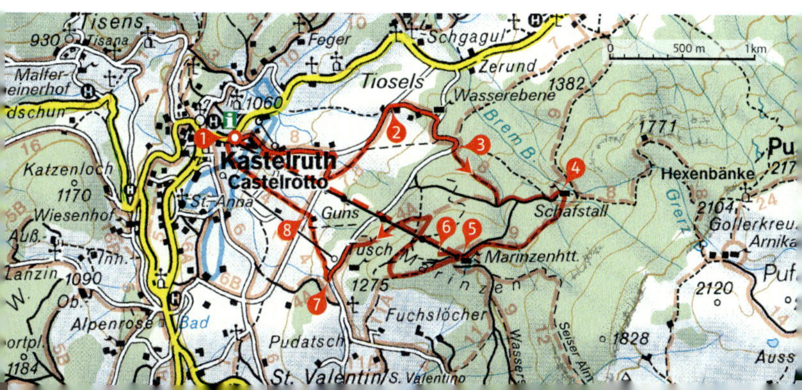

Vom Konsummarkt an der Talstation des Marinzenlifts in **Kastelruth** ❶ die Asphaltstraße (Weg Nr. 8, Tioselsweg), an einem Schnitzkreuz vorbei, durch Wiesen nach Osten aufwärts zu einer Gabelung. Kurz nach rechts hinauf zu einer Querstraße, diese nach links (Nordosten) in das Ortsgebiet von **Tiosels** ❷, 1163 m, und dort zur Gabelung am östlichen (oberen) Ortsrand. Rechts auf schmaler Asphaltstraße, am Sportplatz »Wasserebene« (mit Restaurant) vorbei, nach Südosten aufwärts in den Wald. Dort in Kehren hoch, nach der letzten Rechtskehre jedoch links ab und auf altem Karrenweg (Nr. 8) durch Hochwald in Kehren nach Südosten empor zum Naturdenkmal »**Hexenstühle**« ❸, 1285 m, einem gespaltenen Felsblock in Stuhlform mit Sitzfläche und Lehne. Durch Hochwald in Schleifen weiter bergauf zu querendem Fahrweg und diesen nach links (Osten), zuletzt in einigen Kehren zu der am Unterrand einer schmalen Wiesenzunge gelegenen **Schafstallhütte** ❹, 1473 m.
Den breiten Fußweg Nr. 9 durch Wald nach Südwesten zu einer Anhöhe empor, danach in Westrichtung eben und abwärts in einen Sattel am Rande der Marinzen Alm mit **Verzweigung** ❺ (links in wenigen Minuten zu

Der Abstiegsweg von der Marinzen führt durch herrliche Wiesen unserem Ausgangspunkt Kastelruth entgegen.

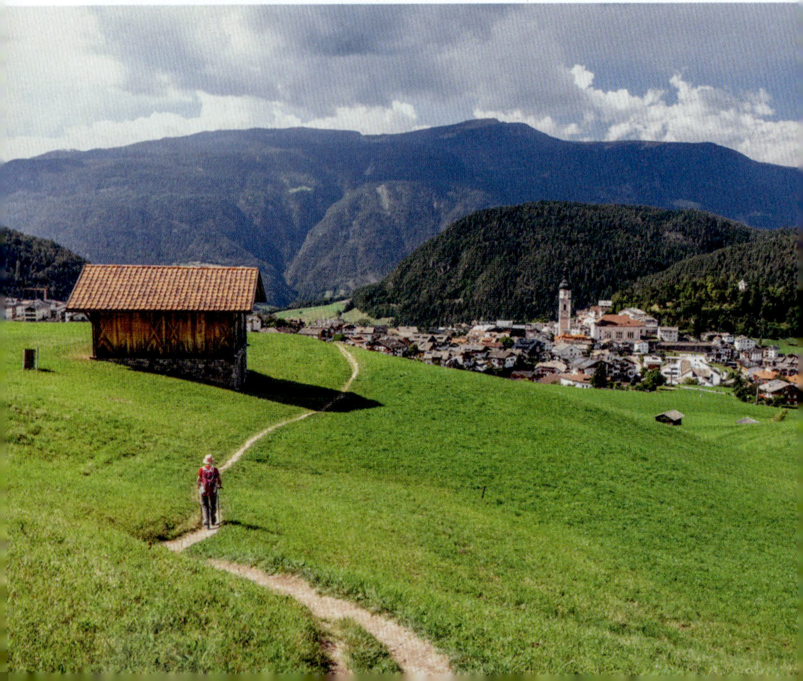

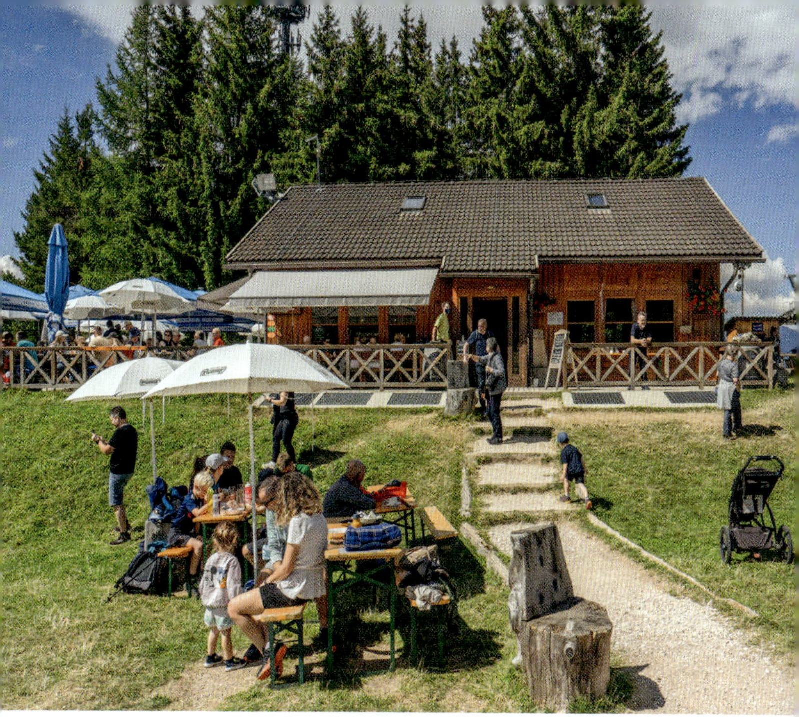

Reger Sommerbetrieb auf der Marinzenalm. Im Bild die Marinzenhütte.

schönem Rastplatz an abgezäuntem Teich). Jenseits die Wiese kurz nach Westen empor zu der auf einer Anhöhe gelegenen **Marinzenhütte** 6, 1486 m, mit der Marinzenlift-Bergstation daneben. Wunderbare Sicht nach Süden zur imponierenden Felsmasse des Schlern mit der vorgelagerten Santnerspitze.

Von der erwähnten **Verzweigung** 5 rechts den Fahrweg Nr. 11A durch Lärchenwiesen nach Westen abwärts zu einer Teilung. Rechts den Fußweg Nr. 4 in weit ausholender Linkskehre, Lift- und Abfahrtstrasse zweimal kreuzend, durch Wald nach Westen hinunter zu einer Asphaltstraße. Auf ihr eben nach links bald zu einer Verzweigung. Halb rechts auf Weg Nr. 4A nach 30 m zu neuerlicher Teilung. Scharf rechts den **Fußweg Nr. 4** 7 kurz über Stiegen durch ein steiles Waldstück hinunter, dann durch ausgedehnte Wiesen nach Norden abwärts zum **Hof Guns** 8, 1173 m, wo eine Asphaltstraße traversiert wird. Weiter auf schönem Wiesenweg sanft nach Nordwesten abwärts, zuletzt steiler bergab zur Talstation des Marinzenlifts und zum Konsummarkt in **Kastelruth** 1.

↗ 240 m | ↘ 240 m | 10.1 km

61 Laranzer Wald: Großer Rundgang

3.00 h

Geruhsame Stunden im Wanderparadies zwischen den Erholungsorten Kastelruth, Telfen und Seis

Es sind wahrlich keine hochtrabenden Ziele, die sich dem Wanderer im Bereich der Schlernterrasse zwischen Kastelruth, Seis und Völs anbieten. Doch die traumhaften Lärchenwiesen mit der darüber aufragenden enormen Felsmasse des Schlern, die Fernsicht zu den Gletscherbergen der Ortler-, Presanella- und Adamellogruppe – sie bereichern diese Touren allemal. Die von dichten Föhrenwäldern bestandene Kuppe des Laranzer Waldes hart am Abbruchrand der Terrasse gegen das schluchtartige Eisacktal ist ein solches Ziel, das wir im Zuge einer großzügigen Runde von Kastelruth her erwandern und erkunden wollen.

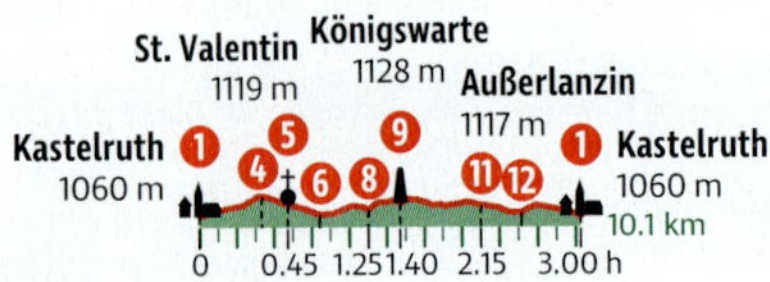

Ausgangspunkt: Kastelruth, 1060 m, Urlaubsort und Marktgemeinde im Nordteil der Schlernterrasse mit dem Krausplatz im Ortszentrum; mehrere Parkhäuser und kostenpflichtige Parkplätze. Busbahnhof (Halt der Linien 170, 172, 176, 177) südöstlich der Kirche.

Anforderungen: Anspruchslose kurze Wanderung auf markierten Fuß- und Fahrwegen.

Einkehr: Gastbetriebe jeder Art in Kastelruth. Kiosk »Frankfurterhof« (unsichere Öffnungszeiten) beim Kreisverkehr in Telfen. Bar-Café (Di. Ruhetag) im Reiterhof Unterlanzin.

Hinweis: Der Rundweg ist mit einem Logo (drei Bäume, Weg und Sonne) ausgewiesen. Sehenswert: An der Kirche St. Valentin sind die herrlichen Außenfresken aus der Bozner Schule (14. und 15. Jh.) am Eingangsportal und an der Südseite zu bewundern.

Variante: Nach dem Besuch der Königswarte kann eine Begehung des Pilzewegs eingeschoben werden: Von der Verzweigung auf dem Kleinen Laranzer Rundweg (Nr. 5A) nach rechts (Osten) aufwärts zur Linksabzweigung des Pilzerundwegs, der an überdimensionalen Holzskulpturen der bekanntesten Pilzarten und einem Aussichtsturm vorbeiführt. Gesamter zusätzlicher Zeitaufwand rund 45 Min.

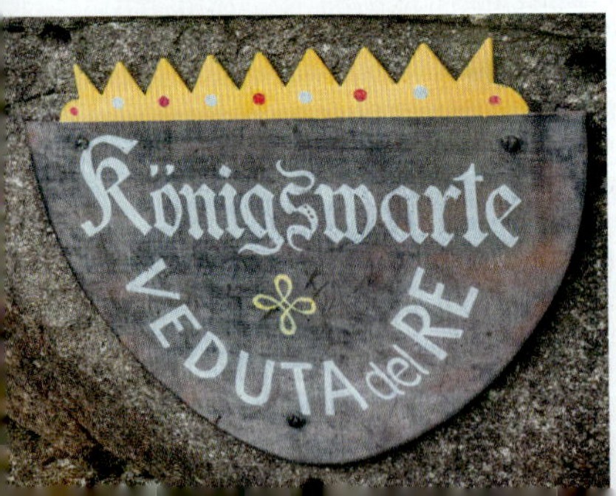

Standorttafel an der Aussichtskanzel »Königswarte«.

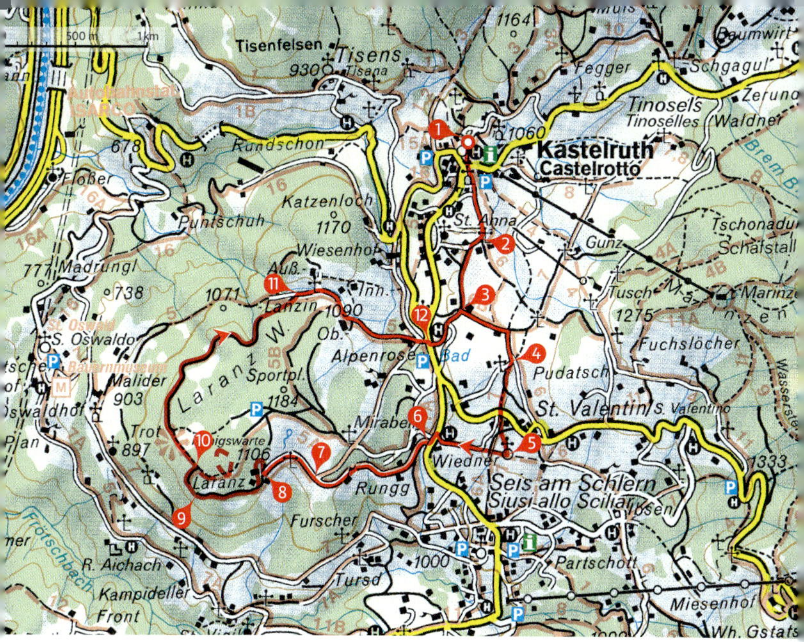

Vom Krausplatz in **Kastelruth** ❶ die Oswald-von-Wolkenstein-Straße nach Süden zur Durchgangsstraße (LS 64), die überquert wird. Jenseits den Marinzenweg (Nr. 6) durch den Ort steil bergauf zu einer Gabelung (links zum Rosslaufhof) und geradeaus weiter zum **Hof Wegmacher** ❷, 1094 m. Rechts die Asphaltstraße (Weg Nr. 6A) zunächst am Oberrand einer Siedlung vorbei, danach auf abgezäuntem Wiesenweg in schöner Wanderung dem Schlern entgegen nach Süden aufwärts zur Straßengabelung nach dem **Kachlerhof** ❸, 1115 m. Links die Asphaltstraße mit Weg Nr. 6B durch Wiesen nach Südosten aufwärts zum Oberstampfeterhof und geradeaus zu einer Kreuzung (4 Bänke). Rechts die Straße mit Weg Nr. 6 in Südrichtung weiter zur Anhöhe mit dem **Pestkreuz** ❹, von 1687. Imponierende Sicht auf das wuchtige Schlernmassiv!
Gleich nach Bildstock rechts ab und auf dem Wiesenweg Nr. 7, die Seiser-Alm-Straße (LS 25, Drehkreuz) traversierend, in Südrichtung eben oder leicht bergab zur Verzweigung beim Hof Oberzonn. Links den Fußweg Nr. 13A durch Wiesen und Obstgärten sanft nach Süden abwärts zu der überaus malerisch vor Schlern und Santnerspitze postierten Kirche **St. Valentin** ❺, 1119 m.
Gleich unterhalb der Kirche den Weg Nr. 13 durch Wiesen nach rechts (Westen) zum Zatzerhof. Auf Fußweg oberhalb des Hofs vorbei, dann westwärts

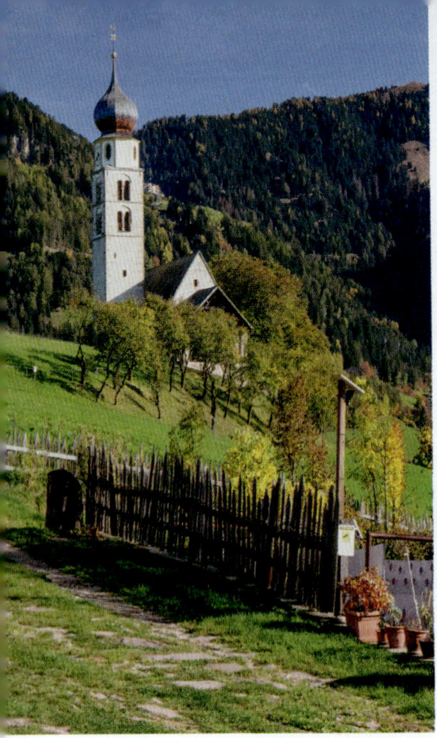

Die viel fotografierte Kirche St. Valentin in Seis.

auf schmaler Asphaltstraße hinab zur Durchgangsstraße LS 24 und diese 150 m in Richtung Seis hinunter zur Rechtsabzweigung der Asphaltstraße »**Laranzweg**« ❻ unterhalb der Bushaltestelle »Gschlier« (Linien 170, 172, 177 und 179). Die Straße mit Nr. 7B, an Schlosshotel Mirabell, Zemmerhof und Hotel Runggghof vorbei, nach Westen aufwärts zu aussichtsreicher Schulter mit **Verzweigung** ❼. Hier auf Naturstraße in Nordwestrichtung gerade fort und, die weite Mulde der Laranzwiese (Schlernblick!) eben querend, zu dem am Waldrand gelegenen festungsartigen **Ansitz Laranzer** ❽, 1094 m. Vor dem Hofeingang am Waldrand ein Stück nach rechts hoch, dann scharf links ab und auf schönem Promenadenweg durch Föhrenwald nach Südwesten aufwärts zur licht bewaldeten Aussichtskanzel »**Königswarte**« ❾, zwei übereinanderliegende Aussichtsterrassen mit Sitzbänken, an der Abbruchkante gegen den Frötschbachgraben und das Eisacktal. Auf breitem Weg nordwärts eben weiter zur **Verzweigung** ❿ von Großem und Kleinem Laranzer Rundweg. Links auf Weg Nr. 5 durch herrlichen Föhrenwald nordwestwärts weiter, später im großen Rechtsbogen in die nordseitigen Abhänge des Laranzer Waldes (von einigen Aussichtspunkten Tiefblick in das Eisacktal) hinein und dort auf und ab zum Querweg am Rand der Wiese **Außerlanzin** ⓫. Auf dem Fahrweg (Nr. 5), am Waldrand entlang, nach rechts (Osten) zur Linksabzweigung der Zufahrt zum Hof Außerlanzin, danach an den Höfen Inner- und Oberlanzin vorbei zum Reiterhof Unterlanzin (Bar), dann durch das Ortsgebiet von Telfen aufwärts zur Durchgangstraße LS 24 und diese kurz nach rechts zum Kreisverkehr **Telfen** ⓬ (Bushalt) an der Verzweigung von LS 24 und LS 64. Die schmale Asphaltstraße mit Weg Nr. 6A steil nach Nordosten empor zur Verzweigung oberhalb vom **Kachlerhof** ❸ und auf bekanntem Weg zurück zum Krausplatz in **Kastelruth** ❶.

↗ 230 m | ↘ 230 m | 7.2 km

2.00 h

Laranzer Wald: Kleiner Rundgang

62

Ein »königlicher« Panoramaweg über dem Eisacktal

Der hier vorgestellte Rundgang durch den Laranzer Wald ist eine kleine, kurzweilige Wanderung und bestens dazu geeignet, sich einen ersten Überblick über die nähere Umgebung von Seis zu verschaffen. Sind es zunächst der felsgewaltige Schlern und die wie ein Schwert gegen den Himmel weisende Santnerspitze, die uns in den Bann schlagen, so beeindruckt von der später berührten Königswarte der Blick in das schluchtartige Eisacktal und in das oft dunstverhangene Bozner Becken.

Ausgangspunkt: Seis am Schlern, 1000 m, Ortszentrum (Parkplätze, Bushalt der Linien 170, 172, 177 und 179); Urlaubsort östlich über dem Eisacktal.
Anforderungen: Problemlose, verhältnismäßig kurze Wanderung auf markierten Wegen und Straßen.
Einkehr: Sportbar Laranz (ganzj. geöffnet 13–20 Uhr, Di. Ruhetag, Tel. +39 347 8530799). Mehrere Gastbetriebe in Seis.
Hinweis: Der Rundweg ist mit einem Logo (drei Bäume, Weg, Sonne) markiert.

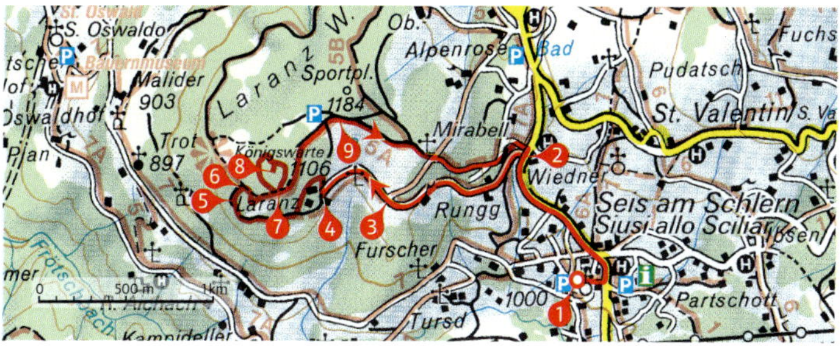

Vom Ortszentrum in **Seis** ❶ ostwärts zur Durchgangsstraße LS 24. Auf ihr (Gehsteig) links haltend in Richtung Kastelruth 10 Minuten aufwärts zur Linksabzweigung der »**Laranzstraße**« ❷ (Bushaltestelle »Gschlier« der Linien 170, 172, 177 und 179). Die Asphaltstraße mit Weg Nr. 7B, an Schlosshotel Mirabell, Zemmerhof und Hotel Rungghof vorbei, nach Westen aufwärts zu aussichtsreicher Schulter mit **Verzweigung** ❸. Hier auf Naturstraße in Nordwestrichtung gerade fort und, die Mulde der Laranzwiese (Schlernblick!) eben querend, zu dem am Waldrand gelegenen festungsartigen **Ansitz Laranzer** ❹, 1094 m.

Vor dem Hofeingang am Waldrand ein Stück nach rechts hoch, dann scharf links ab und auf schönem Promenadenweg durch Föhrenwald nach Südwesten aufwärts zur licht bewaldetem Aussichtskanzel »**Königswarte**« ❺ (zwei übereinanderliegende Aussichtsterrassen mit Bänken) an der Ab-

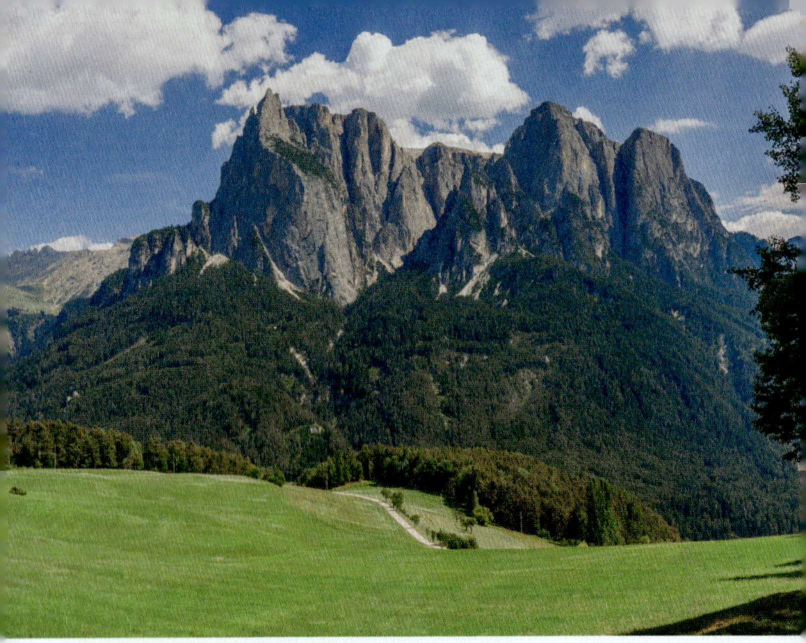

Blick vom Oberrand der Laranzwiese auf das majestätische Schlernmassiv.

bruchkante gegen den Frötschbachgraben und das Eisacktal. Auf breitem Weg nordwärts eben weiter zur **Verzweigung** 6 von Großem und Kleinem Laranzer Rundweg. Letzteren (Weg Nr. 5A) rechts haltend im Wald nach Osten aufwärts auf das Plateau des Laranzer Waldes und dort zur **Linksabzweigung** 7 des Pilzewegs. Auf dem Rundweg (Infotafeln, überdimensionale Holzskulpturen der bekanntesten Pilzarten) im Gegenuhrzeigersinn zunächst nordwärts an einem Teich-Biotop vorbei zu einer Verzweigung, dann links haltend empor zu einem hölzernen **Aussichtsturm** 8, 1191 m. Zurück zur Verzweigung und dort auf dem Pilzeweg im Linksbogen nach Süden und Osten wieder zum **Laranzer Rundweg** 7. Diesen mit Weg Nr. 5A eben nach Nordosten zu einem **Sportplatz** 9, 1184 m, mit Bar.

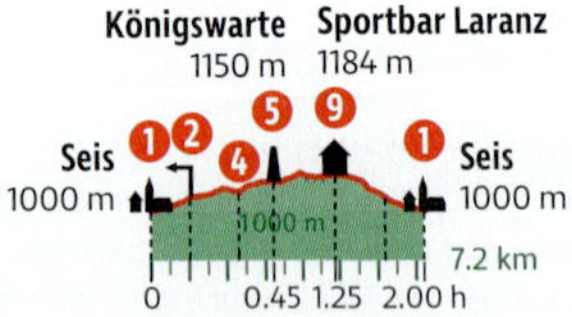

Jetzt auf Waldstraße am Oberrand der schönen Laranzwiese in Ostrichtung weiter, schließlich südostwärts hinab zu einer Straße, die traversiert wird. Durch Wald weiter bergab, später eben zur Durchgangsstraße LS 24 und auf dieser hinab nach **Seis** 1.

↗ 250 m | ↘ 250 m | 6.5 km

2.15 h

Zu den Ruinen Salegg, 1105 m, und Hauenstein, 1201 m

Auf den Spuren Oswalds von Wolkenstein

Welchem Besucher von Seis fielen nicht die aus den Wäldern zu Füßen der großartigen Santnerspitze hervorragenden bleichen Mauerreste der Ruinen Salegg und Hauenstein ins Auge? Vor 1200 errichtet, sind beide Burgen seit dem 17. Jahrhundert in Verfall. Die 1187 erstmals erwähnte auf hohem Felsen thronende, einst stattliche Burg Hauenstein ist Stammsitz der Herren von Hauenstein, insbesondere des einäugigen Minnesängers Oswald von Wolkenstein (1377–1445), was ihre große Anziehungskraft bis zum heutigen Tag erklärt. Auf dem Oswald-von-Wolkenstein-Weg können beide Ruinen im Zuge einer abwechslungsreichen Runde besucht werden. Anhand von Infotafeln erhält man erschöpfende Auskunft über den berühmten Minnesänger – er bewohnte die Burg von 1417 bis zu seinem Tod – und überhaupt über das Leben im Mittelalter. Eine Wanderung durch schattige Wälder, die auch bei weniger schönem Wetter oder an besonders heißen Sommertagen zu empfehlen ist.

Ausgangspunkt: Großparkplatz (kostenfreier Bereich P1) an der Talstation der Seiser-Alm-Bahn, 1015 m, im Frötschbachgraben nahe der Landesstraße LS 24 südlich unterhalb des Ortszentrums von Seis. Bushalt der Linien 170, 172, 176, 177.
Anforderungen: Einfache Waldwanderung auf gut markierten Wegen.
Einkehr: Santner's Pizzeria Restaurant (ganzj. 11–23 Uhr geöffnet, Tel. +39 0471 707678, santners.it) an der Talstation der Seiser-Alm-Bahn, Hotel-Bar Salegg (geöffnet 1. Mai bis 31. Okt., Tel. +39 0471 706123, hotelsalegg.com).
Sehenswert: Das Hotel Salegg ist ein charakteristischer Bau aus der Jahrhundertwende (1903) mit reich gegliederter Fassade, spitzen Giebeldächern und malerischen Türmchen.
Hinweis: Der Pfad aus dem Sattel vor der Ruine Hauenstein zum Aussichtsplatz südlich gegenüber der Ruine ist wegen umgestürzter Bäume derzeit nicht begehbar.

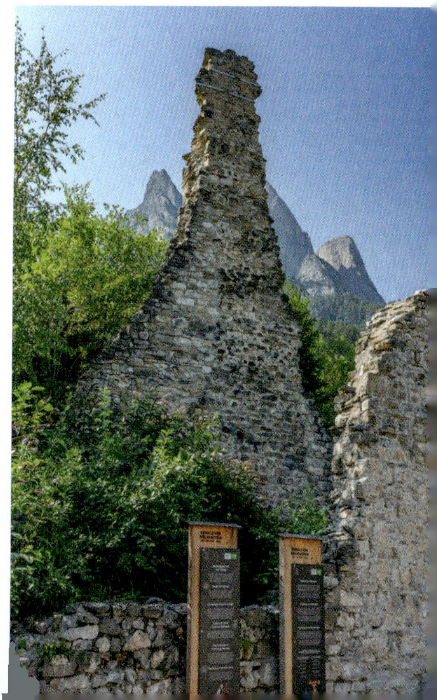

Ruine Salegg mit Santnerspitze (Schlern).

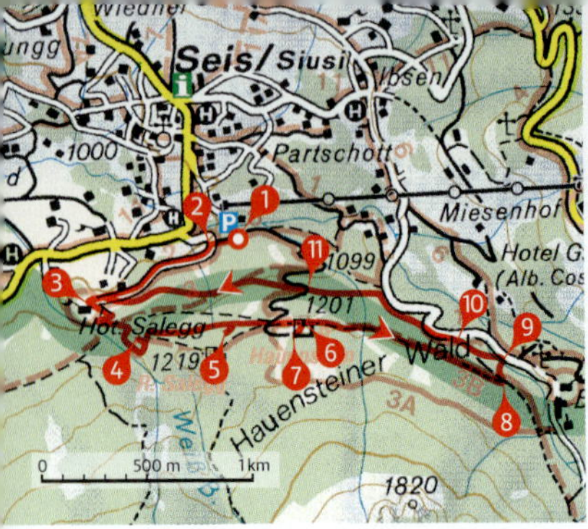

Vom Parkplatz bei der **Talstation** der Seiser-Alm-Bahn in **Seis ❶** die Zufahrtsstraße retour zur **Rechtskehre ❷**, dort links ab und auf dem asphaltierten Fahrweg Nr. 2 im Wald sanft nach Südwesten aufwärts zur Verzweigung beim **Hotel Salegg ❸**, 1026 m. Links auf Weg Nr. 3 (Oswald-von-Wolkenstein-Weg) durch Wald in Kehren nach Südosten empor in einen Sattel. Dort links vom Hauptweg ab und auf Stichweg kurz nach Norden zur **Ruine Salegg ❹**, 1105 m, mit Aufblick zur übermächtig aufragenden Santnerspitze.

Zurück zum Hauptweg und diesen an den Waldhängen entlang zur Info-Infotafel 6 (»Unterhaltung im Mittelalter«). Dort rechts vom Hauptweg ab und auf Stichweg kurz nach Südwesten empor zum eisernen **Geschichtsbuch ❺**, angebracht unter einem mächtig vorkragendem Felsüberhang. Zurück zum Hauptweg (Nr. 3) und diesen ostwärts weiter, zuletzt, einen Fahrweg (führt als »Bischofsweg« rechts nach Bad Ratzes) kreuzend, nach Südosten empor unter die auf hohem Dolomitfelsen thronende Ruine Hauenstein. Durch einen kurzen engen Felsgang links unterhalb des Felsens vorbei zu einer **Verzweigung ❻**. Auf Stichweg nach rechts in den

Ruine Hauenstein mit Tiefblick auf Seis.

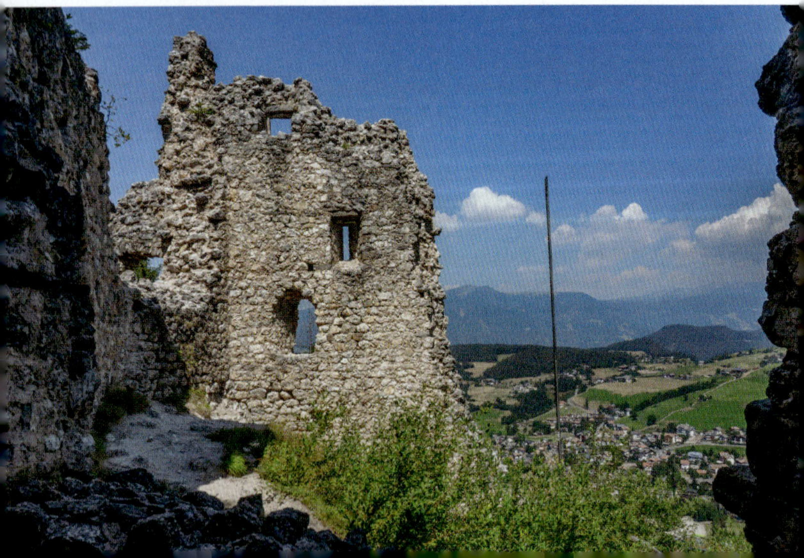

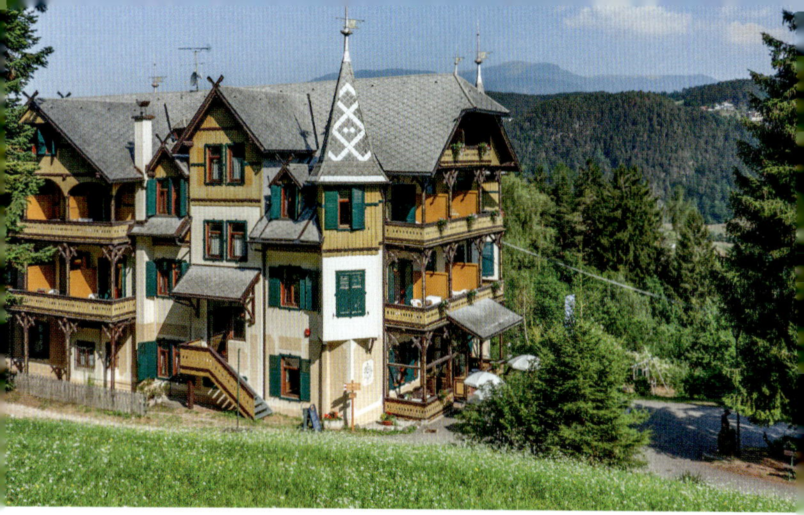

Das Hotel Salegg, ein altehrwürdiger Bau aus der Jahrhundertwende.

Sattel zwischen Burgfelsen und Bergkörper und auf Stiegenweg in Kehren empor zur **Ruine Hauenstein** ❼, 1201 m.
Zurück zur **Verzweigung** ❻. Rechts den Weg Nr. 3 an den Waldhängen ostwärts eben oder leicht bergauf zur Infotafel 9 und nach Traversierung einer Schlucht (Holzbrücke) zu querender **Forststraße** ❽. Auf ihr (Weg Nr. 3B) im Wald nach Norden hinab zur Autostraße **Seis – Bad Ratzes** ❾. Auf dieser 25 m nach links zur Linksabzweigung von Naturfahrweg Nr. 1. Diesen nordwestwärts hinab wieder zur **Straße** ❿ (Infotafel 12), die bei einem Weiher und großer mittelalterlicher Festtafel erreicht wird. Entlang der Straße zur nächsten Rechtskehre, dort links ab und auf steinigem Fußweg, später auf einer Forststraße westwärts zu einem **Verzweigungspunkt** ⓫. Hier den Fußweg Nr. 3 geradeaus, westwärts, zunächst durch ein durch eine Mure verwüstetes Waldstück, danach auf gut trassiertem Pfad in schöner Waldwanderung eben oder leicht fallend zum Fahrweg Nr. 2 beim **Hotel Salegg** ❸. Auf diesem zurück zum Parkplatz bei der **Talstation** der Seiser-Alm-Bahn in **Seis** ❶.

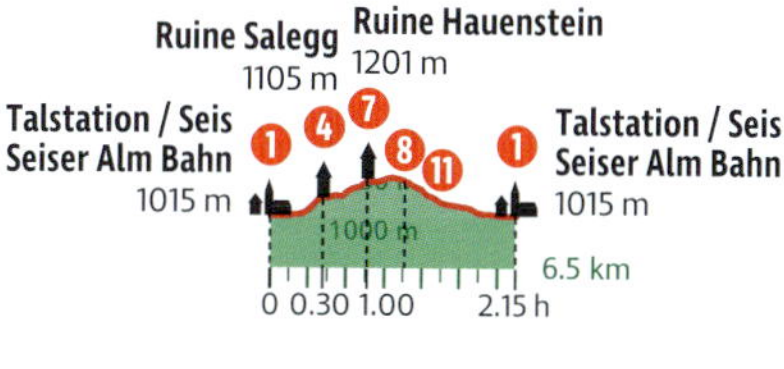

↗ 210 m | ↘ 210 m | 5.6 km

1.30 h

64 Völser Weiher, 1056 m

Beliebtes Ausflugsziel im Banne des Schlern

Großer Beliebtheit erfreut sich der östlich über Völs zu Füßen des Schlerns gelegene, von dichten Wäldern umgebene gleichnamige Weiher. Der kleine Badesee kann mit dem Auto (kostenpflichtiger Parkplatz am Südende), aber auch im Zuge einer Rundwanderung besucht werden. Er wurde von den Herren Völs-Colonna seinerzeit zur Karpfenzucht angelegt. Will man den Weiher und die parkähnliche Landschaft um Völs zur schönsten Jahreszeit erleben, dann muss man im farbenprächtigen Herbst kommen, wenn tiefblauer Himmel, sattgrüne Wiesen und rotgelbes Laub in wirkungsvollen Gegensatz treten.

Ausgangspunkt: Völs, 870 m, Kreisverkehr an der Durchgangsstraße LS 24 östlich des Ortszentrums; Bushalt der Linien 170 Brixen – Kastelruth – Völs – Bozen und 176 Völs – Tiers; Parkhaus und teils kostenpflichtige Parkplätze im Ortsbereich.
Anforderungen: Kurze, einfache Rundwanderung auf markierten Fahr- und Fußwegen.
Einkehr: Mehrere Gastbetriebe in Völs. Altes Gasthaus am Weiher (keine Übernachtung, geöffnet 15. März bis 31. Okt. 10–22 Uhr, außer an Feiertagen, Mo. Ruhetag, Tel. +39 0471 1550799).
Hinweis: Sehenswert ist der burgähnliche Ansitz Zimmerlehen (1336 erstmals erwähnt), ein Südtiroler Edelsitz mit herrlichem Innenhof und großem Schnitzkreuz an der Hauswand, ferner der Moarhof von 1272, ursprünglich ein Meierhof der Brixener Bischöfe.
Tipp: An heißen Sommertagen empfiehlt sich ein Besuch der Badeanstalt »Schwimmhütte« (mit Bewirtung) am nördlichen Ostufer des Völser Weihers.
Varianten: Folgt man vom Südende des Völser Weihers den Fahrweg Nr. 1 in Ostrichtung aufwärts, erreicht man nach 5 Min. Gehzeit den schönen Huber Weiher, 1056 m, der auf breitem Uferweg (Schlernblick!) umrundet werden kann. Gesamter zusätzlicher Zeitaufwand ca. 35 Min.
Im Rückweg vom Völser Weiher lohnt die Abkürzungsvariante über den Gflierer Weiher zum Salmseiner Hof: Vom Alten Gasthaus am Nordende des Völser Weihers den Naturfahrweg Nr. 13 30 m nach Norden abwärts zu einer Verzweigung. Links auf Weg Nr. 13A nordwestwärts durch Wald sanft bergab, zuletzt steil hinunter zum Westufer des idyllisch gelegenen Gflierer Weihers, 1020 m, mit imponierendem Schlernblick. An der Linksabzweigung von Weg Nr. 3A vorbei, durch ein Waldstück zum nahen Salmseiner Weiher, 1015 m, danach über eine große ebene Wiese und hinab zum Salmseiner Hof, 991 m. 15 Min. kürzer als der Hauptweg.

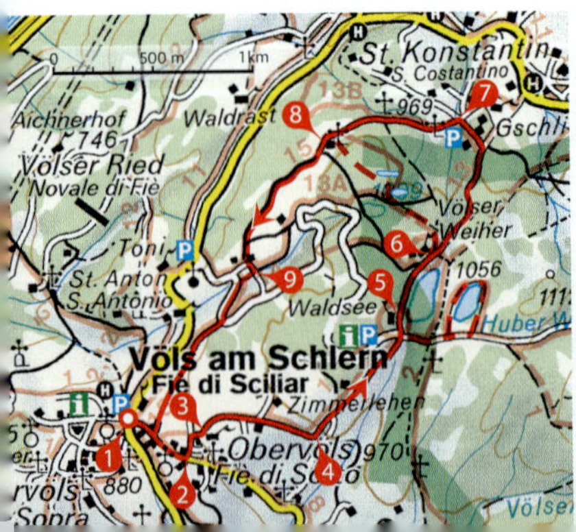

Vom Kreisverkehr in **Völs** ① die Schlernstraße durch den Ort 300 m nach Osten aufwärts zum **Hotel Heubad** ② in Obervöls. Links ab und auf Fußweg Nr. 1 zwischen den Häusern hindurch empor zum alten **Moarhof** ③. Eine Asphaltstraße mehrmals traversierend, durch Wiesen weiter bergauf zum Runkerhof, danach entlang der Straße zum **Ansitz Zimmerlehen** ④. Weiterhin der Straße folgend, an Höfen vorbei, in Windungen aufwärts, später auf schönem Promenadenweg (Nr. 1) an der linken Seite einer Wiesenmulde nach Nordosten empor zum verlandeten Südende des **Völser Weihers** ⑤, 1056 m. Beim Hotel Waldsee (keine Restauration!) links vom Weg Nr. 1 ab und den breiten Weg Nr. 13 am Westufer des Weihers (Aufblick gegen das wuchtige Schlernmassiv) zum **Alten Gasthaus am Weiher** ⑥ am Nordende.

Vom Gasthaus den Fahrweg Nr. 13 nach Norden hinab zur Verzweigung bei den Häusern von **Gschlieder** und links haltend (Weg Nr. 13) bald zum nächsten **Verzweigungspunkt** ⑦, 970 m. Links die asphaltierte Hofzufahrt (Weg Nr. 15) nach Westen aufwärts zu dem auf freier Wiesenschulter gelegenen alten **Salmseinerhof** ⑧, 991 m. An ihm vorbei, dann großteils durch Wiesen nach Südwesten hinunter zur **Völser-Weiher-Straße** ⑨. Auf dieser 100 m abwärts zur Rechtskehre, dort links ab und auf Fußweg Nr. 15, an Wiesenhängen entlang in schöner Wanderung nach Südwesten hinunter zum Kreisverkehr in **Völs** ①.

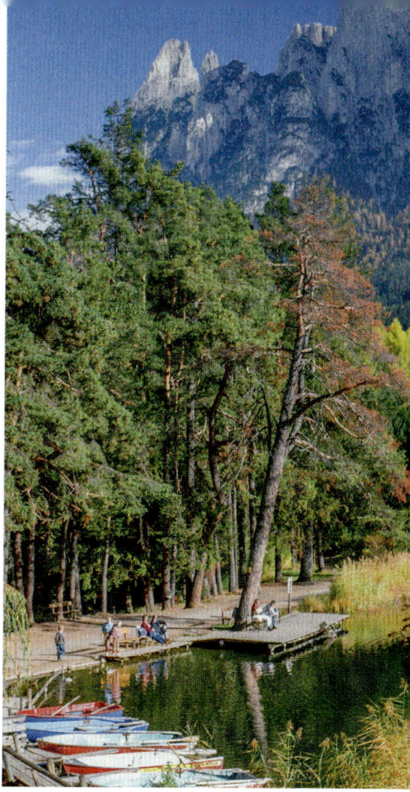

Am Völser Weiher. Aufblick gegen die Westabstürze des Schlernmassivs.

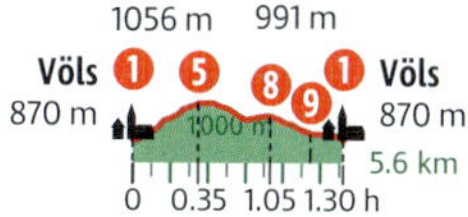

↗ 480 m | ↘ 480 m | 8.1 km

65 Vom Hofer Alpl zur Tuffalm

3.15 h

Eine Almenrunde unterm Schlern

Auf paradiesischen Wiesenbalkonen unter der erdrückenden Masse des Schlern über Völs und dem Eisacktal postiert, sind Hofer Alpl und Tuffalm beliebte Wanderziele. Es empfiehlt sich, beide Almen im Zuge einer Runde zu besuchen, wobei der einleitende Steilanstieg von Ums zum Hofer Alpl weniger Trainierten einige Schweißtropfen abverlangt. Im »Gault&Millau« als eine der besten Almhütten Südtirols bewertet, sollte man sich's dort auf der Veranda bequem machen und Highlights wie Rindsgulasch mit Knödel oder einen leckeren Kaiserschmarrn verkosten. Noch freier und aussichtsreicher liegt die später berührte Tuffalm, sodass auch dort ein »Einkehrschwung« fällig wird, bevor es über den Huber und den Völser Weiher zurück nach Ums geht.

Ausgangspunkt: Ums, 933 m, kleiner Ort mit Gasthof am Westfuß des Schlern, 3 km südöstlich von Völs; Parkplatz am nördlichen Ortsrand. Von Völs verkehrt täglich zwischen 7.43 und 18.43 Uhr etwa stündlich die Buslinie 176, im Sommer etwa zweistündlich.
Anforderungen: Unschwierige, wegen des Steilanstiegs zum Hofer Alpl jedoch etwas anstrengende Tour auf markierten Fuß- und Fahrwegen. Trittsicherheit nötig.
Einkehr: Gasthof-Hotel Kircher in Ums (geöffnet 1. April bis 31. Okt., Mi. Ruhetag, Tel. +39 0471 725151, gasthof-kircher.it), Berggasthof »Hofer Alpl« (Übernachtung

An der Kirche von Ums beginnt unsere Wanderung zu den beiden Almen.

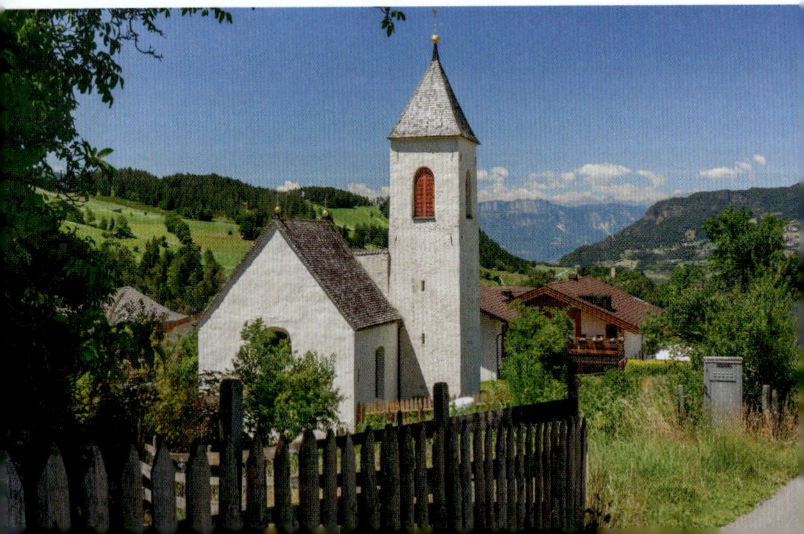

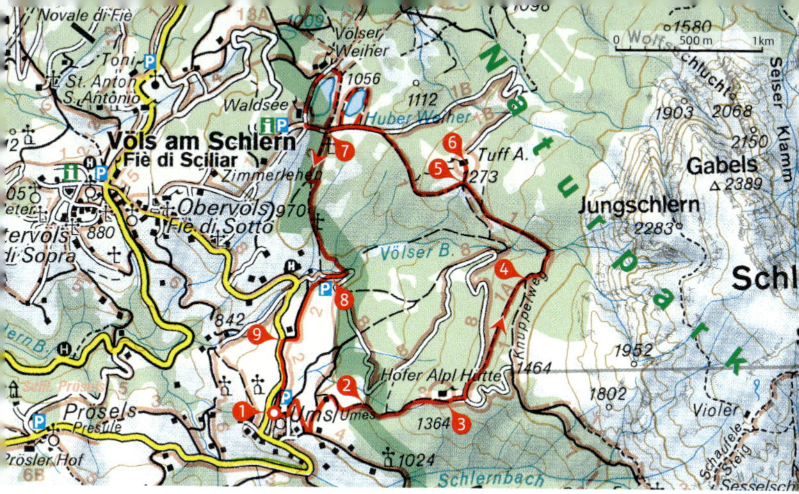

in Betten und Lagern, täglich geöffnet 1./5. April bis 5. Nov., großer Kinderspielplatz, Tel. +39 349 4008560, hoferalpl.it), Tuffalm (geöffnet 15. April bis 1./5. Nov., Mi. Ruhetag, Tel. +39 0471 726090, +39 335 450799, tuffalm.it, Zufahrt auch per Pferdekutsche ab Völser Weiher).

Hinweis: Vom Berggasthof »Hofer Alpl« herrliche Sicht über Bozen, Etschtal, Eisacktal und Gantkofel (Mendelkette) hinweg zur Brenta- und Ortlergruppe mit dem Rittner Horn (Sarntaler Alpen) rechts.

Varianten: Huber und Völser Weiher können, begleitet von eindrucksvollen Aufblicken gegen den Schlern, auf Fahrwegen in 10 bzw. 20 Min. umwandert werden.

Vom Parkplatz am nördlichen Ortsrand von **Ums** ❶ auf schmaler Asphaltstraße (Tschafonweg) mit Weg Nr. 3 in Kehren nach Osten aufwärts, später auf dem die Straßenkehren abkürzenden Fußweg steil nach Nordosten empor zum Hof Haidegger. Nun auf Naturfahrweg durch Wiesen bergauf zur einer Bank am Waldrand mit Tiefblick auf Völs und Schloss Prösels mit dem Gantkofel dahinter, dort über einen Zaun (Überstieg) und weiter zu einer **Verzweigung** ❷. Geradeaus auf Weg Nr. 3 einen steilen Waldrücken etwas anstrengend in Windungen hoch zu dem auf einer Wiesenschulter gelegenen Berggasthof »**Hofer Alpl**« ❸, 1364 m. Hinter dem Haus auf Forststraße nach Nordosten aufwärts in den Wald, dort zu einer Querstraße und auf ihr links haltend nach 40 m zu einer Gabelung. Halbrechts den Fußweg Nr. 1A nordostwärts an den steilen Waldhängen eben und aufwärts zum querenden **Schlernweg** ❹ (»Prügelsteig«). Auf diesem

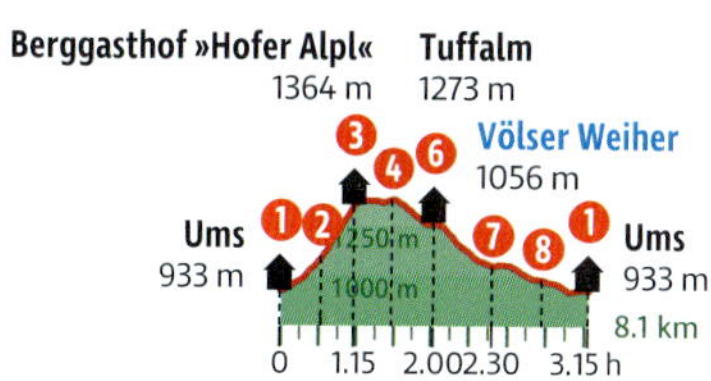

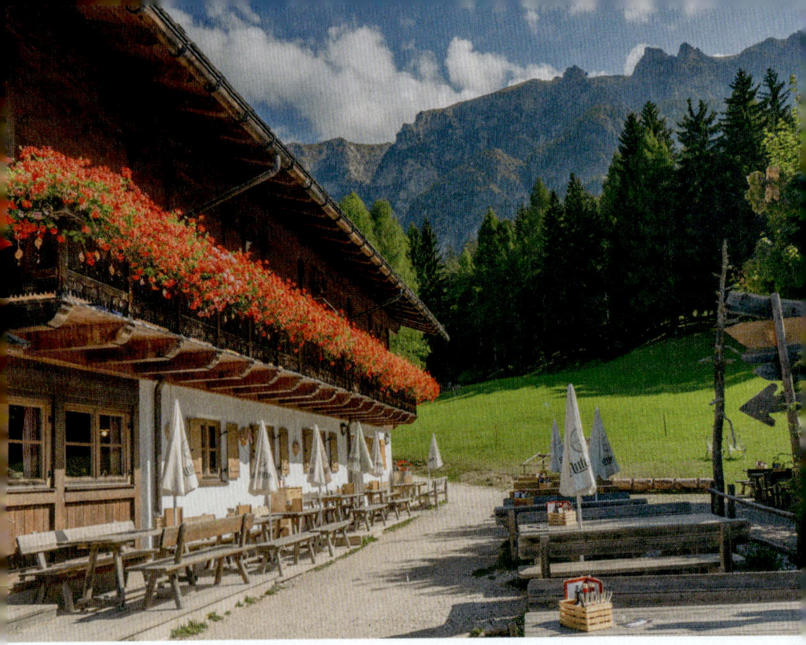

Der auf einer Wiesenschulter unter den Schlernwänden gelegene Berggasthof »Hofer Alpl«.

(Weg Nr. 1) unter den imposanten Schlernwänden im Wald gerade fort und abwärts, später über den Völser Bach und jenseits nach Nordwesten hinab zur Wiesenschulter der Tuffalm mit **Verzweigung** ❺. Rechts ab und durch Wiesen kurz nach Norden hoch zur Gastwirtschaft **Tuffalm** ❻, 1273 m.
Von der zuletzt erwähnten **Verzweigung** ❺ südlich unterhalb der Tuffalm den alten Almweg Nr. 1, z. T. auf Steinpflaster, nach rechts in den Wald und dort vorerst in West-, dann in Nordwestrichtung steil hinunter zur Alm-Auffahrt (Weg Nr. 1B). Die Schotterstraße nach Westen abwärts zum **Huber-Weiher**, 1065 m, und weiter zum verlandeten Südufer des **Völser Weihers** ❼, 1056 m. Kurz davor links ab und auf abgeschrankter Forstraße (Weg Nr. 2) durch Wald eben nach Süden, nach einer Linkskehre hinab in einen Graben mit Verzweigung. Rechts ab und auf Fußweg den schönen Waldgraben anfangs links, dann rechts vom Bach hinunter zur Brücke über den Völser Bach und jenseits zu querender **Forststraße** ❽. Diese kurz nach rechts hinab zu einem Parkplatz, dort links ab und auf dem Fußweg Nr. 2 im Wald weiter, später auf abgezäuntem schönen Wiesenweg nach Südwesten zur Asphaltstraße **Völs – Ums** ❾. Auf dieser links haltend eben zurück nach **Ums** ❶.

↗ 340 m | ↘ 340 m | 8.3 km

2.30 h

Schloss Prösels, 856 m

66

Stolzer Herrensitz am Völser Sonnenplateau

Jenen, die es gern bequem haben, denen lange Anstiege ein Gräuel und fehlende Einkehrmöglichkeiten ein Ärgernis bedeuten, sei diese nette Wanderung empfohlen. Das prächtige, am Völser Sonnenplateau unterm Schlern gelegene Schloss Prösels (15. Jh.) der Herren Völs-Colonna ist ein recht begehrtes Ausflugsziel, auch bei unfreundlichem Wetter. Es lohnt sich, den Bau, seine monumentale Architektur, im Zuge einer Führung kennenzulernen. Man erreicht das Schloss auf attraktivem Rundweg, der von Völs über Ums nach Prösels und durch die düstere Schlucht des Schlernbachs wieder zurück zum Ausgangspunkt führt.

Ausgangspunkt: Völs, 870 m, Kreisverkehr an der Durchgangsstraße LS 24 östlich des Ortszentrums; Bushalt der Linien 170 Brixen – Kastelruth – Völs – Bozen und 176 Völs – Tiers; Parkhaus und teils kostenpflichtige Parkplätze im Ortsbereich.

Anforderungen: Einfache Wanderung auf Straßen und Wegen.

Einkehr: Gasthof Kircher (14 Betten, ganzj. geöffnet, Mi. Ruhetag, Tel. +39 0471 725151, gasthof-kircher.it) in Ums. Mehrere Gastbetriebe im Ortsgebiet von Völs am Schlern.

Vom Kreisverkehr in **Völs** ❶ die Schlernstraße durch den Ort nach Osten aufwärts in den Ortsteil Obervöls und dort zum **Tschoyhof** ❷. Rechts ab und auf Sträßchen (Weg Nr. 6) südwärts hinunter zur Linksabzweigung eines Fahrwegs. Auf diesem südostwärts über Wiesen auf und ab zum Graben des **Völser Bachs** ❸. Über ihn zu einer querenden Straße und diese 30 m nach rechts, dann auf Weg Nr. 6 halb links steil empor zu den Umser Wiesen. Hier auf Weg, später auf Straße in Südostrichtung nach **Ums** ❹, 933 m.

Auf Asphaltstraße nach Südosten hinunter in den Schlernbachgraben und dort westwärts hinab, bis die

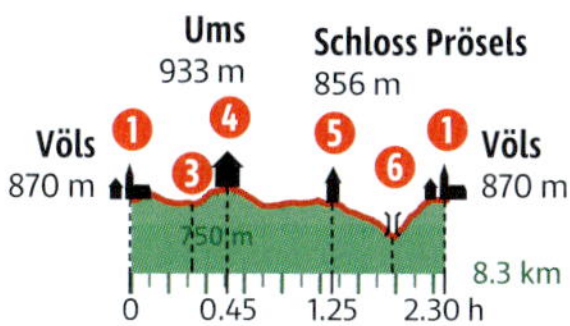

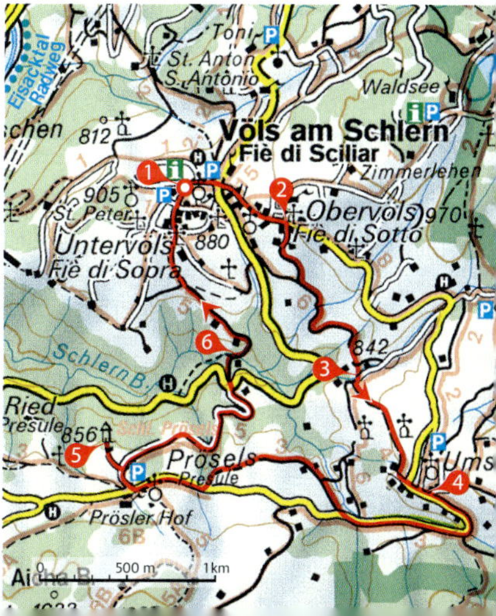

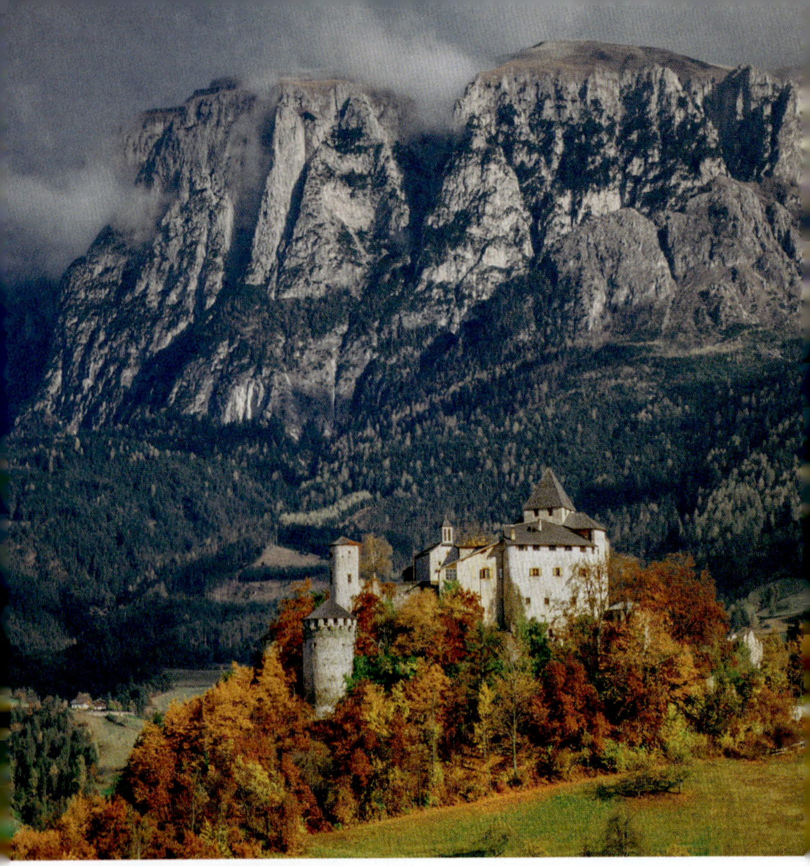

Schloss Prösels mit Schlern.

Straße wieder zu steigen beginnt. Hier rechts ab und nach Westen aufwärts wieder zur Straße, die geradeaus in den Ort **Prösels**, 878 m, führt. Links am Pulverturm vorbei abwärts zu einer Kreuzung und dort nach rechts zum **Schloss Prösels** 5, 856 m, eine der schönsten Burgen Südtirols.

Auf Asphaltstraße durch Wald nach Nordosten hinunter in den Schlernbachgraben zur Straße Blumau – Kastelruth. Unter ihr durch, dann auf Karrenweg zur Brücke über den **Schlernbach** 6. Jenseits auf einem gepflasterten Weg (Nr. 5), an Höfen vorbei, durch Weingärten und über Wiesen steil nach Nordwesten empor, schließlich auf Fahrweg in das Ortsgebiet von **Völs** 1 und wieder zurück zum Kreisverkehr.

↗ 570 m | ↘ 520 m | 16.0 km

5.00 h

Sieben-Weiher-Weg 67

Abwechslungsreiche 16-Kilometer-Strecke von Völser Aicha nach St. Konstantin

Ein Wanderweg eher neueren Datums ist der hier vorgestellte Sieben-Weiher-Weg von Völser Aicha zum Weiher St. Konstantin nahe dem berühmten Kirchenjuwel. Neben dem kaum bekannten Oachner Weiher, kommt man unterwegs an den stimmungsvoll gelegenen Gewässern des Umser, Völser, Huber, Gflierer und Salmseiner Weiher vorbei, von denen allerdings nicht alle die Bezeichnung verdienen, denn Umser und Salmseiner Weiher erweisen sich als reine Lösch- bzw. Bewässerungsteiche. Der mit einem eigenen Logo versehene 16 Kilometer lange Weg vermittelt eine abwechslungsreiches Wanderung zu Füßen der Schlernwände, durch Wälder und über herrliche Lärchenwiesen mit Fernsicht bis zu den Zentralalpen, zum Ortler und den Höhen der Brenta. Sie kann jedem gehtüchtigen Wanderer empfohlen werden, wobei die Rückkehr zum Ausgangspunkt durch den etwa stündlich verkehrenden Linienbus gesichert ist.

Ausgangspunkt: Völser Aicha, 873 m, kostenfreier Parkplatz und Bushalt »Völser Aicha-Dorf« der Linie 176 Seis – Völs – Tiers beim Feuerwehrhaus am Dorfplatz.
Endpunkt: St. Konstantin, 910 m, Haltestelle »St. Konstantin Perwanger« der Buslinie 176 Seis – Völs – Tiers, verkehrt etwa im Stundenintervall, beim Hotel Perwanger an der LS 24.
Anforderungen: Lange, aber unschwierige Streckenwanderung auf gut markierten und beschilderten Fahr- und Fußwegen. Der Weg ist mit einem eigenen Logo – Holztäfelchen mit Bergsilhouette (Schlern, Santnerspitze) und Wassersymbol – versehen.
Einkehr: Mehrere Gastbetriebe in Völser Aicha, etwas abseits der Route. Gasthof-Hotel Kircher in Ums (25 Betten; geöffnet 1. April bis 31. Okt., Mi. Ruhetag, Tel. +39 0471 725151, gasthof-kircher.it), Altes Gasthaus Völser Weiher (keine Übernachtung, 15. März bis 31. Okt. 10–22 Uhr, außer an Feiertagen, Mo. Ruhetag, Tel. +39 0471 1550799).
Hinweis: An den sieben Weihern besteht mit Ausnahme des Völser Weihers – ein beliebter Badesee mit Freibad am Ostufer – überall Bade- und Fischverbot.

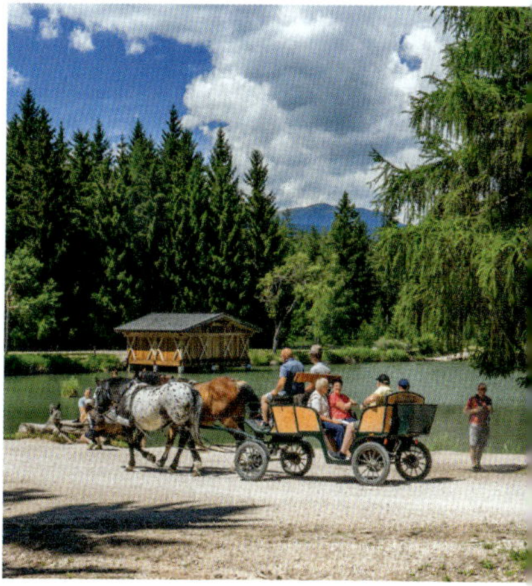

Pferdekutschengespann am Südufer des Huber Weihers.

Vom Dorfplatz in **Völser Aicha** ❶ die Ortsstraße, am Oachner Wirt (geschlossen) vorbei, nach Osten aufwärts, später auf dem asphaltierten Brunnweg, an der Kirche vorbei, zur Gabelung bei Kruzifix. Links den asphaltierten Fahrweg Nr. 7, unter der LS 65 Völs – Tiers durch, über Wiesen steil nach Nordosten empor zum Kohlerhof, danach auf Naturfahrweg in einen Graben mit **Verzweigung am Waldrand** ❷, 975 m. Rechts den begrünten Fahrweg Nr. 7 durch Wald und Gesträuch nach Nordosten hoch, später durch herrliche Lärchenwiesen eben in den sanften Wiesensattel **Schnaggenkreuz** ❸, 1015 m, zwischen Aichaberg und Völseggspitze. Überraschender Aufblick gegen die kolossale Felsmasse des Schlern!
Beim Kruzifix rechts vom Weg Nr. 7 ab und auf schönem Waldweg in Südrichtung aufwärts zum stimmungsvoll gelegenen **Oachner Weiher** ❹, 1040 m (auch »Großmoos-Weiher«; Holzhütte mit Brunnen), der auf schönem Uferweg im Gegenuhrzeigersinn umrundet wird.
Zurück zur Weggabelung am **Schnaggenkreuz** ❸. Rechts den Fahrweg mit Nr. 7 am Waldrand in Ostrichtung bergauf, später südostwärts durch herrliche Lärchenbestände aufwärts zu einer **Weggabelung** ❺. Links auf dem Fahrweg Nr. 10A durch Lärchenwiesen südostwärts bergab, dann an den Waldhängen, mehrere Gräben ausgehend, in Nordostrichtung abwärts, schließlich in Windungen und Kehren hinunter in den Schlernbachgraben und dort zu einer Asphaltstraße. Auf dieser nach links zur Autostraße Prösels – Ums (Sägewerk) und diese rechts haltend in langer Geraden nach Nordwesten aufwärts und nach rechts in das Ortsgebiet von **Ums** ❻, 933 m, mit dem Gasthof Kircher linker Hand und der kleinen Kirche rechts. Hier die Straße geradeaus zum Verzweigungspunkt (Parkplatz) am nördlichen Ortsrand.
Beim Parkplatz rechts ab und die schmale Asphaltstraße (»Tschafonweg«) mit Weg Nr. 3 in Kehren aussichtsreich nach Osten hoch (an zwei Gabelungen jeweils links!) zur Rechtsabzweigung von Fußweg Nr. 3 zum Hofer Alpl. Die Straße ein Stück geradeaus weiter zur nächsten Verzweigung. Links ab und anfangs auf Fußweg (»Umser Rundweg«), bald aber auf Naturfahrweg am Oberrand der Umser Wiesen nordwärts zum Speicherbecken des **Umser Weihers** ❼, 1019 m. Rechts daran vorbei in den Wald und dort zu einem Querweg. Diesen mit Weg Nr. 8 nach links abwärts zur Verzweigung nach einer Linkskehre. Rechts den Fahrweg Nr. 2 sogleich über den Völser Bach (Brücke), danach im Wald nach Nordwesten aufwärts in einen Graben mit **Verzweigung** ❽. Rechts auf Weg Nr. 2 durch den Waldgraben in Nordrichtung steil hoch zu querender Forststraße. Diese um einen Rücken herum nach rechts in einen weiter östlich gelegenen Graben. Dort ab und auf Fahrweg den Graben nach Norden aufwärts zu einer Anhöhe mit eingezäunter Wiese und jenseits hinab zur Schotterstraße Nr. 1 am Südufer des **Huber Weihers** ❾, 1065 m. Der Weiher wird umwandert und wieder die Straße erreicht. Auf dieser in Westrichtung abwärts zum verlandeten Südufer des **Völser Weihers**, 1056 m, und zur Verzweigung beim Hotel Wald-

see. Rechts den Fahrweg Nr. 13, am Westufer des Sees zum **Alten Gasthaus am Weiher** ⑩, 1056 m, am Nordende des Gewässers.
Vom Gasthaus den Naturfahrweg Nr. 13 30 m nach Norden abwärts zu einer Verzweigung. Links ab und auf Weg Nr. 13A nordwestwärts durch Wald anfangs eben, dann sanft bergab, schließlich steil hinunter zum Westufer des idyllisch gelegenen **Gflierer Weihers** ⑪, 1020 m (Aufblick zum Schlern mit der kühnen Santnerspitze links). An der Linksabzweigung von Weg Nr. 3A vorbei, nordwärts durch ein kurzes Waldstück zum nahen **Salmseiner Weiher** ⑫, 1015 m (Seerosen), dann in Nordrichtung über eine große

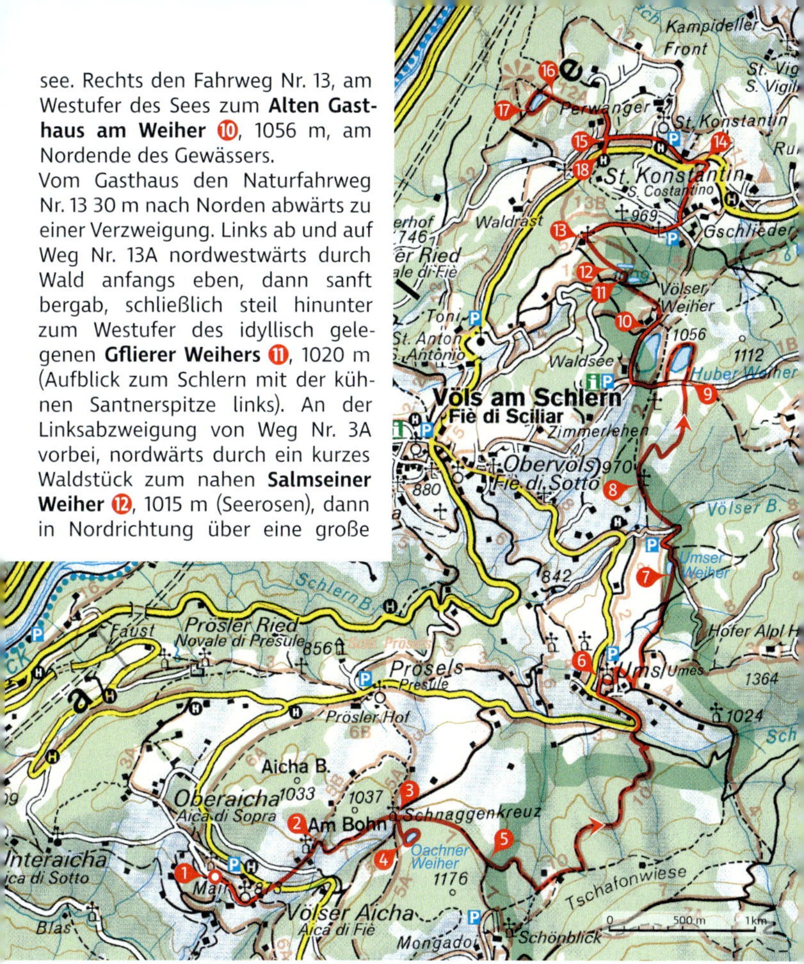

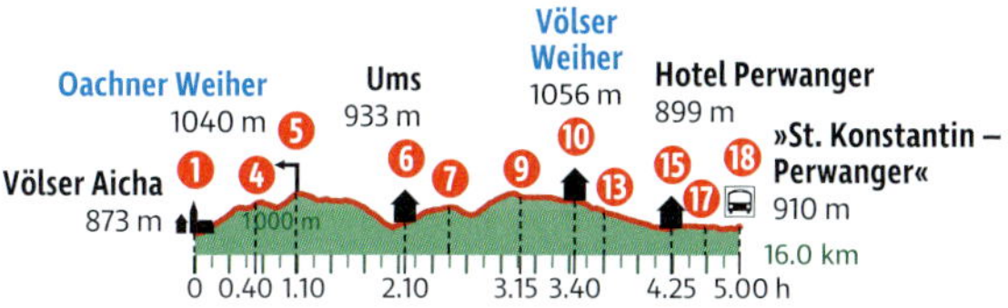

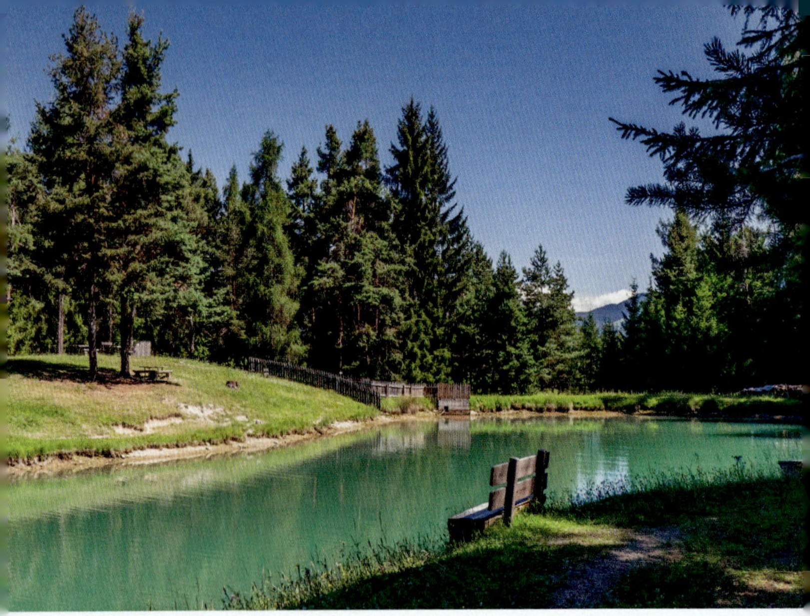

Der im Wald verborgene Oachner Weiher.

ebene Wiese, zuletzt nach rechts hinab zum **Salmseiner Hof** 13, 991 m. Die asphaltierte Hofzufahrt (Weg Nr. 15) durch Wiesen nach Osten abwärts zu einer Kreuzung, dort links auf Asphaltstraße (Weg Nr. 13) nach Norden hinab zur **LS 24 Seis – Völs** 14, die traversiert wird. Jenseits den Fahrweg Nr. 11 nordwestwärts durch Wiesen, an der malerisch auf Hügel postierten Kirche **St. Konstantin** vorbei, zu einer Straßenkreuzung (Parkplatz) und jenseits weiter zum Verzweigungspunkt beim **Hotel Perwanger** 15.
Rechts den asphaltiertem Fahrweg Nr. 12A (an den ersten beiden Gabelungen links, an der dritten rechts!) nach Norden, dann im Linksbogen durch eine Siedlung und in den Wald. Dort auf Naturfahrweg, eine schmale Wiesenmulde kreuzend, in Westrichtung aufwärts zu **Gabelung** 16. Links den »Weiherrundweg« Nr. 12A (Logo »See mit Weg«) südwestwärts auf und ab über eine Anhöhe hinweg zum **Konstantiner Weiher** 17, 910 m (auch »Pfarrmoos Weiher«), der an der Verzweigung am Südende erreicht wird. Rechts auf schönem Uferweg, am Westufer des Weihers (Schlernblick) entlang, nach Nordosten, zuletzt durch Wald zur erwähnten **Gabelung** 16. Weiter auf bekanntem Weg zum **Hotel Perwanger** 15, dort kurz nach Süden hoch zur LS 24 und nach links zur Bushaltestelle **»St. Konstantin – Perwanger«** 18. Mit dem Bus der Linie 176 Seis – Völs – Tiers (verkehrt etwa im Stundenintervall) zurück nach **Völser Aicha** 1.

↗ 890 m | ↘ 890 m | 12.1 km

4.30 h

Völseggspitze, 1834 m

Paradeberg mit glanzvoller Rundsicht

Dem Liebhaber weiträumiger Bergpanoramen vermittelt die hier vorgestellte Wanderung höchste Erfüllung, gehört doch die Völseggspitze zu den prachtvollsten Aussichtswarten Südtirols. Atemberaubend, wie einem beim Betreten der Gipfelfelsen plötzlich Eisacktal und Bozner Becken zu Füßen liegen, wie die grandiosen Wandfluchten des Rosengartens im Osten und in westlicher Ferne Brenta, Presanella und Ortler verheißungsvoll grüßen!

Ausgangspunkt: Tiers, 1020 m, Brunnenplatz nordwestlich unterhalb der Pfarrkirche; Hauptort des gleichnamigen Tales an der Westseite der Rosengartengruppe. Bushalt der Linien 176 Seis – Völs – Tiers und 185 Bozen – Tiers. Im Umkreis mehrere kostenfreie Parkplätze.
Anforderungen: Lange, anstrengende, aber leichte Tour. Gut markierte Wege.
Einkehr: Tschafonhütte (24 Betten, geöffnet Ostern bis 1./5. Nov., Tel. +39 347 8131152, schutzhaus-tschafon.com), Hotel Gfell mit Restaurant Schönblick (gute Küche, ganzjährig geöffnet, Mo. ganztägig und Di. bis 17 Uhr Ruhetag, Tel. +39 0471 601136, gfell.it).

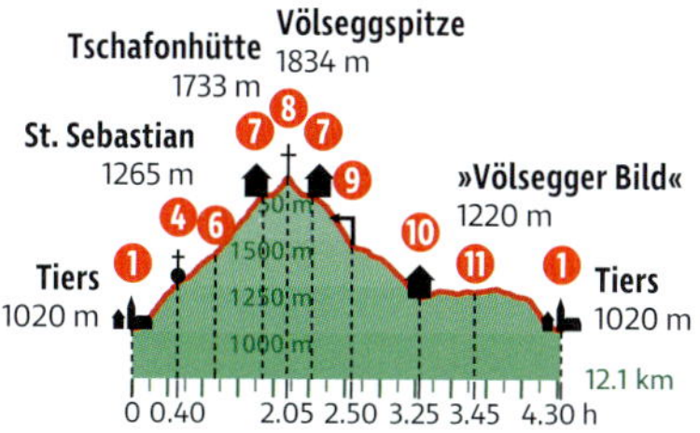

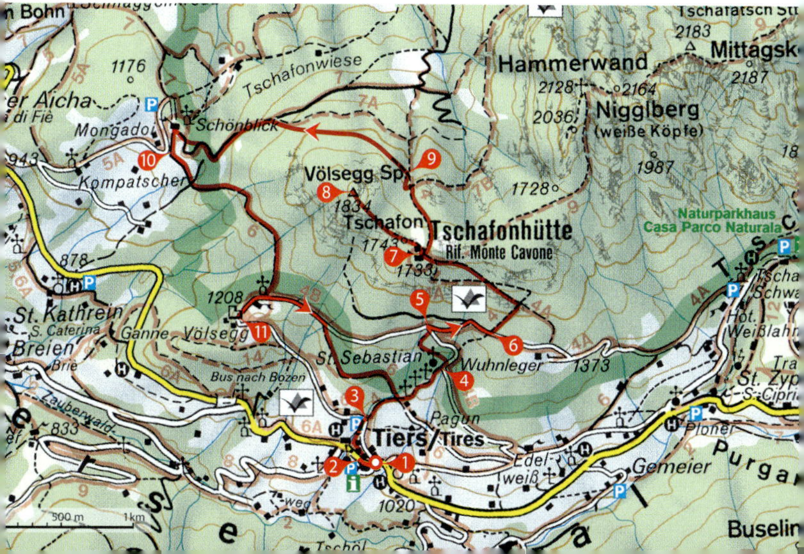

Vom Brunnenplatz in **Tiers** ❶ die Durchgangsstraße LS 65 100 m nach Westen zur **Straßenverzweigung** ❷ beim Hotel Paradies und der Grundschule. Halb rechts ab und die Ortsstraße »Völsegger Weg« (Nr. 4) in Nordwestrichtung aufwärts zur Gabelung in einem **Graben** ❸. Rechts von der Straße ab und auf Weg Nr. 4 in steilen Kehren nach Nordosten empor zum Querweg Nr. 6. Geradeaus, an Kreuzwegstationen vorbei, in Kehren weiter aufwärts zu der auf schöner Waldwiese stehenden Kirche **St. Sebastian** ❹, 1265 m. Vom oberen Wiesenrand auf Fahrweg (Nr. 4) durch Wald zuerst nach links (Nordwesten) empor zum nächsten **Querweg** ❺. Diesen (Weg Nr. 4) unterhalb der Tschafonwände in Ostrichtung steiler bergauf, zuletzt um eine aussichtsreiche Ecke nach links herum und durch traumhaft schönen Lärchenwald nach Osten aufwärts zur Verzweigung beim **Wuhnleger Weiher** ❻, 1422 m, in dem sich die Westwände der Rosengartengruppe – Valbonagruppe, Vajolettürme, Rosengartenspitze und Rotwand – unvergleichlich spiegeln.
Links ab und auf Weg Nr. 4 durch lichten Lärchenwald nach Norden hoch zu querendem Fahrweg. Auf diesem an der bewaldeten, felsdurchsetzten Flanke des Tschafons in langer Querung steil und mühsam links (Nordwesten) hoch zu der am Tschafonkamm auf großer Waldlichtung stehenden **Tschafonhütte** ❼, 1733 m, mit imponierender Sicht auf die Westwände des Rosengartens. Hinter der Hütte auf markiertem Weg über den bewaldeten Südostrücken zunehmend steiler aufwärts zum Gipfel der **Völseggspitze** ❽, 1834 m, mit Felsabstürzen (Vorsicht!) nach Westen und Süden.

Ein Dolomitenjuwel: der Wuhnleger Weiher, in dem sich die Westwände der Rosengartengruppe spiegeln.

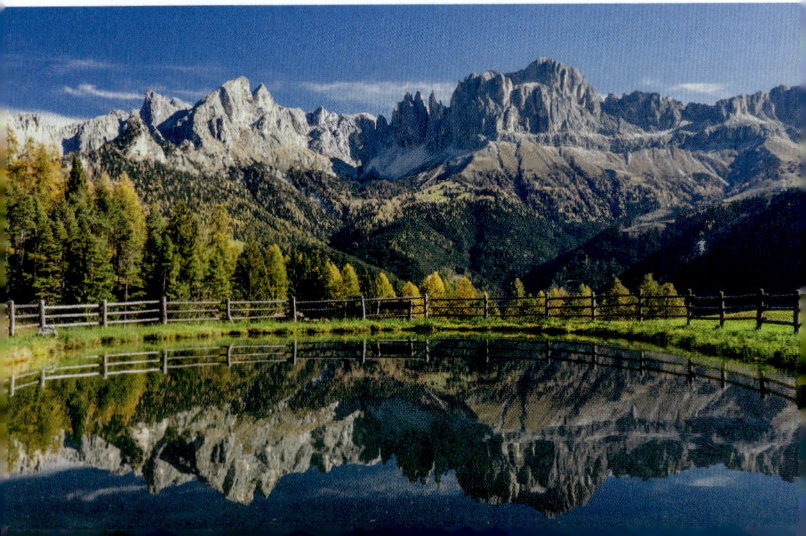

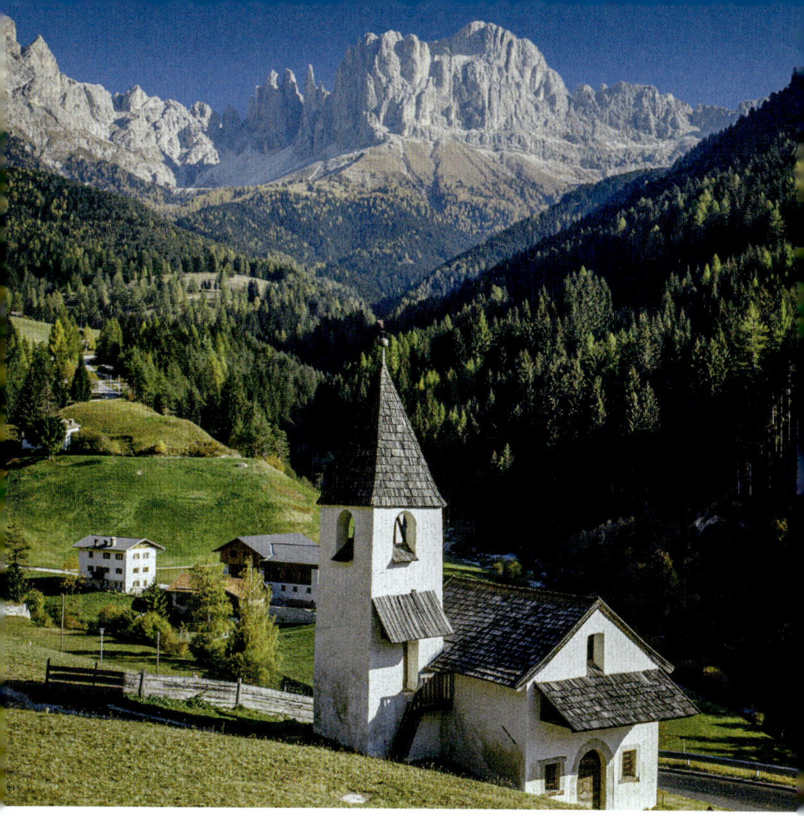

Im inneren Tierser Tal: St. Zyprian mit Rosengartengruppe.

Zurück zur **Tschafonhütte** 7, dann auf Weg Nr. 4 nach links (Norden) hinab zu einer Wegteilung. Geradeaus durch den Bergwald steil und ziemlich tief hinunter zu neuerlicher **Verzweigung** 9. Links den breiten Weg Nr. 7A, an der Nordflanke der Völseggspitze entlang, in Westrichtung abwärts zu den Wiesen beim **Hotel Gfell** 10, 1193 m. Auf dem Weg Nr. 6 nach links in die steile bewaldete Südwestflanke der Völseggspitze hinein und dort in langer Querung zur Hangschulter Völsegg mit dem Verweigungspunkt »**Völsegger Bild**« 11, 1220 m (gemauerter Bildstock, große Holzbank) am Waldrand. Rechts den Naturfahrweg mit Nr. 6B zunächst südwärts unter dem **Ansitz Völsegg** vorbei, dann auf Ashaltstraße an den Wald- und Wiesenhängen nach links (Südosten) hinunter in das Ortsgebiet von **Tiers** 1 und dort auf bekanntem Weg zum Brunnenplatz.

TOP

69

↗ 980 m | ↘ 980 m | 13.9 km

Tschamintal und Grasleitenhütte, 2134 m

6.00 h

Genussreiche Wanderung in ein dolomitisches »Mustertal«

Als eines der schönsten Täler des Südalpenraumes, als dolomitisches »Mustertal«, muss das an der Westseite der Rosengartengruppe gelegene, von Tiers-Weißlahnbad her zugängliche Tschamintal bezeichnet werden. Vor allem die mittlere Talpartie ist von einmaligem landschaftlichem Reiz. Wie da über den Waldwiesen beim Rechten Leger die kühnen Türme der Grasleiten- und Valbonagruppe gegen den Himmel ragen, das findet sich nicht so bald wieder in den Alpen, auch nicht in den an zauberhaften Gegenden überreichen Dolomiten. Wer danach noch die restlichen 560 Höhenmeter hinauf zur Grasleitenhütte schafft, taucht in die Hochgebirgsregion der Rosengartengruppe selber ein, wo die himmelstürmenden Mauern von Antermojakogel, Grasleitenspitze und Valbonagruppe eine Talschlucht von seltener Wucht und Größe formen. Dank abseitiger Lage und beschwerlichem 1000-Meter-Anstieg findet man an dem eindrucksvoll postierten Stützpunkt noch Ruhe, Gemütlichkeit und echte Bergsteiger-Atmosphäre.

Ausgangspunkt: Wanderparkplatz Weißlahnbad, 1212 m, im Norden des Kurortes Weißlahnbad, 1173 m, im inneren Tierser Tal, am Eingang in das Tschamintal, 3 km von Tiers. Per Bus zu erreichen mit Linie 176 (Seis – Völs – Weißlahnbad – St. Zyprian), etwa stündlich. Zufahrt bis zum Kreisverkehr (Bushalt) und dort kurz nach links zum Parkplatz.
Anforderungen: Unschwierige Wanderung auf markierten Wegen und Forststraßen. Bis zum Rechten Leger bequem und auch mit Kindern geeignet, danach anstrengender Anstieg zur Grasleitenhütte für ausdauernde, trittfeste Bergwanderer!
Einkehr: Tschamin Schwaige (keine Übernachtung, geöffnet 2. So. im Mai bis 2. Nov., Mi. Ruhetag außer im Juli und August, Tel. +39 349 2876453, +39 349 0694535, tschaminschwaige.com) am Taleingang; Grasleitenhütte (40 Bet-

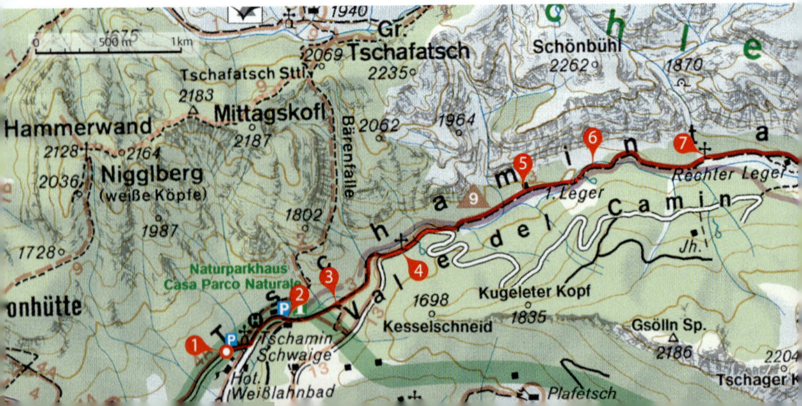

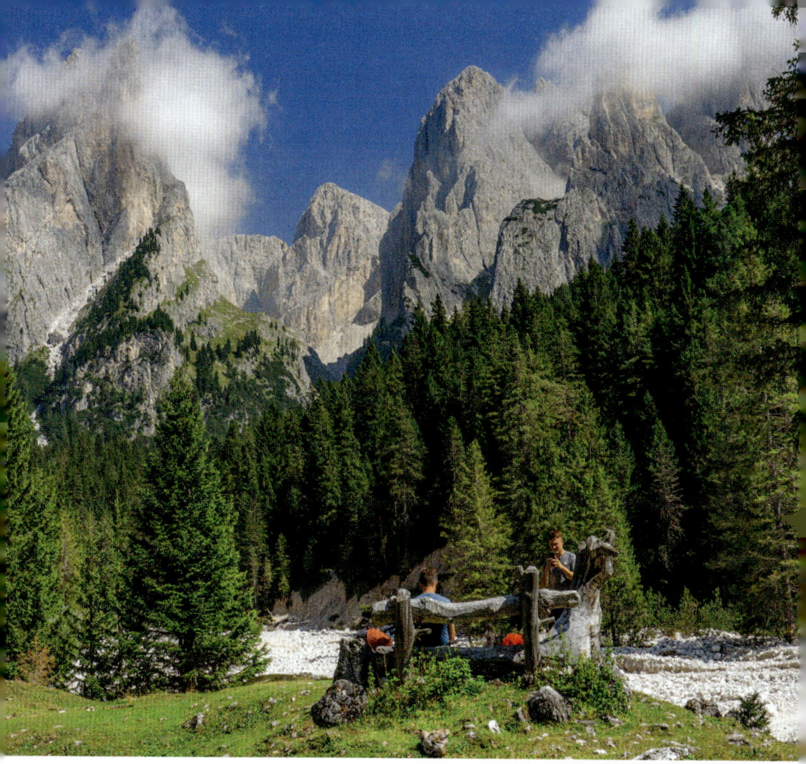

Die Türme der Grasleiten- und Valbonagruppe über dem Rechten Leger im inneren Tschamintal.

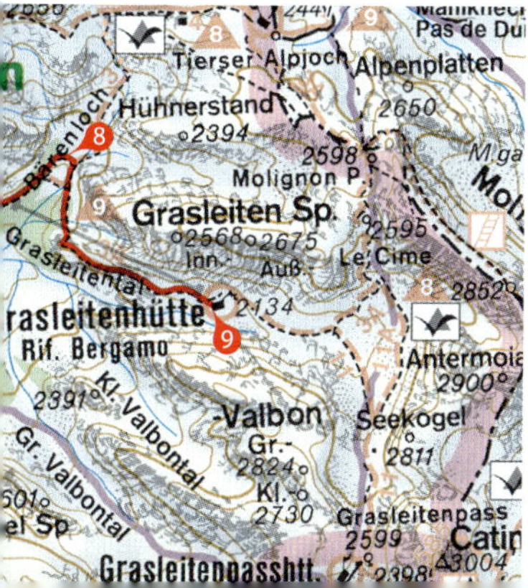

ten, 15 Lager, geöffnet 1./5. Juni bis 5./10. Okt., Tel. +39 0471 1632320, grasleitenhuette.com).
Variante: Für jene, die nur bis zum Rechten Leger wandern, verkürzt sich die Gesamtgehzeit auf 3 Std. (400 Hm).

Vom **Wanderparkplatz Weißlahnbad** ❶ die Zufahrtsstraße kurz retour zum Kreisverkehr (Bushalt) und auf Asphaltstraße nach Nordosten hinab in die Talsohle des Tschamintals und dort über den Tschaminbach (Brücke) nach rechts zur **Tscha-**

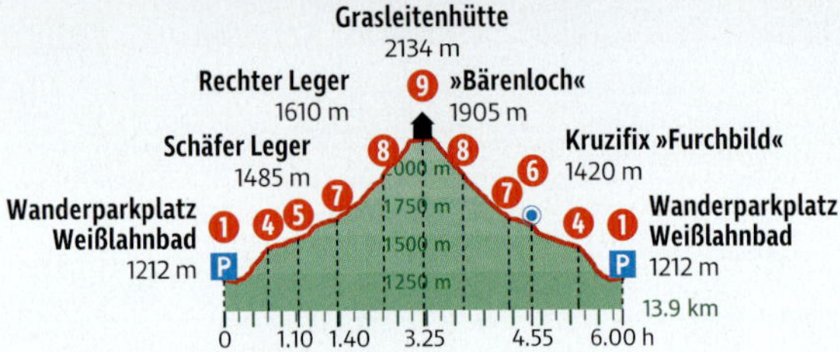

min Schwaige ❷, 1200 m. Zwischen Steger Säge links und dem Restaurant rechts hindurch und auf dem breiten Fußweg Nr. 3 an der rechten Talseite durch Wald nach Nordosten aufwärts zur ersten **Rechtsabzweigung** ❸ von Weg Nr. 13B und 14. An einer zweiten Rechtsabzweigung vorbei, hoch über der Schlucht des Tschamintals z. T. in Kehren weiter bergauf zu querender Forststraße und auf ihr 20 m nach links zum Kruzifix »**Furchbild**« ❹, 1420 m. Entlang der Straße sanft aufwärts zu einer Gabelung. Links haltend bald über den Tschaminbach, danach an der linken Talseite im lichten Wald bergauf zur herrlichen Wiese beim **Schäfer Leger** ❺, 1485 m. Nun auf breitem Fußweg (Nr. 3) links vom rauschenden Bach sanft aufwärts zu einer Talverengung. Dort nach rechts über den Bach (Holzbrücke) und hinauf zu einer Quellfassung, danach zur Quelle »**Hoher Steg**« ❻. Noch ein Stück weiter bergauf, dann wieder an die linke Talseite (Holzbrücke) und im lichten Wald steiler aufwärts, schließlich am linken Rand eines Geröllfeldes zur Almweide des **Rechten Legers** ❼, 1610 m (Heuhütte, Tische, Bänke, Schnitzkruzifix). Den Weg Nr. 3 links der Talsohle über Wiesen und durch lichten Nadelwald in Ostrichtung weiter aufwärts zur Verzweigung im Talschluss. In Kehren nach links gegen die Felswände empor und unter ihnen nach rechts hinauf in die impo-

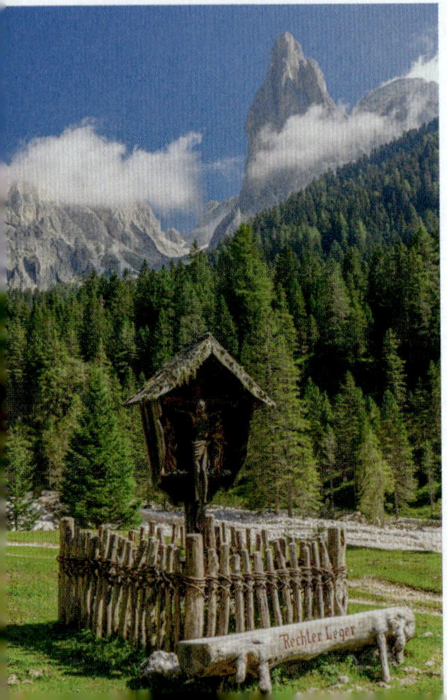

Das Almkreuz am Rechten Leger im Tschamintal. Aufblick gegen das filigrane Getürm der Valbonagruppe.

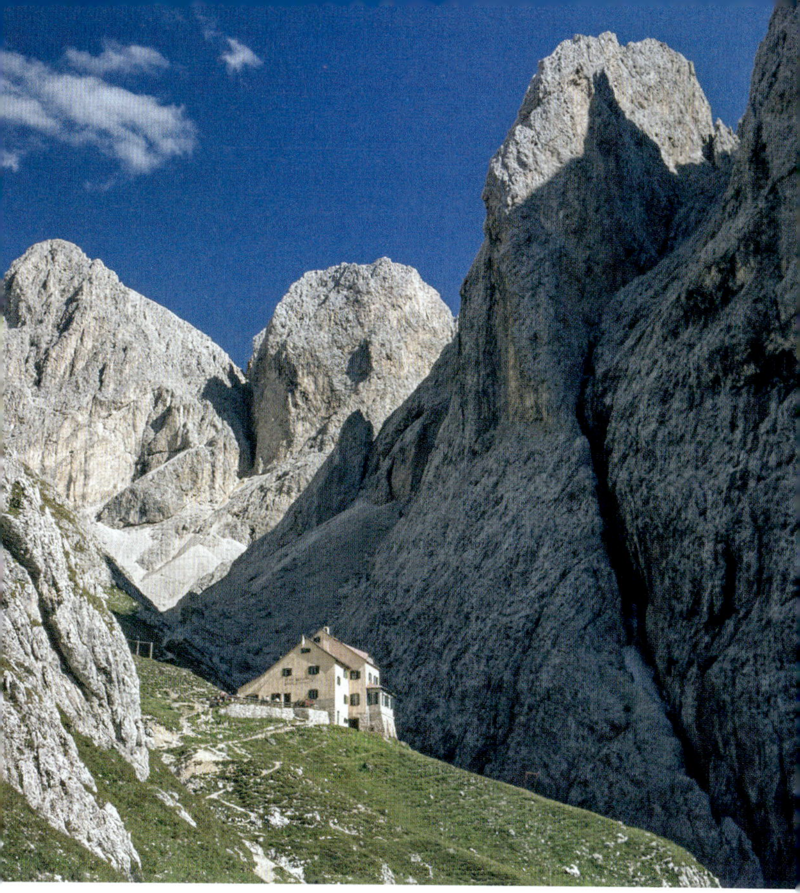

Die Grasleitenhütte, überragt vom mächtigen Antermojakogel.

sante Schlucht des »**Bärenlochs**« **8**. Linksabzweigung des Weges zur Tierser-Alpl-Hütte. Hier rechts auf dem Weg Nr. 3A durch Latschen und über Wiesen ostwärts in Kehren gegen den Grasleitenturm aufwärts, später steil nach rechts hinauf zu einer Schulter an der Westkante des Turmes. Nach links in die Südseite des Grasleitenturms und dort über dem schluchtartigen Grasleitental, an steilen Grashängen entlang, nach Osten hoch zu einer zweiten Schulter. Nun etwas abwärts, dann eben, schließlich in einigen Serpentinen empor zu der in einem gewaltigen Felskessel gelegenen **Grasleitenhütte** **9**, 2134 m. Abstieg auf demselben Weg nach **Weißlahnbad** **1**.

↗ 530 m | ↘ 530 m | 12.5 km

70 Haniger Schwaige (auch »Hanicker Schwaige«), 1904 m

4.15 h

Ein paradiesischer Almflecken unter den Vajolettürmen

Das Tierser Tal besitzt im Seitenast des Purgametschtals ein einzigartiges Naturjuwel mit der zu Füßen der filigranen Vajolettürme gelegenen Haniger Schwaige. Wir besuchen diesen dolomitischen Glanzpunkt von der Frommer Alm aus, zu der uns die neue Cabrio-Seilbahn aus dem Tierser Tal bringt. Statt auf demselben Weg dorthin zurückzukehren, kann man von der Haniger Schwaige auch über die nicht weniger eindrucksvoll gelegene Plafötschalm direkt zur Talstation in St. Zyprian absteigen.

Ausgangspunkt: St. Zyprian, 1150 m, im inneren Tierser Tal, Talstation der neuen Tierser Cabrio-Seilbahn; kostenfreier Parkplatz, Bushalt der Linien 176, 185 und 186; 3 km von Tiers. Bergstation, 1721 m, auf der Frommer Alm (Parkplatz, Bushalt). Betrieb: 10./15. Mai bis 5. Nov. 8.00/8.45 bis 17.15/18.15 Uhr; carezza.it/de/bergbahnen/bergbahnen.
Anforderungen: Einfache Wanderung auf markierten Wegen.
Einkehr: Alpengasthof Frommer Alm (16 Betten, geöffnet 15./20. Mai bis 1./5. Nov., Tel. +39 0471 612184, frommeralm.com), Nigerjochhaus (geöffnet 1. Juni bis 30. Sept., außer Juli und August Mo. Ruhetag; Tel. +39 0471 612329), Haniger Schwaige (keine Übernachtung, geöffnet 15./20. Mai bis 25./31. Okt., Tel. +39 348 2463394, hanigerschwaige.com), Plafötschalm (12 Betten, geöffnet 15./20. Juni bis 1./5. Sept., Mo. Ruhetag; bei Übernachtung auch Transferservice ab Tiers möglich, Tel. +39 335 1050988, plafoetsch.com). Mehrere Gastbetriebe in St. Zyprian.
Variante: Für den Abstieg von der Haniger Schwaige auf Fußweg Nr. 7 über die Plafötschalm, 1564 m (1 Std.) zur Seilbahn-Talstation in St. Zyprian 2 Std. Gehzeit.

Auffahrt mit der Tierser Cabrio-Seilbahn von **Talstation** in **St. Zyprian** ❶ zur **Bergstation** ❷ auf der Frommer Alm. Von der Bergstation kurz nach Süden zum Alpengasthof Frommer Alm, dort, die Nigerpassstraße kreuzend, 100 m nach Westen hinab zum Querweg Nr. 1A. Den Fahrweg durch Wald und über Wiesen eben nach rechts (Norden) wieder zur Passstraße, die traversiert wird. Nun auf Fußweg knapp rechts oberhalb der Straße meist im Wald eben weiter, zuletzt hinab zum **Nigerpass** ❸, 1688 m (Gaststätte). Rechts ab und die Forststraße mit Weg Nr. 1 und 7 im Wald nach Südosten aufwärts zu einer Rechtskurve. Links den Fahrweg Nr. 7 in Ostrichtung zum Gra-

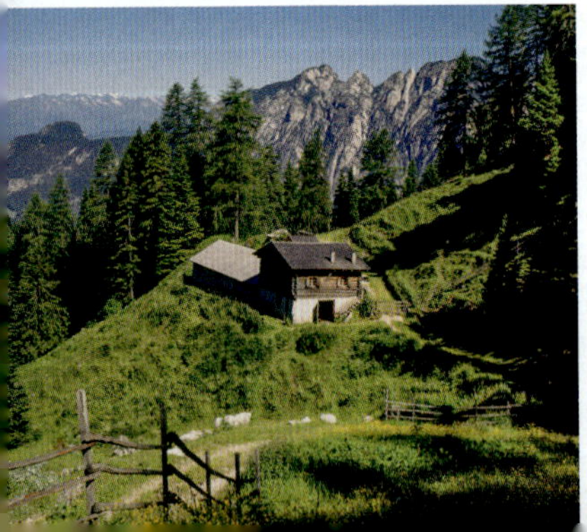

Die unbewirtschaftete Baumannschwaige.

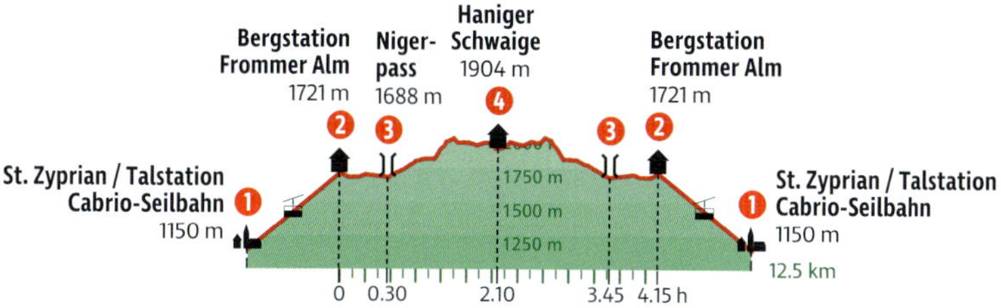

ben des Breibachs, der über zwei Bachläufe hinweg im Linksbogen ausgegangen wird. Nicht bis zu den Hütten der **Baumannschwaige**, 1826 m, sondern gleich nach dem zweiten Bach nach rechts (Osten) steil aufwärts, später links haltend hinauf zu einer schönen Wiese direkt unter den Rosengartenwänden. Vorerst in Kehren nach rechts hoch, dann in langer Höhenwanderung durch lichten Wald und über Wiesen nordwärts zur Schulter der **Angelwiesen**, 1970 m. Durch den Wald nach rechts hinab in das herrliche **Purgametschtal** und dort über Wiesen eben nach Norden zur **Haniger Schwaige** 4, 1904 m. Rückkehr auf derselben Route.

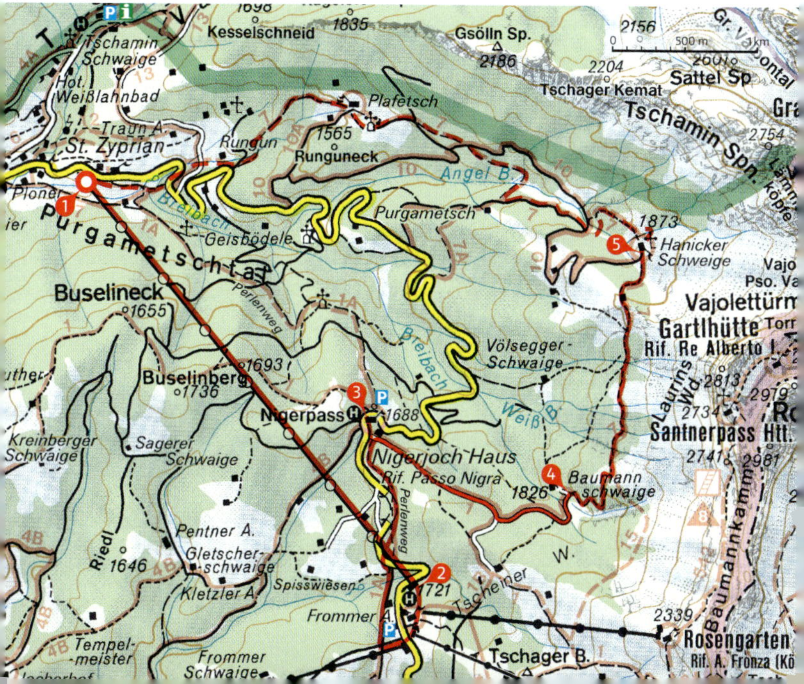

TOP

71 Kleine Rosengartenrunde

↗ 660 m | ↘ 660 m | 10.4 km

4.30 h

Wandervergnügen und Landschaftsgenuss am Weg um die Rotwand

Mit wachen Sinnen »erlebtes« Wandern ist von den Eindrücken her aktivem Kunstgenuss – etwa dem Betrachten eines Gemäldes oder dem Anhören schöner Musik – vergleichbar. So distanzieren wir uns auch bei dieser Tour bewusst vom Leistungsprinzip und erleben am morgendlichen Übergang über das Tschagerjoch das beglückende Gefühl von wärmender Sonne und erhabener Hochgebirgsszene, mischen uns bei der Rotwandhütte unter ein lustiges, hochgestimmtes Völkchen, das einen leider auch noch in Scharen am aussichtsreichen Hirzelweg zur Rosengartenhütte begleitet.

Ausgangspunkt: Talstation der zweiteiligen 10er-Kabinenbahn »König Laurin 1«, und »König Laurin 2«, 1721 m (Parkplatz), im Bereich der Frommer Alm an der Nigerpassstraße, 12 km von Tiers, 14 km von Welschnofen, 6 km vom Karerpass. Bergstation bei der Rosengartenhütte, 2339 m, am Westabhang der Rosengartengruppe. Betrieb: 10./15. Juni (Sektion 2 ab 20./26. Juni) bis 10. Okt jeweils 8–18 Uhr, eggental.com/de. Die Frommer Alm kann neuerdings auch von Tiers / St. Zyprian per Seilbahn erreicht werden.

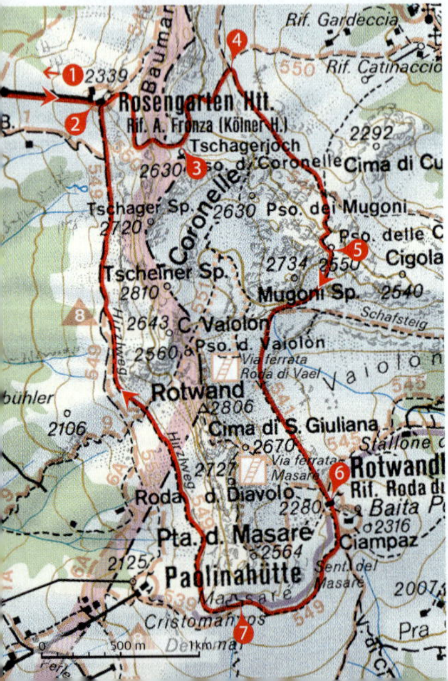

Anforderungen: Lange, hochalpine Tour. Leichte Felspassagen. Nur für trittfeste, schwindelfreie Wanderer bei gutem Wetter. Vorsicht bei Altschnee im Anstieg zu den beiden Pässen!

Einkehr: Kölner Hütte (auch Rosengartenhütte, 60 Betten, geöffnet 15./20. Juni bis 25. Sept., Tel. +39 335 6563512, +39 346 5432962, rifugiofronza.com), Rotwandhütte (59 Betten, geöffnet 1. Juni bis 31. Okt., Tel. +39 0462 764450, +39 335 6750325, rodadivael.it), Rifugio Pederiva (keine Übernachtung, geöffnet 1. Juni bis 31. Okt.).

Hinweis: Die Frommer Alm (Talststation der König-Laurin-Kabinenbahn) an der Nigerpassstraße lässt sich von Welschnofen mit der Kabinenbahn Welschnofen erreichen (Betrieb: 20./25. Mai bis 2. Nov. 8/9–17/18 Uhr, eggental.com/de). Talstation nahe der Straßenschleife im östlich Ortsbereich von Welschnofen, am Eingang ins Locherer Tal).

Mit der neuen Cabrio-Seilbahn von Tiers / St. Zyprian zur Frommer Alm eröffnet sich eine weitere Zufahrtsmöglichkeit.

Von der **Talstation** der zweiteiligen **König-Laurin-Kabinenbahn** ❶ hinauf zur **Kölner Hütte** ❷. Dort auf Weg Nr. 550 (Achtung: Nicht den alten, weiter rechts nach oben führenden Weg wählen!) einen 80 m hohen Felsaufschwung (Kletterstellen, Drahtseil) ostwärts hinauf zu einer Geröllterrasse mit Verzweigung. Über diese nach rechts aufwärts in eine Geröllschlucht und dort steil empor zum **Tschagerjoch** ❸, 2630 m, mit erstem Einblick in das großartige Vajolettal.

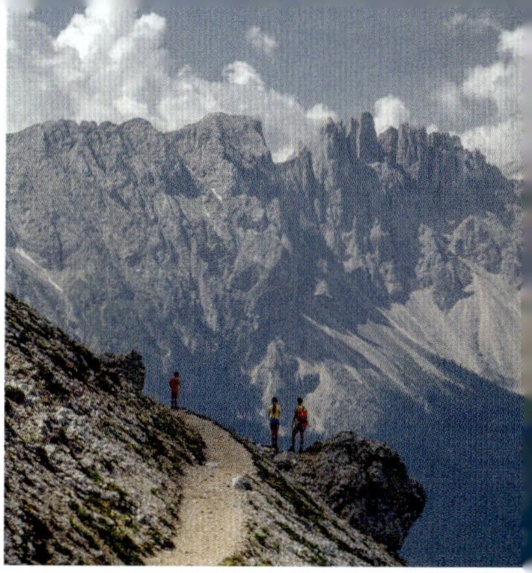

Rückblick vom Hirzelweg in die Nordwände der Latemargruppe.

Über Schutt und Schrofen (Vorsicht!) nach links abwärts, dann über begrünte Hänge nordostwärts hinunter zum **Weg Nr. 541** ❹. Auf ihm eben nach rechts unter einen markanten Felsturm. Nun über Steilschutt in Kehren nach Süden empor zum **Cigoladepass** ❺, 2550 m. Jenseits des Passes ein Geröllkar nach Süden abwärts, dann nach rechts unter die Wände der Südlichen Mugonispitze zu originellem Durchgang (angelehnter Felsblock). Nun über Schutthänge nach Südwesten hinab zum Wiesenboden des Unteren Vajolonkessels. Unter Rotwand und Fensterleturm eben nach Südosten zur **Rotwandhütte** ❻, 2280 m. Auf Weg Nr. 549, an den Abhängen der Punta di Masarè entlang, eben nach Süden, dann nach rechts in die Südseite des Berges zum **Christomannos-Denkmal** ❼, 2349 m, einem Bronzeadler (Verzweigung). Halb rechts (»Hirzelweg«, Weg Nr. 549) nach Westen aufwärts, später nach rechts in die Westseite der Gruppe und dort unter den Wänden der Punta di Masarè und der Rotwand eben nach Norden, zuletzt etwas steiler aufwärts zur **Kölner Hütte** ❷**,** von wo es hinuntergeht zur **Talstation** der **König-Laurin-Kabinenbahn** ❶.

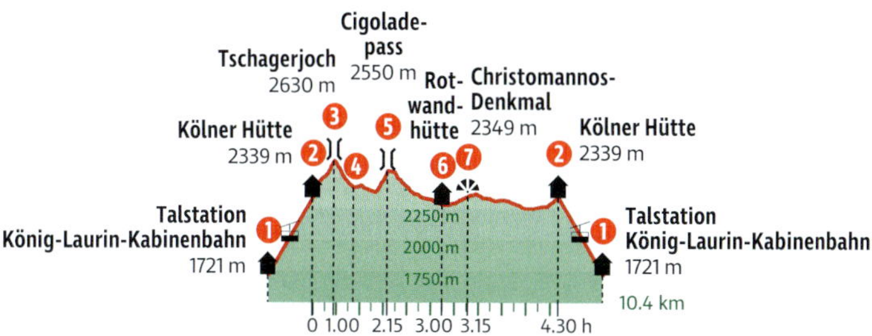

↗ 10 m | ↘ 590 m | 5.5 km

72 Paolina-Höhenweg

1.45 h

Eine Promenade am Westabhang der Rosengartengruppe

Steigmüden, aber dennoch schaulustigen Gästen kann man diesen Panoramaweg an der Westseite der Rosengartengruppe empfehlen. Von der mit Seilbahnhilfe erreichbaren Rosengartenhütte wird ein absolut beschwernisfreier Spaziergang über der 2000-Meter-Marke, eine richtige »Höhen-Kurpromenade« geboten. So erhält man die dabei präsentierten landschaftlichen Attraktionen – den Aufblick in die überhängenden Mauern der Rotwand, die herrliche Sicht auf Latemar, Brenta, Adamello, Presanella, Ortler und Ötztaler Alpen – fast geschenkt!

Ausgangspunkt: Talstation der zweiteiligen 10er-Kabinenbahn »König Laurin 1«, und »König Laurin 2«, 1721 m (Parkplatz), im Bereich der Frommer Alm an der Nigerpassstraße, 12 km von Tiers, 14 km von Welschnofen, 6 km vom Karerpass. Bergstation bei der Rosengartenhütte, 2339 m, am Westabhang der Rosengartengruppe. Betrieb: 10./15. Juni (Sektion 2 ab 20./26. Juni) bis 10. Okt jeweils 8–18 Uhr, Tel. +39 0471 614139, eggental.com/de. Die Frommer Alm kann neuerdings auch von Tiers / St. Zyprian per Seilbahn erreicht werden.
Endpunkt: Karerpass, 1758 m. Busverbindung (verkehrt im Sommer mehrmals täglich) zur Frommer Alm.
Anforderungen: Bequeme Wanderung auf guten Wegen.
Einkehr: Kölner Hütte (auch Rosengartenhütte, 60 Betten, geöffnet 15./20. Juni bis 25. Sept., Tel. +39 335 6563512, +39 346 5432962, rifugiofronza.com), Paolinahütte (16 Betten, geöffnet 5./10. Juni bis 31. Okt., Tel. +39 0471 612008, +39 347 9489641, paolina-huette.com). Am Karerpass: Hotel Castel Latemar (90 Betten, geöffnet 1. Mai bis 15. Okt., Tel. +39 0471 612140, castellatemar.it), Hotel Savoy (geöffnet 1. Juli bis 30. Sept., Tel. +39 0471 612124, hotelsavoycarezza.it), Golfhotel Carezza (1. Juni bis 30. Sept., geöffnet, Tel. +39 0471 612200, carezzagolf.com), Bar-Restaurant-Pizzeria Antermont (15 Betten, geöffnet 15. Juni bis 31. Okt., Di. Ruhetag, Tel. +39 0471 618520 und +39 349 5556817, antermont.it).
Hinweis: Die Frommer Alm (und damit die Talststation der König-Laurin-Kabinenbahn) an der Nigerpassstraße lässt sich direkt von Welschnofen mit der 10er-Kabinenbahn Welschnofen erreichen (Betrieb: 20./25. Mai bis 2. Nov. 8/9–17/18 Uhr, eggental.com/de). Talstation, 1200 m, nahe der Straßenschleife im östlichen Ortsbereich von Welschnofen, am Eingang ins Locherer Tal.

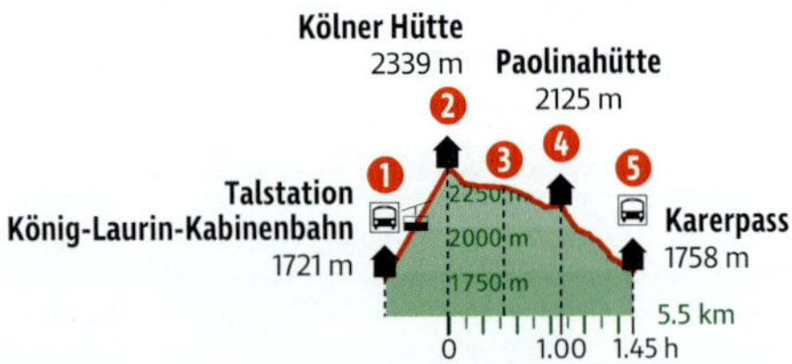

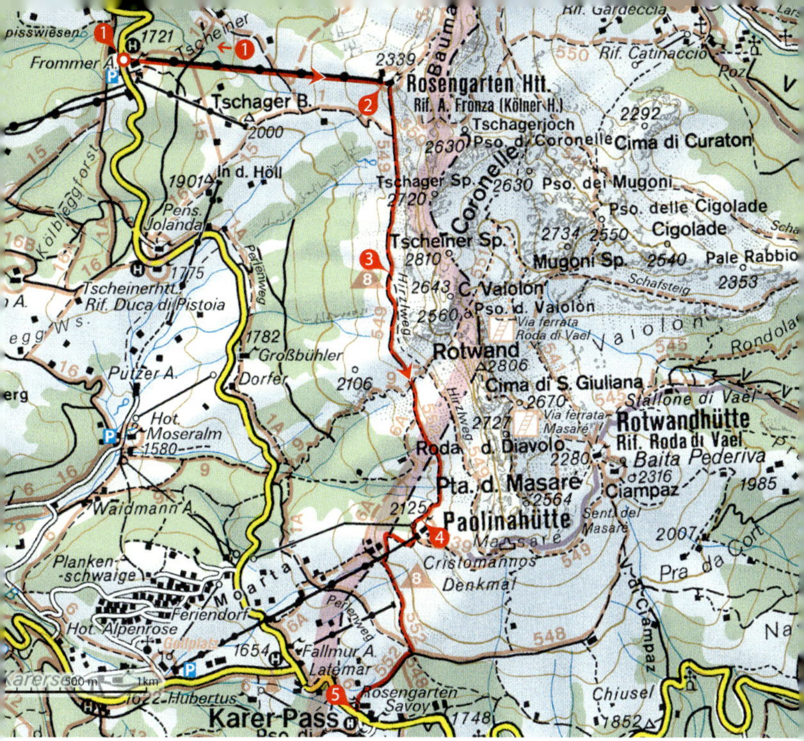

Von der **Talstation** der zweiteiligen **König-Laurin-Kabinenbahn** ❶ hinauf zur **Kölner Hütte** ❷. Dort auf dem Weg Nr. 549 nach Süden zunächst abwärts, dann an begrünten Geröllhängen entlang eben zu einer Bergkante. An einer Quelle vorbei, später durch eine Bergsturzzone zur Linksabzweigung des **Hirzelwegs (Nr. 549)** ❸. Auf Weg Nr. 552 geradeaus weiter zur nächsten Teilung. Hier halb links (Weg Nr. 552), an steiler Flanke entlang, nach Süden, zuletzt etwas aufwärts zur **Paolinahütte** ❹, 2125 m.
Für den Abstieg zum Karerpass steigt man auf Weg Nr. 552 parallel mit dem Rosengarten-Sessellift in steilen Serpentinen über Wiesen nach Südwesten ab. Später unterm Lift nach links durch und, Grashänge querend, nach Südosten hinunter zu einem Fahrweg. Diesen rechts haltend über Lärchenwiesen hinab zum **Karerpass** ❺, 1758 m. **Rückfahrt** mit Bus zur **Frommer Alm** an der Nigerpassstraße.

Bild nächste Seite: Die Westabstürze der südlichen Rosengartengruppe mit der imponierenden Rotwand.

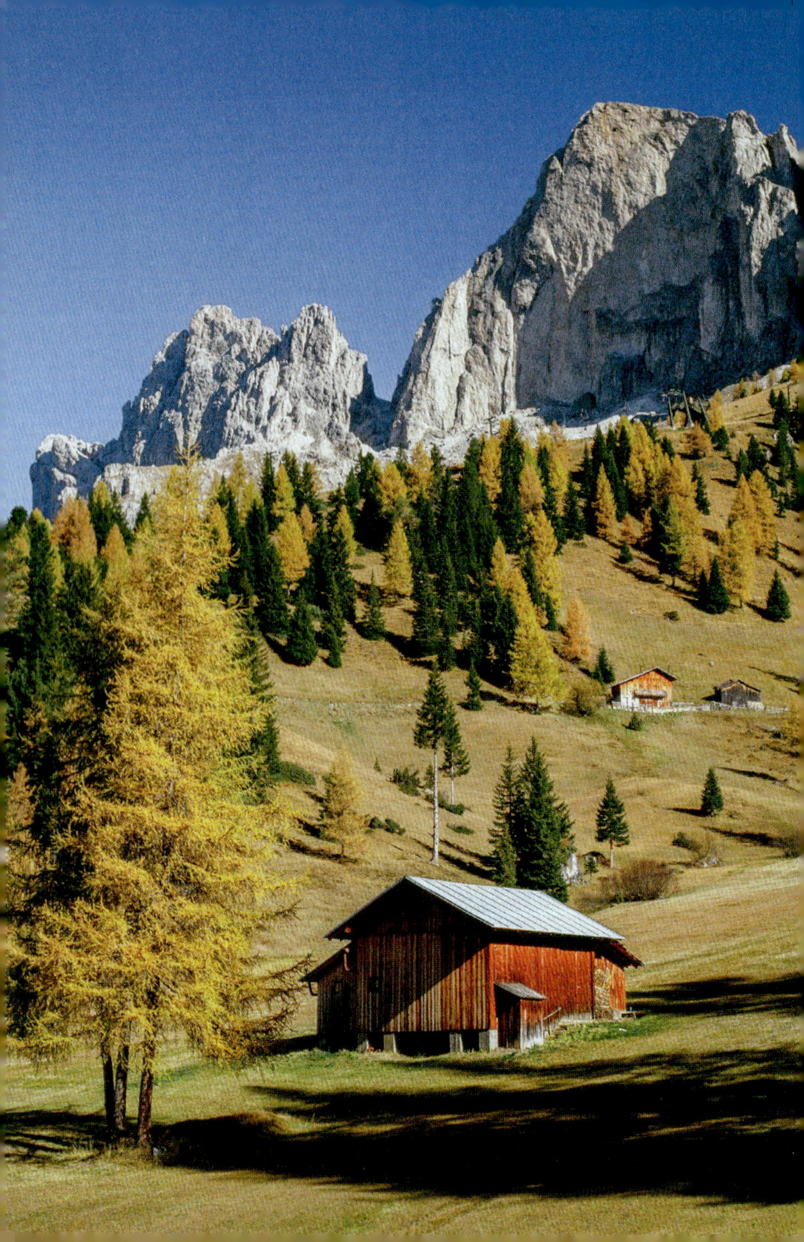

↗ 280 m | ↘ 280 m | 6.0 km

2.15 h

Steinegg: Pyramidenrundweg 73

Ein »Naturwunder« am Dolomitenrand

Zu den geologischen Besonderheiten am Rande der Dolomiten gehören zweifelsfrei die Erdpyramiden, bizarre, aus dem Moränenmaterial eiszeitlicher Gletscher ausgewitterte, turmförmige Felsgebilde mit charakteristischem Deckstein. Zu den bekanntesten gehören die Rittner Erdpyramiden bei Klobenstein/Lengmoos sowie jene von Lengstein, Glaning, Gummer, Mölten, Wielenberg, Terenten und Platten. Auch die Erdpyramiden von Steinegg sind da zu nennen. 500 Höhenmeter über dem Eisacktal gelegen und von dort über eine kühn angelegte Serpentinenstraße zu erreichen, ist der Ort Ausgangspunkt für einen attraktiven Rundweg unter- und oberhalb dieser faszinierenden Felsgebilde mit herrlichen Auf- und Durchblicken zu Felsrecken der Rosengartengruppe.

Ausgangspunkt: Dorfplatz in Steinegg, 825 m (Parkplatz, Bushalt »Steinegg Dorf«), ein auf einer Sonnenterrasse südöstlich über dem schluchtartigen Eisacktal gelegenes Bergdorf.
Zufahrt per Bus der Linie 182 Bozen – Blumau – Steinegg – Birchabruck oder per Pkw über eine spektakuläre Serpentinenstraße (15 Kehren), 5 km von Blumau.
Anforderungen: Kurze Wanderung für trittfeste Geher. Gut markierter mit einem Logo (spitz zulaufende Latte mit Deckstein in Form einer Erdpyramide) versehener Steig.
Einkehr: Mehrere Gastbetriebe in Steinegg.
Hinweis: Aufgrund der entsprechend angebrachten Hinweistafeln empfiehlt sich Begehung der Runde in der hier beschrieben Richtung, also im Gegenuhrzeigersinn.

Vom Dorfplatz in **Steinegg** ❶ die Landesstraße 132 in einer Kehre (Abkürzung) durch den Ort rund 1 km nach Südosten aufwärts zur Linksabzweigung der Zufahrt zum **Steinegger Hof**. Von dieser zweigt nach wenigen Metern rechts der **Pyramidenrundweg** ❷ ab. Auf Fahrweg über eine Wiese nach Osten hinab in den Wald und dort (Fußweg mit Geländer) in steilen Kehren hinunter in die Katzenbachschlucht. Jenseits in Kehren hoch zur Glirgbauernwiese, die eben gequert wird. Auf dem »Lahnenweg« an Waldhängen in Ostrichtung leicht fallend oder eben weiter, zuletzt in steilen Kehren hinab in den **Schluchtgrund** ❸ unterhalb der Erdpyramiden (Holz-

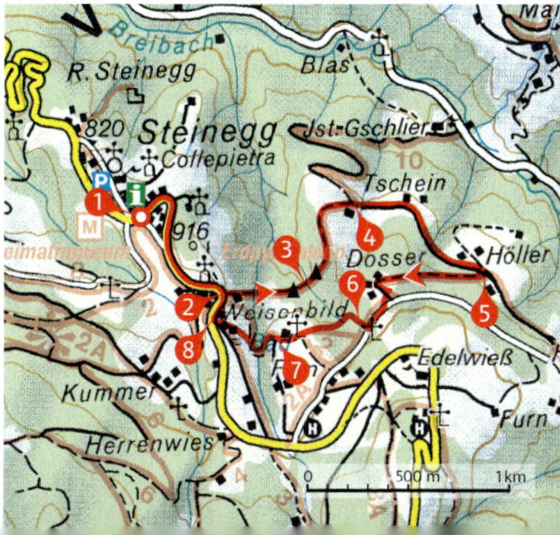

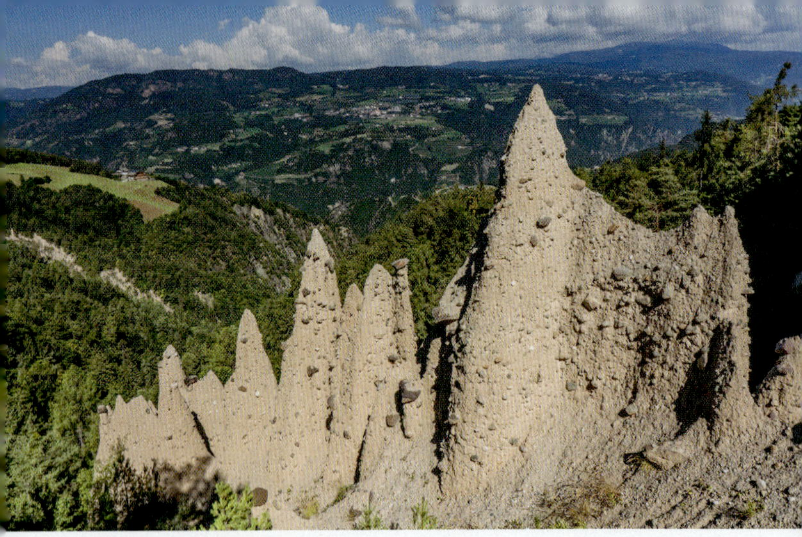

Die Steinegger Erdpyramiden können mit den bekannteren am Ritten durchaus konkurrieren.

brücke, kein Aufblick!). Jenseits in Kehren empor auf eine Anhöhe und links haltend, nun an der rechten Seite der Waldschlucht, nach Norden abwärts zu schöner Wiese. Aufblick gegen den Schlern mit der Kirche von Völser Aicha darunter. Über die Wiese im Rechtsbogen hinab zum **Hof Raffein** 4, 840 m, und dort zu einer Asphaltstraße. Auf dieser nun an den Abhängen gegen das Tierser Tal durch Wiesen nach Südosten empor zu einem **Aussichtspunkt** 5 mit Prachtblick gegen den Rosengarten im Talhintergrund. Scharf rechts ab und auf dem Naturfahrweg Nr. 2 durch Wald vorerst in West-, dann in Südrichtung aufwärts zu einer Asphaltstraße und diese rechts haltend auf eine Anhöhe mit Verzweigung. Den Fußweg kurz nach rechts hinab zur **Aussichtsplattform** 6 am Oberrand der Steinegger Erdpyramiden. Tiefblick zu den bizarren Felsgebilden, in das Eisacktal und auf Steinegg! Auf Stufenweg (Nr. 2) steil hinunter zum Aussichtspunkt direkt vor den Pyramiden und weiter bergab, schließlich an den Waldhängen in Westrichtung auf und ab zu einer Asphaltstraße, die an einer **Kehre** 7 erreicht wird. Die Straße, oberhalb des Glirghofes vorbei, nach Westen abwärts, dann auf Fußweg durch Wald wieder hinunter in die Katzenbachschlucht (Brücke) und jenseits auf breiten Fußweg zur **Landesstraße 132** 8. Auf dieser hinab zum Dorfplatz in **Steinegg** 1.

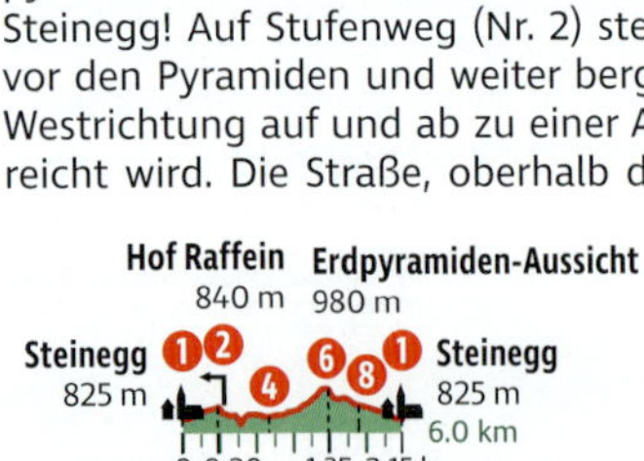

↗ 400 m | ↘ 400 m | 13.1 km

4.00 h

Steinegger Höhenweg

74

4-Stunden-Runde um und über den Karneider Berg

Mit seiner weitläufig-kupierten Hochfläche und ringsum steilen Waldflanken formt der Karneider Berg die Talgabel zwischen Eggental, Tierser Tal und dem Bozener Becken. Er lässt sich vom Hotel Wieslhof auf dem 13 Kilometer langen Steinegger Höhenweg überschreiten und umrunden, wobei sich als Einkehrstation die am entferntesten Punkt gelegene Jausenstation Oberölgart anbietet, eine auch von Törggelen-Liebhabern geschätzte Gaststätte hoch über dem Eggental. Da ist man nahezu durchgehend auf beschilderten Fahrwegen und Forststraßen unterwegs, wobei sich tolle Ausblicke auf Schlern, Rosengarten und Latemar sowie hinab in das tausend Meter tiefer gelegene Eisacktal und auf Bozen ergeben.

Ausgangspunkt: Parkplatz (kostenfrei) oberhalb vom Hotel Wieslhof, 1240 m; Bushalt »Egger Moos« der Linie 182 (Bozen – Blumau – Steinegg – Birchabruck) an der L132, 5 km südöstlich über Steinegg, 10 km von Blumau im Eisacktal.
Anforderungen: Etwas lange, aber einfache Wanderung ohne große Höhenunterschiede, meist auf Fahrwegen. Gut markiert (Logo »gelber Wanderschuh«).
Einkehr: Hotel Wieslhof (ganzj. geöffnet, Do. Ruhetag, Tel. +39 0471 376544, wieslhof.com). Buschenschank Oberölgart (beliebtes Törggelen-Lokal; keine Übernachtung, geöffnet 1. März bis 8. Dez., Mo. Ruhetag, Tel. +39 0471 365438).
Hinweis: Die Wanderung empfiehlt sich vor allem im Frühling und Herbst.

Vom Parkplatz beim **Hotel Wieslhof** ❶ die L132 150 m Richtung Birchabruck aufwärts zur Rechtsabzweigung der Straße zum **Egger Moos** (Bushalt). Auf ihr südwestwärts zunächst am linken Rand einer flachen Wiesenmulde, dann in den Wald und dort zu querender Asphaltstraße. Diese links haltend nach 250 m zur Rechtsabzweigung eines Waldfahrwegs und auf diesem südwestwärts bergab zur nächsten Asphaltstraße und dieser nach rechts folgen. Mit dem »Planetenweg« nach Westen zu einer Almweide und über diese in einer Rechtskehre nach Norden hoch (Rückblick auf Schlern, Rosengarten, Latemar und Eggenta-

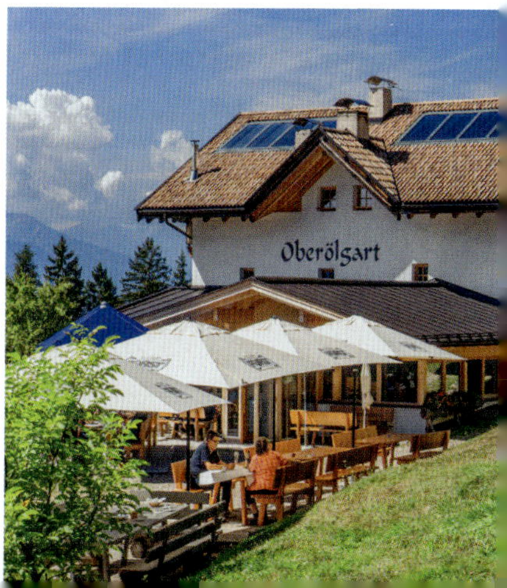

Buschenschank Oberölgart, ein auch mit dem Auto erreichbares Ausflugsziel.

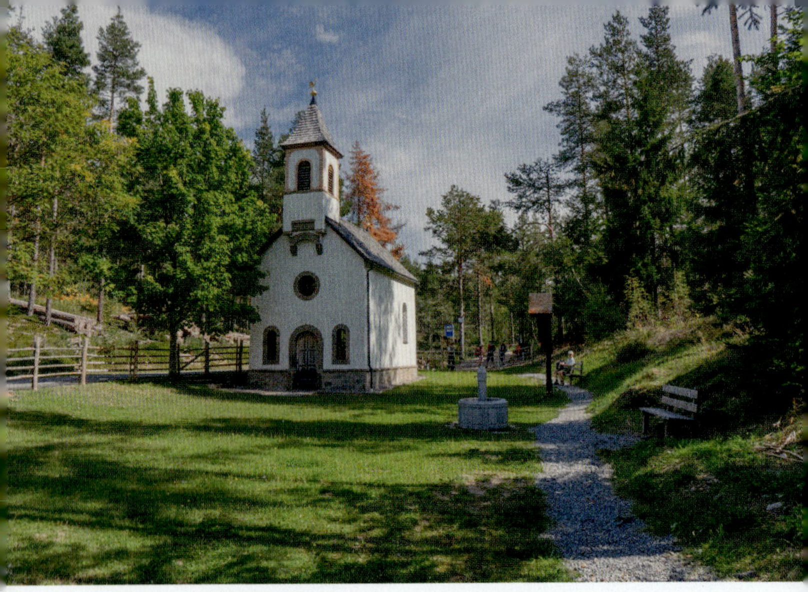

Die stimmungsvoll gelegene Kapelle Kaiserbild in den Wäldern am Karneider Berg.

ler Hörner) zum **Tschigghof ②**, 1326 m. Links an dem Gebäude vorbei zu querendem Naturfahrweg. Auf diesem wenige Meter nach links, dann auf Weg Nr. 5 nach rechts (Norden) in den Wald, dort zu einer Lacke im Biotop **Tschigger Moor** und weiter zu einem Querweg. Diesen links zu einer Forststraße und auf ihr am Rande des Moors nach rechts (Nordwesten) auf eine Anhöhe (Hydrant). Jenseits längere Zeit im Wald bergab zu der auf einer Waldblöße gelegenen Kapelle **Kaserbild ③**, 1278 m (Bushalt).
An der Straßenverzweigung im Süden der Kapelle folgt man dem in der Gabelung ansetzenden Fußweg Nr. 4 und 5 westwärts durch kurzstämmigen Föhrenwald zu einer Lacke nahe der Straße und nach rechts in einen Graben. Kurz durch diesen, dann in einer Schleife empor zu querender Asphaltstraße. Diese 50 m nach links zur Abzweigung einer Forstraße halb rechts aufwärts. Auf ihr nordwestwärts in einen Waldgraben, diesen in

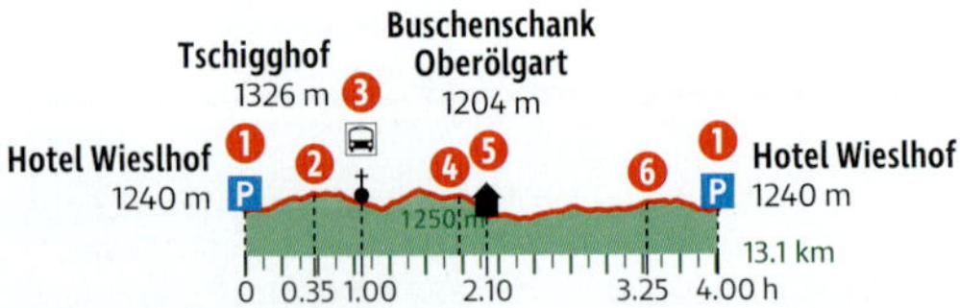

gerader Nordrichtung empor in den Sattel zwischen den beiden Gipfeln des Ölgartner Eggs und jenseits zu einem Wendeplatz. Links auf breitem Fußweg (Nr. 5) im Wald nach Nordwesten abwärts, zuletzt hinaus in eine sanfte Wiesenmulde und um sie im Rechtsbogen herum zur Verzweigung hinter dem **Lerchhof** ❹, 1313 m. Auf markiertem Weg nordwärts auf und ab über eine bewaldete Anhöhe hinweg zu einer Asphaltstraße. Auf dieser links haltend einen Waldgraben bergab, später rechts von der Straße ab und auf Kiesweg in Südrichtung abwärts, zuletzt in einer Rechtskehre zu dem auf sonnenexponierter Wiesenterrasse über dem Eggental gelegenen **Buschenschank Oberölgart** ❺, 1204 m, mit Blick zu den Eggentaler Hörnern und in das 1000 Höhenmeter tiefer gelegene Talbecken von Bozen. Wegfortsetzung an der Forststraße »Soluck – Ölgart« knapp östlich oberhalb der Jausenstation. Die Straße links haltend, an den Waldhängen entlang, vorerst in Nord-, dann in Ostrichtung zu einer Verzweigung (links zum Wiedenhof). Die Forststraße in langer Hangquerung ostwärts auf und ab weiter zu Linksabzweigung von Fußweg Nr. 6 nach Steinegg, danach in Südrichtung aufwärts zur Schranke vor dem querenden »Kreuzweg« Nr. 4 und gleich danach zur Asphaltstraße **Steinegg – Oberölgart** ❻. Die Straße (beiderseits markierte Fußwege) nach links, Osten, auf eine Anhöhe mit Verzweigung (Marterl) mit herrlichem Schlern- und Rosengartenblick. Jenseits nach rechts hinab zur L132 und diese rechts haltend aufwärts zum Parkplatz beim **Hotel Wieslhof** ❶.

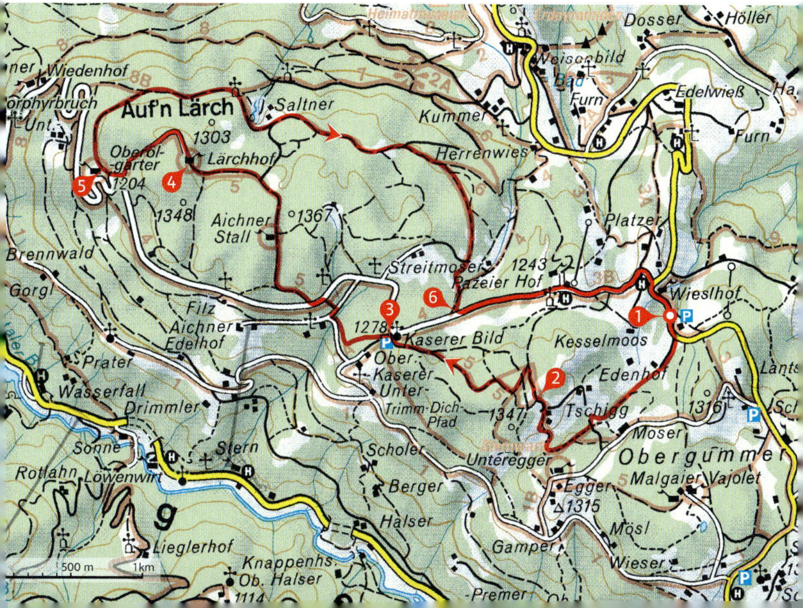

STICHWORTVERZEICHNIS

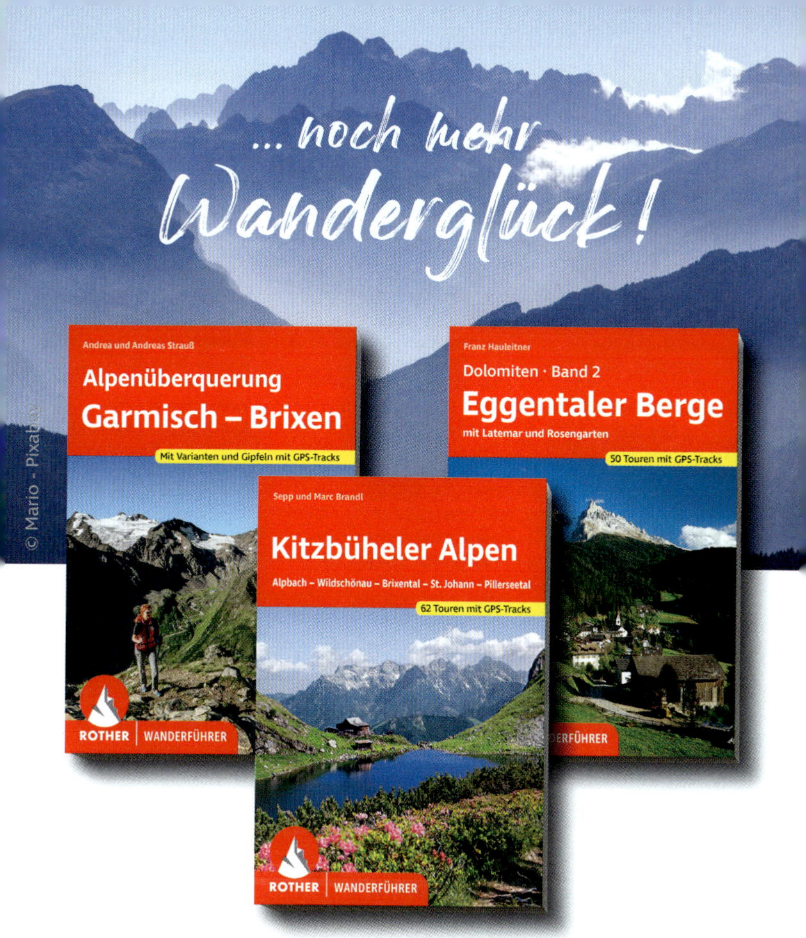
... noch mehr Wanderglück!
© Mario - Pixabay
Andrea und Andreas Strauß
Alpenüberquerung
Garmisch – Brixen
Mit Varianten und Gipfeln mit GPS-Tracks
ROTHER | WANDERFÜHRER
Franz Hauleitner
Dolomiten · Band 2
Eggentaler Berge
mit Latemar und Rosengarten
50 Touren mit GPS-Tracks
Sepp und Marc Brandl
Kitzbüheler Alpen
Alpbach – Wildschönau – Brixental – St. Johann – Pillerseetal
62 Touren mit GPS-Tracks
ROTHER | WANDERFÜHRER

Umschlagbild: Am Broglessattel. Blick über die Brogleshütte hinweg in die Nordwände der Geislergruppe.

Bild im Innentitel: An der äußersten Nordwestecke der Dolomiten: Am Gipfel des Astjochs (Tour 1) mit Blick nach Norden gegen den Alpenhauptkamm (Zillertaler Alpen).

Bild Seite 30/31: Das Wegkreuz auf der Plafötschalm (Variante Tour 70) mit den filigranen Vajolettürmen darüber.

Alle Fotos vom Autor.

Kartografie:
74 Wanderkärtchen im Maßstab 1:50.000 und 1:75.000 sowie zwei Übersichtskarten im Maßstab 1:300.000 und 1:500.000
© Freytag & Berndt, Wien.

Werk-Nr.: 4248

15., aktualisierte und erweiterte Auflage 2024

ISBN 978-3-7633-4787-2

MIX
Papier | Fördert gute Waldnutzung
FSC® C147178

Wir freuen uns über jeden Korrekturhinweis zu diesem Wanderführer!
Bitte per E-Mail an: leserzuschrift@rother.de

ROTHER BERGVERLAG · Keltenring 17 · D-82041 Oberhaching
Tel. +49 89 608669-0 · rother.de